┌─ 통일 ─┐
│ 커뮤니케이션 │
└─────┘

일러두기

- 이 책은 국립국어원 표기법을 준수했습니다.
- 외국 인명이나 지명, 작품명은 될 수 있는 한국립국어원의 외래어 표기법을 따르되, 굳어진 용례는 관행을 따라 표기했습니다.
- 출판 지침은 <한국언론학보 논문 작성 규정>을 준수했습니다.

이 책은 2022년 방송문화진흥회 저술지원사업에 의해 출판되었습니다.

| 한국언론학회
| 통일과 다문화
| 커뮤니케이션
| 연구회

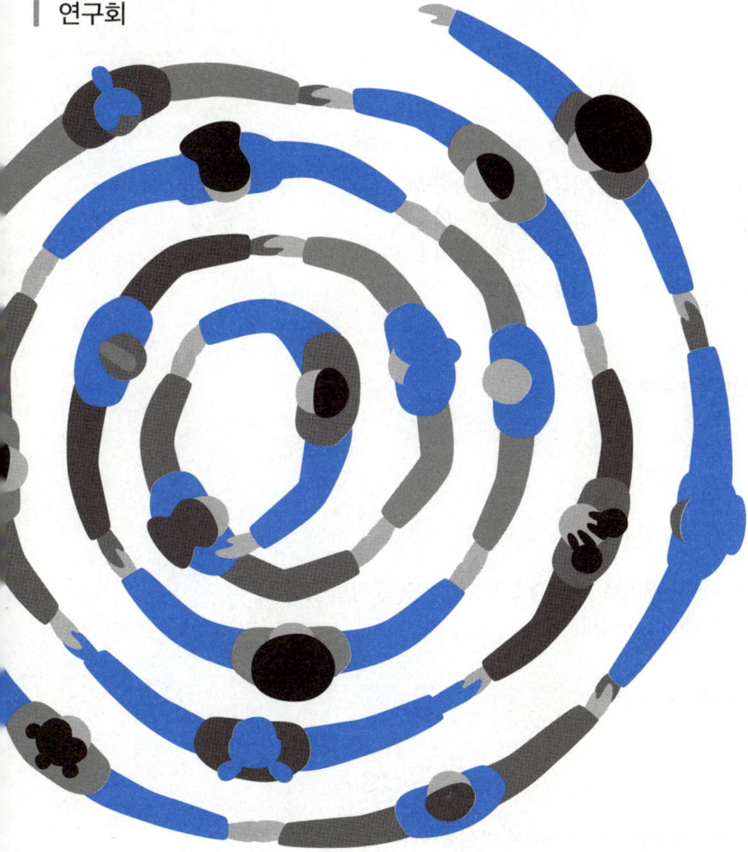

2022년 방송문화진흥회 저술지원사업

통일 커뮤니케이션

오원환
정의철
김해영
윤성수
김선호
임종석
홍문기
김찬중
윤복실
하승희
조수진
최종환
방희경
김활빈
이종희
박상영
곽선혜
공 저

통일 커뮤니케이션

엮은이	한국언론학회 '통일과 다문화 커뮤니케이션 연구회'
지은이	오원환 · 정의철 · 김해영 · 윤성수 · 김선호 · 임종석
	홍문기 · 김찬중 · 윤복실 · 하승희 · 조수진 · 최종환
	방희경 · 김활빈 · 이종희 · 박상영 · 곽선혜
펴낸이	김지연

초판 1쇄 펴낸 날 2022년 12월 30일

(주)도서출판 지금
출판 등록 제319-2011-41호
06924 서울특별시 동작구 장승배기로 128, 305호(노량진동, 동창빌딩)
전화 (02)814-0022 FAX (02)872-1656
www.papergold.net
ISBN 979-11-6018-352-8

본서는 (주)도서출판 지금이 저작권자와 계약하여 발행했습니다.
본사의 서면 허락 없이 이 책의 내용의 일부 또는 전부를 무단 인용 · 전재 · 복제하면 저작권 침해로서 5년 이하의 징역 또는 5천만원 이하의 벌금에 처하거나 이를 병과할 수 있습니다.

ⓒ 한국언론학회, 2022

• 책값은 책표지에 표시되어 있습니다.

추천사

　오랜만에 반가운 책을 접하게 되었다. 이 책의 추천사를 부탁받고 어떠한 글들이 실려 있는지를 조심스럽게 살펴보면서 몇 해 전에 학회에서 '요즘에는 남북문제에 대해 관심이 있는 연구자들을 찾아볼 수 없다.'는 어느 노학자분의 말씀이 생각났다. 이 책에서도 언급되었듯이, 남북 관계가 순조롭게 풀렸던 과거에는 남북 언론과 관련된 많은 연구가 나타났다. 그러나 2010년 이명박 정부의 5·24 조치 이후, 남북의 언론에 관한 글들을 만나기가 가뭄에 콩 나듯 했다. 이런 맥락에서 이 책의 발간은 언론학 분야에서 매우 의미가 있는 작업이라고 사료된다. 내가 통일부 자문위원을 맡았을 때 이렇게 누누이 역설했다. "프로야구 선수들이 다음 시즌을 위해 한겨울 추위에도 쉬지 않고 훈련하는 것처럼 지금 남북관계가 경색 국면에 있더라도 미래를 준비하는 노력이 필요하다." 한반도에서 태어난 사람들 중 통일을 원하지 않는 사람이 어디에 있을까? 다만 통일이라는 단어에 대해 남과 북이 서로 다른 생각을 하고 있을 뿐이다.

　통일이 무엇인지에 대해 질문을 받는다면, 한반도의 대부분 사람이 현재 분단된 정치 체제를 하나로 합쳐, 하나의 헌법, 하나의 정부를 이루어 하나의 국가를 수립하는 것이라고 답할 것이다. 그러나 하나의 국가를 위해 남과 북이 어떻게 통일의 임무를 완수할 수 있을 것인지에 대해서는 저마다 다른 생각을 하고 있음을 우리는 목도하고 있다. 동구권이 붕괴하고 김일성이 사망하면서 나타난 북한 붕괴론, 북녘이 제시하고 있는 고려연방제, 1989년 노태우 정부가 발표한 '한민족 공동체통일방안'에 근거한 남북연합 등이 논의되어 왔다. 통일에 대해서는 하나의 목소리로 정의를 하고 있지만, 통일을 위한 과정에서는 다양한 제안들이 논의되고 있다. 나아가, 남녘에서는 한반도 문제에 대해 보수와 진보가 서로 다른 접근을 보이고 있음도 사실이다. 그러다 보니 한반도 분단으로 인해 남북 갈등뿐만 아니라 통일에 대한 담론이 정쟁화가 되고 남남 갈등이 나타나면서 남녘에서 통일을 위해 무엇을 해야 하는지에 대한 합의를 끌어내기가 매우 어려운 실정이다.

　통일에 대한 다양한 담론들이 서로의 정당성을 위해 경쟁을 하는 가운데, 대부분의 통일 관련 서적들은 저자의 이데올로기를 반영하고 있음이 작금의 실정이다. 그러나 이 책은 다양한 담론을 제시하면서 어느 담론이 옳고 그른지를 판단하지 않고 통일이 왜 필요하고, 통일을 위해 우리는 무엇을 어떻게 해야 하는지에 대해 저자들이 각자의 견해를 자신의 이데올로기에 근거를 두지 않고 제시하고 있음을 높이 평가하고 싶다. 나아가 이 책에서는 언론학 분야에서 남북 언론 문제와 관련하여 다룰 수 있는 모든 주제에 대해 언급하고 있음이 또 하나의 커다란 장점이다. 이런 측면에서, 이 책이 남북문제에 관심이 있는 대학생들에게 매우 귀중한 입문서라 판단된다.

이 책이 소중하다고 생각하는 측면이 또 하나 있다. 언론학회에서 오랜만에 연구회 이름으로 발간되었다는 점이다. 최근 몇 년 동안에 학회 이름으로 출간된 책들이 몇몇 존재하지만, 연구회 이름으로 하나의 주제에 대해 많은 저자들이 각자의 생각들을 한 공간에 펼쳐서, 하나의 책으로 발간된 것을 목격한 것은 아마 처음인 것 같다. 이 책을 위해 집필진을 선정하고 각자가 자신들의 원고를 토대로 세미나를 통해 의견을 공유하면서 자신의 원고를 다듬는 과정을 지켜 본 필자는 이 자리를 빌려 저자들의 노고에 대해 심심한 감사를 표한다.

추천사를 마감하면서 당부하고 싶은 말이 있다. 요즘 젊은 사람들이 기성세대보다 한반도 문제에 관해 관심이 그리 많지 않다고 염려하는 목소리가 높아지고 있다. 관심을 두고 있지 않음을 개탄하는 것보다 왜 관심이 줄어들고 있는가를 생각해야 한다. 이러한 맥락에서 현재는 극히 일부만 가능하지만, 남녘 사람들이 북녘 방송을 자유롭게 청취할 수 있도록 북녘 방송을 개방하여서 남녘 사람들이 북녘 모습의 일부라도 접할 기회를 얻게 함이 중요하다고 본다. 더불어 이 책이 젊은 사람들에게 한반도 문제에 대해 잠시라도 생각할 수 있는 계기를 제공하기를 기대한다.

2022년 12월
남산 자락에서
이호규

발간사

한국언론학회 '통일과 다문화 커뮤니케이션 연구회'의 성장을 이끈 정의철 교수의 후임으로 2021년부터 연구회 회장직을 맡았다. 이후 연구회 회원들과 함께 한국언론학회의 우수연구회 사업으로 '통일 커뮤니케이션' 저술 작업에 착수했고, 워크숍과 세미나에서 관련 내용을 발표하고 토론하면서 다듬었다. 그리고 2022년 방송문화진흥회의 저술사업에 선정돼 초안을 수정·보완하여 이 책을 출간했다.

본 저서는 총 Part 6으로 구성되어 있으며, Part 1은 서론이고 Part 2에서 Part 6까지는 4~5개의 Chapter로 구성되어 있다. **Part 1 서론**의 〈Chapter 01 통일 커뮤니케이션의 개념과 교육내용의 체계〉에서는 기존의 통일교육과 커뮤니케이션 분야의 통일 관련 연구주제를 접합해 통일 커뮤니케이션 개념과 교육목표를 정의하고, 교육의 내용체계를 소통지향, 평화지향, 통합미래지향의 차원에서 다섯 범주로 나눴다. 즉 통일 커뮤니케이션의 이념과 사상(Part 2), 통일 커뮤니케이션의 제도와 기획(Part 3), 통일 커뮤니케이션의 매체와 실천(Part 4), 통일 커뮤니케이션의 수용과 이해(Part 5), 통일 커뮤니케이션의 공유와 문화(Part 6)로 구분했다.

Part 2 통일 커뮤니케이션의 이념과 사상의 〈Chapter 02 갈등과 위기에 맞선 '해결지향 평화저널리즘'과 '시민성'의 역할〉에서는 남북관계의 갈등을 유발하는 저널리즘에 대한 문제의식과 평화로운 공존을 위한 문제해결을 위해 평화저널리즘의 당위성과 함께 디지털 시대의 공존과 연대, 공감을 중시하는 시민성의 필요성을 탐색한다. 〈Chapter 03 통일담론의 변화와 통일비용, 분단비용〉에서는 정치 권력의 변동과 통일의 당위성에 대한 인식의 변화 속에서 통일비용이 주요 화두로 부상했다고 설명하면서, 통일비용에 비해서 분단비용과 통일편익의 효용성을 강조하는 합리적 소구를 통해서 통일전략을 구상해야 한다고 제언한다. 〈Chapter 04 북한의 언론 사상〉은 마르크스-레닌주의에 대해서 살펴보고 북한 언론 사상에 미친 영향과 북한 언론의 사회적 기능, 북한 언론의 일반원칙에 관해서 설명한다. 〈Chapter 05 남북 미디어 교류협력의 미래〉에서는 과거 남북의 미디어 교류 협력을 돌아보고, 교류 협력이 단절된 최근 10년간의 미디어 환경변화를 고려해 향후 미디어 교류 협력이 재개될 때를 대비한 방향성을 모색한다. 〈Chapter 06 북한 인권의 현실과 우리의 과제〉에서는 북한 인권의 실태와 국제사회의 노력, 남북관계에 따른 우리 정부의 태도를 설명하고, 정부와 비정부 기구의 관계 개선 노력과 적극적인 시민의식이 북한 인권개선으로 이어질 수 있음을 강조한다.

Part 3 통일 커뮤니케이션의 제도와 기획의 〈Chapter 07 통일언론정책과 대북보도, 통일언론 리터러시〉에서는 역대 정권의 통일정책 변화와 언론의 정파적인 북한 보도 등에 의한 사회적 갈등 문제해결의 방법의 하나로 통일언론 리터러시의 적극적인 활용 가능성을 제안한다. 〈Chapter 08 남북한 정보통신 교류 협력 정책 방향〉에서는 북한의 정보통신 환경과 현황, 남북 정보통신 분야 관련 법과 제도, 정책을 살펴보고, 교류 협력을 위한 문제를 진단하며, 기술적·제도적·정책적 개선 방향을 모색한다. 〈Chapter 09 한국언론의 북한과 통일에 관한 보도 방식·내용·태도〉에서는 언론 보도 방식의 중요성과 북한·통일에 관한 한국언론의 편향적, 정파적, 선정적 보도와 미확인된 추측성 보도 등의 문제를 설명한다. 〈Chapter 10 통일·북한 관련 TV 프로그램 기획과 현황〉에서는 한국방송의 기념비적 프로그램인 〈이산가족을 찾습니다〉에 대한 소개와 의미, 그리고 지상파와 종합편성채널, 유튜브의 통일·북한 관련 방송 프로그램의 현황에 관해서 설명한다. 〈Chapter 11 전략적 통일 커뮤니케이션〉에서는 통일을 위한 접근 방식을 통합 이론의 차원에서 탐색하면서 통일 커뮤니케이션의 개념을 모색하고, 신기능주의적 통합 이론에 근거해 역대 정부의 통일 커뮤니케이션 정책을 분석하고, 전략적인 통일정책을 제안한다.

Part 4 통일 커뮤니케이션의 매체와 실천의 〈Chapter 12 북한의 미디어〉에서는 북한 신문의 주요 기능과 주요 신문에 대한 소개, 북한 방송의 이념과 현황, 변화 등을 설명한다. 이어서 북한의 디지털 환경과 모바일, 온라인 등의 현황과 북한의 정보 통제에 관해서 설명한다. 〈Chapter 13 북한의 모바일 콘텐츠와 사회문화 변화〉에서는 북한의 인공지능과 생체인식 관련 기술이 접목된 스마트폰의 개발과 모바일 및 태블릿 PC용 애플리케이션과 게임 등을 소개한다. 아울러 교육과 건강, 교통 분야에서 활용되는 애플리케이션에 관해서 설명한다. 이러한 북한의 디지털 환경 변화가 초래한 사회문화적 병리 현상과 함께 디지털 정보격차 심화, 개인화와 고립화 등이 심화하고 있으며, 반면에 이런 변화로 인해서 주민에 대한 감시 통제의 어려움은 증대하는 상황이라 설명한다. 〈Chapter 14 국내외 대북방송〉에서는 국내외의 라디오를 통한 대북방송의 현황, 특히 방송 주체에 따른 유형 구분과 편성 프로그램 등에 관해 설명한다. 한편 북한 내 미디어 환경변화를 통한 라디오 방송의 영향력이 쇠퇴하고 있다고 지적한다. 〈Chapter 15 국제정세와 남북관계 외신보도〉에서는 분단된 한반도 문제에 관한 외신의 관심과 남북관계에 대한 해외 언론의 보도가 국제규범이나 정치적 관점에 따라 다양하지만, 정치 이벤트와 안보 위협에 치우친 관심과 주변 강대국 정세 변화에 특히 민감하다고 설명한다. 〈Chapter 16 북한방송 말하기의 이해〉에서는 북한 사회의 이념과 가치 추구를 위해서 북한방송이 수행하는 기능과 구체적으로 방송에서 드러나는 방송원의 화술과 방송언어의 요소를 살펴보면서 언어의 이질성에 대한 이해와 격차 해소를 위한 노력을 강조한다.

Part 5 통일 커뮤니케이션의 수용과 이해의 〈Chapter 17 종편의 탈북민 프로그램이 그리는 '북한'〉에서는 탈북민이 출연하는 방송 프로그램은 여전히 냉전 패러다임의 시선에 갇혀 있고, 남과 북을 이항대립적 구도 속에서 남과 여, 동양과 서양, 이성과 비이성, 야만과 문명, 미숙과 성숙 등 오리엔탈리즘적 시선으로 타자화한다고 지적한다. 〈Chapter 18 북한주민의 남한 미디어 수용과 영향〉에서는 북한으로의 남한 미디어 유입 현황과 북한 주민의 남한 미디어 이용 실태를 다루고, 남한 미디어 수용 후 북한주민의 인식 변화를 경제적, 정치적 시선보다는 한반도 공존의 관점에서 바라봐야 한다고 제안한다. 〈Chapter 19 북한 정보의 한계와 제한적 보도에 따른 비판적 읽기〉에서는 대표적인 북한 관련 오보 사례와 그로 인한 사회적 영향을 지적한다. 특히 남북관계의 특수성에 따른 제한된 북한 정보와 저널리즘 보도 관행, 언론의 정치적 이해 관계 등의 문제를 지적하고, 언론윤리와 함께 북한 정보에 대한 미디어 리터러시의 필요성을 강조한다. 〈Chapter 20 남북한 수용자의 언론관과 미디어 리터러시〉에서는 남북한 언론의 역할과 기능이 다르기에 그에 따른 사전적 이해가 필요함을 강조한다. 남한 언론에 대한 북한 수용자, 북한 언론에 대한 남한 수용자의 인식을 살펴봄으로써 남북한 수용자의 언론관과 미디어 인식이 상이하고, 이는 미디어 환경과 개인차를 포함하여 복합적 영향 때문이며, 커뮤니케이션 미디어 교육은 통합적 교육이어야 한다고 제안한다. 〈Chapter 21 독일 통일 과정에서의 서독 TV방송의 역할과 시사점〉에서는 동·서독 교류의 정치적 기반이 된 동방정책과 기본조약을 설명한다. 이어 동·서독 언론인 교류와 방송 협력 이후 동독의 서독 언론인 통제와 동독 미디어 정책의 변화, 서독 미디어가 동독에 미친 영향 등을 살펴보면서 통독 과정에서 서독 방송의 역할과 그 의미를 설명한다.

Part 6 통일 커뮤니케이션의 공유와 문화의 〈Chapter 22 평화·통일감수성, 다름과 공존의 이해와 적용〉에서는 그간 한반도 대치 상황 속에서 다름과 차이의 양극단에 치우친 선택들이 아닌 상생의 원리 속에서 평화와 통일의 문제를 바라볼 수 있는 감수성을 훈련하고 키우면서 관심과 소통을 통해서 만날 날을 준비해야 한다고 주장한다. 〈Chapter 23 성숙한 시민의식과 민주시민교육〉에서는 독일 통일 후 사회통합의 기반이 된 민주시민교육의 사례와 민주시민교육의 기본 원칙을 설명한다. 또 민주시민교육의 전문기관인 연방정치교육원의 조직과 사업내용, 역할을 설명하면서 장기적으로 체계적이고 전문화된 민주시민교육의 필요성을 강조한다. 〈Chapter 24 평화·공존·공영의 의미〉에서는 북한과 통일에 대한 남한주민의 인식, 한반도의 평화체제와 남북 화해, 공존을 위한 남북 상호인식과 신뢰, 남북 만남과 대화, 협력의 중요성을 강조한다. 〈Chapter 25 민족공동체의식의 회복과 성찰적 민족주의〉에서는 통일교육이 민족공동체의식의 회복을 전제한다는 점에서 민족과 민족주의에 대한 개념적 논의와 함께 전지구화와 다문화주의 등과의 관계 속에서 한반도 현실을 고려한 '성찰적 민족주의'를 제안한다.

'통일 커뮤니케이션'이라는 말이 관련 학회에 공식적으로 등장한 것은 2012년 한국언론학회에서 '통일 커뮤니케이션' 연구분과가 개설되면서부터이다. 그리고 2015년 한국언론학회에서 통일 커뮤니케이션위원회를 구성했고, 위원회는 '한반도 통일을 위한 커뮤니케이션 전략과 모델'이라는 특별기획세미나를 개최했다. 이후 관련 연구는 산발적이거나 특정 분야에 치우쳐 진행됐다. 따라서 통일, 평화, 혹은 한반도 문제와 관련된 커뮤니케이션 연구를 포괄적으로 검토함으로써 통일 커뮤니케이션의 연구 지형을 들여다보고, 지향할 바에 적합한 내용 체계로 저술하고자 했다.

우수연구회 사업으로 초안 제작을 지원한 한국언론학회와 저술사업을 지원한 방송문화진흥회에 감사드리며, 출판을 흔쾌히 수락한 도서출판 〈지금〉의 김지연 대표님과 임직원 여러분들께 감사드린다.

이 책이 한반도 평화와 통일교육에 보탬이 되길 바란다.

2022년 겨울
저자들과 함께, 오원환

필진 구성(목차순)

오원환 · 정의철 · 김해영 · 윤성수 · 김선호 · 임종석
홍문기 · 김찬중 · 윤복실 · 하승희 · 조수진 · 최종환
방희경 · 김활빈 · 이종희 · 박상영 · 곽선혜

목 차

Part 1 서 론

Chapter 01 통일 커뮤니케이션의 개념과 교육내용의 체계 … 오원환   016

Part 2 통일 커뮤니케이션의 이념과 사상

Chapter 02 갈등과 위기에 맞선 '해결지향 평화저널리즘'과 '시민성'의 역할 … 정의철   048
Chapter 03 통일담론의 변화와 통일비용, 분단비용 … 김해영   070
Chapter 04 북한의 언론 사상 … 윤성수   084
Chapter 05 남북 미디어 교류협력의 미래 … 김선호   092
Chapter 06 북한 인권의 현실과 우리의 과제 … 임종석   108

Part 3 통일 커뮤니케이션의 제도와 기획

Chapter 07 통일언론정책과 대북보도, 통일언론 리터러시 … 임종석   122
Chapter 08 남북한 정보통신 교류 협력 정책 방향 … 홍문기   134
Chapter 09 한국언론의 북한과 통일에 관한 보도 방식·내용·태도 … 김찬중   157
Chapter 10 통일·북한 관련 TV 프로그램 기획과 현황 … 윤복실   171
Chapter 11 전략적 통일 커뮤니케이션 … 홍문기   189

Part 4　통일 커뮤니케이션의 매체와 실천

Chapter 12	북한의 미디어 … 김선호	212
Chapter 13	북한의 모바일 콘텐츠와 사회문화 변화 … 하승희	234
Chapter 14	국내외 대북방송 … 조수진	244
Chapter 15	국제정세와 남북관계 외신보도 … 최종환	259
Chapter 16	북한방송 말하기의 이해 … 조수진	272

Part 5　통일 커뮤니케이션의 수용과 이해

Chapter 17	종편의 탈북민 프로그램이 그리는 '북한' … 방희경	288
Chapter 18	북한주민의 남한 미디어 수용과 영향 … 최종환	307
Chapter 19	북한 정보의 한계와 제한적 보도에 따른 비판적 읽기 … 김활빈	320
Chapter 20	남북한 수용자의 언론관과 미디어 리터러시 … 김해영	334
Chapter 21	독일 통일 과정에서의 서독 TV방송의 역할과 시사점 … 이종희	352

Part 6　통일 커뮤니케이션의 공유와 문화

Chapter 22	평화 · 통일감수성, 다름과 공존의 이해와 적용 … 박상영	370
Chapter 23	성숙한 시민의식과 민주시민교육 … 이종희	384
Chapter 24	평화 · 공존 · 공영의 의미 … 곽선혜	401
Chapter 25	민족공동체의식의 회복과 성찰적 민족주의 … 오원환	419

Part 1

서론

Chapter 01 통일 커뮤니케이션의 개념과 교육내용의 체계

Chapter 01

통일 커뮤니케이션의 개념과 교육내용의 체계[1)]

오원환 | 군산대학교 교수

통일 커뮤니케이션 교육은 통일교육의 한 분야라고 할 수 있다. 하지만 그간 통일교육에서 다루지 않은 커뮤니케이션학적 관점에서의 한반도 통일과 평화의 문제를 다룬다는 점에서 독자적인 성격을 띠기도 한다.

통일교육은 대한민국 「헌법」 전문과 「헌법」 제4조의 정신에 바탕을 두고 있다. 분단 이후 1980년대 초까지 냉전 시대의 적대적 대치 국면 속에서 반공사상과 안보담론이 통일교육의 주요 이념적 토대였다면, 2000년 남북정상회담을 기점으로 화해협력과 평화공존의 방향으로 통일교육의 패러다임은 전환됐다. 그러나 2000년대 들어서 김대중 정부와 노무현 정부, 문재인 정부의 통일교육은 남북한의 우호적 관계를 조성하면서 한반도 평화와 화해협력, 공존공영을 강조하는 통일교육이었다면, 이명박 정부와 박근혜 정부에서는 남한의 체제 우월성을 강조하면서 대북 압박정책과 북한체제의 위협에 따른 안보의식을 강조하는 통일안보교육이었다(한만길, 2019).

---
1) 이 글은 사회과학연구(61집 2호, 2022. 8. 31)에 게재된 논문을 수정·보완한 글임을 밝힌다.

통일교육을 부르는 명칭 역시도 반공교육, 멸공교육, 통일안보교육, 이념교육 등으로 불리던 것이 1992년 남북기본합의서가 채택되면서 통일교육으로 공식화됐다(한만길, 2011). 또 2018년 통일부는 통일교육을 대신해 '평화·통일교육'이라는 용어를 공식적으로 사용했다.

2007년 남북정상회담

2018년 남북정상회담

그림 1. 남북정상회담

출처: 통일부 홈페이지(2022. 1. 12).
URL: https://dialogue.unikorea.go.kr/ukd/a/ab/usrtalkmanage/List.do?tab=4

한편, 정부의 정치적·이념적 성향 외에도 통일교육은 남북관계와 북한문제, 한반도 주변정세와 국제환경 등에 존재하는 다양한 변수의 영향을 받았다(박찬석, 2011). 2000년대 들어서 수차례에 걸친 남북정상회담이나 북미정상회담, 비정치적 분야에서의 다양한 남북교류와 경제협력 등 긍정적 사건들과 2008년 금강산 관광객 피살 사건, 2010년 천안함 피격 사건, 연평도 포격전, 그리고 북한의 핵무기 개발과 같은 부정적 사건들은 통일에 대한 국민 인식과 태도 형성에 각기 다른 영향을 미쳤고, 남북관계에서도 혼선과 협상력 저하를 초래했으며, 통일에 대한 남남갈등이라는 사회·정치적 갈등을 낳았다. 이렇듯 정부 성향과 국내외 변수에 따른 통일정책의 변화는 통일교육의 일관된 방향을 제시하지 못해 실질적 통합력을 저해했고, 통일의 당위성은 설득력이 약해졌으며, 사회적 대화를 통해서 통일에 대한 국민적 요구에 귀 기울일 필요성은 증대했다.

통일연구원의 '2022년 통일의식조사'에 따르면, 전 연령대에 걸쳐 '통일'

보다 '평화공존'을 더 선호하는 것으로 나타났다. 세대별(밀레니얼세대, IMF 세대, X세대, 386세대, 산업화세대, 전쟁세대)로 구분했을 때, 젊은 세대(IMF 세대와 밀레니얼세대)에서 북한과의 통일보다는 평화공존을 더 선호했다. 특히 밀레니얼세대의 경우, 통일(12.4%)보다 평화공존(71.4%)을 월등히 선호하는 것으로 나타났다(〈그림 2〉 참조).

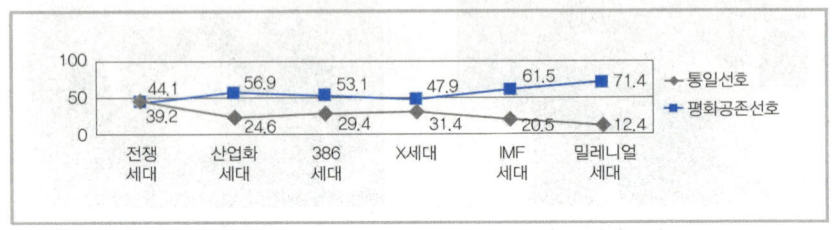

그림 2. 세대별 통일과 평화공존에 관한 선호 인식(2021)

출처: 통일연구원(2021, 47쪽)의 '통일선호 vs. 평화공존선호 코호트별 비교'를 재구성.

2014년부터 2021년까지 매년 실행된 통일교육원의 '학교 통일교육 실태조사'에 따르면, '통일이 필요하다'고 응답한 초·중·고 청소년의 비율은 8년간 큰 변화가 없었다(평균 60.5%). 하지만 '통일이 필요하지 않다'는 부정적 응답은 2020년에 급격히 상승했고, 2021년은 실태조사 이래 역대 가장 높은 응답률(25%)을 보였다(〈그림 3〉 참조). 이처럼 통일의 필요성에 대한 인식이 젊은 세대일수록 부정적이라는 것은 통일교육에 관한 새로운 접근과 모색이 필요하다는 점을 시사한다.

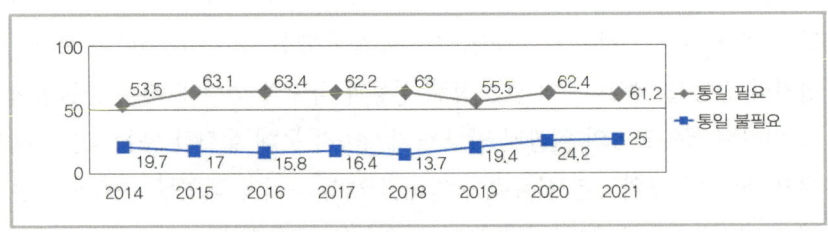

그림 3. 청소년의 통일 필요성 인식(2014~2021)

출처: 통일교육원(2014~2021)의 통일의식조사 결과를 재구성.

그간 통일에 대한 논의는 국가 단위의 통일이나 경제 및 체제 우월성, 통일비용, 그리고 국민의식 조망보다는 외형적 국가 통일이라는 목표를 우선하면서 정치지도자나 경제엘리트의 설계에 의해서 '위로부터의 통일'이란 지적(성영신, 1995)을 받았고, 한국의 시민사회가 다양한 분야에서의 교류·협력을 시도해왔지만 '아래로부터의 통일'을 언급하기에는 역부족이었다. 통일의 당사자인 국민은 소외됐고 사회적 합의 기반이 부족한 상태에서 통일은 정쟁거리로 전락했다. 이러한 문제의식 속에서 2021년 6월 통일국민협약안은 한국 국민이 바라고 희망하는 한반도의 바람직한 미래상과 이를 실현하기 위한 과정과 방법이 국민들의 사회적 대화를 통해서 마련됐다. 그러나 통일교육의 내용과 기회 제공에 대한 세부적인 내용과 방법은 향후 시민들의 사회적 대화를 통해서 발굴 및 개발해야 할 과제로 남겨졌다. 이는 통일교육이 분단과 평화통일을 능동적으로 성찰할 수 있는 민주시민 양성으로 그 방향성이 모색되고 있음을 보여주기도 한다.

1. 통일교육의 목표와 내용

「통일교육지원법」은 통일교육을 "자유민주주의에 대한 신념과 민족공동체의식 및 건전한 안보관을 바탕으로 통일을 이룩하는 데 필요한 가치관과 태도를 기르도록 하기 위한 교육"으로 정의한다. 각 정부에서 발행된 〈통일교육 지침서〉(이하 지침서)의 통일교육 목표에 등장한 주요 항목을 정리하면 다음의 〈표 1〉과 같다.

표 1. 통일교육의 목표

연 도	목표(주안점)의 주요 항목
2002	자유민주주의, 민족공동체 의식, 통일환경과 남북한 실상의 객관적 이해, 건전한 안보관, 평화공존과 화해협력, 통일실현의지 함양
2007	자유민주주의적 가치, 민족공동체 의식, 평화통일의 의지와 역량, 통일환경의 객관적 이해, 건전한 안보관
2012	미래지향적 통일관, 건전한 안보관, 균형 있는 북한관(통일문제 관심 제고, 통일의지 확립, 통일준비 역량 강화, 자유민주주의 가치, 민주시민의식 함양, 민족공동체 형성 노력, 국가안보의 중요성 인식, 북한 실상의 올바른 이해)
2016	미래지향적 통일관, 건전한 안보관, 올바른 북한관(통일문제 관심 제고, 통일의지 확립, 통일준비 역량 강화, 자유민주주의 가치, 민주시민의식 함양, 민족공동체 형성 노력, 국가안보의 중요성 인식, 북한 실상의 올바른 이해)
2018	평화통일의 실현 의지, 건전한 안보의식, 균형 있는 북한관, 평화의식 함양, 민주시민의식 고양

김대중 정부의 지침서(2002)에서 통일교육의 목표로 제시된 주요 항목이 '자유민주주의, 민족공동체 의식, 통일환경과 남북한 실상의 객관적 이해, 건전한 안보관, 평화공존과 화해협력, 통일실현의지 함양' 등이었다. 노무현 정부의 지침서(2007)에서는 '평화공존과 화해협력' 항목이 '평화통일'로, '통일환경과 남북한 실상의 객관적 이해' 항목이 '통일환경의 객관적 이해'로 변경됐다. 이명박 정부의 지침서(2012)에서는 '목표'를 '목표와 주안점'으로 나눴고, '평화'에 관한 항목을 삭제한 대신 '미래지향'과 '통일준비', '민주시민의식' 항목을 새롭게 등장시켰다. 박근혜 정부의 지침서(2016)에서는 이명박 정부의 지침서와 특별한 차이가 없다. 문재인 정부의 지침서(2018)에서는 '자유민주주의', '민족공동체', '통일준비' 항목이 사라졌고, '평화통일', '평화의식' 등 '평화'에 관한 항목이 재등장했다. 특히 자유민주주의를 토대로 한 통일관은 남한 체제 중심의 흡수통일을 전제하는 것으로 해석될 수 있다는 점에서 '자유와 인권, 복지, 민주주의' 등 인류의 보편적 가치로

'자유민주주의'를 대신했다.

〈통일교육 지침서〉에 나타난 통일교육의 내용 체계는 정부에 따라서 분야별 구성에서 다소 차이가 있지만 대체로 '통일문제', '북한이해', '통일환경', '통일정책', '통일과제' 등 5개 분야로 내용 체계를 구분할 수 있다.

먼저, 통일문제 분야에서는 통일의 의미와 성격, 분단의 배경과 폐해, 평화통일의 필요성이 공통적으로 포함됐다. 노무현 정부에서는 통일과정과 통일국가의 미래상이 통일문제로 묶였고, 이명박 정부와 박근혜 정부에서는 통일비용과 편익 항목이 전면화되면서 경제적 필요성이 강조됐다.

북한이해 분야에서는 북한 사회의 모습으로 북한에 대한 인식, 북한의 정치, 외교, 경제, 군사, 사회·문화와 북한의 변화와 전망 등이 포함돼 있다. 핵 문제는 계속 거론돼 왔지만 이명박 정부에서 언급이 증가했고, 박근혜 정부에서는 '북한의 군사 및 핵개발' 항목으로 더욱 전면화됐다. 문재인 정부에서 핵 문제는 북한의 군사 항목의 내용으로 축소됐다. 한편 북한주민의 인권 문제 역시 계속 거론돼 왔지만, 이명박 정부부터는 '북한 주민의 인권' 항목이 전면화됐다.

통일환경 분야에서는 국제질서·국제정세의 변화, 냉전의 잔재와 탈냉전적 사고와 노력 및 국제협력 등이 언급됐다. 김대중 정부에서 냉전과 탈냉전에 관한 언급이 가장 많았고, 노무현 정부부터 축소되다가 이명박 정부 이후로는 국제정세와 국제질서에 초점이 맞춰져 언급돼 왔다.

통일정책 분야에서는 화해협력과 평화공존, 남북교류, 역대 정부의 노력 등이 기술돼 있다. 평화공존은 김대중 정부에서 가장 많이 언급됐다가 노무현 정부에서 축소됐다. 이명박 정부에서는 전혀 언급되지 않았고, 유일하게 '공존공영'으로 한 번 사용됐다. 문재인 정부에서 평화공존, 공존공영, 공동번영 등의 표현으로 확대됐다.

통일과제 분야에서는 통일방법, 통일국가의 미래상, 통일을 위한 자세

(주인의식, 민주시민의식, 평화의식), 통일의 미래상에 대한 국민적 합의와 공감대, 평화와 번영의 민족공동체 구현 등이 제시됐다.

조정아(2018)는 통일교육이 정부 성향에 따라 변해왔던 이유를 '정치적 관점'에서 통일교육을 바라봤기 때문이며, '교육적 관점'에서 통일교육의 방향과 내용을 재구성할 것을 주장한다. 정치적 교화나 통일정책 홍보가 아닌 남북한 사회와 주민의 마음 통합을 위해 필요한 가치와 태도, 능력을 기를 수 있어야 한다는 것이다. 또 한반도의 미래상 및 통일 미래를 만들어갈 방법과 그 과정에서의 사회적 합의 도출이 우선된 후 그와 연계한 통일교육이 검토될 필요가 있다고 주장한다. 또 거대 담론으로서의 통일의 민족사적 당위성과 통일의 국가적 이익보다는 개인의 일상 속에서 통일의 의미를 묻고 탐색하는 기회를 제공하는 게 더 중요하다고 주장한다. 이는 독일의 통일교육의 방향이 다양한 견해와 정보를 제공해 피교육자가 자기 생각을 스스로 정립할 수 있도록 돕고, 통일의 당위성과 거대 담론을 통해 교육하기보다는 피교육자가 현재의 일상이나 미래에 직면할만한 주제를 발굴해 교육 수요자가 적극적으로 다룰 기회를 제공(진종순, 2016)한다는 점과 맥을 같이 한다.

2. 커뮤니케이션학에서의 통일문제 연구

1) 1980~1999년까지의 연구

1980년대에는 국제 커뮤니케이션 분야에서의 소수 연구가 발견된다. 이원근(1981)은 냉전적 사고에 기초해 남북대결에서의 우위와 국제사회가 남한에 호의적 태도를 보이도록 국제적 통일 홍보의 방향을 제안했다. 하영선(1985)은 남북이 서로에 대한 부정적인 이미지를 국제적으로 조성함으로써 통일 의지와 능력이 없음을 자인하는 것처럼 보인다고 지적하면서, 적어도 남한은 남북대결의 차원을 넘어서 국제사회가 남과 북을 하나의 단위체로 인식할 수 있도록 노력하고, 그러한 노력을 덜 기울인 공산권과 제3세계에 대한 홍보 비중을 높여야 한다고 지적했다. 특히 방송은 체제 유지와 강화가 아닌 민족주체의식을 고양시키는 프로그램을 제작하고, 대북 및 국제방송에서도 남북대결이 아닌 더욱 나은 삶을 추구하는 한국의 노력과 그 결실을 북한 또는 해외에 전달할 필요가 있다고 주장했다.

1990년대에는 통일문제 혹은 통일 이후의 문제를 다룬 연구들이 발표됐다. 유재천(1990)은 통일언론정책을 "분단상황을 극복하고 통일된 민족국가를 수립하는 과업과 관련된 일체의 관심사에 대한 보도와 논평 과정에 개입하여 이를 조성 또는 조정하거나 통제하는 국가정책"이라고 규정했다. 이승만, 박정희, 전두환, 노태우 정부의 통일언론정책은 통일정책에 부합해 반공 이데올로기를 토대로 자유민주적 기본질서를 추구하면서 정권의 정당성이나 이익과 동일시하는 방식으로 진행돼왔고, 보도지침이나 보도기준을 통해서 북한 관련 정보나 뉴스를 통제하거나 정부의 국가안보와 대북정책에 관해 언론이 동조하도록 했다고 지적했다.

이종수·윤석년(1990)은 국민의 알 권리 충족을 위해서 언론에 뉴스원을 전면 개방하고, 언론의 자유와 학문의 자유가 보장돼야 한다고 주장한다. 또 통일과 북한에 대한 보도가 제한적인 상황에서 언론의 반통일적 보도경향이 '남북 간 체제비교', '유니폼식 보도', '사실에 근거하지 않은 희망사항 보도', '외신을 인용한 우회적인 북한 비방' 등 관행적으로 전개돼온 측면을 지적하고, 언론이 통일에 대해 전향적 자세를 취하기 위해서 '통일에 관한 객관적 논의 제시', '언론사의 북한 전담 부서의 확대·강화', '언론인의 통일에 대한 재교육', '남북 언론학자와 언론인의 교류' 등을 촉구했다.

김민환·김원태(1990)는 남북총리회담 보도에 대한 사례분석을 통해서 주로 보수언론이 "형식적으로는 균형성을 유지하고자 하면서도 북한에는 부정적이고 남한에는 일방적으로 호의적"이었다고 주장했다. 본질과 거리가 먼 지엽적인 사실을 과대 보도하거나 선정주의적 보도 관행을 보였다고도 지적했다. 고위급회담에 대해서 〈조선일보〉는 사회주의 진영을 절대적인 적으로 인식하는 냉전논리로, 〈동아일보〉는 공존을 강조하면서 이면에는 음모론이 작동하는 공존논리로, 〈한겨레신문〉은 갈등적 관계의 현실적 인정과 양쪽이 모두 갈등의 원인을 가지고 있다고 인식하는 수정주의논리로 접근했다고 주장했다.

윤영철(1992)은 정권의 권력구조와 대북정책이 남북관계 보도 성향을 결정하는 핵심 요인임을 지적하며, 1987년 민주항쟁 이후 정치적 환경변화가 언론환경 변화를 유도해 언론사의 취재 관행이나 보도 정책도 다양한 시각에서 남북관계를 조명하도록 했다고 언급했다. 즉 남북관계 보도의 이념적 다양성은 정치 권력의 집중 정도에 영향을 받는다는 것이다. 또 윤영철(2000)은 신문보도가 권력을 대리한다는 전제를 두고, 정권교체기의 권력 이동 상황에서 신문사의 보수·진보성향은 남북관계(1996년 잠수함 침투, 1999년 서해교전)를 보도하면서 기존 언론과 정당의 호의적 관계(병행관계)가 더욱 강화됐다고 주장했다.

방정배(1995)는 통독과정에서 독일인은 분단으로 인한 고통과 불행을 충분히 극복할 수 있다고 사고함으로써 공존과 교류·협력의 관계로 나아갔다는 점에서 "대립과 갈등의 관계구조가 공존이나 협력의 관계"로 전환되는데 언론보도의 위상과 역할이 중요했다고 지적했다. 동서독 방송교류는 서독주민의 의식구조와 행위양식을 동독주민에게 사회화시킴으로써 동질화를 촉진했지만, 서독언론의 보도가 서독 자본주의 장점을 선전하거나 동독 사회주의 약점인 낮은 생산력과 경쟁력, 가난과 인권 억압 등을 폭로하는 등 이데올로기나 상업성에 기대기보다는 객관성과 사실성, 형평성에 의존했다는 점을 지적했다. 또 서독 공영방송의 언론보도는 동독주민에게는 언론의 역할에 대한 신선한 충격과 함께 서독방송에 대한 신뢰를 주었다고 언급했다. 이에 한국언론이 냉전 시기의 적대적 관계 속에서 분단, 갈등, 이질성을 증대시켰다면, 우호적 관계 속에서 이해와 남북의 동질성을 회복할 수 있는 역할을 모색해야 북한사회의 개방적 변화나 민주화로의 전환을 유도할 능력을 소유하게 될 거라고 주장했다.

박명진(1995)은 통독 과정에서 서독의 문화가 동독의 문화를 잠식하고 지배하는 방향으로 흐른 것이 동독주민의 가치관 혼란과 피해의식을 가중해 많은 갈등을 일으켰다고 언급하면서, 남한문화가 북한문화를 지배하고 북한의 축적된 문화적 역량을 말살해 문화적 손실이 큰 방향으로 흐를 수 있고 그 때문에 서로에게 이질감과 적대감을 증폭시킬 것으로 우려했다. 이를 방지하기 위해서 상대방의 문화에 대한 충분한 이해와 수용, 이질적 문화를 다양성과 풍요함으로 전환해 다양성 속의 단일성이라는 형태의 문화적 통합이 가능할 것으로 제언했다. 또 방송매체는 민속문화의 발굴과 생산적 오락문화의 모범을 만들어 민족정체성의 발판을 마련해야 한다고 주장했다.

이우승(1997)은 통일 후 사회통합을 위해서 방송은 구성원 간 대화와 상호이해를 통해서 이견과 갈등을 줄이고, 다양한 구성원을 포용하는 균형적 보도 자세에 기초해 여론 형성을 하면서 국민 결속과 이해증진이라는 역할을 수행해야 한다고 지적했다. 이를 위해 공영방송은 남북한 주민 모두를 대상으로 콘텐츠를 제작해야 하며, 북한주민에게 민주주의와 자본주의를 소개한다면, 남한주민에게 북한의 제반 문화현상에 대한 이해나 북한 지역 문화를 소개함으로써 북한주민에게 자긍심과 정체성 유지에 도움을 주는 프로그램을 만들어야 한다고 제안했다. 또 통합의 어려움과 장애물에 대해 침묵하거나 인위적 화합을 강요하거나 진실을 왜곡해 미화하는 방식의 보도 태도를 지양하면서 자유민주적 질서 위에서의 언론관을 정립할 필요가 있음을 지적했다.

김정기(1998)는 한국방송이 북한에 대한 맹목적 반공이라는 성향구조로부터 벗어나기 위해서 냉전적 정치 언어가 아닌 남북주민 간의 커뮤니케이션 윤리를 반영하는 새로운 화해의 어법을 발굴하고 이를 시작으로 남북한 간 '말 공동체'를 조성해 한국방송이 남북한 간 신뢰 회복을 위한 역할을 해야 한다고 주장했다.

2) 2000년 이후 주제별 연구

김대중 정부의 포용적 대북정책과 2000년 제1차 남북정상회담 개최로 통일에 대한 국민적 관심이 높아지면서 2000년 이후 통일에 대한 커뮤니케이션 분야에서의 논의가 더욱 활발해지고 다양해졌다. 주요 연구를 주제별로 구분하면 다음과 같다.

먼저, 통일과 북한에 대한 언론 인식, 보도 태도 및 그 영향에 관한 연구가 1990년대부터 가장 많이 진행됐다. 통일과 남북관계, 북한(주민) 등에 관한 보도에서 정권과 언론사의 정치성향에 따라 보도 태도와 보도 방식, 보도 내용에 차이가 있다고 지적한 연구들이 많았다. 종종 위의 주제와 연계되어 언론의 보도 태도가 수용자의 의견 형성에 미치는 영향과 통일을 지향하기 위한 언론의 역할 등이 모색됐다. 최근 빅데이터를 활용한 연구(박종민 외, 2020)에서는 정권의 정치적 성향보다는 남북관계의 사건들, 북한의 대남 관련 행동, 그러한 행동의 중대함 등이 언론에서의 북한과 통일에 대한 언어적 강도와 정서성에 영향을 미친다고 지적했다. 그간의 연구들과 달리 보수언론의 보도가 진보언론보다 북한과 통일에 대해 긍정적이라고 주장하면서, 보수와 진보언론에 대한 학계의 관성적 인식에 대한 성찰과 역사적 사건과의 연계성을 고려한 현상의 설명이 필요하다고 역설했다.

방송의 북한·탈북민 재현과 정체성에 관한 연구는 언론 기사의 보도와 종편에 정규 편성된 탈북민 출연 프로그램이 북한의 일상과 북한이미지, 탈북민 등의 재현을 통해서 보수언론의 정치성을 재생산하는 방식, 또는 미디어가 한국사회의 탈북민의 문화적 정체성 형성에 어떤 역할을 수행하는지를 탐색했다. 김명준·임종섭(2014)은 타자로서의 탈북자 이미지 확대 재생산을 지양하고, 북한(탈북민) 관련 기자의 전문성 보완이 필요하고, 종편에서의 북한 권력층 내부 사생활에 지나친 관심을 자제함으로써 탈상업주의 면모가 필요하다고 지적했다. 오원환(2019, 2021)은 한국사회의 미디어가 재현하고 구성하는 북한이나 탈북민의 정체성을 성찰하면서 한국사회의 탈북민 정착과 남북한의 통일·평화공존을 위한 문화정치의 필요성을 제안했다. 또 한국사회의 탈북민 정착을 위해서 민족주의와 다문화주의적인 정과 친절이 필요하며, 후속 연구에서는 탈북민에 대한 존중을 환대와 우정의 차원에서 살펴보면서 남북한 주민의 사회문화적 통합을 위해서 정과 친절, 환대(우정)의 가치가 정책적·문화적으로 실천될 필요가 있다고 제안했다.

대북방송의 역할과 관련하여 조수진·김도연(2020)은 대북라디오방송의 성격 변화, 프로그램 편성 변화를 분석했다. 방송사의 특수성과 무관하게 최근으로 올수록 대북방송은 통일 지향 전문채널로 변화하고, 시사·보도 편성보다 교양·정보와 문화·오락 편성 비율을 높였으며, 프로그램 콘텐츠의 다양화를 추구해왔다고 주장했다. 또 정규 프로그램이 연성화 경향을 보였지만, 특집 프로그램은 보수 정부의 통일정책을 반영하는 경향이 있었다고 지적했다. 이주철(2014)은 북한의 〈조선중앙TV〉가 북한 외부로부터 북한주민에게 정보와 미디어 콘텐츠 유입이 증가되는 상황에서 김정은 우상화라는 선전기능을 강화하고, 동시에 외국 스포츠와 드라마, 선정적 공연 등 오락 프로그램을 확대하며, 경제력 강화를 위한 증산과 과학기술을 소재로 한 프로그램을 방송하는 등 변화를 보이고 있다고 지적했다. 김병희 외(2019)는 북한에서의 광고가 포스터나 입간판, 옥외광고판부터 TV나 신문 광고에 이르는 일반광고까지 다양한 매체로 발전되고 있으며, 북한 광고의 사회주의 리얼리즘에 근거한 표현과 뉴스와 다큐멘터리 형식을 차용한 광고 등을 활용하고 있다고 전하면서 북한의 광고 관련 개념들은 남북한 광고 개념과 상당한 차이가 있다고 지적했다.

북한주민·탈북민의 남한방송 수용에서 박정란·강동완(2012, 2013)은 북한주민의 남한 미디어 수용이 남한에 대한 왜곡된 이미지를 만들 수 있고 그러한 인식이 남북한 통합의 한계로 작동할 수 있음을 지적했다. 반면 북한주민의 남한 미디어 수용이 자유나 인권의식에 영향을 미쳐 북한정권에 대한 회의감이나 배신감을 유발할 수 있기에 지속적 관심이 필요하다고 지적했다. 오원환(2015)은 남한 미디어의 상징적 현실에 의해서 탈북청소년의 한국에 대한 주관적 현실이 환상적으로 구성되고, 한국에 입국한 탈북청소년은 그전에 품었던 한국에 대한 기대와 환상이 좌절과 절망으로 이어지면서 한국 사회적응을 더디게 만들 수 있다고 지적했다.

통일 관련 방송프로그램에 관한 연구(박주연, 2012, 2013; 이우승, 1997, 2000, 2001)에서는 통일 관련 방송프로그램 내용 및 편성과 관련하여 정부로부터 자유롭지 못한 방송사의 통일 프로그램 제작 문제가 거론됐다. 프로그램 아이템과 주제 선정에 있어서 정부정책과 같은 외부적 요인이 작동하고, 시사 및 토크 장르에 집중 편성되며, 문화·예술을 포함한 흥미로운 다양한 주제보다는 군사·정치·외교 관련 주제들이 많고, 시청률이 높은 프로그램 장르에서는 제작이 전무하다는 점을 지적하면서 이를 개선하기 위해 객관적 정보 제공과 거시적 차원에서 해석과 의견 제시, 방송 제작의 독립성과 자율성, 관행적 제작방식 탈피, 통일과 북한 관련 전문 제작 인력

양성, 제작 가이드라인 등 방안 모색이 필요하고, 통일 후 사회통합을 위한 방송편성의 방향이나 원칙 등이 요구된다고 언급됐다.

남북한 정보통신미디어의 교류협력에 관한 연구는 주로 통신교류, 인터넷교류, 방송통신 법제와 제도 개선 등의 분야에서 진행됐다. 정보통신미디어의 교류협력의 필요성은 무엇보다 남북한 사회문화적 이질감을 극복하고 동질감을 회복하기 위한 효과적 수단이라는 점과 경제협력을 비롯한 제반 협력사업을 지원하기 위한 기반이라는 점이 강조됐다. 특히 "방송은 그 파급효과와 영향력으로 인해 남북의 문화와 의식을 통합할 수 있는 가장 효율적인 매체"라는 점에서 민족공동체의 통합에서 매우 중요한 역할을 할 것으로 예측했다(김현귀, 2018).

언론과 미디어의 평화·통일 지향성 지수 개발에 관한 연구에서는 미디어의 북한 및 통일 관련 콘텐츠가 갈등과 적대감을 불러일으키기보다는 평화공존과 화합을 지향할 수 있도록 통일 지향성 지수 도입과 구체적 지수 구성 방안을 탐색했다(정영주, 2016). 또 미디어의 보도 부분에 집중해 북한과 통일 관련 보도에 대한 평가 항목을 도출해 평화통일의 지향성을 평가하는 지수 개발을 제안했다(홍종윤, 2016).

3. 통일 커뮤니케이션의 교육 목표와 내용 체계

1) 통일교육과 커뮤니케이션 연구의 교육적 접합

통일 커뮤니케이션 교육은 커뮤니케이션학의 교육적 범주와 한반도 문제라는 주제 영역을 접합하여 통일 커뮤니케이션이라는 세분화된 영역에서의 목표와 내용 체계로 살펴볼 필요가 있다. 또 통일교육이라는 거시적 범주 안에서 통일 커뮤니케이션 교육의 목표가 설정되고, '한반도 문제'에 관한 커뮤니케이션 연구 성과에 기반하여 교육 내용의 체계를 구성하는 것이 시론적 수준에서 가장 적정해 보인다. 그간 커뮤니케이션학이 급변하는 시대와 미디어 환경변화에 조응해왔듯이, 새롭게 제기되는 통일 커뮤니케이션은 한반도 상황과 미디어 환경변화에 조응하며 한반도 문제에 관한 성찰적 문제의식 속에서 연구와 교육이 병행돼야 할 것이다. 즉 통일 커뮤니케이션 교육 내용은 기존 연구들과의 유기적 관계 속에서 모색돼야 하기에, 통일교육의 내용범주에 따라서 커뮤니케이션 연구주제를 제안하면 〈표 2〉와 같다.

표 2. 통일 교육 내용의 범주와 커뮤니케이션 연구의 접합

범주	내용
통일문제	언론의 정치성향(보수·진보), 미디어의 평화담론·안보담론, 한반도 문제의 보편적 가치·민족적 가치, 독일언론과 방송의 통일교훈, 분단비용 대 통일비용 인식, 통일의 필요성 인식
북한이해	남북 언론방송 교류사, 남북한 언론사상, 북한의 자유·민주·복지, 북한의 인권문제, 미디어의 북한(이주민) 재현과 정체성 구성
통일환경	비방 선전·선동, 한반도 문제와 국제정세에 관한 언론의 보도태도·보도방식·보도내용, 대북언론정책, 전파월경, 대북방송, VOA·RFA를 포함한 외신보도, 한반도 평화를 위한 국제홍보
통일정책	통일방송통신언론정책, 평화저널리즘, 방송통신발전기본법, 통일보도제작준칙, 미디어콘텐츠 공동제작, 남북한 미디어환경, 미디어평화통일지향지수, 언어·방송 스피치, 말의 공동체, 통일전담방송, 남북TV공동채널
통일과제	남북·남남갈등, 북한에 대한 신뢰 회복, 통일·대북정책·통일정책에 대한 인식·태도, 남북의 이질감 이해·동질감 회복을 위한 커뮤니케이션, 세계시민의식과 민주시민의식, 통일의 주인의식 고양을 위한 커뮤니케이션

통일교육에서의 통일문제는 분단의 배경과 폐해, 통일의 의미와 성격, 평화통일의 필요성, 통일과정과 통일국가의 미래상, 통일비용과 편익항목 등 경제적 필요성으로 구성됐다. 따라서 커뮤니케이션학에서 분단 커뮤니

케이션 현상으로서의 언론과 미디어의 정치성향, 평화·안보담론, 보편적 가치와 민족적 가치, 독일의 통일교훈, 분단비용과 통일비용에 대한 인식, 통일의 필요성 인식 등을 다룰 수 있다.

북한이해는 북한의 정치, 외교, 경제, 군사(핵문제), 사회·문화를 포함해 북한의 변화와 전망, 북한주민의 인권문제로 구성됐다. 따라서 커뮤니케이션학에서는 남북 언론방송 교류사, 남북한 언론사상, 한반도의 자유·민주·복지와 북한의 인권 문제에 대한 인식, 언론과 미디어의 북한(이주민)의 재현과 정체성 구성 등 문화연구적 접근을 다룰 수 있다.

통일환경은 냉전의 잔재와 탈냉전적 사고, 국제질서와 국제정세의 변화, 국제협력 등으로 구성됐고, 커뮤니케이션학에서는 남북한 상호비방과 선전선동, 전파월경, 대북방송과 VOA·RFA를 포함한 외신보도, 한반도 문제와 국제정세 등에 관한 언론의 보도태도·보도방식·보도내용, 대북언론정책, 한반도 평화를 위한 국제홍보 등을 다룰 수 있다.

통일정책은 화해협력과 평화공존, 남북교류, 역대 정부의 노력, 공존공영과 공동번영 등으로 구성됐고, 커뮤니케이션학에서는 통일방송통신언론정책, 방송통신발전기본법, 통일보도제작준칙, 미디어콘텐츠 공동제작, 남북한 미디어 환경, 평화저널리즘, 미디어평화통일지향지수, 언어·방송 스피치, 말의 공동체를 비롯해 향후 통일전담방송, 남북TV공동채널 등 통일 이후를 상상하는 내용을 등을 다룰 수 있다.

통일과제는 통일의 방법, 통일을 위한 자세(주인의식, 민주시민의식, 평화의식), 통일국가의 미래상과 그에 대한 국민적 합의와 공감대 형성, 평화와 번영의 민족공동체 구현 등으로 구성됐고, 커뮤니케이션학에서는 남북·남남갈등에 대한 이해, 북한에 대한 신뢰도 회복, 통일과 대북정책에 대한 인식과 태도의 개선, 남북한의 이질감 이해와 동질감 회복, 세계시민의식과 민주시민의식, 통일의 주인의식 등의 고양을 위한 커뮤니케이션 전략 등을 다룰 수 있다.

위와 같이 통일교육의 내용체계에 커뮤니케이션 분야의 연구주제를 적용할 수 있지만, 커뮤니케이션학에서의 통일교육을 위한 개념화와 내용체계의 구성이 필요하다.

2) 통일 커뮤니케이션의 개념과 교육의 목적

윌리엄스(Williams, 1976)에 따르면, 커뮤니케이션이란 용어는 15세기 이래 현대적 의미로 존재해왔으며, 20세기 들어서 정보전달과 사회적 접촉을 유지하는 수단들을 비롯해 신문과 방송 등 미디어를 언급하는 개념으로 활용됐다. 이때 커뮤니케이션의 방향성은 미디어를 통한 사상과 정보의 단방향 전송이나 상호작용을 통한 공유를 의미했다. 댄스(Dance, 1970)는 그간 수많은 커뮤니케이션을 정의한 것 중에서 어느 것도 커뮤니케이션을 개념을 전체적으로 다루지 못했다고 지적한다. 댄스는 15개의 커뮤니케이션 개념의 구성 요소를 '기호·언어·말하기', '이해', '상호작용·관계·사회적 프로세스', '불확실성 감소', '과정', '전송·교환', '연결', '공유', '통로·경로·수단', '기억 복제', '차별적 반응·행동수정·응답·변화', '자극', '의도적', '시간·상황', '권력' 등으로 정리한다. 하지만 위의 구성 요소들을 포함하더라도 일관된 하나의 정의로 합성하기에 너무 느슨하거나 모순되기까지 한다고 지적한다. 크레이그(Craig, 1999) 역시 이론으로서의 커뮤니케이션에 관한 연구가 풍성해졌지만, 식별 가능한 연구 분야로서의 커뮤니케이션 이론은 존재하지 않는다고 지적했다. 그리핀(Griffin, 1991, 2009)은 커뮤니케이션 개념을 정의하는 것은 어려운 문제이며, 커뮤니케이션 연구 분야에 원칙이란 것이 거의 없다고 언급한다. 따라서 커뮤니케이션 개념 정의를 '그 정의가 의미하는 바를 의미한다'는 차원에서 살펴본다면, 통일이라는 목적을 염두에 둔 커뮤니케이션은 적어도 '이해understanding'와 '공통성 commonality'의 개념적 요소를 포함해야 한다. 왜냐하면 분단 시기를 거치면서 다방면에 걸친 남북한의 이질적 요소를 이해하고 공감하면서 공통의 인식을 확장할 필요가 있기 때문이다(박명진, 1995; 방정배, 1995; 이우승, 1997).

홍문기(2015)는 통일 커뮤니케이션을 "남북한 상호이익을 증진하고 서로 다른 정치·사회·경제 체제를 하나로 통합하기 위한 전략적 메시지 구성과 전달 과정"으로 정의한 바 있다. 이는 통일과 평화의 문제를 염두에 둔다면 커뮤니케이션 개념의 일부 요소만을 고려한 것으로 볼 수 있고, 단방향 프로세스로 읽힐 가능성이 크다는 점에서 상호작용적 의미로 공유share의 의미를 포함할 필요가 있다. 즉 통일 커뮤니케이션을 '전략적 메시지 구성과 전달, 이해와 공유의 과정'으로 수정할 필요가 있다.

한편, 김대중 정부의 〈통일교육 지침서〉(2002)에서 명시한 '통일의 미래상에 대한 국민적 합의 도출'이 문재인 정부(2021)에 이르러서 통일국민협약안으로 결실을 맺었고, "남북관계와 한반도의 미래에 관한 정책 결정과 집행이 민주적으로 일관되게 이루어지도록 정파와 이념을 넘어선 공통의 합의기반"이 통일정책과 통일교육에서 매우 중요하다는 점(조정아, 2018; 한만길, 2019)을 고려한다면, "남과 북의 대결과 갈등을 평화적으로 해결하고 바람직한 한반도의 미래상을 함께 설계하고 만들어가기 위한 사회적 협약"인 통일국민협약을 앞서 수정한 통일 커뮤니케이션 정의와 접합해서, '통일 커뮤니케이션이란 남북의 대결과 갈등을 평화적으로 해결하고 바람직한 한반도의 미래상을 함께 설계하고 만들어가기 위한 전략적 메시지 구성과 전달, 이해와 공유의 과정이며, 이와 관련한 역량을 기르도록 하는 것을 통일 커뮤니케이션 교육'이라고 할 수 있겠다.

비록 범박한 가정과 접합을 통해서 통일 커뮤니케이션 교육을 정의했지만, 위의 정의를 토대로 통일 커뮤니케이션 교육의 방향을 제안한다면, '평화지향', '통합미래지향', '소통지향'이라고 할 수 있고, 그것을 실현하는 방법은 '역량지향'이라고 할 수 있다. '역량지향'은 통일교육의 방법론이라는 점에서 여기서는 교육내용에 초점을 맞추어 '평화지향', '통합미래지향', '소통지향'이라는 통일 커뮤니케이션 교육의 방향성을 중심으로 그에 적합한 교육의 내용 체계를 제안하고자 한다(〈표 3〉 참조).

표 3. 통일 커뮤니케이션 교육의 내용 체계

		소통지향			
	전략 (이론·사상·담론)	메시지구성 (제도·기획·콘텐츠)	전달 (매체·실천)	이해 (수용·효과)	공유 (순환·문화)
평화지향	• 평화담론· 안보담론 • 보편적 가치· 민족적 가치 • 남북관계· 국제정세 • 가치관(보수· 진보) • 언론의 자유	• 평화 저널리즘 • 비방 선전선동 • 자유·민주· 복지·인권 • 보도태도·보 도방식·보도 내용 • 대북언론정책 • 통일방송통신언 론정책	• 남북한 미디어 — TV·Radio· 신문·출판 — 영화·광고 — 모바일·인터넷 • 전파월경·확 성기방송·전 단(삐라) • 대북방송(방 송·민간) • VOA·RFA· 외신보도	• 남남·남남 갈 등 • 북한(주민)· 탈북민·한민 족 • 미디어 재현· 정체성 • 통일·대북정 책 신념·태도 • 통일정책 인식 • 통일컴 인식 • 북한에 대한 친밀감	• 미디어평화통 일지향지수 • 평화·통일감 수성 • 세계시민의식 • 통일컴 법· 제도 개선 • 공존공영 • 통일의 필요성 인식 • 통일의 주인 의식 • 이질감이해· 동질감회복
통합미래지향	• 화해와 협력, 교류 • 독일통일 교훈 • 통일국민협약 안 • 남북한 언론 사상 • 남북 언론과 방송의 교류 협력	• 「방송통신발전 기본법」 • 통일보도제작준 칙 • 북한의 인권 문제 • 통일상상력	• 국제 홍보 • 콘텐츠 공동제 작 • 언어·방송 스 피치 • 화해어법, 말 공동체 • 통일전담 방송 국 • 남북TV 공동 채널 • 북한 관련 프 로그램 • 통일 관련 프 로그램	• 북한보도의 신 뢰도 • 통일에 대한 기대 • 통일에 대한 태도 • 분단비용 대비 통일비용부담 의지 • 남북TV 상호 시청 • 미디어 상호 개방	• 민족공동체 의식 • 민주시민의식

3) 통일 커뮤니케이션 교육의 내용

(1) 통일 커뮤니케이션의 개념과 전략적 사고

'통일 커뮤니케이션의 개념과 전략적 사고'에서는 통일 커뮤니케이션의 개념 정의와 교육의 목적을 다루고, "남북의 대결과 갈등을 평화적으로 해결하고 바람직한 한반도의 미래상을 함께 설계하고 만들어가기 위한 전략"의 토대가 되는 이념과 사상, 담론을 포함한다. 구체적으로 다음과 같은 내용을 포함할 수 있다.

- 통일 커뮤니케이션의 개념 정의와 통일 커뮤니케이션 교육의 목적
- 남북한의 언론사상과 언론의 자유
- 통일교육에서 다뤄져 온 평화담론과 안보담론
- 통일과 북한을 바라보는 보수와 진보의 가치관
- 평화통일 과정에서 추구해야 할 보편적 가치와 민족공동체로서의 특수한 가치
- 남북한 커뮤니케이션 교류의 역사와 현황
- 독일통일의 교훈과 통일국민협약을 통한 남북한의 화해와 협력, 교류의 과정과 필요성

독일은 한국과 달리 민족상잔의 전쟁을 치르지 않았고, 냉전 시기의 흑백논리가 한반도에서처럼 강하지 않았으며, 통일 전 동서독 간 방송, 편지, 전화, 왕래 등 커뮤니케이션을 할 수 있었다는 점에서 한국과 본질적으로 통일을 위한 역사적 환경이 다르다. 그런데도 통독의 역사를 통해서 동일한 결과를 기대한다기보다는 범례의 힘을 통해서 교훈을 얻을 수 있다(아우슝, 1997). 아울러 독일의 통일교육의 방향이 다양한 견해와 정보를 제공해 피교육자가 자기 생각을 스스로 정립할 수 있도록 돕는 것(진종순, 2016; 조정

아, 2018)이었다는 점을 참고할 필요가 있다. 그래서 다양한 가치들을 개방적 태도로 접근해 통일을 향한 나름의 전략적인 사고를 할 수 있도록 내용을 구성한다.

(2) 통일 커뮤니케이션의 제도와 기획

'통일 커뮤니케이션의 제도와 기획'에서는 평화통일을 설계하고 구성하는데 필요한 현상에 대한 이해, 통일 지향 제도와 정책, 그리고 통일상상력을 발휘할 수 있는 방송·언론 콘텐츠 기획과 제작 등을 다룬다. 특히 언론에서의 분단 커뮤니케이션 현상과 더불어 평화교육의 관점에서 통일교육을 재개념화할 때 평화를 커뮤니케이션 분야에서 포괄적인 가치로 전면화시키기 위해서 평화 저널리즘을 다룬다.

- 분단 커뮤니케이션: 남북한 상호비방과 선전·선동, 보수·진보언론의 진영 논리에 치우친 보도태도·보도방식·보도내용
- 남북·남남 간 구조적·문화적 갈등과 폭력을 해소, 평화로운 상태를 추구하는 평화저널리즘
- 북한의 인권문제의 심각성과 통일을 위한 개선 노력
- 남북한 문화적 통합을 위한 대북언론정책, 방송·언론사·협회의 대북보도제작준칙
- 한반도의 남북관계와 한반도를 둘러싼 국제정세
- 남북한 커뮤니케이션 교류 활성화를 위한 「방송통신발전 기본법」(제22조)
- 남북한 방송·언론 공동제작 외에 남북한 TV방송 개방 및 상호수용, 통일 전담방송국 설치, 남북한 공동 TV 채널 개설 등 남북한 커뮤니케이션 교류 확대를 위한 통일상상력에 바탕을 둔 기획 및 제작

남북한의 방송교류는 상호이해를 촉진해 문화의 이질감과 인식의 차이를 줄이고 문화적 통합을 지향하고 민족공동체 의식을 제고시킬 수 있다는

점에서 통일정책에서의 중요한 함의를 갖는다(강대인, 2001). 이를 위해서는 "최대한 정치성을 배제하고 객관적인 정보를 통해 서로를 이해하는 과정이 필요하며, 동시에 통일에 대한 국민들의 관심을 제고할 필요가 있다. 즉 남북 방송교류의 목표가 각자의 체제를 선전하거나 우월감을 이용해 서로를 동화시키기 위한 것이 아니라 소통을 통한 사회통합에 있어야 한다. (김여라, 2018)".

(3) 통일 커뮤니케이션의 미디어와 활용

'통일 커뮤니케이션 미디어와 활용'에서는 북한의 미디어에 대한 소개와 남북한 미디어 교류의 기술적 장애와 개선, 분단 커뮤니케이션 매체 활용과 국내 대북방송의 현황과 변화, 해외방송(VOA, RFA)과 외신보도, 국제홍보, 향후 통합될 미래의 방송 제작과 전달 등의 내용으로 구성한다.

- 남북한 미디어 · 통신 현황 및 교류협력을 위한 기술적 장애와 개선책
- 남북한 미디어 영상콘텐츠(방송, 영화, 광고) 및 신문 · 출판 보도
- 남북한의 방송 언어와 스피치, 말의 공동체 필요성
- 분단 커뮤니케이션 현상: 전파월경, 휴전선 확성기 방송, 전단(삐라)
- 방송사 · 민간 대북방송 현황과 변화
- 국내 통일 · 북한 관련 프로그램
- 국제방송(VOA, RFA)과 남북관계 외신보도
- (통일상상력) 통일전담방송국의 역할과 콘텐츠 기획
- (통일상상력) 남북 공동 TV 채널 개설과 편성 기획

통일 커뮤니케이션 교육에 기본 원칙이 있되, 주변 정세와 국제환경의 변화에 따른 통일문제에 피교육자 스스로 국제적 인식에 유연하고 융합적인 사고를 발휘해 문제해결력을 키울 수 있도록 교육내용은 개방적이고 유

연해야 한다. 한반도에서의 '평화와 안보'는 우선 '남과 북의 평화'를 포함해 주변 강대국과의 상호협력이 필요하다는 점에서 외신보도를 통한 주변국의 시각을 살펴야 한다.

아울러 "평화의 관점으로 북한을 인식한다는 것은 북한주민들이 바라보는 그들의 장점과 강점을 인정하고 이에 대한 그들의 긍지와 자부심을 존중하는 것을 의미(한만길, 2019)"한다는 점을 고려할 때 북한미디어가 남한과 다른 부분들을 유연하고 개방적이면서 존중하는 방식으로 수용해야 할 것이다.

(4) 통일 커뮤니케이션의 수용과 이해

'통일 커뮤니케이션의 수용과 이해'에서는 분단 커뮤니케이션을 통한 남북·남남 갈등, 북한(주민), 북한이주민 등의 미디어 재현과 정체성, 친밀감 및 수용자의 통일과 대북정책에 대한 인식과 태도, 신념, 분단비용과 통일비용의 비교 및 부담 의지, 통일상상력을 토대로 남북TV 개방 및 상호시청 등으로 구성한다.

- 분단 커뮤니케이션 효과: 남북갈등, 남남갈등
- 한국사회의 북한(주민)과 북한이주민에 관한 미디어 재현과 정체성
- 북한주민의 남한미디어 수용에 따른 남한(주민)과 남한사회, 자유와 민주주의 이념 인식·태도
- 북한(주민)에 대한 친밀감, 한민족 공동체 인식
- 북한 및 통일에 대한 기대와 태도
- 통일·대북정책 및 통일 커뮤니케이션 정책에 대한 인식과 태도
- 분단비용을 고려한 통일비용 부담의지
- (통일상상력) 남북TV 상호 개방, 남북 인터넷 통신 상호 개방

분단 커뮤니케이션으로 갈라진 남한 내 갈등과 관련해서 "평화통일적 접근은 남남갈등의 원인 제공자들도 수용"하는 유연한 교육내용이 되어야 하고, "보수와 진보의 성향을 떠나서 건전한 시민의 통일인식으로 수렴되는 길을 찾아야 한다(박찬석, 2011)". 또 통일상상력을 통해서 기존 이념적 테두리에 갇히지 말고 통일 이후의 한반도를 상상하며 피교육생의 상상력을 자극할 필요가 있다.

(5) 통일 커뮤니케이션의 공유와 문화

'통일 커뮤니케이션의 공유와 문화'는 메시지의 송수신과 피드백을 포함하는 순환의 과정과 그로 인해서 평화통일과 관련해 공유되는 의미들, 문화적 인식 등을 다룬다.

- 미디어 · 언론 평화 · 통일 지향 지수 개발 및 활용
- 평화통일의 감수성: 차이와 다름을 이해, 이질감 이해와 동질감 회복
- 세계시민의식, 민주시민의식, 민족공동체의식
- 남북한 방송통신언론의 법과 제도의 개선
- 통일 주체로서의 주인의식
- (통일상상력) 남북한 철도연결 · 세계여행, 인터넷과 모바일의 자유로운 통신 환경

남북한 교류가 활성화되고 본격적인 사회통합의 과정에 들어서게 될 때, 남북한의 사회문화적 차이와 가치관과 이해의 충돌이 구조적 불평등의 문제를 야기할 수 있다. 타자에 대한 이해와 공감, 존중의 태도를 통해서 갈등의 평화적 해결 능력이 필요하고 통일교육은 그러한 삶의 방식을 중요한 가치로 고려(조정아, 2018)해야 한다. 통일 커뮤니케이션은 그러한 가치의

공유 과정에서 가장 중요한 역할을 맡게 될 것이다. 또 북한의 인권문제에 관해서 적극적인 개선 요구 노력이 필요하며 건전한 민주시민의식 및 민족공동체의식은 한반도의 통일로 가는 길에서 매우 중요하다.

4. 마치며

이 글은 통일교육에 관한 정부의 지침서를 통해 통일교육의 목표와 방향, 내용체계를 각 정부별로 분석했다. 그리고 커뮤니케이션 분야에서 통일과 관련된 주제의 논문을 연대별, 주제별로 분석했다. 이를 토대로 통일 커뮤니케이션의 개념을 정의하고, 통일 커뮤니케이션 교육의 목적과 방향성을 '평화지향', '통합미래지향', '소통지향', '역량지향'으로 제안했다. 통일 커뮤니케이션 교육의 내용 체계를 '소통지향'의 5가지 영역(전략, 메시지구성, 전달, 이해, 공유)이 '평화지향'과 '통합미래지향'과 교차하는 지점들에서 구체적인 통일 커뮤니케이션의 교육내용을 제안했다. 여기서 '통일상상력'은 '역량지향' 차원에서 교육적 과정의 일부로 간략히 언급했다.

정부 주도의 통일교육이 개론적 수준에서 다양한 분야를 다뤘다면, 향후 통일교육은 전문 분야별로 세분화될 필요가 있다. 일부 지방자치단체의 교육기관에서는 일선 교사나 교육행정가 등이 통일교육의 내용과 방법을 새롭게 모색해오고 있다. 커뮤니케이션학 분야에서도 통일교육과 관련한 학문적 연구를 통해서 교육의 목적과 내용, 방법 등을 체계적으로 개발할 필요가 있다. 특히 한반도의 분단이라는 상황적 특수성은 커뮤니케이션학 연구와 교육이 지역적인 동시에 전세계가 주목할만한 현상과 문제의식을 담보할 수 있다는 점에서 매우 특별한 의미와 가치를 제공한다. 서구 중심의 커뮤니케이션학 이론과 방법론에 대한 문제의식을 여전히 극복하지 못한 우리 커뮤니케이션 학계가 통일 커뮤니케이션을 통해서 자율적이고 주체적인 학문 분야를 개척할 수도 있고, 커뮤니케이션학의 학문적 발전에도 기여할 수 있다는 점에서 소홀히 여겨서는 안 될 것이다.

「통일교육지원법」에 따르면, 초·중등학교에서의 통일교육은 교육과정에 반영되어야 하지만, 대학에서의 통일교육은 권장 사항에 속한다. 통일부는 일부 소수 대학을 통일교육 선도대학으로 지정·육성하거나 통일특강 및 강좌사업의 명목으로 일부 대학의 교원에게 재정지원을 하고 있다. 하지만 국가 교육과정의 성격이 강한 초·중등학교에서의 통일교육에 비하면 대학에서의 통일교육에 대한 지원 정도는 미미한 수준이다. 대학에서의 통일교육을 일부 교원의 관심과 의지에만 의존하기보다는 다양한 전공 분야에서 통일교육을 활성화할 수 있는 정부 정책이 필요하다. 예컨대, 통일 커뮤니케이션 연구와 교육 지원이 활성화된다면, 커뮤니케이션 관련 학과에서도 전공이나 교양 교육을 통해서 대학생의 평화·통일감수성 증대를 위한 커뮤니케이션 연구와 교육에 더 노력할 것이다.

커뮤니케이션학은 다른 학문 분야에 비해서 시대 상황과 미디어 환경의 변화 등에 민감하게 반응해왔고, 커뮤니케이션 현상에 대한 연구와 교육내용은 유기적으로 연계돼왔다. 비록 통일 커뮤니케이션의 개념과 교육내용이 관련 연구들의 기반 위에서만 구성되는 한계를 지니고, 정치하기보다는 범박한 수준에서 통일 커뮤니케이션의 개념화가 이뤄졌지만, 통일 커뮤니케이션 교육에 대한 탐색적 연구가 지니는 이 글의 한계는 후속 연구들에 의해서 활발히 논의되면서 극복되기를 바란다.

커뮤니케이션 분야의 통일 관련 일부 논문들에는 10년 혹은 어느 특정 기간 안에 통일이 될 거라는 기대가 담겼다. 특히 냉전의 해체 시기와 첫 남북정상의 회담이 열리던 시기의 논문들에서는 통일이 아주 먼 일이 아닐 거라는 기대감을 읽을 수 있었다. 그러나 예상된 시점을 넘어버린 현재도 통일은 미완의 과제이며, 젊은 층에서는 종종 무관심의 대상 혹은 부정적 주제로 인식되기도 한다. 여전히 남북관계의 부침과 자국의 이해관계가 우선하는 국제정세 속에서 통일로 가는 길은 멀게 느껴진다. 그래서 통일 이후의 남북한 사회와 남북한 주민의 마음 통합을 위한 준비도 필요하겠지만, 먼저 온 미래라고 불리는 현재 우리 사회의 북한이주민의 소중함을 새삼 깨닫는다. 한국을 떠난 탈남탈북민을 통해서 우리는 남북한의 사회문화적 통합의 걸림돌이 무엇인지 찾고 극복할 수 있는 길을 모색해야 한다. 그리고 현재 북한이주민의 남한살이를 살펴야 한다. 한국에 유입된 3만여 명의 북한이주민의 정착과 적응은 통일의 시금석이 될 거라는 주장은 여전히 유효하다.

참고문헌

강대인 (2001). 남북 방송 교류정책의 연원과 추진방향. 〈방송통신연구〉. 통권53호, 7-43.
김명준·임종섭 (2014). 미디어에 나타난 탈북자 연구. 한국: 한국언론진흥재단.
김민환·김원태 (1990). 남북총리회담 보도 사례분석. 〈관훈저널〉, 통권 50호, 92-112.
김병희·박원기·김재철 (2019). 북한의 광고환경과 광고에 관련된 제반 개념의 분석. 〈광고학연구〉, 30권 2호, 159-192.
김여라 (2018). 남북 방송교류의 현황 및 개선과제. 〈이슈와 논점〉, 1464.
김정기 (1998). 남북한 방송교류, 어떻게 할 것인가: 정치적 심볼로서의 대북방송언어. 〈통일한국〉, 175권, 29-32.
김현귀 (2018). 〈남북방송교류에 관한 헌법적 검토〉. 서울: 헌법재판소 헌법재판연구원.
박명진 (1995). 통일 이후 동질성 회복을 위한 문화·오락의 역할. 한국언론학회; 중앙일보사. 《통일 그 이후》 심포지움 (51-68쪽). 서울: 한국언론학회; 중앙일보사.
박정란·강동완 (2012). 북한주민의 남한 미디어 수용과 '왜곡된 남한 상(像)'. 〈통일정책연구〉, 21권 1호, 239-270.
박정란·강동완 (2013). 북한주민의 남한 미디어 수용과 인권의식 변화. 〈북한학연구〉, 9권 2호, 65-101.
박종민·정영주·주호준·김현우 (2020). 대한민국은 지난 20년간 '북한'과 '통일'을 어떻게 보았는가? 언론 보도 빅데이터 분석 및 국민 인식 종단연구. 〈한국언론학보〉, 64권 6호, 161-201.
박주연 (2012). 통일 및 북한관련 지상파 텔레비전 정규 프로그램 연구: KBS의 〈남북의 창〉과 MBC의 〈통일전망대〉분석을 중심으로. 〈커뮤니케이션학연구〉, 20권 1호, 43-68.
박주연 (2013). 텔레비전 방송의 통일 및 북한관련 프로그램 편성추세 연구. 〈사회과학연구〉, 29권 3호, 387-408.
박찬석 (2011). 학교통일교육의 문제점 및 나아가야 할 방향: 통일교육 콘텐츠에 대한 제언. 허문영 외 (편). 〈통일교육: 과거·현재·미래〉(151-172쪽). 서울: 통일부 국립통일연구원.
방정배 (1995). 통일 이후 동질성 회복을 위한 뉴스·보도의 역할. 〈한국언론학회 심포지움 및 세미나〉, 17-49.

성영신 (1995). 통일 그 이후: 심리적 갈등과 그 조화. 〈한국언론학회 심포지움 및 세미나〉, 123-162.
오원환 (2015). 북한 및 제3국에서의 한국 대중문화 수용과 한국 사회의 문화 적응. 〈미디어경제와 문화〉, 13권 2호, 7-52.
오원환 (2019). 탈북민의 탈남현상에 대한 이해와 정(情)과 친절(親切)의 정치학에 관한 탐색적 연구. 〈한국소통학보〉, 18권 1호, 263-300.
오원환 (2021). 탈북민 정착과 사회적 통합을 위한 정과 친절, 환대(우정)의 정치학: 재영탈북민의 인식과 태도를 중심으로. 〈한국소통학보〉, 20권 3호, 185-231.
오원환 (2022). 통일 커뮤니케이션 교육의 개념과 내용에 관한 탐색적 연구. 〈사회과학연구〉, 61집 2호, 363-392.
유재천 (1990). 남북한의 통일언론정책. 〈통일한국〉, 84권, 104-112.
윤영철 (1992). 언론환경의 변화와 보도의 다양성. 〈한국언론학회 심포지움 및 세미나〉, 11-40.
윤영철 (2000). 권력이동과 신문의 대북정책 보도: '신문과 정당의 병행관계'를 중심으로. 〈언론과 사회〉, 27호, 48-81.
이우승 (1997). 통일 후 사회통합을 위한 방송프로그램의 편성. 〈한국방송학회 학술대회 논문집〉, 27-38.
이우승 (2000). 북한·통일 관련 프로그램의 제작방향에 관한 연구. 〈방송문화연구〉, 12권, 141-163.
이우승 (2001). 북한 관련 방송프로그램 현황과 개선방안 연구. 〈방송통신연구〉, 53호, 45-82.
이원근 (1981). 대외통일 홍보의 의의와 방향. 〈동북아연구〉. 3권, 1-25.
이종수·윤석년 (1990). 통일에 관한 보도 경향. 〈관훈저널〉, 통권 50호, 70-80.
이주철 (2014). 김정은 시대 북한 방송언론의 변화: 조선중앙TV를 중심으로. 〈북한연구학회보〉, 18권 2호, 203-232.
정영주 (2016). 통일 인식 제고와 미디어의 역할. 〈언론정보연구〉, 53권 1호, 57-104.
조수진·김도연 (2020). 민간 대북방송 출현 이후 대북라디오방송의 변화. 〈한국소통학보〉, 19권 1호, 177-215.
조정아 (2018). 2030 세대의 통일의식과 통일교육의 새로운 패러다임 모색. 〈통일교육연구〉, 15권 2호, 21-45.
진종순 (2016). 통일교육의 확산 방안에 관한 연구: 독일 연방정치교육센터의 사례를 바탕으로. 〈정부행정〉, 12권, 1-21.

통일교육원 (2002, 2007, 2012, 2016). 〈통일교육(기본)지침서〉. 서울: 통일부 국립통일교육원.
통일교육원 (2014, 2015, 2016, 2017, 2018, 2019, 2020, 2021). 〈학교통일교육 실태조사 결과보고서〉. 서울: 통일부 국립통일교육원.
통일교육원 (2018). 〈평화·통일교육: 방향과 관점〉. 서울: 통일부 국립통일교육원.
통일연구원 (2021). KINU 통일의식조사 2021: 통일북한 인식의 새로운 접근. 서울: 통일부 통일연구원.
하영선 (1985). 국제화시대의 민족의식 정립을 위한 연구: 국제 커뮤니케이션과 통일. 〈세계정치〉, 9권 1호, 105-120.
한만길 (2011). 통일교육의 방향과 체계. 허문영 외 (편). 〈통일교육: 과거·현재·미래〉 (3-18쪽). 서울: 통일부 국립통일연구원.
한만길 (2019). 평화통일교육의 방향과 내용 고찰. 〈통일정책연구〉, 28권 1호, 135-157.
홍문기 (2015). 통일 커뮤니케이션의 정의와 범위, 그리고 연구방법. 〈한국언론학회 심포지움 및 세미나〉, 2015(5), 5-25.
홍종윤 (2016). 미디어의 평화통일 지향성 지수 개발 연구. 〈언론정보연구〉, 53권 1호, 5-56.

Craig, R. T. (1999). Communication theory as a field. *Communication Theory, 9*(2), 119-161.
Dance, F. E. X. (1970). The "concept" of communication. *Journal of Communication, 20*(2), 201-210.
Griffin, E. A. (1991, 2009). A first look at communication theory (5th ed.). NY: McGraw-Hill. 김동윤·오소현 (공역) (2012). 〈첫눈에 반한 커뮤니케이션 이론〉. 서울: 커뮤니케이션북스
Williams, R. (1976). *Keywords: A vocabulary of culture and society*. New York: Oxford University.

Part 2

통일 커뮤니케이션의 이념과 사상

Chapter 02　갈등과 위기에 맞선 '해결지향 평화저널리즘'과 '시민성'의 역할
Chapter 03　통일담론의 변화와 통일비용, 분단비용
Chapter 04　북한의 언론 사상
Chapter 05　남북 미디어 교류협력의 미래
Chapter 06　북한 인권의 현실과 우리의 과제

Chapter 02
갈등과 위기에 맞선 '해결지향 평화저널리즘'과 '시민성'의 역할

정의철 | 상지대학교 교수

1. 평화와 시민성, 그리고 언론의 변화

남북관계, 평화, 통일, 분단 등에 대한 인식과 태도, 사회 분위기와 정책은 정권 성향과 남북관계 양상, 그리고 외교와 분쟁 등 국제상황에 따라 부침을 겪어 왔다. 문제는 이른바 '주류언론'의 편향되고, 왜곡된 북한 관련 재현이 국민의 인식과 태도에만 영향을 주는 것이 아니라 정치, 경제, 문화는 물론, 남북관계에도 부정적 영향을 준다는 것이다. 이는 오랜 기간 축적된 '갈등유발 저널리즘(이재경, 2008)'의 영향이기도 하며, '발표저널리즘', '외신의존', '추측 보도', '받아쓰기', '속보·특종 경쟁', '북한에 대한 적대적 타자화' 등의 저널리즘 구태들과도 연결된다. '상업화'된 주류언론은 북한 관련 뉴스와 프로그램들에서 시청률을 최우선시하며 선정적·자극적 보도와 재현에 집중했고, '정파성'을 따르는 것이 상업성에도 도움이 된다는 점에서 거대 정파들의 이해를 대변하는 경향을 보였다. 이 결과, 북한에 대한 부정적 이미지와 대결·갈등·분열 지향적 담론이 확산하면서 남북의 화해와 평화에 걸림돌이 되었음을 부인하기 어렵다. 상업성과 정파성 발현을 통해 평화를 위협하는 언론 행태는 북한·남북관계를 넘어 재난 등 공동체의 안전과 생명과 직결된 문제와 국내정치와 갈등 이슈들에도 그대로 적용된다. "팬데믹pandemic"에 대한 보도에서도 '○○發 확진자'라는 레이블링labeling이 앞다퉈 사용됐고, 특정 종교, 지역, 직업에 이어 소수자들로 책임 귀인이 옮겨갔으며, 이들은 바이러스와 무관하게 '우리'이지만 '우리'가 아닌 '타자화'된 존재로 차별받으면서, '이념화'되었다(손달임, 2020). 또한, 확진자·사망자 등의 통계와 당국의 발표, 감염 확산세, 일부 일탈 등에 치중하며, 시민의 불안과 공포감을 높이고, 소수자·약자 등 건강 취약계층이 처한 구조적 문제를 외면하면서 개인 책임을 강조해 차별과 낙인, 혐오가 확산하기도 했다. 이는 건강과 생존위기를 극복하는 노력을 방해하며, 해결책 제시를 통한 공동체의 평화로운 공존을 위협하는 결과를 낳게 된다.

'갈등유발 저널리즘' 행태는 남북관계뿐 아니라 평화로운 공존을 해친다는 점에서 '평화저널리즘'으로의 변화는 구호로 그치지 말고, 언론현장과 공동체 차원에서 시급히 실천되어야 한다. '평화저널리즘'의 정착을 위해서는 언론현장을 넘어 전 시민사회 차원에서 공존과 연대, 공감을 중시하는 '시민성' 교육이 필요하며, 그 근간에는 동등한 관계를 전제로 대화와 교류를 강조하는 '상호문화주의'가 작동해야 한다.[1] '상호문화주의'는 '상호작용', 즉 '교류'를 핵심으로 보면서 공통의 공적 문화에 대한 '교육'을 중시한

---

[1] 영미식 다문화주의가 개별 문화 간 차이를 고정된 것으로 간주하고, 이를 확인하는 것에 치중하는 것과 다르게, '상호문화주의'는 구체적인 상호작용과 교류를 핵심으로 본다(엄한진, 2017).

다(엄한진, 2017). 교류와 평화, 다양성의 시대에 필요한 상호문화주의 관점을 바탕으로 한 '시민성' 교육이 학교와 공동체에서 실시될 때 '평화저널리즘'의 사회적 토대가 마련될 수 있다.2) 일방적 '동화assimilation'나 배제의 다른 형태인 '포함inclusion'을 넘어 쌍방향적인 '포용embrace'을 바탕으로(김효숙, 2015) 평화를 지향하는 '시민성' 교육이 필수적이다. 상대를 인정하고, 대화와 교류를 중시하는 상호문화주의에 근거하는 '시민성' 교육이 전 사회적으로 추진됨으로써 평화와 다양성 시대를 지탱하는 '시민성'이 길러질 수 있다. '시민성'은 법적 권리를 넘어 시민의 공적 활동과 참여, 책임감(이용재, 2013), 이웃·동료에 대한 책임의식과 고통받는 이웃과의 공감, 연대, 자기성찰 능력, 자기 이익을 사회목표와 결합하는 태도(김동춘, 2013), 시민적 덕성(이용승, 2016), '사회적 성원권membership(김홍수영, 2005)', '협소한 권리를 넘어 시민으로서의 활동과 참여' 등으로 정의된다. 남북화해와 교류, 평화를 지향하고, 차별과 갈등을 극복하며, 다양성을 지지하면서 상호인정과 소통·공감 능력을 갖춘 '시민성' 획득은 '평화저널리즘'의 사회적 토대이다.

언론이 사회와 분리되어 있지 않다는 점에서 '상호문화주의'에 입각한 '시민성' 교육과 시민의 미디어에 대한 관여와 참여가 언론의 변화를 견인하는 동력이 된다. 코로나바이러스감염증-19(이하 '코로나19') 상황에서도 나만의 건강이 아니라 모두의 건강과 안전을 위한 시민참여의 중요성, 특히 상호 존중하는 태도와 행동, 소통·공감 능력의 총체인 '시민성'이 소중함을 체험한 바 있다. 구성원으로서 차별 없이 참여하는 권리이자, 타인의 고통을 경청하고 공동체의 고통을 줄이기 위해 행동하는 의무인 '시민성'은

---

2) 'Citizenship'을 '시민성'으로 번역하면, 법·제도적 권리를 초월해 태도적-행위적 차원까지 확장된 시민의식을 뜻하며, 시민으로서의 행동, 참여, 소속감, 연대감 등을 포함하게 된다(송샘·이재묵, 2018).

어울림과 소통을 통해 길러질 수 있다. 이 장에서는 '평화저널리즘'과 '해결지향 저널리즘'의 가능성과 방법, 그 접점에 대해 '(디지털) 시민성'과 연결해 탐색하고, 남북교류와 화해, 평화는 물론, 공동체의 평화로운 공존과 공생, 교류와 화합으로 나아가는 방안을 찾고자 한다.

주류언론은 치열하게 문제를 분석해 공동체를 위한 긍정적 해법을 제시하기보다 권력기관의 발표에 의존하며, 자극적인 갈등 현상에만 주목하고, 평화보다는 분쟁, 교류보다는 대립, 연대보다는 분열 양상에 집중하는 경향이 있다. 시청률과 광고 수입을 의식한 선정적·자극적 보도와 정파성으로 인한 편 가르기와 왜곡 보도, 심지어 정파적 이해관계에 따라 사건이나 이슈를 외면하는 '무보도(무재현)'의 문제도 심각하다. 속보·특종과 시청률 경쟁에 익숙해진 결과, 갈등과 대립, 분쟁과 참상만 부각하며, 해결책 숙의를 외면하는 저널리즘 관행이 북한과 남북관계 보도에도 적용되고 있다. 남과 북은 차이점 못지않게 유사점이 많고, 오랜 기간 함께한 민족, 언어, 역사, 지리적 '공동체'임은 부인할 수 없는 사실이다. 남북 간 차이가 있다는 점도 교류와 다양성의 시대에 긍정적인 힘이 된다는 사실이 언론에 의해 외면받고 있으며, 이질적이며 부정적 측면, 독재와 전체주의 등 정치와 권력에 대한 언론의 집착이 계속되고 있다. 이러한 '반평화적' 갈등유발 보도 관행은 북한 보도뿐 아니라 감염병 등 재난, 아동학대 등 범죄, 정치와 노동 문제 등 갈등 이슈들에서도 그대로 작동하고 있고, 언론이 문제를 공론화하며, 공중의 의제이자 정책의제로 매개해 해법을 고민하는 촉매제가 되기보다는 분열과 분쟁을 악화시키고 있다. 이 결과 주류 저널리즘에 대한 신뢰는 갈수록 떨어지고 있다. 또한, 더욱 상업화된 플랫폼 미디어와 포털의 지배가 본격화하고 있으며, 주류언론을 포함한 미디어 전반의 상업성과 정파성은 더욱 심해지면서 '전통적 저널리즘의 위기'를 낳고 있다. 상업성과 정파성에 치우친 부실한 정보는 시청자·독자의 외면으로 이어지고, 시민의 알 권리와 공동체의 민주주의를 위축시킨다. 최근에는 '저널리즘' 위기에 대응해 '평화저널리즘peace journalism', '해결지향 저널리즘solution journalism', '임팩트 저널리즘impact journalism', '컨스트럭티브 저널리즘 constructive journalism' 등 새로운 시도들이 있다는 점은 그나마 다행스럽다.

위와 같은 새로운 저널리즘 시도들은 배경이 다르지만, 공통점도 관찰된다. 즉, '전통적 저널리즘'이 문제들을 드러내고 비판(난)만 하면서 '네거티브' 뉴스를 양산함으로써 불안과 불신, 무관심과 냉소를 확산해 외면받고 있음이 배경으로 작동하고 있다. 또한, 새로운 시도들은 제삼자적 전달과 비판을 넘어 문제의 맥락을 분석하고 '해결책'을 탐색해 공동체의 평화로운 공존을 지향하는 유사한 목적을 갖고 있다. 특히, '해결지향 저널리즘'은 "갈등유발 저널리즘"에 대한 문제의식과 지역 밀착성을 강조하며 주민참여와 토론 활성화에 기여했던 1990년대 미국에서의 '공공저널리즘public journalism'과 비슷하지만, 더욱 실용주의적 자세 속에 '갈등 프레임'을 '해결 프레임'으로 전환해 주민 문제에 대한 대응과정에 주목한다(강준만, 2019). 나아가, 오직 문제 그 자체를 보도하기보다 문제를 해결하기 위해 무엇을 할지를 설명해야 한다는 원칙을 갖고 있다(Lough & McIntyre, 2018). 한편, '평화저널리즘'은 전쟁, 분쟁, 폭력, 갈등 이슈의 단순전달이나 긴장감을 극대화해 재현하는 방식을 지양하고, 비폭력적 방식의 해법들을 제삼자가 아닌 공동체 구성원이자 '당사자' 입장에서 공론화해 언론이 평화에 기여하는 목적을 갖는다. '평화저널리즘'의 정의는 다양하지만, 분쟁이나 갈등 상황에서 언론의 긍정적 역할이 무엇인지에 주목하고, 갈등을 상호파멸이 아닌 협력과 진보를 위한 기회로 간주하며, 비폭력적 방식을 통해 분쟁을 해결하는 과정에 초점을 둔다(De Michelis, 2018). 또한, 분쟁이나 갈등 보도에서 부정적·폭력적 프레임이나 엘리트 행위자에 집중하는 보도에서 벗어나 건설적 해결책을 탐색하는 저널리즘의 '자기교정'과 '숙의저널리즘 deliberative journalism'을 지향하는 접근으로 해석할 수 있다(진민정·이준형, 2019). 이 점에서 '평화저널리즘'은 '해결지향 저널리즘'과 연결된다.

'해결지향 저널리즘'이 해결책을 찾는 과정에 충실하면서 '과정'에 주목한다면, '평화저널리즘'은 저널리즘이 분쟁이나 갈등의 평화로운 해결, 즉 '평화'를 목표로 하며, '평화'를 위한 노력과 과정을 역시 강조한다. 이 두 관점을 결합한 '해결지향 평화저널리즘'은 갈등이나 분쟁 보도 자체가 목적이 아니라 이를 해결하기 위해 어떤 일들이 벌어지며, 무엇을 해야 하는지에 초점을 둔다. 또한, 보도 그 자체에 만족하지 않고, 긍정적인 사회변화를 이끈다는 목표 속에 비폭력적·평화적 해법을 찾는 과정에 집중하며, 분쟁이나 전쟁, 다양한 갈등 이슈들에서도 적용된다는 연결지점이 있다. 즉, 전쟁이나 국제분쟁의 경우, 종전과 평화체제 구축을 위한 다양한 시도들에, 감염병 등 재난의 경우 이른바 '재난불평등' 해소와 선제적인 예방 노력들에 주목하면서 사회변화와 시민의 삶의 개선을 목표로 한다.

2. 북한 '타자화'의 맥락과 사례

필자가 어렸을 때 발생했던 "금강산댐 수공 조작(1986)", "김일성 사망 오보(1986)", "수지킴 간첩조작 사건(1987)" 등에다가 수시로 터져 나왔던 "남침임박설", "간첩단 검거", "친북용공세력" 등에 대한 보도와 최근 김정은 사망설과 대역설, 숙청설, 북한 정변설 등 사실확인과 분석이 부재하거나 부족한 가운데 터져 나온 북한 관련 "특종과 속보"는 가뜩이나 긴장 관계에 있던 남북관계를 악화시키기에 충분했다. 이 사례들 중 일부는 속보·특종

경쟁의 결과이거나, 무분별한 외신이나 취재처 인용 등으로 인한 오보일 수 있고, 또 의도적인 왜곡 또는 조작 보도일 수도 있지만, 언론이 평화와 공존보다는 갈등과 위기를 확산했다는 점에서 그 책임에서 자유로울 수 없다. 시청률과 클릭수 경쟁에 매몰된 자극적인 북한 관련 보도는 오보와 가짜뉴스 양산으로 이어지고, 남북 간 위기 조성과 적대감 고취, 양 체제의 비민주성과 배타성 강화를 낳으면서 평화에 역행했고, 최소한 이 지점에서 남북한 언론의 차이는 크지 않다. 평소에도 남한 언론은 북한을 '독재국가', '인권 후진국', '못 먹고 못 입는 헐벗은 국가' 등으로 이미지화하고, 한국 주류 사회가 보고 싶어 하는 모습만을 부각하며, 북한 사회와 문화로부터 긍정적 측면과 남북이 공감할 수 있는 지점에 대해서는 외면하며 '무보도(재현)'하는 경향이 강했다. 이제 이러한 '갈등유발' 저널리즘과 '반평화적' 언론 행태에 대한 대안으로 '해결지향 평화저널리즘'의 가치와 방법에 대해 성찰하고 다듬어, 언론현장에 적용해야 할 시점에 있다.[3]

필자가 참여한 연구에서도 남한 언론의 북한에 대한 고정관념과 편견에 사로잡힌 보도에 대해 실망하는 "북한이탈주민(이하, 탈북민)"이 많았다(정의철, 2020). 이는 탈북민의 정착을 힘들게 하고, 남북 간 이질감을 더욱 심화시키며, '탈남' 현상으로 이어지게 하기도 한다. 영국의 뉴몰든New Malden에는 한국으로부터 '탈남'한 북한인들이 다수 거주하고 있다. 신혜란(2018)에 의하면, 뉴몰든에 있는 탈북민들은 한국 사회와 정부가 단기간에 동화해 한국 사람처럼 행동하길 기대하는 등 동화압력이 컸다고 말했고, 한 탈북민은 탈북민 정착을 지원하는 기관에서 기독교 전향 압력이 컸던 것에

---

[3] '평화저널리즘'은 노르웨이 출신 요한 갈퉁Johan Galtung, 마리 홀름보에 루지Mari Holmboe Ruge가 1965년 게재한 논문인 〈해외뉴스의 구조(The structure of foreign news)〉에서 유래 했고, 언론이 평화와 교류보다는 분쟁과 폭력에 집중한다는 점을 비판한다.

대해 "그렇게 무조건 믿으라고 하면 한국이 북한과 무엇이 다르냐"고 비판했다. 주목할 지점은 뉴몰든에서도 남과 북에서 이주한 동포들이 일종의 '민족' 공동체를 형성하고, 교류하며, 어울리고 있다는 점이다. 이 점에서도, 남북 간 이해와 교류, 소통의 중요성, 평화를 지향하며 남북교류와 화해의 해법을 내놓는 언론의 필요성을 알 수 있다.

익명의 소식통이나 관계자, 일부 외신을 확인 없이 인용하는 행태, 북한 정권 위기나 도발설 등을 정보도 부족한 가운데 충분한 취재 없이 과장·추측하는 보도, 속보·특종·클릭수 경쟁에서 비롯된 선정적 보도가 갈등과 분쟁을 부추긴다는 비판은 어제오늘 일이 아니며, 현재도 진행형이다. 이제는 언론의 자유, 표현의 자유라는 미명하에 남북교류와 공존, 평화에 역행하고 한반도 민중의 삶을 위협하는 보도를 방치할 수 없는 상황에 이르렀다. 애초에 언론(표현)의 자유는 시민의 알 권리에 기여하고, 시민의 정치사회 참여와 '임파원먼트empowerment'를 위한 것이지, 평화를 위협하고 시민의 삶을 위태롭게 하는 것까지 용납하기 위해 존재하는 것이 아니다. 언론인 교육이나 평가체계가 부실한 한국 언론의 상황에서 외부 개입으로부터 언론만은 자유를 누려야 한다는 주장은 수동적·엘리트적인 언론 자유 개념이지만, 이러한 '배타적이고 독점적 특권' 의식이 주류언론 내에 존재하는 것 또한 사실이다(정수영, 2015a, 2015b). 한국의 언론은 언론의 자유를 논하기 이전에, 언론의 책임이 강조되어야 하는 상황에 있으며, '해결지향', '평화'라는 가치와 목표를 분명히 하면서 일대 변화를 모색해야 하는 시점에 있다.

스튜어트 홀Staurt Hall에 따르면, 미디어를 통한 재현은 현실을 '다시 보여주는 것re-presentation'이 아니라 그 현실의 의미를 구체적 영향력을 갖도록 생산하고, 수용자가 그 현실의 의미를 특정한 방식으로 이해하도록 만든다. 언론은 지배와 통치 수단이면서 다른 문화에 대해 알리고, 소수집단에게는 자기표현과 연대를 통한 '임파워먼트'의 도구가 된다(Croteau & Hoynes, 2006). 나아가, 다양한 문화나 집단에 대한 관점을 확산하며, 공중의 인식, 태도, 행동은 물론, 집단 간, 정파 간, 국가 간, 문화 간 관계에도 영향을 준다(Burke, 2002).

문제는 주류언론이 '정형화stereotyping' 방식의 재현을 통해 유색인종이나 후진국 출신에 대해서는 부정적 측면을 부각하는 반면, 선진국 출신과 백인에 대해서는 선망의 대상으로 묘사하는 등 '이중적 인종주의' 경향을 보인다는 것이다(송선영, 2010). 특히, 북한과 탈북민에 대해 "근거 없는" 우월감을 바탕으로 반공과 흥미 위주 보도를 이어가고, '타자화othering'하며, '남한·남한 사람(다수)' vs. '북한·탈북민(소수)' 간 이질감을 부각해 평화에 역행하고 있다는 점이다. 선행연구를 보면, 북한의 도발이나 핵실험이 있으면 북한에 대한 적대적 안보담론이 강화됐고, 북한사람과 탈북민을 적 또는 시혜(施惠) 대상으로 환원시키거나 주류 대 소수라는 이항대립 틀 속에 배치하는 경향이 강해졌다(권금상·이우영, 2016). 윤영철(1991)에 의하면, 서울신문과 동아일보는 북한을 '북괴', '공산괴뢰'로 호명하며, '야만적', '공격적', '음흉한' 등의 형용사를 사용한 반면, 한겨레는 '북한', '조선민주주의인민공화국' 등 공식명칭을 통해 북한정권의 합법성을 인정하는 성향을 보였다. 북한과 탈북민을 다루는 비중이 커진 종합편성채널들의 탈북민 출연 프로그램들에서는 북한은 재미있고 신비로우며 향수·낭만을 불러일으키지만, 동시에 현실과 괴리되고, 불안감·두려움을 자아내는 '타자'로 재현된다(방희경·이경미, 2016).[4] 탈북민은 노인, 장애인, 동성애자, 이주노동

---

4) 프랑스와 미국에서도 상업화된 미디어 생태계 속에서 '시청률지상주의rating mindset(Bourdieu, 1998)'가 선정적·폭력적·자극적 콘텐츠를 양산하고, 미디어의 '극단적 상업화hypercommercialism

자 등과 같이 주류로부터 배제되고, 정상성 기준에서 벗어나 있는 소수자·타자로 규정되며, '탈북민'으로 호명되는 순간 북한에 대한 상상과 이미지가 더해지면서 국민이라는 법적 지위가 있음에도 남북 어디에도 속하지 않는 주변적 존재가 된다(이선민, 2016). 즉, 언론은 '정형화' 기법을 통해 '우리'와 '그들'의 이항 대립적 범주를 강화하는 방향으로 북한과 탈북민을 재현하고 있다. 더 큰 문제는 언론의 고정관념적 재현이 상징적 효과에 머물지 않고, 갈등과 차별, 혐오와 폭력으로 연결되며, 시민의 평화로운 일상과 공존을 위협하고 있다는 점이다.

상업화는 물론, 정파성도 '해결지향 평화저널리즘'이 극복해야 할 요인이다. 특정 정파와 교감하는 정파적 언론모델이 충성도 높은 독자집단의 지지를 받고 시장에서 성공 가능성도 높이면서 언론의 정파화는 가속화되었다(최영재, 2014). 정파성에 따른 상이한 프레임은 여론 양극화와 갈등을 심화시키고(이형민·박진우·한동섭, 2015), 사건에 대한 정당한 관심을 의도적으로 '무보도'하거나, 본질을 왜곡함으로써 사회적 불신을 깊게 한다(김수정·정연구, 2010). 정파적 보도는 북한과 탈북민 보도에서도 맹위를 떨치고 있으며, 그 결과, 한편으로는 남침설이나 북한의 도발, 북한 정권의 잔악성, 정변설에 치중하는 보도, 또 한편으로는 정파적 이해관계와 엘리트주의에 매몰된 채 북한인권 문제를 외면하고 탈북민을 적대시하는 보도 관행으로까지 이어진다. 이런 상황에서, 갈등이나 분쟁, 위기의 맥락에 주목하고, 비폭력적·평화적 해법 탐색에 초점을 두는 '해결지향 평화저널리즘'이 북한과 남북관계는 물론, 갈등과 위기를 다루는 저널리즘과 프로그램 제작의 대안적 방법으로 실천되어야 할 것이다.

(McChesney, 1999)'를 낳으면서 방송내용의 품질 저하와 다양성 위축을 낳는다는 비판이 나왔다.

3. '평화', '해결지향', '(디지털) 시민성'의 연결지점 탐색

냉전 논리와 반공이라는 사회 분위기와 선정적·자극적 보도를 선호하는 언론 내부 속성으로 인해 북한을 '적'이자, '괴물', '타자'로 묘사해 온 반평화적 보도는 '상호문화주의'를 바탕으로 한 '평화저널리즘'과 '시민성' 실천을 통해 변화해야 한다. 김동진(2019)은 선행연구를 종합해, '평화저널리즘'은 평화를 원하는 사람들의 목소리가 들릴 기회를 주고, 진실에 가까운 균형 잡힌 보도를 위한 시도이며, 모두 평화활동가가 되는 것이 아니라 저널리즘의 전문성을 통해 왜곡보도를 막고 보다 진실에 가까운 보도를 하기 위한 시도라고 정의했다. 예를 들어, 2019년 '북미정상회담'의 경우, 회담 자체에 대한 보도만큼이나 한반도에 살고 있는 민중과 이들의 평화를 향한 노력에 관심을 주면서 보도 균형이 맞춰져야 하며, 이를 위해서는 개별 언론인의 노력뿐 아니라 갈등 맥락에 대한 이해, 진실 추구, 사람에 대한 관심 지향 보도가 가능한 환경이 필요하다. 즉, '평화저널리즘' 활성화를 위해서는 공동체에서 상호문화주의에 입각한 '시민성' 교육 등 환경과 문화의 변화가 동반되어야 한다. 상업화되고, 정파성이 지배하는 사회에서 언론만의 노력으로 '평화저널리즘'이 성취될 수 없고, 시민과 공동체의 개입을 필요로 한다는 점에서 '시민성' 교육은 중요하다.

'평화저널리즘'은 눈에 띄는 갈등이나 폭력보다는 구조적이거나 문화적 문제의 해결방안을 찾고, 뉴스를 통해 사회가 갈등을 줄이는 비폭력적 대응을 하도록 기회를 제공하는 것이다. '평화저널리즘' 실천을 위해서는 '해결지향 저널리즘'과의 결합과 함께 평화와 다양성을 지지하는 시민 참여를 이끄는 '시민성'이 공동체에서 확산해야 하며, 한발 나아가 시민이 미디어 '리터러시literacy'와 제작능력을 갖추고, 미디어에 적극적으로 참여할 수 있는 '디지털 시민성' 강화로 이어져야 한다.

이창호(2013)의 저서 〈전쟁저널리즘〉에서는 그가 수행한 연구를 바탕으로 '평화저널리즘' 실천을 위한 방안들을 제시했다.5) 요약하면, 뉴스에서 감정적 단어와 악의적 표현을 쓰지 말고, 당사자들이 스스로를 부르는 좀 더 정확한 이름과 용어를 사용하며, 분쟁이 무력충돌로 악화하기 전부터 기사를 쓰고, 분쟁 원인과 결과도 설명할 것을 강조했다. 나아가, 눈에 안 보이는 분쟁·전쟁의 충격과 함께 어린이와 노약자에게 가해지는 생생한 고통도 보도해야 하며, 정치 엘리트와 군 수뇌부만이 아닌 가장 많이 희생되는 군인과 시민에 초점을 두어야 하고, 선-악으로 편 가르지 말며, 비당파적 보도를 할 것을 강조했다. 이는 '평화'와 '해결지향' 관점이 전쟁이나 분쟁 보도에서 반드시 필요함을 보여준다.

폭력과 분쟁, 갈등이라는 자극적 현상의 부각이 아니라 그 고통을 예방하거나 줄일 수 있는 과정과 대안에 주목하는 것이 '해결지향 평화저널리즘' 실천 방법이다. 우크라이나 전쟁과 관련해 '해결지향 평화저널리즘' 방법을 도입해 보면, 먼저, 푸틴, 젤렌스키 등 양국 정상, 국방부 등 군 고위층, 미국, 유럽 등 주변 강대국 등에 초점을 두고, 이들의 발언이나 동정 중심의 보도를 할 것이 아니라 가장 고통을 겪는 시민에게 보도의 초점을 두며, 이들이 말할 수 있도록 마이크를 주어야 한다. 외신에서 타전되는 전쟁의 참상도 '알 권리' 차원에서, 또 전쟁 피해를 알려 평화를 촉구하는 차원에서 전달해야겠지만, 보도의 목표는 참상 그 자체가 아니라 '종전'을 통

---

5) 이창호는 자신의 박사학위 논문(2004, 텍사스주립대, News coverage of U.S. war with Iraq: Comparison of New York Times, Arab News and Middle East Times)을 바탕으로 전쟁 보도의 특성과 영향을 분석했으며, 이에 대칭되는 개념으로 '평화저널리즘'의 가치와 방법에 대해서도 제시했다.

한 생명보호와 일상 회복, 즉 '평화'의 길을 찾는 과정에 있어야 한다. 언론이 복잡한 외교 문제를 완벽하게 이해하고, 해결책을 제시하는 것이 어렵기 때문에, 해결책이 모색되는 다양한 '과정'들과 다양한 '시도'들을 찾아서 보도해야 한다. 왜 전쟁이 중단되고, 종전을 위한 협상이 필요한지, 어떤 방법이 있는지, 실제로 어떤 평화를 위한 협상 등 움직임들이 일어나는지를 포착하는 언론의 노력이 '해결지향 평화저널리즘'의 출발점이 된다. 러시아 vs. 우크라이나, 선 vs. 악, 우리 vs. 타자, 서구 vs. 비서구·동구권, 나토 vs. 비나토 등 익숙한 이분법으로 접근하지 말고, 전쟁으로 인한 고통에서 벗어나 '평화'로 가는 생생한 노력과 과정을 파헤치는 노력이 필요하다. 물론, 전쟁 등 국제분쟁의 경우 국내 주류언론도 접근이 어렵기 때문에 외신에 의존할 수 있겠지만, 속보·특종의 유혹을 버리고, 다양한 외신 보도를 탐색해 평화를 위한 움직임과 과정을 발굴해 내는데 더 비중을 두어야 한다. 이를 위해서는 앉아서 외신이나 통신사 뉴스를 받아 내보내지 않고, 적극적으로 취재와 분석에 임해야 한다.

  국제적 분쟁에 접근하기 어려운 경우에는 "빅데이터 저널리즘"을 활용해 전쟁이나 분쟁 관련 외신과 자료들을 검색하고, 분석해 '평화'를 위한 움직임들을 찾아내며, 생동감 있게 뉴스를 구성하는 노력이 동반되어야 할 것이다. 전투나 피해 상황 등 현상을 부각하는 뉴스는 생생하고, 주목받지만, 해법을 분석하는 뉴스는 지루하고, 어렵다는 측면도 있다. 그러나, 최근 변화도 감지되고 있다. 즉, 비주얼과 데이터를 활용해 뉴스의 생동감을 높여 어려운 '기후위기' 주제에 대한 독자의 이해를 도운 사례도 있고, 시민 제보와 요구를 중심으로 코로나19 대응과 예방에 관한 뉴스를 구성하며, 대안을 제시한 지역방송 사례도 있다(김연식, 2021). 특히, 비주얼 중심 실감형 저널리즘, 위기에 대한 현상 묘사와 문제 제기를 넘어 '해결자' 역할을 하는 저널리즘, 미세한 기온이나 수온 변화에서 위기를 간파하는 데이터 저널리즘이 결합해 복잡한 '기후위기' 문제에 대한 해결책을 찾고, 시민 관심을 유도하는 주제로 변화시키는 보도 사례는 시사점이 크다(이성규, 2022). 데이터와 비주얼을 활용하고, 전문가뿐 아니라 다양한 당사자와 시민들의 제보와 피드백을 활용한다면, 어려운 위기와 분쟁이라는 주제를 맥락과 해법 중심으로 풀어내고, 독자들이 주목하며 공감할 수 있도록 돕는 '해결지향 평화저널리즘' 실천이 가능할 것이다.

4. 위기와 갈등의 시대, '디지털 시민성'과 '해결지향 평화저널리즘'의 역할

저널리즘이 세상을 보여주는 '거울' 역할을 넘어 더 나은 미래를 위해 개입하고, 사회문제들에 대한 해결책을 제시함으로써 시민참여를 이끌 때 시민의 외면을 받는 저널리즘의 위기도 극복할 수 있다. '해결지향 저널리즘'은 기존 저널리즘에 대한 문제제기로부터 출발해 '숙의'를 통해 '사회변화'에 기여하려는 목적을 갖는다는 점에서 '평화저널리즘'과 맥을 같이한다. 전쟁이나 분쟁은 물론, 감염병도 갈등과 차별, 혐오와 대결로 비화할 수 있는 위기라는 점에서 '평화로운 해결책'에 초점을 두는 '해결지향 평화저널리즘' 실천이 필수적이다. 이는 평화저널리즘이 적용되는 영역 확대이자, 감염병 위기 대응에서 필요한 시민 관여와 참여를 이끌어 내는 '저널리즘'의 공동체를 위한 공적 임무의 실천이다. 감염위험과 생계위협, 안정적 재택근무 측면에서 계층 간, 직업 간 불평등과 양극화가 심화하고 있고(김명희·이주연, 2020), 이는 정치적 분쟁이나 대결 못지않은 사회갈등을 유발할 수 있다. 감염병에 대응해 공동체의 건강과 안전, 공존을 위해서는 필수적인 정보와 지지를 공유하고, 연대해야 하며, 시민의 적극적 관심과 개입이 필수이다. '해결지향 평화저널리즘' 실천 방법들을 감염병 보도에 적용하는 것은 감염병 대응에 필요한 시민의식과 행동 참여로 대변되는 '시민성'을 실천을 돕고, 공중보건 위기 극복에 언론이 기여하는 방법이 된다.

불확실성과 불안(신)이 고조되는 감염병 국면에서 감정적이지 않고, 정확한 용어를 사용해야 하며, 예방에 초점을 두고, 정파를 떠나 '고통받는 시민을 위한 보도'를 지향해야 한다. 더 구체적으로는 표면으로 드러나는 확진자·사망자 통계와 눈에 띄는 혼란이나 불안이라는 현상 그 자체보다는 그 이면에 엄존하는 취약계층이 감내하는 불평등한 피해와 차별, 혐오에 대한 대책을 다루어야 하고, 방역당국이나 전문가뿐 아니라 고통받는 서민들의 목소리를 담아내야 한다. 감염병 대응은 혼자만의 노력이나 백신 같은 의학적 대처만으로는 불가능하고, 거리두기, 마스크 쓰기 등 공동체의 건강을 위한 '시민성' 발휘가 요구한다. 언론도 시청률과 클릭수 경쟁에 매몰되지 말고, 속보·특종 경쟁에서 이기겠다는 욕심도 뒤로하면서 '평화로운 공존'과 '해결지향' 관점에서 공동체가 함께 할 수 있는 대안들을 경청하며, 숙의의 장을 제공해야 한다. 단순히 문제를 들춰내고 비판하는 것에서 나아가 고통받는 '당사자' 입장에서 해법을 찾아 나서는 새로운 접근, 즉 '해결지향 평화저널리즘'이 요구된다. 특히, 확진자 급증 등 현황 보도를 넘어 공동체의 공중보건과 공존을 위한 해결책을 찾는 과정에 초점을 두면서 건강과 생계 위기에 더 심각하게 노출된 서민들의 목소리를 적극적으로 경청하는 노력이 필요하다.

'시민성'과 '해결지향 평화저널리즘'은 갈등과 위기 속성을 강하게 갖는 감염병 국면에서도 밀접히 연결된다. 코로나19 초기 방역이 성공적이었다는 평가를 받은 것은 국가의 '위로부터' 통제와 감시가 아니라 시민의 공감과 동참, 연대감 등 '아래로부터' '시민성' 발휘 덕분이었다. 격리, 폐쇄, 디지털 감시를 최소화하고, 의료와 인권 사각지대와 감염 취약 시설을 개선하면서, 거리두기 참여 등으로 시민의 연대감이 발휘되는 방역은 소통을 동반해야 한다. '나'만의 안전보다 지역사회 안전을 우선하면서 개인 자유를 유보하고 거리두기에 참여하는 등 위기에 빛을 발하는 높은 수준의 시민의식에 덧붙여 디지털 기술이 또 다른 방역 도구로 활용되면서, 어려움 극복의 기제가 되었다(김진숙, 2020). 김태선(2021)은 서로가 연결되어 있음을 느끼는 것은 서로에 대한 책임감의 토대이며, 문제해결을 개인 몫으로 미루지 않고, 함께 길을 모색하는 '시민성'이며, 확진자·사망자 등 숫자에서 드러나지 않는 더욱 고통받는 이웃들의 목소리를 경청하는 책임을 강조했다. 이는 공동체 구성원 모두의 '경청의 의무이자 책임'이며, 언론의 역할과도 직결된다.

감염병은 갈등과 차별, 혐오를 유발할 수 있는 위기라는 점에서 더 심각한 피해를 입으면서도 말할 기회가 없는 계층들의 목소리를 경청하고, 이를 통해 '해법'을 찾아야 한다. 감염병에 관한 허위정보를 식별하고, 비판할 수 있는 '리터러시'와 함께 학교와 지역사회에서 감염병에 대응해 요구되는 시민의식과 행동, 연대감, 소통·공감 능력 등 '시민성' 교육을 강화해야 한다. 미디어를 활용한 캠페인을 통해 마스크 쓰기 등 행동은 물론, '시민'에게 필요한 덕목과 서로를 위하는 연대감을 강조하는 것도 중요하다. 건강을 개인 책임으로 보는 편협한 관점에서 탈피해 타인의 고통을 경청하고, 취약계층이 처한 삶의 조건을 개선하면서 건강한 공동체를 만들려는 캠페인이 온·오프라인에서 전개되어야 한다. 이 과정에서 '평화로운 공존'을 지향하는 언론의 역할과 연대의식을 발휘하는 '시민성' 실천이 동반될 때 시민이 주체가 되는 방역이 이루어질 수 있다. 갈등을 최소화하고, 사회변화에 대한 구성원의 공감을 끌어내는 토대인 '시민성'은 공동체의 포용성과 함께 사회적 신뢰를 위해 필수적인 윤리성과 책임성을 포괄한다. 특히, '디지털 시민성'은 공동체를 우선하는 시민의식과 참여에 덧붙여 디지털 활용 능력과 디지털 이용 시 타인의 권리 존중 등 책임을 포괄한다(김진숙, 2020). 감염병 위기 시 범람할 수 있는 가짜뉴스와 허위정보, 프라이버시 침해를 정부나 시스템 차원에서, 즉 '위로부터' 완벽히 통제할 수 없기 때문에 시민사회에서 허위정보 식별 역량과 프라이버시 존중 등 '디지털 시민성' 역량이 갖추어져야 하고, 정부와 공동체 차원에서 온·오프라인 교육을 통해 시민의 미디어 역량을 강화해야 한다(류현숙, 2020). 미디어제작 능력과 함께 이용자로서의 책임감과 윤리의식을 포괄하는 '디지털 시민성'은 평화로운 공존과 공생을 위한 공동체 구성원으로서의 자질이며, '해결지향 평화저널리즘'의 사회문화적 토대이다.

분단을 극복하는 통일과 사회 내적 차별과 갈등을 극복하는 다문화 지향 과제가 수렴되는 '시민성' 교육의 출발은 혐오와 반다문화주의, 통일무용론 등을 극복하는 것이다(강진웅, 2015). 이를 방역과 보건에 적용해 보면, 기존의 '시민성'에 디지털 기술이 방역의 강력한 도구가 되었듯이, 평화를 지향하면서 리터러시와 제작능력까지 포괄하는 '디지털 시민성'을 장착해 시민들이 적극적으로 미디어를 활용해 가짜뉴스나 허위정보를 비판하고, 반박하며, 동시에 공중보건을 위한 행동을 적극적으로 소통해야 한다. 이는 감염병 등 재난 상황에서 요구되는 필수적인 '디지털 시민성'이며, 이를 통해 평화로운 공존의 길로 가는 사회적 환경이 마련될 수 있다.

'해결지향 평화저널리즘' 실천을 위해서는 북한을 대립과 분쟁의 대상 또는 '타자'가 아니라 교류와 공존의 동반자로 재현하는 '평화를 위한 보도 가이드라인'도 마련해야 하며, 이 과정에서 언론인, 언론학자, 관료 등 엘리트를 넘어 시민(특히, 탈북민 포함)이 참여해야 한다. 기자, 피디, 작가 등 미디어 제작자들이 북한에 대한 고정관념에서 자유로울 수 없다는 점과 메시지를 확산하는 데 있어 이들의 사회적 영향을 고려한다면, 이 미디어 제작자들을 대상으로 평화와 시민성 교육도 전개해야 한다. 북한뿐 아니라 탈북민도 포용하고, 탈북민들을 법적으로는 물론, 문화적으로 온전한 시민권 향유 주체로 인정해야 하며, 이를 위한 언론과 교육의 역할 강화도 필요하다. 정파성에 따라 탈북민 문제를 외면하거나 일부 일탈적 행위만을 부각해 이들에 대한 부정적 감정을 갖게 하는 언론 행태는 또 다른 반평화적 자세라는 점에서 적극적인 개선이 요구된다. 한국언론진흥재단 등 언론 유관기관과 연대해 북한 담당 언론인들이 북한에 대한 정보를 업데이트하고, 시민의 알 권리와 남북교류와 평화에 기여하는 취재와 보도기법을 배울 수 있는 '해결지향 평화저널리즘' 교육을 의무화하고, 미래의 언론인인 대학생 기자 대상으로 '해결지향 평화저널리즘' 교육도 실시할 것을 제안한다. 단기적인 한국언론진흥재단 등과 연계한 연수와 교육도 필요하지만, 대학과 언론 관련 전문 학계와 연계해 '해결지향 평화저널리즘'의 한국적 이론화를 심화하고, 현장과의 연계성을 높이는 노력도 추진해야 한다. 장기적으로는 '해결지향 평화 전문기자'를 육성해 남북문제, 탈북민, 평화와 통일은 물론, 감염병과 재난 등 갈등과 분쟁 이슈에 대해 평화로운 공존과 해결책 모색이라는 목표 속에 보도할 수 있도록 해야 한다.

'해결지향 평화저널리즘'의 실천은 언론을 넘어, 전 공동체와 전 시민적 참여와 변화가 동반될 때 실천될 수 있다. 특히, 공동체에서 언론 포함 미디어의 사회문화적 영향을 충분히 이해하고, 다양성과 차이를 존중하며, 소통하는 능력을 포함한 '디지털 시민성' 역량 강화가 동반되어야 한다. 이를 위해, 모든 시민이 참여하는 '평화를 위한 디지털 시민성' 커리큘럼을 개발해 학교와 지역사회에서 체계적으로 교육함으로써 평화를 위한 '시민성'을 갖추고, 미디어를 활용해 이를 소통할 수 있도록 해야 한다. 언론 현장에서도 익숙한 취재를 반복하지 말고, '해결지향 평화저널리즘'을 학습해 적용해야 하며, 공동체에서는 상호문화주의와 평화를 지향하고 공감하는 '시민성' 교육을 강화할 때 평화에 기여하는 언론이 활동하는 공동체의 토대가 마련될 수 있다. 다양성과 평화를 지향하면서 미디어에 대한 이해도와 참여도가 높은 시민, 즉 '상호문화적 소통 역량'과 '디지털 시민성'을 갖춘 시민들이 언론의 북한이나 국제분쟁, 재난 등 갈등 이슈 보도를 적극적으로 모니터링하고, 목소리를 내면서, "해결지향 평화저널리즘"의 촉진자 역할을 수행해야 한다. 이러한 과정을 통해 공동체의 평화와 공존에 기여하는 언론으로의 변화는 물론, '디지털 시민성'으로 무장한 시민들이 미디어에 더욱 참여하고, 주체가 됨으로써 평화와 공존을 위한 메시지와 담론을 더욱 확산할 수 있을 것으로 기대한다.

참고문헌

강준만 (2019). 지역언론의 활성화는 가능한가?: 지역에서의 '넛지-솔루션 저널리즘'을 위한 제언. 〈사회과학연구〉, 58권 1호, 247-279.

강진웅 (2015). 한국사회의 종족적 민족주의와 다문화 통일교육. 〈교육문화연구〉, 21권 3호, 253-275.

권금상·이우영 (2016). 탈북인 재현 프로그램에 교차하는 시선과 마음. 〈통일인문학〉, 65권, 99-141.

김동진 (2019). 왜 평화 저널리즘인가: 평화 원하는 목소리 배제한 보도, 분쟁과 폭력 야기할 위험성 높여. 〈신문과 방송〉, 통권 580호, 6-12.

김동춘 (2013). 시민권과 시민성: 국가, 민족, 가족을 넘어서. 〈서강인문논총〉, 37집 5-46.

김명희·이주연 (2020). 코로나 19 대응과 노동자 건강권. 〈이슈페이퍼〉, 4호, 1-32.

김수정·정연구 (2010). 프레임 분석에 있어서 무보도 현상의 적용 효과 연구: 미디어법에 대한 헌재판결 보도 사례를 중심으로. 〈한국언론학보〉, 54권 2호, 382-404.

김연식 (2021). 대구MBC 뉴스 제작진의 코로나 사태 보도태도에 관한 연구. 〈사회과학 담론과 정책〉, 14권 2호, 139-166.

김진숙 (2020). 포스트 코로나 시대 중요해진 역량, '디지털시민성'. 〈월간 공공정책〉, 176권, 22-25.

김태선 (2021). 팬데믹 시대의 목소리를 함께 듣는 일. 〈창작과 비평〉, 49권 2호, 34-52.

김홍수영 (2005). 시민성을 기준으로 조명한 사회적 소수자의 권리. 〈경제와 사회〉, 65호, 179-200.

김효숙 (2015). 남북한 청년세대의 포용의 가능성 탐색. 〈장신논단〉, 47권 2호, 291-316.

류현숙 (2020). 미래위험을 둘러싼 위험인식과 대국민 소통: 코로나19 사례를 중심으로. 〈FUTURE HORIZON〉, 45호, 28-35.

방희경·이경미 (2016). 종편채널의 북한이미지 생산방식: '일상'으로의 전환, 이념적 정향의 고수. 〈한국언론학보〉, 60권 2호, 338-365.

손달임 (2020). 코로나19 관련 뉴스 보도의 언어 분석: 헤드라인에 반영된 공포와 혐오를 중심으로. 〈이화어문논집〉, 51호, 137-166.

송샘·이재묵 (2018). 다문화사회 이주민의 정치참여 활성화를 위한 민주시민교육. 〈아태연구〉, 25권 1호, 61-91.

송선영 (2010). 한국 다문화 사회의 도덕적 공황 상태에 대한 연구. 〈윤리연구〉, 77권 1호, 73-112.
신혜란 (2018). 동화−초국적주의 지정학: 런던 한인타운 내 한국인과의 교류 속 탈북민의 일상과 담론에서 나타난 재영토화. 〈대한지리학회지〉, 53권 1호, 37-57.
엄한진 (2017). 〈프랑스의 이민문제〉. 서울: 서강대학교출판부.
윤영철 (1991). 언론의 현실 재구성에 관한 연구: 우리나라 신문의 남북관계 보도 분석. 〈한국언론학보〉, 26호, 251-286.
이성규 (2022). 기후변화 미디어 그리스트(Grist)와 저널리즘 혁신. 〈언론사람〉, 257호, 6-7.
이용승 (2016). 다문화수용성 제고, 왜 그리고 어떻게 해야 하는가? 〈현대사회와 다문화〉, 6권 1호, 1-26.
이용재 (2013). 사회갈등 대응을 위한 시민권의 재해석: 획득하는 권리로서 생활공동체의 성원권. 〈대한정치학회보〉, 21권 2호, 95-113.
이재경 (2008). 한국의 저널리즘과 사회갈등: 갈등유발형 저널리즘을 극복하려면. 〈커뮤니케이션 이론〉, 4권 2호, 48-72.
이창호 (2013). 〈전쟁저널리즘〉. 서울: 커뮤니케이션북스.
정수영 (2015a). '세월호 언론보도 대참사'는 복구할 수 있는가: 저널리즘 규범의 패러다임 전환을 위한 이론적 성찰. 〈커뮤니케이션 이론〉, 11권 2호, 56-103.
정수영 (2015b). 공감과 연민, 그리고 정동(affect): 저널리즘 분석과 비평의 외연 확장을 위한 시론. 〈커뮤니케이션 이론〉, 11권 4호, 38-76.
정의철 (2020). 상호문화주의 관점에서 탈북민 미디어교육 의미와 실천 가능성에 관한 연구. 〈사회과학연구〉, 46권 3호, 189-224.
진민정·이준형 (2019). 〈솔루션 저널리즘의 현황과 가능성〉. 서울: 한국언론진흥재단.
최영재 (2014). 공영방송 보도국의 정파적 분열: 민주화의 역설, 정치적 종속의 결과. 〈커뮤니케이션 이론〉, 10권 4호, 476-510.

Bourdieu, P. (1998). *On television*. (P. Parkhurst, Trans.). New York: The New Press.
Burke, R. (2002). Invitation or invasion?: The family home metaphor in the Australian media's construction of immigration. *Journal of Intercultural Studies, 23*, 59-72.
Croteau, D., & Hoynes, W. (2006). *The business of media: Corporate media and the public interest*. Thousand Oaks, CA: Pine Forge Press.
McChesney, R. W. (1999). *Rich media, poor democracy: Communication politics in dubious times*. New York: The New Press.

De Michelis, S. (2018). Peace journalism in theory and practice. *E-International Relations*.
 URL: https://www.e-ir.info/2018/12/23/peace-journalism-in-theory-and-practice/.
Lough, K., & McIntyre, K (2018). Journalists' perceptions of solutions journalism and its place in the field. *International Symposium on online journalism*, *8*(1), 33-52.

Chapter 03

통일담론의 변화와 통일비용, 분단비용

김해영 | 한국언론진흥재단 선임연구위원

1. 국가목표로서 통일과 통일의 당위성에 대한 인식 변화

분단 직후부터 70여 년간 통일은 민족의 최우선 과제로 인식되어왔다. 대한민국「헌법」제4조는 "대한민국은 통일을 지향하며, 자유민주적 기본질서에 입각한 평화적 통일정책을 수립하고 이를 추진한다."고 명시한다. 통일을 국가의 목표로 설정하고, 대통령을 포함한 정부와 국민 모두가 통일을 위해 노력해야 한다는 것이다. 대한민국 정부 수립 직전 발표된 동요 '우리의 소원'에서 "꿈에도 소원은 통일"이라고 말하듯이 통일은 방식이나 비용과 별개로 국가 공동체의 당위적인 목표로 설정되었다.

그러나 통일정책의 수립을 위해 통일부와 민주평화통일자문회의 등 행정기관의 운영을 명시한 것 외에 '평화통일'을 어떻게 달성해야 하는지, 구체적인 방법이나 전략이 제시되어있지 않다는 한계가 지적되기도 한다. 정부나 국민의 이념적 성향에 따라 평화통일의 방법론이 상이하게 해석될 수 있기 때문이다. 이에 통일이나 대북정책이 선거 등 정치적 이벤트를 앞두고 지지율을 끌어올리기 위한 수단으로 활용되는 경우도 빈번하다. 예컨대 대통령 선거를 앞둔 2022년 초에는 북한 핵시설 등에 대한 '선제타격' 가능성과 '멸공' 논란 등 한반도의 평화 달성 방식이 정치권의 화두가 되었다. 북한과의 대화를 우선할 것인지, 무력과 견제를 통한 비핵화를 먼저 도모할 것인지 의견이 갈렸다. 곧, 평화통일을 위해 남북한 간 대화가 아닌 군사적·경제적 수단을 활용할 수 있는가에 대한 논쟁이다. 통일의 방법론은 분단 이후 해묵은 화두라고 할 수 있다.

최근 들어 '평화통일'은 물론 '통일'의 개념도 달라지고 있다. 과거 통일은 민족과 국가체제의 통합을 의미하는 것으로 여겨져 왔으나, 남북한 평화 공존과 교류 활성화, 정서적 공감대 형성 등을 통일의 핵심 개념으로 인식하는 사람들이 늘어나고 있다. 통일부와 교육부에서 남한 초·중·고 학생들에게 '통일을 생각했을 때 떠오르는 상태'가 무엇인지 물었을 때, 36.9%의 학생만이 '남북이 하나의 나라가 된 상태'라고 응답했으며, 36.4%는 남북 사람들이 자유롭게 오갈 수 있는 상태, 16%는 남북한 간 경제교류가 활발한 상태라고 응답했다(통일교육원, 2020). 또 통일을 당위적 목표로 받아들이지 않는 경향도 나타났다. 같은 조사에서 통일이 필요하다고 응답한 학생이 62.4%였으나, 통일이 필요하지 않다고 응답한 학생도 24.2%를 차지했다. 통일의 필요성에 대한 인식도 낮아져 2020년 통일연구원의 조사 결과 통일이 필요하다고 응답한 청년층의 비율은 60.2%로 2014년 대비 약 10% 포인트 하락한 것으로 나타났다. 역설적으로 냉전체제의 붕괴로 남북한 간 군사적 대립이 완화되고, 평화공존에 대한 논의가 확대되면서 '국가 간 통합으로서 통일'의 당위성 인식이 약해진 상황이다.

2. 정치권력의 변화와 통일비용의 부각

통일전략과 통일담론은 정권에 따라 변화해 왔다. 다만, 국민의 인식이나 대북정책이 북한 정세나 국제관계에 따라 실시간으로 변화하는 것인 까닭에 정권에 따른 시기적 구분 역시 한계가 있다. 사회적 담론이 단순히 정부에 의해 확정되는 것이 아니라 정부와 공중, 언론과 미디어의 역학관계에 따라 형성되는 것이기에 상호관련성을 특정하기도 어렵다. 그러나 '통일비용[1]'에 한정해 논의할 때, 정권변화에 따라 통일담론의 변화가 두드러진다. 통일의 비용과 방법론에 대한 구체적인 논의가 진전되기 위해서는 통일비용 개념이 언제, 어떠한 목적에 따라 도입되었고, 어떻게 해석되어 왔는지 살펴볼 필요성이 있다.

통일비용은 과거 이명박 정부 시기에 본격적으로 공론화되기 시작했다. 지난 2010년 광복절 기념행사에서 이명박 전 대통령은 남북통일을 준비해야 할 자금이 필요하며, 그 재원으로 통일세 등을 검토할 수 있다고 말했다. 이어 박근혜 정부는 지난 2014년 1월 '통일대박' 등 통일의 가치와 긍정적 전망을 밝히며 '통일준비위원회'의 출범과 통일세 도입이 필요하다고 지적했다. 이와 같은 시도는 실용주의와 상호주의적 입장에서 통일의 효용을 강조해 다양한 세대의 관심을 유도했다는 평가이다(박찬석, 2017; 조정아, 2018). 그러나 보수 성향의 정권에서 통일비용의 규모나 통일세의 부과 시점 등 통일 재원을 언제, 어떻게 마련할 것인지에 대한 논의는 이뤄지지 않았다.

이에 정부가 주도한 '통일대박론'과 통일세 등 논의가 정치적 발언에 불

---

[1] 통일비용이란 이데올로기에 의해 분리되었던 두 체제가 통합 후 부담해야 할 비용으로, 통일로 인해 부담해야 할 경제적·비경제적 비용이 모두 포함된다. 대한민국의 경우 일반적으로 통일 이후 남한이 북한에 지원함으로써 발생하는 경제적 손실이라고 할 수 있다(박문각, 〈시사상식사전〉 발췌).

과하다는 비판이 제기되었으며, 구체화되지 않은 제안이 조세저항에 부딪칠 것이라는 반론도 나타났다. 문재인 대통령은 과거 박근혜 정부 등의 통일 방안에 구체적인 방법론이 없으며, 통일전략의 부재가 2016년 개성공단 폐쇄 등으로 귀결됐다고 비판한 바 있다. 이어 문재인 정부는 집권 이후 "역대 정권에서 추진한 소중한 합의가 정권이 바뀔 때마다 단절된 아픈 경험을 이제 극복해야 한다."며, 남한 주도의 급진적 통일보다는 평화공존을 우선시하는 '비핵 평화 구상'을 발표했다. 즉, 과거 남한 주도의 일방적인 '통일담론'과 차별화해 남북한 간 합의와 '평화담론'을 강조한 것으로 판단된다. 남북 간 대화 확대와 한반도의 항구적 평화에 우선적 목표로 설정하고 '종전선언[2]'을 검토하는 등 단계적인 통일전략을 추진한 것이다.

최근 정책 기조의 변화에 따라 남한 주도의 통일세 도입 등 통일비용에 관한 논의는 진전되지 못했다. 때때로 국가의 통합에 방점을 둔 통일담론과 한반도의 평화 정착을 우선 강조하는 평화담론이 대립적인 개념으로 평가되기도 한다. 전자가 남한 주도의 통일전략 수립에 초점을 맞춘다면, 후자는 남북한 간 대화와 협력을 통해서만 목표를 달성할 수 있기 때문이다. 즉, 과거 통일이 영토의 수복을 목표했다면 최근 통일은 공존과 협력, 화해를 핵심적인 가치로 설정하고 있다고 할 수 있다. 남한 사회의 통일 담론이 '당위적 통일담론'에서 '평화 공존담론'으로 변화함에 따라 남한 주도의 통일비용 논의가 활성화되지 못하는 상황이다.

그러나 통일과 남북한 관계 개선에 대한 필요가 증가함에 따라 통일비용에 대한 검토 필요성도 커진다. 개념과 인식, 방법론의 차이에도 불구하고, 남북한 협력과 통일은 필연적으로 비용을 수반하기 때문이다. 최근의 평화담론은

---

[2] 문재인 대통령과 김정은 북한 국무위원장은 2018년 4월 27일 판문점 평화의 집에서 남북정상회담 합의문을 발표하고, 핵 없는 한반도 실현, 연내 종전선언, 남북공동연락사무소 개성 설치, 이산가족 상봉 등을 천명하였다. 그러나 2022년 현재까지 종전선언과 비핵화 등은 지연되고 있는 상황이다.

북한에 대한 지원과 협력을 전제하며 교류, 협력의 활성화에서 나아가 남북한 공동체의 형성과 인식의 통일을 목표한다. 결국, 국가의 통합과는 별도로 막대한 비용이 소요될 수 있다. 이에 통일비용을 조세화하기 위해서는 남북 간의 협력 활성화부터 남북연합과 완전한 통일까지 단계별 검토가 필요하다는 의견도 개진된다. 통일 준비 비용부터 통일 이후 부과될 통일세까지 법적 근거와 제도적 장치 마련이 시급하다는 인식이다(정찬우, 2021).

문제는 통일의 개념이 모호할 뿐만 아니라, 통일비용의 예측도 주체나 방식에 따라 상이하다는 것이다. 과거 통일비용을 예측한 조사와 연구보고서들에 따르면 통일비용은 546억 달러(약 65조 원)에서 48,300억 달러(약 5,752조 원)로 상이하다. 남한의 경제 규모가 성장하고 남북한 격차가 커짐에 따라 시간이 흐를수록 통일비용이 증가하고 있으며, 통일의 범주를 어떻게 설정하느냐에 따라 다른 값이 제시되며 그 차이가 매우 크다.

표 1. 과거 분석을 통해 추산된 통일 비용

연구기관(연도)	비용(억 달러)	기타 가정
KDI (1991)	$3,121	2000년 통일 달성 시
삼성경제연구소 (2005)	$546	2015년 통일 달성 시
Rand Corporation (2005)	$500~6,670	-
한국은행 (2007)	$5,000~9,000	-
금융위원회 (2014)	$5,000	통일 이후 20년간
국회 예산정책처 (2015)	$21,000~48,300	통일 이후 50년간

출처: 박성진·선은정 (2011). 통일세와 조세부담에 관한 연구. 〈회계와정책연구〉, 139-166. 등을 수정. 재인용

통일세 등 조세 부담을 고려할 때, 통일에 대한 국민의 지지도 하락도 고려해야 할 문제이다. 민주평화통일자문회의의 2015년 10월 여론조사 결과, 전체 국민의 80.4%, 20대의 71.5%만이 "통일이 필요하다"고 응답한 것

으로 나타났다. 통일의 필요성에 공감하는 국민 비율이 줄어드는 가운데, 막대한 통일비용이 부정적 여론을 확장할 것이라는 우려이다. 그러나 이와 같은 문제점에도 불구하고, 통일 혹은 한반도의 평화공존을 논의하기 위한 전략적 방법론의 도출을 위해 통일비용 논의는 필수적이다. 이에 통일비용과 통일세 등에 대한 공중의 인식을 확인하고, 국민의 공감대를 형성하기 위한 노력이 이어져야 할 것이다.

3. 통일비용에 대한 인식

'비용cost'이란 일반적으로 상품이나 서비스를 생산하기 위해 사용된 자원이나 가치를 의미한다. 회계적으로 비용은 수익을 위해 소비된 '희생 가치'를 뜻하는 경우와 수익과 별개의 '자산 손실'을 의미하는 경우가 있다(고성삼, 2006). 그런데 비용이라는 개념은 종종 부정적 인식을 수반하며, 특히 불필요한 자산의 손실 개념으로 자주 활용된다.

이런 까닭에 통일비용 역시 종종 부정적인 의미로 인식된다. 비용이라는 단어가 부정적인 뉘앙스를 가질 뿐만 아니라, 남한 사회의 관점에서 도입된 통일비용이라는 용어가 남한 국민의 희생을 전제하는 개념이라는 지적이 있다. 또 그 부담 규모가 매우 큰 탓에 통일의 장애 요소나 제약 조건으로 자주 언급되어 왔다. 특히 90년대 '고난의 행군' 이후 남북한의 경제적 수준이나 사회체계의 격차가 벌어지며 통일비용이 기하급수적으로 증가했다. 현재, 남북통일을 위해서는 독일통일에 소요된 3,000조 이상의 비용이 필요한 것으로 추산된다.

그러나 생산적인 통일 논의의 진전을 위해서는 불가피한 비용 지출의 문제를 체계적으로 검토해야 한다. 과거 통일비용에 대한 논의가 통일에 대한 반대 논거로 자주 활용된 것은 단순히 통일비용의 규모가 매우 큰 탓이 아니라 재원과 지출방식, 필요시점 등 제안의 구체성이 떨어진 까닭으로 판단된다. 이에 구체적인 재원 마련 방안과 가능성을 논의함으로써 통일비용에 대한 근거 없는 비판이나 불필요한 우려를 줄여나감이 바람직하다. 통일의 시점과 방향, 지향점이 확정되지 않은 상황에서 정치한 통일비용의 집계에 어려움이 따르는 것은 사실이나 정책적인 차원에서 통일비용의 계측과 단계적 재원 마련 방안, 설득 방식 등 논의를 전개해 나가야 할 것이다.

과거 이명박, 박근혜 정부 등에서 통일재원의 조달방식으로 통일세가 제안되었으나 구체적인 논의는 이뤄지지 않았다. 정권의 변화와 별개로 통일비용을 어떻게 마련할 것인지, 남북한 주민의 부담은 어느 정도 수준일지에 대한 논의를 시작해야 할 것이다. 먼저 통일세 등에 대한 국민의 수용 의사를 확인하고, 설득 전략을 마련할 수도 있다. 지난 2019년 국회 조사결과, 우리 국민은 통일을 위해 '대북정책에 대한 국민적 합의(71.9%)'와 '통일세 등 점진적 통일비용 축적(62.8%)'이 중요하다고 응답했으며, 약 53.5%가 통일세를 부담할 의사가 있다고 밝혔다. 그러나 2021년 언론사 조사에서는 20대의 62.1%가 통일세를 부담하고 싶지 않다고 했고, 부담하겠다는 응답은 36.5%에 머물렀다(중앙일보, 2021, 9, 15). 결국, 청년층을 중심으로 통일비용 마련의 필요성을 교육하고, 국민의 인식을 강화해 나갈 필요가 있다. 또 구체적인 통일비용이 얼마인지 밝혀지지 않은 상황에서는 조사의 한계가 뚜렷하므로 구체적 비용의 집계와 인식전환을 위한 노력 등이 병행되어야 할 것으로 판단된다.

통일비용과 통일의 찬성론 간 관계성을 분석한 김해영과 신명환(2016)에 따르면, 통일비용에 대한 인식은 통일세 납부나 통일에 대한 공중의 지지도에 영향을 끼치는 것으로 나타났다. 통일비용이나 통일에 대한 사전적 지식이 높고, 소득이 높을수록 통일세 납부의사가 높게 나타났다. 특히 주목할 것은 실제 통일비용과 별개로 통일의 '편익benefit3)'을 강조하느냐, 통일의 '비용'을 강조하느냐에 따라 찬반 의견이 다르게 나타난다는 점이다. 이는 카너먼(Kahneman, 1979)이 주창한 전망이론prospect theory4)에 기초해, 사람들이 이익보다 손실에 민감하게 반응한다는 점에 착안한 것이다. 즉, 통일비용에 부담을 느끼는 사람들에게는 통일에 따른 이익을 강조하기보다는 통일세 등 비용적 부담이 크지 않음을 강조할 필요가 있다는 의미이다.

또한 '통일비용'이라는 용어 자체가 부정적 의미를 수반하므로 통일에 따른 이익과 비용을 통합한 '통일편익'을 추정할 필요가 있다. 통일에 필요한 재원이 막대한 규모라는 것은 주지의 사실이며, 현실적인 문제이다. 어떠한 방식으로든 국민의 부담이 증가할 가능성이 크다. 그러나 비용이 생산 활동에 소요되는 자원이라고 볼 때, 통일비용을 통일의 걸림돌로 인식하는 것은 바람직하지 않다. 통일비용의 반대급부로서 통일이 가져오는 편익이 논의되어야 하며, 그 결과와 예상에 따라 공중담론의 형성작업이 전개되어야 할 것이다. 나아가 과거 남한 주도의 통일세 신설 등을 넘어서, 통일을 통해 확보할 수 있는 생산적 가치를 어떻게 국가와 사회 통합에 환원할 수 있는지 남북한 간 논의가 확장되어야 한다.

---

3) 편익이란 생산 활동에서 발생한 경제적 가치, 혹은 지불한 비용으로 얻게 되는 만족감을 금전화한 개념이다. 통일비용을 단순한 손실이 아닌, 생산적 비용으로 판단할 때 비용 개념보다는 편익으로 추정할 수 있다.
4) 카너먼(D. Kahneman)과 트버츠키(A. Tversky)는 과거의 기대효용가설을 수정해 사람들이 이득보다 손해에 더 민감하고, 이득과 손해는 참조점을 기준으로 평가되며, 이득과 손해 모두 효용이 체감적인 관계를 갖는 것으로 가정하였다. 까닭에 불확실성 하에서는 합리적인 선택을 기대하기 어려우며, 설득 정보를 통한 준거점 설정 효과가 나타난다[Kahneman & Tversky (1984)].

4. 통일비용에서 분단비용으로, 다시 통일편익으로

이에 최근 들어 통일비용을 넘어서 '분단비용'을 고려해야 한다는 의견도 나온다. '분단비용'이란 "남북한이 분단되지 않았으면 치르지 않아도 될 비용"이라고 할 수 있다(SBS 뉴스, 2021, 12, 29). 곧, 통일비용이 향후 통일을 위해 지출될 비용이라면, 분단비용은 현재 분단으로 인해 지출되고 있는 비용이다. 통일비용이 '통일에 소요되는 비용'에 초점을 맞추었다면, 분단비용은 '통일이 가져오는 편익'에 주목한다는 점에 차이가 있다. 통일비용이라는 개념이 통일에 대한 반대 혹은 유보적 입장을 대변하는 준거로 활용되어 부정적인 느낌을 주는 반면, 분단비용은 통일의 이유를 강조하는 긍정적인 메시지로 활용될 수 있다는 점에서 중요한 의미를 가진다.

분단비용에는 다양한 항목이 포함될 수 있다. 대표적으로 남북한 교류 단절로 사용할 수 없는 북한 지역의 풍부한 자원과 노동력, 분단으로 인한 교통 및 산업 활동 장애 등 국토 이용의 비효율성, '코리아 디스카운트'로 지칭되는 한국 경제의 저평가 현상 등이 있다. 또 경제적인 요소 외에도 국민의 불안감, 국가 내부의 이념적 분열, 이산가족의 아픔 등의 비용이 포함된다(SBS 뉴스, 2021, 12, 29). 결국 매몰비용으로 '분단비용'의 지출을 고려할 때, '통일비용' 때문에 통일을 미뤄서는 안 된다는 지적이다.

그러나 통일비용과 마찬가지로 현재 분단비용에 대한 논의도 추상적인 수준이다. 비용 규모의 추정이나 정책적 논의가 전개되지 못한 채, 도입 필요성을 역설하는 추상적인 논의에 그치는 상황이다. 통일비용과 마찬가지로 분단비용의 측정이 매우 어려우며, 산정방식에 따라 편차가 크다는 점도 문제이다. 현실적으로 발생하지 않은 사안에 대한 비용을 추정해야 하는 까닭에 다양한 변수를 포함할 수 없는 한계도 있다. 또 통일의 단계가 무엇이냐, 완전한 통일을 달성하기까지 소요되는 시간이 얼마냐에 따라 비용이 달라질 것도 자명하다.

이에 통일비용과 분단비용을 통합적으로 산정해 통일의 사회적 편익을 검토해 볼 수 있다. 현 시점에서 통일이 가져오는 효과 전반에 대해 객관적이고, 종합적으로 점검하는 것이다. 현재 전후 세대는 통일이라는 개념에 대해 양가적인 감정을 가지고 있다. 남북한의 군사적 대립으로 인한 불안감과 분단비용을 고려할 때 남한 주도의 통일이 필요하지만, 남북한 간 경제적 격차와 통일비용을 고려할 때 통일에 유보적인 의견을 표출하기도 한다. 결국, 통일이 가져오는 사회적 편익에 대한 가치관이 확립되지 않은 채 정치적인 담론들만 분분한 상황이다. 민족주의적, 규범적 통일담론의 유용성과 별개로 분단비용과 통일비용으로 대표되는 '효용 담론'의 확대가 통일 커뮤니케이션의 진전을 가져오길 기대한다.

표 2. 통일비용과 분단비용, 통일편익의 비교

구 분	통일비용	분단비용	통일편익
개 념	통일로 인해 남북한이 부담해야할 비용	분단으로 인해 남북한이 부담해야할 비용	통일 이후 변동되는 사회적 후생(손실)
통일 시 추정 값	음수(손실)	양수(이익)	통일비용-분단비용
발생 시점	통일 시점·부과 시점	통일 완료까지 지속	지속 추정 필요
의 미	통일의 제약조건으로 작용	통일의 촉구요인으로 작용	통일의 종합적인 효과 추정·분석 단위

출처: 김해영·신영환 (2016). 통일세 수용의 선행 요인과 메시지 유형별 설득 효과에 대한 연구. 〈한국콘텐츠학회논문지〉, 16권 9호, 22-39.에서 발췌정리.

5. MZ세대의 통일전략 제언: 합리성 소구와 정의

과거 반공이념이 지배하던 시기, 국가통합 형태의 통일이 당위적인 명제로 인식되어왔다. 이에 통일교육은 분단의 장기화에 따른 민족적 폐해를 환기시키고, 통일한국의 비전을 제시함으로써 통일의 당위성에 대한 인식을 제고함을 목적으로 했다(통일교육원, 2008). 그러나 남북한 간 국가통합이라는 협의의 통일을 가능한 빠르게 달성해야 한다는 목표 아래서 통일의 과정과 방법론에 대한 사회적 논의는 활성화되지 못하였다. 대다수 국민이 지지하는 평화통일이라는 추상적 개념 외에 언제, 어떠한 방식으로 통일이 이뤄져야 하며, 통일의 제약조건과 선결과제는 무엇인지 검토가 부족했다고 할 수 있다.

분단 70년을 넘어서 6.25를 체험한 세대는 물론, 과거 반공이념 교육을 받은 세대의 비중도 줄어들고 있다. 본래 한 민족이며, 하나의 국가였기 때문에 통일이 필요하다는 민족주의적 인식도 약화되고 있다. 요컨대 최근 'MZ세대[5])'는 더이상 통일을 당위적인 명제로 인식하지 않는다. 또 막대한 통일 비용을 감안할 때, 과연 "통일이 필수적인 것인가?"라는 본질적인 의문이 제기되기도 한다. 이에 통일비용에 대한 논의는 통일 당위론, 나아가 통일 자체에 대한 안티테제antithese로 작용하기도 했다.

그러나 통일 커뮤니케이션이 국가의 통합뿐만 아니라 남북한의 공존과 항구적 평화, 정서적 동질성 확보 등에 대한 논의를 포괄한다고 할 때, 통일비용 문제를 도외시할 수 없으며 통일에 대한 당위론을 고수할 필요도

---

[5] MZ세대란 1980년대 초부터 2000년대 초까지 출생한 '밀레니얼 세대'와 1990년대 중반부터 2000년대 초반까지 출생한 'Z세대'를 아우르는 말이다(한경 경제용어사전). 현재 20대부터 40대인 MZ세대는 변화에 유연하고 새롭고 이색적인 것을 추구하며, 투자와 효율성에 관심이 많다. 또한 자신이 좋아하는 것에 쓰는 돈이나 시간을 아끼지 않는 특징이 있다.

없다. 통일비용에 앞서 평화공존을 위한 비용을 확인하는 등 단계적 비용 검토가 필요하다. 또 과거 통일비용에 대응하는 개념으로서 분단비용의 검토가 이뤄질 수 있다.

현재 통일을 지지하는 청년층에서도 '통일은 단일 민족의 회복'이라는 민족주의적 인식에 공감하는 비율이 상대적으로 낮게 나타났다(통일부·교육부, 2020). 북한에 대한 적대적 인식이 줄어듦에도 불구하고, 민족주의적 통일 당위론이 힘을 잃어가는 상황이다. 이에 향후 통일교육은 국가 간 통합을 강조하기보다는 남북한 공존과 평화, 교류 확대에 초점을 맞추는 것이 바람직할 것이다. 단순히 통일을 강조하는 것보다는 '왜' 통일이 필요하며, '언제', '어떠한 방식'으로 통일을 이룩할 것인지 구체화된 논의가 전개되어야 한다.

통일비용의 문제에 있어서도 행정적, 정치적, 사회적 통합에 소요되는 경제적 비용을 넘어서 평화와 공존, 통일의 정서적 가치를 측정하려는 노력이 필요하다고 생각된다. 현재 통일비용의 계측에서 남북한 대립으로 인한 불필요한 국방비 지출이나 개성공단과 같은 남북한 경제협력의 성과 등이 포함되지 않은 경우가 대부분이다. 이를 보완하기 위해 '통일비용'에 초점을 맞추는 것을 넘어서 '통일의 편익'에 초점을 맞출 수 있다. 조세 부담이나 사회적 비용 문제를 넘어서, 통일이 가져오는 수익의 문제를 논의에 포함하는 것이다. 국방비 절감이나 일자리 창출, 해외 투자의 촉진, 국민이 얻을 수 있는 정서적 안정감 등이 대표적 예이다.

물론 실제 발생하지 않은 사안인 통일 관련 비용을 계측하는 것이 매우 어렵다. 경제적 가치를 넘어서 분단비용이나 평화비용을 추정하는 것이 불가능하다는 반론도 제기될 수 있다. 그러나 원천적으로 통일비용을 돌이킬 수 없는 '매몰비용'으로 인식하는 오류를 벗어나야 한다. 과거 햇볕정책의 사례가 보여주듯이 통일비용을 통일의 마중물로 인식할 때, 비용은 '편익' 창출을 위한 투자로 전환될 수 있으며 관련 논의도 진일보할 수 있다. 먼저 통일비용에 대한 경제적 논의를 재점검하는 한편, 당위적 차원이 아닌 합리적 차원에서 통일이 가져오는 혜택을 제안해야 할 것이다.

통일 이후의 사회통합 문제도 주요 쟁점이다. 오랜 분단의 시간 동안 형성된 남북한 주민의 인식과 정서의 차이를 어떻게 통일하고 화합을 추구할 것인가에 대한 고민이 필요하다. 또 통일에 앞서 정파적 이유나 정치적 관점에 따라 상이한 남한 주민들 간의 인식 차이를 줄여나가야 할 것이다. 세대와 정치적 지향점, 사회·경제적 여건의 차이를 넘어서 통일에 대한 국민 인식을 점검하고, 정서적인 통일을 지향하는 것이다. 결국, 규범적이고 합리적인 방식으로 국론의 통합을 가져오기 위해서는 통일비용과 분단비용이 구체적으로 논의되어야 할 것이다. 통일의 의미와 목적, 방법론 전반을 재검토해야 할 시점이다.

참고문헌

고성삼 (2006). 〈회계 세무 용어사전〉. 서울: 법문출판사.
김해영·신명환 (2016). 통일세 수용의 선행 요인과 메시지 유형별 설득 효과에 대한 연구. 〈한국콘텐츠학회논문지〉, 16권 9호, 22-39.
박성진·선은정 (2011). 통일세와 조세부담에 관한 연구. 〈회계와정책연구〉, 139-166.
박찬석 (2017). 2016년 이후 통일교육의 현황과 과제. 〈도덕윤리과교육〉, 54호, 265-289.
정찬우 (2021). 〈통일세 도입론〉. 서울: 박영사.
조정아 (2018). 2030 세대의 통일의식과 통일교육의 새로운 패러다임 모색. 〈통일교육연구〉, 15권 2호, 21-45.
통일교육원 (2008, 2012, 2016). 〈통일교육(기본)지침서〉. 서울: 통일부 국립통일교육원.
통일교육원 (2018, 2020). 〈학교통일교육 실태조사〉. 서울: 통일부 국립통일교육원.

Kahneman, D., & Tversky, A. (1979). Prospect theory: An analysis of decision under risk, *Econometrica*, 263-291.
Kahneman, D., & Tversky, A. (1984). Choices, values, and frames. *American psychologist*, 39(4), 341-350.

SBS 뉴스 (2021, 12, 29). '분단비용'을 아시나요? [안정식 기자와 평양 함께 걷기].
　URL: https://news.sbs.co.kr/news/endPage.do?news_id=N1006584270&plink=COPYPASTE&cooper=SBSNEWSEND
중앙일보 (2021, 9, 15). [이상언의 '더 모닝'] 통일이 필요하냐는 20대, 설득 가능하십니까?
　URL: https://www.joongang.co.kr/article/25007308.

Chapter 04

북한의 언론 사상

윤성수 | 경희대학교 미디어커뮤니케이션대학원 겸임교수, YTN기자

1. 마르크스-레닌주의 언론 사상의 이해

사회주의 국가의 언론 사상은 마르크스-레닌주의 사상에 근간을 두고 국가의 실정에 맞게 적용, 발전되어 왔다. 북한 언론 사상도 마찬가지로 마르크스-레닌주의 사상을 바탕으로 김일성과 김정일의 주체사상의 기조 위에서 확립되었다. 따라서 북한의 언론 사상을 이해하기 위해서는 마르크스-레닌주의 언론 사상에 대한 이해가 선행되어야 한다.

먼저 마르크스의 언론 사상에 대해 알아보자. 18세기, 산업자본주의가 발달하면서 마르크스는 생산수단을 소유한 자본가와 노동력만 소유하고 착취당하는 프롤레타리아, 이렇게 두 계급이 있다고 보았다. 그에 따르면 노동자는 임금을 초과하는 가치를 산출하지만, 노동자가 받는 것은 노동력 유지에 필요한 최소한의 것뿐이며, 노동자가 생산한 잉여가치는 자본가가 차지한다. 그리고 한 시대의 생산력 발달은 생산관계(생산과정에서 사람들이 맺는 사회적 관계의 총체로 소유관계를 포함)와 모순된다. 이 모순이 역사 단계 이행의 동력이다. 자본주의 체제에서 이러한 모순은 경제공황을 발생시키기도 한다. 생산력과 생산관계의 일치는 자본가들이 사적으로 소유했던 생산수단을 사회에 귀속시켜 공유함으로써 실현된다. 이를 통해 궁극적으로 착취도 없고 계급도 없는 사회를 만들 수 있다고 보았다.

마르크스는 〈라인신문Rheinische Zeitung〉과 〈신 라인신문Neue Rheinische Zeitung〉에서 저널리스트로서 활동했다. 그는 보수적이고 반혁명적이고 관료적인 국가체제를 변혁시킬 수 없다고 보고, 우선 국가의 언론검열제도 철폐가 급선무라고 믿었다. 그는 언론매체의 개인 소유화가 국가검열을 초래하는 직접 원인이라고 보고, 국가와 개인으로부터 벗어나는 길이 다름 아닌 언론의 사유 금지 및 언론에 대한 사회적·공적 기능의 강조에 있다고 보았다. 그가 생각한 사회화는 언론매체의 국가 소유화가 아니라 사회의 현재와 미래를 책임지고 지배해야 할 새로운 지배계급인 노동자계급이 언론매체를 소유하고 그것을 지배 수단으로 활동한다는 것을 뜻하였다. 즉 노동자계급이 사회를 지배하고 그들이 언론매체를 정신적 지배수단으로 활용하는 것이 언론매체의 사회화 논리이다. 이러한 마르크스 매체 논리는 물질적 토대를 소유한 계급이 정신을 지배한다는 토대 결정론의 연장선상에 있다고 말할 수 있다(박영학, 1990).

마르크스는 모순을 해결하는 방법은 혁명이라고 생각하였다. 이후 그는 1848년 2월 엥겔스와 함께 〈공산당선언〉을 선포하였다. 그는 이 선언에서 "전세계 노동자들은 단결하라."고 호소하였다. 이 슬로건은 공산주의 최초의 선언일뿐만 아니라 공산주의 최초의 선전과 선동 메시지였다. 이처럼 공산주의 사상을 전파하는 사상적 무기로서, 공산주의 언론은 주요하게 선전 선동 기능을 수행해야 한다는 이론적 근거가 마련되게 되었다(김종완, 1978).

레닌은 마르크스의 공산주의 이론을 현실에 적용하여 세계 최초로 공산주의를 구현한 사람이다. 그는 근대적 공산주의 신문 〈이스크라(Iskra)〉를 창간했다. 레닌은 공산주의 혁명에 언론 수단을 가장 활발히 활용한 혁명가로 평가된다.

레닌은 1901년 말에 집필한 〈무엇을 할 것인가?(What is to be done?)〉라는 논문에서 신문의 개념을 '집단적 선전자, 집단적 선동자, 집단적 조직자'라고 규정하고 있다. 특히 신문의 집단적 조직자라는 점에 대해서 "신문을 건축의 발판에 비유할 수 있다. 발판은 건축되는 건물의 주위에 설비되면 건축의 윤곽을 정하고 건설노동자 사이의 연락을 용이하게 하여 일을 할당하는 데 도움이 되며 조직화된 노동에 의해서 달성되는 전반적인 결과를 개관하는 데 도움이 된다."고 피력하여 신문을 공산주의 건설의 강력한 조직자, 당의 전위기구로 규정해 놓고 있다. 또 레닌은 자본주의 신문을 '부유계급의 이윤추구를 위한 도구, 그들을 위한 정보·오락도구, 근로대중을 기만하고 농락하는 도구'로 마르크스-레닌주의에 기반한 언론은 '혁명수행의 주요수단'이라고 강조하고 있다.

마르크스와 레닌의 언론 사상은 1917년 혁명전위정당 볼세비키가 러시아 짜르 정권을 무너뜨리고 세계 최초의 프롤레타리아 혁명을 완수하는 과정에서 현실에 적용되어 변화와 발전의 과정을 겪으며 완성된다.

이후 마르크스-레닌주의 언론 사상은 소비에트뿐만 아니라 공산주의를 표방한 사회주의 국가의 언론 사상에 엄청난 영향을 끼쳤다. 물론 북한의 언론 사상도 이 사상의 영향을 크게 받았다. 이 점에 대해 북한의 언론 교과서라 할 수 있는 〈신문리론〉에서는 "당과 김일성 동지는 마르크스-레닌주의 창시자들이 신문 분야에서 이미 쌓아 올린 리론 실천적 문제들을 나라의 구체적 실정에 창조적으로 적용·발전시켰으며 또 그렇게 할 것을 우리들에게 가르쳤다."고 언급하면서(배순재·라두림, 1967) 마르크스-레닌주의 언론 이론을 북한의 실정에 맞게 창조적으로 적용, 발전시켰다고 주장한다.

2. 북한 언론의 사상

북한은 김일성이 항일투쟁기에 인민성과 대중성을 바탕으로 인민 속에서 대중들과 함께 호흡하는 마르크스-레닌주의 언론 철학을 개념화했다. 즉 김일성이 〈새날〉이라는 신문과 〈3.1월간〉이라는 잡지를 통해서 벌였던 언론 선전 활동을 혁명적 언론의 출발점으로 삼아 그 정신과 방법을 계승하고 있다.

해방 이후에는 김일성의 지도하에 당기관지가 창간되고, 출판사와 방송국이 설립되는 등 언론의 골격이 형성되어 갔다. 이 시기 김일성의 언론 철학은 마르크스-레닌주의 언론 철학에 기초를 두고 특히 언론의 조직자, 선전자, 교양자 역할을 강조하고 있다(강명구, 1991).

1945년 11월 1일 김일성과 당은 북조선공산당 기관지 〈정로〉를 창간했다. 이 신문은 이후 신민당 기관지 〈전진〉을 흡수하여 1946년 9일 1일부터 〈로동신문〉으로 개명되어 지금까지 당의 기관지 역할을 하고 있다.

1945년 10월 14일에는 〈조선중앙방송〉이 개국되어 방송을 시작하였으며, 10월 23일에는 '조선노동당 출판사'가 설립되었다. 1946년 3월 10일에는 '조선기자동맹'이 창설되었으며 6월 4일에는 평양 인민정치위원회 기관지인 〈평양민보〉가 〈민주조선〉으로 개명되었다.

3. 북한 언론의 사회적 기능

북한의 신문학 이론 교과서인 〈신문리론〉은 북한 언론의 사회적 기능을 선전·선동자의 기능과 조직자적 기능, 그리고 문화·교양자적 기능의 세 가지로 제시하고 있다(배순재·라두림, 1967). 이러한 언론의 역할관은 레닌의 언론 철학에서 그 뿌리를 찾을 수 있다. 앞서 기술한 것처럼 레닌은 언론의 역할을 선전자, 선동자, 조직자의 세 가지로 제시한 바 있다.

특히 선전·선동자의 역할이 중시되었는데, 김일성도 이 선전·선동자로서의 기능이 언론의 1차적 사업이 되어야 한다고 강조한 바 있다(김영주, 1991). 북한의 〈언론출판분야 사업총화집〉에 의하면 "언론의 완전한 자유를 보장받고 있는 공화국 북반부의 신문들은 집단적 선전자, 선동자로서의 역할을 다하면서 급격히 장성·발전되었다."고 자화자찬하고 "공화국에 있어서 출판물은 인민 속으로 깊이 침투되어 인민들을 마르크스-레닌주의적 선전리론으로 무장시키며 선진 과학기술을 습득케 하며 또한 정치, 문화, 도덕적 교양을 높이는 데 막대한 역할을 하고 있다."고 하여 선전·선동의 구체적 내용을 열거하였다.

〈신문리론〉에 의하면 선전과 선동의 개념은 구분된다. 선전은 사람들에게 어떤 사상과 학설, 정치적 견해 등을 구두 또는 출판물, 라디오 등 각종 수단을 통해 알려주고 해설하며 교양하는 것을 말한다. 선동은 담화나 보고 또는 연설 같은 것을 통하여, 그리고 신문, 소책자, 삐라와 격문, 라디오, 영화 같은 것으로 군중에게 사상적 영향을 주는 것을 말한다. 다시 말하면 선동은 위와 같은 수단과 방법을 통하여 군중의 기세를 돋구고 군중을 혁명과업 수행으로 직접 발동시키는 것을 의미한다고 설명하고 있다(배순재·라두림, 1967).

북한 언론의 또 다른 기능은 집단적 조직자의 기능이다. 선전·선동기능이 태도 형성 및 태도 변화 차원에 머문다면 조직자적 기능은 행위 유발 및 행위 변화의 차원이라고 할 수 있다(김영주, 1991). 〈신문리론〉에서는 신문이 담당하고 있는 사명은 한갓 정치적 선전이나 선동에 머물러 있지 않으며 혁명과업 수행으로 그들을 직접 끌어들이며 끝까지 관철하는 것으로, 당이 제시한 혁명과업 수행을 위하여 당원들과 대중들을 한데 단합시키고 그들의 역량을 조직하여 동원한다는 것 즉, 집단적 조직자로서의 기능도 해야 한다고 주장하고 있다(배순재·라두림, 1967).

이 언론의 조직자적 기능은 다시 내적, 외적인 두 개의 측면으로 나누어진다. 조직자적 기능의 외적 측면이란 주로 신문 편집국들의 근로자 편지와 노농 통신원들과의 사업, 열성 필자와의 사업을 내용으로 하는 대중 사업과 신문 배포 체계를 통한 당과 대중과의 연계, 군중들 속에서의 기자들의 당적인 취재 활동, 신문에 실린 자료들의 실효 투쟁에서 수행되는 조직자적 기능 등을 말한다. 반면 내적 측면이란 신문지면에 실리는 자료와 그가 보급하는 사상과 방법에 의하여 발현되는 조직자적 기능을 말한다(배순재·라두림, 1967).

세 번째의 문화·교양자적 기능은 1962년 5월 3일 김일성의 교시에 의해 주창된 기능이다. 〈신문리론〉은 "사회주의 공산주의를 건설하고 있는 조건 하에 있는 신문은 그의 문화·교양자적 기능이 근로자들에 대한 마르크스-레닌주의 사상의 보급이나 그들의 정치 의식 수준 제고, 그리고 정치적 동맹자의 흡수에 그치지 않고 근로자들에 대한 공산주의 사상 교양 그리고 풍부한 문화적 소양과 높은 기술을 소유한 전면적으로 발전된 근로자들을 육성하는 데 이바지하여야 한다."고 문화·교양자적 기능의 중요성을 강조하였다. 더 나아가 "문화·교양자적 기능의 기본 내용은 공산주의 교양과 혁명전통 교양이며 긍정적 모범에 의한 감화교양이 되어야 한다."고 주장한다(배순재·라두림, 1967).

4. 북한 언론의 일반 원칙

북한 언론은 선전·선동자적 기능과 조직자적 기능, 문화·교양자적 기능을 효과적으로 수행하기 위한 마르크스-레닌주의적 언론의 일반 원칙으로 '계급성과 당성', '인민성과 대중성', '진실성과 전투성'을 제시하고 있다. 이러한 일반 원칙은 사회주의 언론이 지켜야 할 기본 원칙으로서 언론매체에만 한정된 것이 아니라 사회의 모든 하부조직에서 요구되는 일반적 특성이다.

계급성과 당성은 노동계급의 당파적 관점에서 당의 요구와 정책대로 사업을 수행한다는 상호작용적 원칙이다. 즉 노동계급을 선두로 하는 인민들의 이익에 철저히 복무함으로써 국제 노동운동의 위업을 성실히 하는데 신문의 계급성이 있다고 한다. 또한 당은 계급의 전위대이며 뇌수이므로 신문이 계급성을 띤다는 것은 곧 당성을 띠게 된다는 것을 의미한다. 언론의 당성이란 당에 대한 무한한 충실성을 말한다.

언론의 인민성이란 언론이 인민 대중의 이해관계를 옹호하며 인민 대중의 이익에 복무하는 일반적 본성을 말한다. 여기서 인민성은 계급성을 배제하는 것이 아니라 그 사회의 가장 선진적인 계급의 이익에 복무하는 데서 발현되는 본성이라고 설명하고 있다. 언론의 대중성이란 인민성에서 흘러나오는 것으로서 인민성을 더욱 풍부하게 해주는 불가분리의 것으로서 인민 자신이 신문사업에 대중적으로 참가하여 그것을 자신들의 정치적 연단으로 이용할 수 있게 하는 본성을 말한다.

언론의 진실성이란 객관적 현실을 가장 과학적이고도 진실하게 반영하는 일반적 본성을 말한다. 여기서 진실성을 체현할 수 있는 실질적 가능성은 마르크스-레닌주의의 혁명적 이론과 당 정책에 의해서 확보된다고 주장한다. 또한 전투성이란 계급적 원수들과 타협하지 않고 그들을 예리하게 폭로하며 당정책을 기동적으로 그리고 끝까지 관철시키는 데서 오는 본성을 말한다.

참고문헌

강명구 (1991). 북한언론철학과 대중교양사업의 원칙과 실제. 서울대 신문연구소 (편). 〈북한언론의 특성에 관한 내용분석적 연구〉 (5-57쪽). 서울: 서울대 신문연구소.
국토통일원 (1974). 〈북한의 언론출판 분야 사업총화집〉, 서울.
김영주 (1991). 북한언론의 성격과 그 체계. 김영주·이범수 (편). 〈북한언론의 이론과 실천: 원전을 통해 본 그 이론·역사·매체·정책·사상〉 (15-37쪽). 서울: 나남.
김종완 (1978). 공산주의 언론사상의 이론적 배경: 마르크스와 레닌의 언론관비교. 〈북한〉, 77호, 184-194.
박영학 (1990). 북한의 초기 언론사상. 〈북한〉, 225호, 3-18.
배순재, 라두림 (1967). 〈신문리론〉, 동경: 재일본 조선언론출판인협회.
북한연구소 (1983). 〈북한총람〉, 서울: 북한연구소.
정진홍 (1989). 저널리스트로서의 맑스: 맑스의 저널리스트 활동과 프롤레타리아트 혁명운동. 〈언론문화연구〉, 7권, 345-376.
유재천 (편) (1979). 〈북한의 언론〉. 서울: 을유문화사.
이상두 (1979). 〈마르크스-레닌주의와 언론〉. 서울: 범우사.

Lenin, V. I. (1901). *What is to be done?* 최호정 (역) (1999). 〈무엇을 할 것인가〉. 서울: 박종철출판사.

Chapter 05

남북 미디어 교류협력의 미래

김선호 | 한국언론진흥재단 책임연구위원

　남북 미디어 교류협력은 1990년대 말부터 10년 정도의 활성화 시기를 거친 후 다시 10년 정도의 침체와 단절을 경험했다. 북한의 핵개발, 국제관계의 악화, 새로운 남북 긴장 관계 조성 등 외부 변수가 교류협력의 침체와 단절을 가져온 결정적 요인이었다. 언제가 될지는 모르겠지만, 미디어 교류협력이 재개되기 위해서는 그런 외부 요인들이 선행적으로 해결되어야 할 것이다. 이 글은 그런 외부 요인들은 일단 차치하고, 남북 미디어 교류협력 자체를 되짚어보고, 미래의 미디어 교류협력의 방향을 가늠하고자 한다. 즉, 과거 10여년 간 이뤄졌던 미디어 교류협력 과정을 성찰하고 앞으로 미디어 교류협력을 위한 시사점을 도출하는 것이 이 글의 주된 목적이다. 아울러 이 글은 교류협력이 단절됐던 10년간 미디어 환경의 변화를 고려하여, 미디어 교류협력의 미래 방향을 제안하고자 한다.

1. 남북 미디어 교류협력의 연혁

분단 이후 남북 미디어 교류협력의 구체적인 구상은 사회주의권 붕괴와 북방정책 분위기 속에서 1991년 체결된 〈남북 사이의 화해와 불가침 및 교류·협력에 관한 합의서〉(이하, 〈남북기본합의서〉)에 바탕을 둔다. 〈남북기본 합의서〉 제16조는 "남과 북은 과학. 기술, 교육, 문학, 예술, 보건, 체육, 환경과 신문, 라디오, 텔레비전 및 출판물을 비롯한 출판, 보도 등 여러 분야에서 교류와 협력을 실시한다."고 명시했다. 그리고 1992년 합의된 〈사회문화교류·협력 관련 부속합의서〉 제2장은 남북 미디어 교류를 "정보자료를 상호 교환", "기술협력을 비롯한 다각적인 협력", "기관과 단체, 인원들 사이의 접촉과 교류", "연구·조사, 편찬사업, 행사를 공동으로 실시", "상대측의 각종 저작물에 대한 권리를 보호" 등 다섯 가지 항목으로 구체화시켰다.

남북 미디어 교류협력은 2000년 6.15 남북정상회담을 계기로 본격적으로 실천되기 시작했다. 그리고 2005년 6.15 남측위원회의가 언론본부를 결성하고 (구)방송위원회 소속 남북방송교류추진위원회가 법정위원회로 승격되면서 체계화되다가 2010년 5.24 조치 이후 전면 중단됐다. 6·15 남북정상회담 이후 이뤄졌던 남북 미디어 교류협력의 주요 내용을 세부 분야별로 정리하면 〈표 1〉과 같다.[1]

---

[1] 이하 미디어 교류협력 관련 내용은 참고문헌에 표기된 4개의 문헌을 종합하여 재구성한 것이며, 개별 내용과 관련한 참고 표시는 생략한다.

표 1. 2000년도 이후 남북 미디어 교류협력

세부 분야	연 도	주요 내용
인적 교류	2000 2001 2002 2003 2005 2008 2009	• 남측 언론사 사장단 방북, '남북언론기관공동합의문' 발표 • 한국기자협회와 조선기자동맹 실무자 대표회의(평양) • 남북방송교류협력에 관한 합의서 체결 • 남북 방송인 토론회 및 프로그램 소개 모임(1차) • 6·15 남측 언론본부와 북측 언론분과위원회, 남북언론인 대표자 회의 개최 • 남북 방송인 토론회 및 프로그램 소개 모임(2차) • 남북 언론인 대표자 회의(평양), '6·15 공동선언실천 언론본부 합의서' 발표 • 남북 언론분과 실무접촉(중국 선양)
콘텐츠 교환	2002 2003 2005 2008	• 〈연합뉴스〉, 〈조선중앙통신〉과 기사 수신 계약 체결 • 남북 영상물 구매 1차 계약(남측 66건, 북측 14건 구매) • 남북 영상물 구매 2차 계약(남측 114건, 북측 22건 구매) • 남측 〈통일언론〉과 북측 〈우리민족끼리〉를 통해 기사 교환 합의
콘텐츠 제작 협력	2000 2003 2005 2006 2007 2018	• 〈KBS〉 최초 공동제작 프로그램 '백두에서 한라까지' 방영 • 〈EBS〉 애니메이션 '뽀롱뽀롱 뽀로로' 합작 생산 • 삼성전자 휴대폰 애니콜 광고 제작 • 〈다큐코리아〉, '북 요리 100선' 다큐멘터리 외주제작 • 〈KBS〉 외주제작 형태로 드라마 '사육신' 제작 방영 • 〈JTBC〉 '두 도시 이야기' 제작 방영
기술 지원· 협력	2003 2004 2005 2008 수시	• 디지털방송 편집·송출 장비 지원 • 스카이라이프, 개성공단 내 남측 상주인원을 위한 위성방송 서비스 제공 • 중계차량 및 운용기술 지원 • 스카이라이프, 금강산 관광 호텔에 위성 방송 서비스 제공 • 올림픽 등 주요 국제 스포츠 경기 위성중계 지원

남북 미디어 교류는 분야별로 언론보도 분야와 일반 콘텐츠 분야로 분류할 수 있으며, 교류 유형별로 뉴스나 콘텐츠 교환과 제작 협력(혹은 공동제작) 등 두 가지로 나누어 볼 수 있다.

1) 언론보도 분야 교류협력

언론보도 분야의 남북 교류는 1991년 남북기본합의서 채택으로 이어진 남북고위급회담 취재를 계기로 논의되기 시작했다. 1991년 전국언론노동조합연맹, 한국기자협회, 한국방송PD연합회는 공동으로 '남북언론인교류추진협의회'를 결성하고 1995년 '평화통일과 남북화해협력을 위한 보도제작준칙'을 공표했다. 그러나 남북정상회담이 성사된 2000년도까지는 교류를 위한 준비 단계에 머물렀으며, 본격적인 교류로 이어지지는 못했다.

언론보도 분야 상호교류의 첫 단추는 2000년 8월 남측 언론사 사장단 56명이 방북하여 '남북언론기관 공동합의문'을 공표하면서 꿰어졌다. 공동합의문은 언론사들이 상호 '비방·중상을 중지'하고 '접촉과 왕래 및 교류'를 추진한다고 명시했다. 공동합의문 채택 이후 언론 분야 교류는 활발하게 진행됐다. 2001년에는 한국기자협회가 조선기자동맹과 평양에서 인적 교류를 위한 실무협의를 진행했고, 2002년 〈연합뉴스〉는 〈조선중앙통신〉과 기사수신 계약을 체결했다. 이 시기를 전후하여 방송사들은 북측의 협력 아래 보도 프로그램 제작에 나섰다. 2000년도 9월 추석에 〈KBS〉는 남북 최초 공동제작 프로그램 '백두에서 한라까지'를 방영했다. 2002년 〈MBC〉는 뉴스데스크를 평양에서 생방송으로 진행했고, 2003년에는 〈SBS〉가 8시뉴스를 북한에서 이원 생방송으로 진행했다. 2008년에는 이례적으로 북측의 요청으로 〈MBC〉가 영변 원자로 냉각탑 폭파 장면을 영변 현지에서 단독 보도하기도 했다.

언론보도 분야 교류협력은 2005년을 기점으로 한 단계 격상된다. 6·15 공동선언 5주년을 기념하여, 6·15 공동선언실천 남측위원회는 언론본부를, 북측위원회는 언론분과위원회를 발족시킨다. 남측언론본부는 전국언론

노동조합연맹, 한국기자협회, 한국방송PD연합회와 이에 더하여 인터넷기자협회와 한국언론재단 등 다섯 개 단체로 구성됐으며, 발족식에서 남북언론인대회 정례화, 판문점과 개성공단을 통한 신문 교환, 〈연합뉴스〉와 〈조선중앙통신〉 간의 기사 교류, 남북공동 인터넷 뉴스 사이트 개설 등을 제안한다. 이후, 남측언론본부와 북측 언론분과위원회는 금강산과 평양에서 남북언론인토론회(2006년), 남북언론인대회(2007년, 2008년), 남북언론인대표자회의(2008년)를 연달아 개최한다. 특히, 남북언론인대표자회의에서는 남측이 설립한 인터넷 사이트 '통일언론'과 북측 인터넷 사이트 '우리민족끼리'를 통한 기사교환과 전자우편을 통해 '민족 화합과 평화통일을 이룩하는 데 이바지하는 방향에서 보도기사, 논평, 사진기사, 영상기사 등 다양한 형식의 기사들을 교환'하는 것에 대한 합의서를 발표했다. 그리고 2009년 중국 선양에서 실무접촉까지 가졌지만 2010년 5·24조치 이후 전혀 이행되지 못했다.

2) 일반 콘텐츠 분야 교류협력

뉴스와 보도물 분야를 제외한 일반 콘텐츠 교류는 1998년 남측 정부가 북측 영상물의 국내 반입을 제한적으로 허용하면서 시작됐다. 이 시기 남측 지상파 방송사들은 중개업자를 통해 북측 영상물을 구매하여 방영했다. 1998년 〈SBS〉는 북한영화 '안중근, 이등박문을 쏘다'를, 〈KBS〉는 드라마 '림꺽정'을 방영했다. 1999년 〈MBC〉는 '온달전', '불가사리', '사랑 사랑 내사랑'을 방영했다.

2000년 6·15 남북정상회담 직후, (주)방송위원회는 방송부문 교류협력을 증진시킬 목적으로 '남북방송교류추진위원회'를 설립했으며, 이 위원회는 2005년 「방송법」에 '남북간 방송 교류협력' 조항이 신설되면서 법정위원회로 승격됐다. 이 위원회는 2010년 「방송통신발전 기본법」에 따라 현재 방송통신위원회의 '남북방송통신교류 추진위원회'로 변경됐다. 남측 방송위원회(남북방송교류추진위원회)와 북측 조선중앙방송위원회는 남북의 방송 교류를 활성화시키기 위해 2003년과 2005년 두 차례에 걸쳐 '남북 방송인 토론회'와 '남북 영상물 소개 모임'을 평양과 금강산에서 개최한다. 남측 130명과 북측 100명이 참가한 1차 토론회는 편성제작, 방송언어, 방송기술 등 3개 분과로 나뉘어 진행됐다. 남측 74명과 북측 37명이 참석한 2차 토론회는 방송언어를 제외하고 편성제작과 방송기술 분과 토론만 진행됐다.

(1) 콘텐츠 교환

남북 방송인 토론회와 더불어 진행된 남북 영상물 소개 모임에서 영상물 구입 계약이 체결된다. 2003년에는 남측이 249편, 북측이 101편의 영상물을 출품하였고, 남측 방송사들이 북측 영상물 66편을 구매했으며, 북측 조선중앙방송위원회는 14편을 구매했다. 2005년에는 남측이 118편, 북측이 123편 출품하여, 남측이 114편, 북측이 22편 구매했다. 2003년 대비 2005년 북측의 출품 편수는 12편 증가했지만, 남측의 출품 편수는 131편 감소했다. 그리고 구매 건수는 북측이 8편, 남측이 48편 늘었다. 남측 방송사가 구매한 북측 영상물은 주로 아동 관련 편집물, 자연 다큐멘터리, 역사, 문화 및 생활 관련 등 비정치적인 콘텐츠였다.

표 2. 남북 영상물 소개 모임 출품 및 구매 편수

연 도	북측 출품 대비 남측 구매	남측 출품 대비 북측 구매
2003년	101편 중 66편(65.3%)	249편 중 14편(5.6%)
2005년	123편 중 114편(92.7%)	118편 중 22편(18.6%)

(2) 콘텐츠 제작 협력

2003년 1차 남북 영상물 소개 모임 이후 콘텐츠 제작 협력 사업도 활기를 띠기 시작한다. 남북 영상물 소개 모임에서 남측 방송사들이 구매한 영상물이 '령리한 너구리'였는데, 이 작품은 북측의 애니메이션 제작 기술 수준을 잘 보여주는 것이었다. '령리한 너구리'를 제작한 조선 4·26 만화영화 촬영소(영문명 Scientific Educational Korea, SEK)는 프랑스 '레미제라블,' 이탈리아 '피노키오,' 미국 '심슨 더 무비' 등 애니메이션 등 유명작품의 하청 제작에 참여한 경험이 있었다. 이에 2003년 〈EBS〉는 북측 삼천리총회사에 애니메이션 '뽀롱뽀롱 뽀로로'의 3D 그래픽 작업을 맡기게 됐다. 〈EBS〉는 시즌 1의 52편 중 22편을 삼천리총회사를 통해 하청 생산했다.

콘텐츠 제작 협력 사업 가운데 가장 규모가 큰 것은 〈KBS〉와 〈조선중앙텔레비죤〉이 공동 제작한 역사드라마 '사육신'이었다. 제작 비용 20여억 원을 들여 70분씩 24부작으로 기획된 드라마 제작은 2003년부터 협의가 이뤄졌으며, 제작기간은 2005년 7월부터 2007년 5월까지 2년여 시간이 걸렸다. '사육신' 공동제작에 있어 〈KBS〉는 촬영장비, 기술, 제작비용을 제공하고, 〈조선중앙텔레비죤〉은 극본, 배우, 제작 스태프를 담당했다. 영상물 저작권은 〈KBS〉가 갖고 〈조선중앙텔레비죤〉은 방영권만 갖는 것으로 합의됐다. '사육신'은 2007년 8월 8일부터 11월 1일까지 〈KBS〉 수목드라마로 방영됐다.

2005년 삼성전자는 남측 가수 이효리와 북측 만수대예술단 소속 조명애를 모델로 캐스팅하며 휴대폰 애니콜 광고를 4편을 제작했다. 이효리와 조명애는 광고 제작을 위해 만났지만, 직접 대화는 나누지 못한 것으로 알려진다. 2006년 남측의 〈다큐코리아〉는 북측의 요리를 소개하는 '조선요리 100선'을 북측 〈내나라비데오〉와 공동제작했다. 〈다큐코리아〉 촬영팀은 평양과 개성 등 접근 가능한 지역을 촬영하고, 〈내나라비데오〉는 보안 등의 이유로 접근이 통제되는 지역의 촬영을 담당했다.

　이 외에도 북한 역사문화유산과 자연에 대한 다큐멘터리 현지 제작과 음악 공연에 대한 중계방송이 다수 이뤄졌다. 다큐멘터리 분야에서는 〈KBS〉가 2001년 '백두고원을 가다'와 '역사스페셜-북한문화유산시리즈' 8편을 방영했다. 음악 공연 분야에서는 〈KBS〉가 KBS 교향악단과 조선국립교향악단의 합동 연주회(2002년), 전국노래자랑 평양편(2003년), 금강산 열린음악회(2005년)를, 〈MBC〉가 가수 이미자 공연과 윤도현 공연(2002년)을, 〈SBS〉가 류경 정주영 체육관 개관 기념 통일음악회(2003년)와 광복 60주년 기념 조용필 콘서트(2005) 등을 평양에서 중계했다. 2008년에는 〈MBC〉가 단독으로 뉴욕필하모니 평양 공연을 중계했다. 2018년에는 오랜 단절 끝에 〈JTBC〉는 서울과 평양, 수원과 개성, 속초와 원산을 다룬 다큐멘터리 '두 도시 이야기'를 북측의 협조로 제작 방영했다.

(3) 기술 지원 및 협력

　남북 미디어 교류를 활성화시키기 위해 2003년 남측 방송사는 북측에 디지털 편집 및 송출 장비를 지원했고, 2005년에는 방송중계 차량과 운용 기술을 지원했다. 방송 설비 이외에 국제 스포츠 경기 위성 중계 지원도 이루어졌다. 2003년 대구 유니버시아드 대회, 2004년 아테네 올림픽, 2006년 독일 월드컵은 태국소유 타이콤 위성을 통해 전송해주었고, 2005년 동아시아 축구선수권 대회는 〈Asiasat II〉 위성을 통해 전송했다.

한편, 위성방송 사업자 〈스카이라이프〉는 북측의 승인을 받아 2004년부터 개성공단 내 남측 상주인원을 위한 위성방송 서비스를 개시했고, 2008년까지 개성공단에는 960대의 위성방송 수신기가 설치됐다. 2008년에는 금강산 관광객을 위해 금강산관광호텔에 위성방송 서비스를 제공하기 시작했다.

2. 남북 미디어 교류협력 재개 시 고려사항

1990년대 후반부터 2000년대 후반까지 10여 년간 진행됐던 남북 미디어 교류협력은 분단 이후 처음으로 경험한 본격적인 교류였다는 점에서 커다란 의의가 있다. 2010년 단절된 이후 아직 재개되지 못하고 있지만, 미래의 교류협력을 위해서는 과거 교류협력에 대한 성찰과 지난 10년간 남북 미디어 환경변화에 대한 분석이 필요하다.

1) 과거 미디어 교류협력의 제한점

(1) 구조적 비대칭성

미디어 교류협력에 있어 남측과 북측 사이에 구조적 비대칭성이 존재했다. 구조적 비대칭성이란 언론보도와 콘텐츠 유통이 대부분 북측에서 남측으로 일방향으로 진행될 뿐 남측에서 북측으로 쌍방향 유통은 거의 없다는 것을 의미한다. 언론보도는 북측 언론사가 생산한 뉴스가 남측 언론사를 거쳐 남측 주민에게 전달되는 형식이나, 혹은 남측 언론사가 북측이 제공한 장소와 시설을 이용하여 남측 수용자를 대상으로 보도하는 형식을 취했다. 그리고 앞서 <표 2>에서 잘 나타나듯, 드라마나 다큐멘터리를 비롯한 일반 콘텐츠의 구매 역시 주로 북측이 생산한 콘텐츠를 남측이 구매하는 양상을 띠었다. 북측이 소규모로만 남측 콘텐츠를 구매한 데에는 열악한 경제적 사정도 작용했겠지만 북측 주민들이 남측 콘텐츠에 노출되는 것을 꺼려하는 주민통제정책도 작용했을 것이다. 그리고 남측은 위성방송을 통해 개성공단이나 금강산 지역에 방송서비스를 제공했으나, 이는 북측 주민이 아니라 남측 상주인원과 관광객을 위한 것이었다. 전체적으로 미디어 교류에 있어 북측에서 남측으로 정보와 콘텐츠의 일방향적 유통이 지배적인 구조였고, 남측 미디어가 생산한 뉴스나 콘텐츠를 북측 주민이 접할 수 있는 여지는 극히 협소했다.

구조적 비대칭성은 미디어 교류협력이 재개되더라도 단기간에 개선될 가능성이 현저히 낮아 보인다. 현재 북측은 주민이 외부 정보에 노출되는 것을 강력히 차단하면서 세계적으로 가장 높은 수준의 정보통제정책을 펼치고 있고, 국경없는 기자회가 발표한 언론자유 순위는 180개국 중 최하위를 기록하고 있다. 최근 일부 지역이나 일부 계층에서 USB나 마이크로 SD 카드를 통해 남측 콘텐츠가 암암리 유통되고 있으나, 적발 시 혁명화 구역 수용 등 처벌대상이다. 남북 미디어 교류가 대칭적으로 이뤄지기 위해서는 북측이 큰 틀에서 전향적인 조치를 취해야 하는데, 미디어 교류가 재개되더라도 이 단계에 도달하기 위해서는 상당한 시간이 걸릴 것으로 보인다. 그리고 이는 동독주민이 서독방송을 비교적 자유롭게 시청할 수 있었던 동서독 미디어 교류 모델을 한반도에 적용하는 데 한계가 있음을 시사한다. 한반도에서는 동서독 모델과 정반대 양상으로 미디어 교류협력이 진행됐다.

(2) 최소 접촉 · 선별적 공개

미디어 교류협력에 있어 북측이 적용했던 원칙이 '최소 접촉'과 '선별적 공개'였을 것으로 추정된다. 콘텐츠 제작 협력이나 공동제작에 있어서 북측은 남북측 참여인원이 대면 접촉하는 것을 경계해왔다. 같이 애니콜 광고 모델로 참여했던 이효리와 조명애는 대화조차 나누지 못했고, 합동공연단도 상호접촉에 제한이 있는 것으로 알려진다. 이는 드라마와 같은 공동저작물 제작에 있어서도 제한점으로 작용했다. 북측은 남북측 배우가 공동으로 출연하기보다는 '사육신'의 경우처럼 북측 배우만 독자적으로 출연하는 방식을 선호한다. 그리하여 콘텐츠 공동제작에 있어 단계별로 상호 간의 화학적 결합이 아니라 콘텐츠 제작은 북측이 담당하고, 자본과 기술은 남측이 담당하는 외주제작이나 하청생산 등 병렬적 방식으로 밖에 이뤄질 수 없었다.

장소 접근에도 상당한 제한이 있었다. 〈다큐코리아〉의 북한 음식 다큐멘터리 제작 과정에서 보듯이 북측은 평양이나 개성 등 대외적 선전 가치가 있는 장소만 선별적으로 공개하는 경향이 있다. 이런 제한은 언론분야에도 적용된다. 남측 언론인이 북한을 방문하거나 혹은 상주하게 되더라도 취재를 위한 장소 접근에는 엄격한 제약이 따르게 된다.

북측은 미디어 교류의 남측 상대를 정하는 데 있어서도 선별적이었다. 북한에 비판적인 언론사는 방북을 불허했을 뿐만 아니라, 상황에 따라서는 북측이 신뢰할 수 있다고 판단하는 일부 방송사만 교류의 대상으로 삼았다. 즉, 미디어 교류의 수준과 범위 및 교류 상대를 남측이 제안하더라도 북측이 최종적으로 선택하는 구조로 이뤄져 있다.

(3) 고비용 · 저조한 수익

비용문제는 미디어 교류의 제한점으로 자주 지적된다. 〈KBS〉의 전국노래자랑 평양편 제작에는 100만 달러, 남북교향악단 합동연주회에는 45만 달러, 〈MBC〉의 아시안게임 남북합동공연에는 120만 달러 등이 소요됐다. 미디어 교류에 있어 남측은 언론사나 방송사가 개별적으로 북측과 접촉하는 데 반해 북측은 민화협으로 창구가 단일화되어 있어 교섭에 있어서 남측 미디어 기업들이 불리한 위치에 있었다. 북측은 남측의 미디어 기업 간의 경쟁을 유도하면서 비용을 높게 요구하는 경향이 있었다. 2009년 정보통신정책연구원이 실시했던 '남북방송 교류협력에 관한 인식 설문조사' 결과 응답자들은 북측의 일방적이고 불합리한 요구(36.4%)와 높은 사업비용(26.3%)을 교류협력의 문제점으로 지적했다.

낮은 수익성도 미디어 교류협력의 제한점으로 지적된다. 초기에는 북한에 관한 관심이 높았기 때문에 일정 수준의 시청률을 확보할 수 있었지만, 시간이 지나면서 한계가 드러났다. 게다가 역사, 문화, 자연 등으로 소재의 제한이나 시청자들이 느끼는 문화적 이질감도 수익성을 낮추는 요인으로 작용했다. 단적인 예로, 공동제작 역사드라마 '사육신'의 시청률은 2~3%대로 매우 저조했다.

비용과 수익성 문제는 향후 미디어 교류협력을 재개하는 데 있어 심각한 제한점이 될 것으로 예측된다. 미디어 교류협력이 단절된 시점인 2010년 이후 모바일 혁명이 발생하면서 미디어 환경이 급변했기 때문이다. 모바일 혁명으로 인해 남측 신문사와 방송사의 수익 구조가 심각하게 위협받고 있으며, 특히 최근 지상파 방송사들의 적자 규모는 계속 커지고 있다. 과거 방송사들이 광고를 통해 높은 수익을 올렸던 시절에는 남북 교류에 소요되는 고비용과 낮은 수익성을 감내할 수 있었다. 그러나 앞으로 수익성이 보장되지 않는다면 남측 방송사들이 남북 교류에 투입할 수 있는 재정적 여력은 많지 않을 것이다.

2) 북한 미디어 환경 변화

미디어 교류협력이 단절된 지난 10년 동안 북한에서도 몇 가지 주목할 만한 변화가 미디어 영역에서 진행되고 있다.

(1) 미디어 기업화

김정은 위원장은 집권 이후 포전담당제, 사회주의 기업 책임관리제, 독립채산제 실시 등 일정 수준 시장화 정책을 시행하고 있다. 그러면서 〈메아리〉나 〈서광〉과 같은 일부 미디어에도 독립채산제가 적용되고 있는 것으로 알려진다. 사회주의 시장경제를 먼저 실시한 중국이나 베트남의 선례를 참고하면, 미래에 북측의 미디어도 전반적으로 재정을 국가가 책임지는 것이 아니라 시장에서 수익을 만들어 충당하는 방식으로 바뀔 가능성이 있다. 일반적으로 미디어 기업이 수익을 창출하는 방법은 광고와 콘텐츠 판매 두 가지인데, 북측의 미디어 기업도 이에 대해 관심을 갖게 될 것이다.

(2) 콘텐츠의 다양화

사회주의 국가의 신문과 방송은 일차적으로 선전의 도구로서 활용된다. 사회주의 시장경제를 채택한 국가에서도 언론 보도 영역은 여전히 국가의 검열과 통제의 대상이지만, 드라마, 영화, 스포츠 등 영역에서는 비교적 다양한 콘텐츠가 만들어진다. 아직 파편적이지만 북측에서도 그런 변화가 발생하고 있다. 2015년에는 〈체육 텔레비죤〉이라는 신규 방송 채널이 설립됐으며, 최근에는 영국 프리미어 리그 축구도 방영한 것으로 알려진다. 그리고 방송 뉴스 제작에 있어서도 드론 촬영, 3D컴퓨터 그래픽, 데이터 시각화, 타임랩스 영상 등 선진적인 기법이 도입되고 있다.

(3) 디지털화

미디어의 디지털화는 전세계적인 현상이며, 북한에서도 점진적으로 디지털화가 진행되고 있다. 디지털 TV가 보급되기 시작했기 때문에, 남북방송교류에 있어 기술적 장애로 여겨졌던 남측의 NTSC 방식과 북측의 PAL 방식의 차이는 더는 문제가 되지 않을 것이다. 장마당에서 필수품으로 여겨지는 스마트폰의 보급 대수도 늘고 있고 게임 등 다양한 앱도 설치 가능하다. 또한 초보적인 수준이긴 하나 검색엔진이나 플랫폼 사이트도 개설되고 있다.

3. 미래 남북 미디어 교류협력의 방향

남북 미디어 교류협력이 언제 재개될 수 있을지는 아직 미지수다. 비핵화를 둘러싼 북미관계 및 대북제재 해제, 남북 철도연결이나 개성공단과 관광사업의 재개 등의 문제에 있어 가시적인 진전이 선행되어야 할 것으로 전망된다. 어쨌든, 남북 미디어 교류협력이 재개된다면 새로 맞게 될 상황에서 관점의 전환이 필요하다.

첫째, 미디어 교류협력을 민족적 화해와 이질성의 극복 관점에서만이 아니라 경제협력사업 측면에서 접근할 필요가 있다. 미디어 교류협력이 장기 지속성을 갖기 위해서는 국제관계나 정치적 요인 등 외부 환경도 중요하지만, 미디어 교류협력 자체의 생산성이나 수익성에 대한 고려도 필요하다. 남북이 교류협력을 통해 미디어 산업이 발전할 수 있을 때, 교류협력은 지속성을 가질 수 있으며 이를 바탕으로 상호신뢰와 정보 개방의 수준도 높아질 것이다.

둘째, 미디어 교류협력 참여 주체의 외연을 확대해 볼 필요가 있다. 새로운 미디어 환경 속에서 신문이나 방송과 같은 올드 미디어뿐만 아니라 디지털 영역의 뉴미디어 기업이나 스타트업도 교류협력의 장에 참여해야 한다. 기존 보도물이나 영상물 이외에 게임, 애니메이션, 웹툰, 컴퓨터 그래픽, 메타버스 등 4차 산업혁명 시대 고부가 가치를 창출할 수 있는 콘텐츠 분야에서 교류협력이 활발해져야 한다.

셋째, 미디어 교류협력은 글로벌 시장을 겨냥할 필요가 있다. 미래에 전개될 남북 간의 화해 협력은 중국, 러시아, 유럽, 동남아를 잇는 허브로 한반도를 탈바꿈하게 만들 것이며, 미디어 교류협력도 남북측 주민 이외에 세계 각국의 미디어 소비자를 타겟으로 신한류를 창조하는 것을 목표로 삼아야 한다.

이를 위해서 아래 세 가지 사항에 대한 검토가 요구된다. 먼저, 북측의 미디어 교류협력 창구로서 민화협 이외에 민경련과 교섭할 수 있는 제도적 뒷받침이 필요하다. 북측의 두 단체는 물론 권력 핵심부의 통제에 따르지만 이념의 관점과 수익의 관점이라는 조직 운영원리의 차이가 존재한다. 그리고 미디어 교류협력이 체계성을 갖추기 위해서는 개성공단이나 북측의 경제특구에 남측의 미디어 기업이 입주할 수 있어야 한다. 미디어 교류협력이 상황에 따라 돌출적으로 이뤄지는 이벤트성 사업이 아닌 지속적 사업이 되기 위해서는 이것이 필수적이다. 마지막으로, 미디어 교류협력 촉진을 위한 기금 확대를 검토해야 한다. 남북협력기금은 2019년 현재 총 1조 4,902억 원이며, 미디어가 포함되는 사회문화교류 분야의 협력기금은 205억 원으로서 전체 대비 1.37%에 불과하다. 그런데 미디어 교류협력은 사회문화교류이면서 동시에 경제협력사업이므로 이에 대한 지원 기금 재편성 또는 확대를 검토할 이유가 있다.

참고문헌

김선호·이호규·유홍식·김수정 (2019). 〈중장기적 관점에서 남북 미디어 교류협력 방안〉. 서울: 한국언론진흥재단.
최성·우성구·최상현·유갑상·최유진 (2013). 〈남북 방송통신 간접교류 협력방안 연구〉. 과천: 방송통신위원회.
황성진·김철완·공영일·홍현기·박상주·이우승 (2008). 〈북한 방송통신부문 및 남북 방송통신교류협력 현황 보고서〉. 진천: 정보통신정책연구원.
황준호·김청희·황지은 (2018). 〈남북 간 방송미디어 상생협력 및 발전방안 연구〉. 진천: 정보통신정책연구원.

Chapter 06

북한 인권의 현실과 우리의 과제

임종석 | 상지대학교 교수

1. 북한 인권의 현실

한반도 내에서 남한은 1948년 정부 수립 이후 「헌법」을 제정해 다양한 인권을 보장[1]해 오고 있으나 북한은 최소한의 인권도 보장하지 않는 인권 후진국이라는 비난을 받고 있다.

인권human rights이란 인간으로서 갖게 되는 당연한 권리로 이익이나 의무, 특혜 또는 면책 등으로는 해석될 수 없는 '옳고 정당한 권리(Donnelly, 1982)'를 말한다. 누구에게나 보장되어야 하는 인권은 시민적·정치적 권리와 사회·경제·문화적 권리로 나눌 수 있다. 독일 나치의 유대인 대학살 만행 holocaust을 경험하며 정립된 국제인권의 개념은 1948년 12월 유엔총회에서

---

1) 대한민국 「헌법」 제10조는 제1항에서 '모든 국민은 인간으로서의 존엄과 가치를 가진다.', 제2항에서 '국가는 개인이 가지는 불가침의 기본적 인권을 확인하고 이를 보장할 의무를 진다.'고 규정한다. 또 같은 법은 이하에서 평등권, 자유권, 참정권, 사회권, 청구권 등을 보장하고 있다.

'세계인권선언'을 채택함으로써 모든 인간에게 천부적이고 평등하며 양도할 수 없는 권리라고 규정하고 있다. 이후 1976년 유엔에서 발효된 '국제인권규약International Human Rights Covenants'에 따르면 인권은 국가로부터 간섭과 침해를 당하지 않을 소극적 권리로서의 자유권과 국가로부터 보호와 혜택을 누릴 수 있는 적극적인 권리로서의 사회권으로 나눌 수 있다. 한국도 2001년 국제인권 규범의 이행을 위해 사회 모든 영역에서 인권침해나 차별행위를 조사하고 개선하기 위한 전담기구로 국가인권위원회를 설립하였다.

유엔인권위원회Human Rights Council 보고서에 따르면 1948년 공산화 이후 북한에서는 지주계급과 반대세력에 대한 숙청을 시작으로 북한 주민의 정치적 자유가 박탈당하였고 무상몰수, 무상분배를 원칙으로 하는 토지개혁으로 개인의 재산권이 침해되었다. 이와 같은 반인권적 숙청에 의하여 개인의 생명권이 박탈당하기 시작했다. 또 북한 주민들은 사상, 표현, 종교에 대한 자유를 침해받고 있다.[2] 모든 대중매체의 내용은 빈틈없는 검열을 거치고 전화통화는 도청당하며 외국방송이나 영화, 드라마를 시청하면 처벌을 받는다. 종교의 자유도 사실상 금지되어 기독교 신자들이 적발되면 가혹한 처벌을 받는다. 공포정치가 횡행하는 북한의 실상은 적법절차 없는 구금과 고문, 공개처형 등을 통해 짐작할 수 있다. 북한에서 중대한 정치범죄에 연루된 사람은 재판이나 사법 절차 없이 정치범 수용소로 보내지고 그들의 생사는 확인할 수 없게 된다. 정치범 수용소에서는 굶주림과 강제노동, 고문과 성폭행, 처형 등이 행하여져 수감자들에게 가해지는 참상은 20세기 전체주의 국가의 수용소에서 벌어졌던 비극과 마찬가지다.[3]

북한이 주장하는 인권은 다음과 같은 면에서 우리와는 현격한 차이가 있다.

---

2) Human Rights Council, *Report*, p.7.
3) Human Rights Council, *Report*, p.12.

첫째, 북한에서는 국가 주권을 인정하나 개인의 인권은 인정되지 않는다. 북한에서 진정한 인권이란 인민들이 모든 분야에서 당연히 누려야 할 권리를 보장할 때 실현되는 것이기 때문에 이것은 곧 국가의 주권이라는 입장이다(조만준, 2018). 북한은 인권문제에 관하여 국가의 자주권임을 주장하면서 북한「헌법」1조를 통해 주체사상과 결부시켜 모든 영역에서 민족의 자결권을 강조하고 있다.[4] 북한은 국제사회의 북한 인권에 대한 개입을 자신들의 체제를 전복시키려는 것으로, 정치적인 목적이 있다고 주장하고 있다(통일교육원, 2017).

둘째, 북한은 마르크스-레닌주의에 기반한 사회주의 이념 위에서 인권을 인식한다. 다시 말해 북한은 문화상대주의 차원에서 인권을 규정하고 있다. 사회주의 역사관은 인류의 역사를 계급투쟁의 역사로 보므로 자유주의 사상을 토대로 한 보편적인 권리로서 인권 개념을 거부하고 있다. 1990년대 중반 사회주의권 붕괴와 더불어 북한 인권에 대한 국제사회의 관심과 문제 제기가 거세지자 북한은 '지구상의 모든 나라는 각이한 전통과 민족성, 서로 다른 문화와 사회 발전의 역사를 갖고 있으며 매개 나라의 인권 기준과 보장 형태도 해당 나라의 구체적 설정에 따라 서로 다르다'고 주장하였다(로동신문, 2001, 3, 2).

셋째, 북한에서는 개인보다는 집단의 권리를 강조함으로써 인권과 같은 개인의 권리는 희생될 수 있다고 강조한다. 북한은 '하나는 전체를 위하여, 전체는 하나를 위하여'라는 집단주의를 최우선시하고 있다. 자유민주주의 국가에서 다원주의가 보장되는 것과 달리 우리식 사회주의와 집단주의를 전제로 개인은 집단의 이익을 위해서만 존재할 뿐이라고 말한다. 특히 북

---

4) 「조선민주주의인민공화국 사회주의헌법」 제1조는 "조선민주주의인민공화국은 전체조선인민의 리익을 대표하는 자주적인 사회주의국가이다."라고 규정하고 있다.

한은 주체사상을 최고이념으로 하여 다른 공산권 국가들과 달리 유교의 가부장적인 집단주의를 중시하고 있다.

대한민국은 「헌법」 제3조를 통해 북한 주민도 대한민국 국민으로 인정하고 있으며, 또 제10조에서 국가는 개인의 불가침적 기본권을 보장할 의무가 있다고 규정하고 있다. 따라서 북한에서 자행되는 대부분의 반인도적 범죄에 대해 이를 개선하기 위한 입법과 예방 조치 마련을 요구하고 있다.5)

1996년부터 해마다 발간하고 있는 통일연구원의 〈북한인권백서〉에 따르면 북한에서는 지금도 여전히 주민의 생명권이 위협받고 있는 것으로 나타났다. 가장 최근까지 북한에 머물렀던 북한이탈주민 50명에 대한 심층 면접을 토대로 발간한 〈북한인권백서 2021〉에 따르면 2019년과 마찬가지로 한국 녹화물 시청과 유포행위, 마약, 살인, 강도 등 강력범죄에 대한 사형이 다수 수집되었다. 또 성경 소지와 선전물 유통, 미신행위를 이유로 처형된 사례가 많고 형사사건 조사과정에서 자백을 강요하기 위해 고문과 비인도적 처우를 가하는 것으로 추정된다. 이산가족과 납북자, 국군포로 문제는 「국제인권법」이 적용되는 인권문제이나 2020년에는 이산가족 교류가 전면 차단되었다. 이산가족 대부분이 초고령이므로 인도적 차원의 화상 상봉이나 서신 교류를 위해 남북한 당국간 대화와 협력이 시급하다.

---

5) 대한민국 「헌법」 전문과 제5조, 제6조에 근거하여 국민보호책임R2P, RtoP; Responsibility to protect원칙이 도출되며, 이 원칙으로부터 정부의 「북한인권법」 제정의무가 부과된다(북한 인권 개선과제. 김태훈 (2014). 북한 인권 개선과제, 〈선진화 정책시리즈〉, 308-319.

2. 국제사회와 정부의 노력

1990년대 중후반에 북한지역을 휩쓴 대기근으로 대량 아사(餓死)자가 속출[6]하고 이로 인한 탈북행렬이 이어진 가운데 탈북자들의 증언과 구조 과정에서 북한 인권에 대한 실상이 바깥세상으로 알려지기 시작했다.

해마다 스위스 제네바에서 개최되는 유엔인권위원회와 인권이사회, 그리고 뉴욕에서 열리는 유엔총회에서 2003년 이후 북한인권결의안이 상정되었고 빠짐없이 채택되었다. 먼저 유엔인권위원회에서 북한인권결의안이 계속해서 상정돼 찬성하는 국가의 수가 늘어나고 있는데 그만큼 국제사회의 우려 수준이 높아짐을 알 수 있다. 다음으로 유엔인권위원회를 계승·발전시킨 인권이사회에서도 2008년 이후로 북한인권결의안을 상정해 2009~2011년에 걸쳐 찬성표가 반대표와 기권을 합친 것보다 많았으며 2012~2013년에는 투표 없이 만장일치로 통과되었다. 마지막으로 북한 인권문제에 대한 국제적 관심이 고조되자 유엔총회에서도 논의하기 시작하여 2005년부터 매 회기마다 다뤄져 결의안이 제3위원회를 거쳐 본회의에서 통과되었다. 북한인권결의안에 관하여 점차 유엔 회원국들의 과반 찬성표가 늘어나면서 2012년 제67차 총회에서는 아예 투표 없이 통과되었다.

유엔 이외의 개별국가들도 북한 인권개선을 위해 다양한 활동을 전개하고 있다. 가장 적극적인 미국이 2004년 「북한인권법」을 제정하여 북한 주민의 인권신장과 인도적 지원, 탈북자 보호 등을 규정하고 북한 인권특사

---

[6] 1994~1999년경까지 북한의 대기근으로 약 100만 명 정도가 아사(餓死)한 것으로 추정된다. 북한은 1996년 신년공동사설을 통해 계속되는 경제난과 기아를 극복하고 사회적 이탈을 막으며 김정일에 대한 충성을 강조하기 위해 '고난의 행군'을 당적 구호로 선언하였다(통일부 북한정보포털).
URL: https://nkinfo.unikorea.go.kr/nkp/term/viewNkKnwldgDicary.do?dicaryId=4

임명과 인권신장을 위한 예산을 배정하였다. 일본도 2006년 「북한인권법」을 공포하고 일본인 납치문제 해결에 대하여 최대한 노력하고 국제적 연계의 강화를 주요 골자로 제정하였다.

국제사회의 북한 인권문제 공론화 속에서 남한도 2016년 북한 주민의 자유권과 생존권 등 인권 보호와 증진을 위하여 「북한인권법」을 공포, 시행하였다. 이 법은 북한의 인권개선을 촉구하며 탈북 난민의 지위를 인정하고 국제적인 지원을 약속하는 내용이 주를 이룬다. 2017년 출범하여 임기 내내 대북 유화적인 입장을 견지해온 문재인 정부에서는 「북한인권법」의 핵심기구인 북한인권재단이 출범하지 못했고 북한 인권대사도 임명하지 않았다. 또 문 정부는 탈북자들이 보고 겪은 인권침해사례를 조사, 보존하는 통일부 산하 북한인권기록센터의 북한인권실태 조사보고서도 공개하지 않았다.[7] 2022년 5월 출범한 윤석열 정부는 인권과 외교를 분리한다는 원칙으로 그동안 유명무실화됐던 「북한인권법」을 시행하고 북한인권재단의 설립을 다시 추진하였다. 이를 위해 윤 정부는 그동안 공석이었던 북한인권 국제협력대사(북한인권대사)를 임명하였다.

2022년까지 18년 연속으로 북한 내부의 인권 유린을 규탄하고 책임 규명과 처벌을 요구하는 유엔UN의 북한인권결의안이 인권담당위원회를 통과하였다.[8] 결의안에는 북한내에서 자행되고 있는 고문과 공개처형, 불법적 구금, 성폭력을 비롯해 정치범 수용소, 강제실종, 이동의 자유 제한 등 북한

---

7) 독일분단시기였던 1961년, 서독에 세워진 중앙기록보존소인 잘쯔기터(Zentrale Erfassungsstelle)는 동독 내의 반인권적 행태를 기록하고 보존함으로써 이를 감시하고 억제하는 기능을 수행했다(북한인권정보센터, https://nkdb.org/record).
8) 유엔UN총회 산하 제3위원회는 지난 2021년 11월 17일 미국 뉴욕 유엔본부에서 북한의 인권침해를 비판하고 개선을 촉구하는 내용의 북한인권결의안을 통과시켰다. 결의안은 표결 없이 컨센서스(전원동의)로 채택됐다(BBC NEWS 코리아, 2021, 11, 18).

의 조직적이고 광범위한 인권침해를 가장 강력한 용어로 규탄한다는 내용이 담겨 있다.

비록 법적 구속력이 없다고 하더라도 이와 같은 유엔의 북한 인권결의안에 대하여 문재인 정부에서는 남북관계를 고려한다는 등의 이유로 2019년부터 3년 연속 결의안 컨센서스(전원동의) 채택에만 동참하고 공동 발의에는 불참했다. 그러나 2022년 새로 출범한 윤석열 정부는 북한 인권개선을 위해 국제공조를 강화한다는 방침에 따라 4년만에 유엔 북한인권결의안 공동제안국으로 참석하였다. 특히 이번 결의안에는 서해 공무원 피살사건, 탈북어민 판문점 강제 북송사건을 겨냥한 내용이 새롭게 추가됐다.

3. 우리의 과제

남과 북이 한민족 공동체로서 북한 주민의 인권개선에 관심을 가져야 하는 이유는 북한만의 문제로 국한되지 않기 때문이다. 역사적으로 나치즘, 파시즘, 일본 군국주의 등 전체주의 또는 국가주의 체제였던 국가들이 한결같이 자국민의 인권을 억압하는 과정에서 주변 나라들에 대하여 군사적인 도발을 감행했다. 이같은 차원에서 국제사회가 북한의 인권탄압에 대해 개선을 촉구하고 경제 제재 등을 강화하고 있는 것이다. 무엇보다도 한반도 통일을 이루기 위해 북한 주민들에 대한 인권침해와 유린을 외면하거나 침묵할 수 없다. 인권문제 개선을 통일 이후로 늦추거나 통일과 동시에 해결할 수 있는 사안으로 본다면 그사이 북한 주민들이 치러야 할 희생과 값이 너무나 크다.

국제사회의 압박이 거세지자 북한도 인권문제를 개선하려는 움직임을 보여주고 있다. 그동안 북한은 8개 국제인권협약에 가입해 보고서를 제출하고, 2006년 도입된 국가별 정례인권검토(Universal Periodic Review, UPR) 제도[9])에 동참하였다.

  인권문제의 보편성에도 불구하고 국내적으로 북한인권 개선에 대한 접근방식에 있어서 정권의 성격에 따라 상당한 입장의 차이를 보여 왔다. 이명박, 박근혜 등 보수 정부 시절에는 인권의 보편성을 강조하면서 북한체제의 변화를 위해 외부로부터의 압력을 통한 북한인권 개선을 추구해 왔다. 따라서 국제사회와 연계하여 북한인권 문제에 적극적으로 개입해야 한다는 기조를 보였다. 그러나 김대중, 노무현, 문재인 등 진보 정부에서는 보편적 인권의 가치와 함께 북한의 역사적, 문화적, 환경적 특수성을 고려하여 북한인권 문제에 접근해야 한다고 주장해 왔다. 이에 따라 진보 정부 시절에는 북한인권 문제보다는 인도적 지원과 교류협력의 확대를 통해 북한의 개혁과 개방을 유도함으로써 북한 주민의 실질적인 인권을 향상시키도록 해야 한다는 입장이었다. 이처럼 집권기 정부의 방침에 따라 북한인권 문제에 대한 근본적인 인식의 차이를 가져왔고 한국사회의 큰 갈등 요인으로 작용하였다(정영선, 2017; 정진원, 2020). 이런 현실을 반영하듯 2019년 11월 7일 판문점을 통해 이뤄진 탈북어민 강제북송 사건[10])과 2020년 9월

---

9) 2008년에 도입된 유엔UN 국가별 정례인권검토(UPR)는 유엔인권이사회가 4년 6개월에 한 번씩 유엔UN 회원국 전체를 대상으로 회원국들이 각기 다른 회원국들의 인권상황을 상호 점검하고 개선책을 권고하는 제도이다. 법적 구속력은 없으나 한 나라에 대한 국제 인권감사이다(네이버 시사상식사전).

10) 2019년 귀순 의사를 표시한 뒤 조사과정에서 선상 살인 후 남측으로의 도주를 자백한 탈북 남성 선원 두명을 대한민국 정부가 판문점을 통해 본인들의 의사에 반하여 강제 북송한 사건이다. 문재인 정부는 이들이 흉악범죄를 저지른 중대 범죄자로, 보호 대상이 아니고 〈국제법〉상 난민으로 인정할 수 없다고 주장했다. 그러나 윤석열 정부는 탈북어민이 「헌법」상 대한민국 국민이고, 북한으로 넘겼을 경우 받게 될 여러 피해를 생각한다면 북송은 분명하게 잘못된 부분이 있다는 입장이다. 2022년 7월 12일, 통일부는 2019년 11월 판문

21일 서해상에서 표류 중 북한군 총격으로 사망한 뒤 불로 태워진 해양수산부 공무원 피살사건11)에 관하여 신구 정부 간의 첨예한 갈등을 낳았다.

그러므로 북한의 인권개선을 위한 우리의 노력으로 가장 시급한 것은 바로 분단의 극복이다. 남북관계를 활용한 상호접촉과 교류, 각종 협력사업을 늘려가는 것은 적대의식을 줄이고 신뢰를 증진함으로써 북한 인권개선을 위한 환경을 조성할 수 있기 때문이다. 특히 독일통일의 경험에서 알 수 있듯이 방송 프로그램과 미디어 콘텐츠 공유를 통한 문화교류와 소통이 가장 효과적인 수단이 될 수 있다. 미국의 공영방송서비스인 〈PBS〉Public Broadcasting Service 체제와 같이 통일 방송을 전담하는 텔레비전 방송국의 개설이나 북한의 민주화를 위해 SNS와 인터넷 매체를 활용하는 방안도 고려해 볼 수 있다(주정화, 2015). 더불어 북한 주민들을 남한 대중문화의 수동적인 수용자로 여기기보다는 주체적인 수용자로 인식할 수 있는 방송 프로그램 제작에 초점을 맞추는 노력이 필요하다(김현귀, 2018).

북한의 인권개선을 위한 민간차원의 노력으로 국내는 물론 주변 나라들의 비정부기구NGO와 연대하여 북한 인권개선에 관심을 가질 수 있도록 하는 활동을 펼쳐볼 수 있다. 2012년부터 약 5년간 인도네시아에서는 북한 인권개선

점을 통해 이뤄진 당시 북송 현장 사진 10장을 공개했다(나무위키, https://namu.wiki/w/2019%EB%85%84%20%ED%83%88%EB%B6%81%20%EC%84%A0%EC%9B%90%20%EA%B0%95%EC%A0%9C%20%EB%B6%81%EC%86%A1%20%EC%82%AC%EA%B1%B4).

11) 2020년 9월 22일 밤 북측 서해 소연평도 인근 해역에서 어업지도활동을 하던 해양수산부 어업관리단 소속 전남 목포시 공무원인 이대준씨가 남측해역에서 실종돼 실종지점에서 38km 떨어진 북방한계선 이북의 북한측 해역에서 조선인민군의 총격에 숨진 사건이다. 당시 문재인 정부는 이씨의 월북으로 결론을 내렸으나 유족들과 일부 정치인들은 이를 부정하고 정보공개를 요구했다. 윤석열 정부는 지난 정부의 항소를 취하하였고, 월북 의도를 인정할 만한 근거를 찾지 못했다고 밝혔다(나무위키, https://namu.wiki/w/2019%EB%85%84%20%ED%83%88%EB%B6%81%20%EC%84%A0%EC%9B%90%20%EA%B0%95%EC%A0%9C%20%EB%B6%81%EC%86%A1%20%EC%82%AC%EA%B1%B4).

캠페인이 전개된 바 있다. 여기에는 정부가 참여한 형태이긴 하나 비정부기구 네트워크를 통한 협력의 사례를 보여주었다(서지원, 2020).

  한민족 공동체로서 우리는 북한의 인권문제에 관하여 실질적으로 국제사회보다 더 큰 관심과 책임의식을 가져야 한다. 모든 사람에게 공평하고 보편적인 권리로서 보장해야 하는 인권문제 개선을 위해 정치적 입장이나 이해득실을 계산하지 않도록 우리 사회 내부의 소통과 대화를 시작해야 한다. 또 북한 사회의 구조적 특성을 이해하고 북한 사회의 인권 현실을 직시해 통일인권 교육을 강화함은 물론 인권개선 캠페인에 동참하는 등 적극적인 시민의식이 필요하다. 대북 포용정책을 이유로 북한의 처참한 인권 현실을 외면하거나 핵미사일 발사 등 안보위협을 이유로 먼 나라의 인권문제로 도외시할 수 없다. 한반도의 진정한 남북통일은 인간으로서 누구나 갖는 자유와 존엄성의 절대적 가치가 보장될 때만 가능한 일이기 때문이다.

참고문헌

김태훈 (2014). 북한인권 개선과제. 〈선진화 정책시리즈〉, 308-319.
김현귀 (2018). 남북방송교류의 헌법적 의의와 과제. 〈언론과 법〉, 17권 3호, 85-130.
서지원 (2020). 북한인권 인도네시아 캠페인: 초국적 옹호네트워크와 선택적 인권외교 사이에서. 〈문화와 정치〉, 7권 4호, 179-212.
정영선 (2017). 북한인권 관련 국내외 대응에 대한 비판적 고찰. 〈동북아법연구〉, 10권 3호, 183-216.
정진원 (2020). 한국정부의 북한인권 문제 제기에 대한 개인 태도 결정요인, 2009-2018. 〈평화학연구〉, 21권 2호, 93-117.
조만준 (2018). 북한인권 개선을 위한 통일교육의 방향 제언: 인권의 보편성의 측면에서. 〈한국학〉, 41권 1호, 259-284.
주정화 (2015). 통일정책 4.0과 미디어 커뮤니케이션. 〈한국언론학회 심포지움 및 세미나〉, 2015권 5호, 43-89.
통일교육원 (2017). 〈북한 이해〉. 서울: 통일교육원 연구개발과.
통일연구원 (2021). 〈북한인권백서(2021)〉. 서울: 통일연구원.

Donnelly, J. (1982). Human rights and human dignity: An analytic critique of non-western conceptions of human rights. *American Political Science Review*, *76*(2). 303-316.

나무위키. 2019년 탈북 선원 강제 북송 사건.
　　URL: https://namu.wiki/w/2019%EB%85%84%20%ED%83%88%EB%B6%81%20%EC%84%A0%EC%9B%90%20%EA%B0%95%EC%A0%9C%20%EB%B6%81%EC%86%A1%20%EC%82%AC%EA%B1%B4
나무위키. 서해 공무원 피살 사건.
　　URL: https://namu.wiki/w/%EC%84%9C%ED%95%B4%20%EA%B3%B5%EB%AC%B4%EC%9B%90%20%ED%94%BC%EC%82%B4%20%EC%82%AC%EA%B1%B4
네이버 시사상식사전, 국가 정례인권 검토.
　　URL: https://terms.naver.com/entry.naver?docId=1943369&cid=43667&categoryId=43667

로동신문 (2001, 3, 2). 미국은 자기의 인권기준으로 다른 나라 내정에 간섭하고 삿대질
하려는 오만성을 버려야 한다 - 조선민주주의인민공화국 외무성 대변인대답.
북한인권정보센터. 북한인권기록보존소.
URL: https://nkdb.org/record
통일부 북한정보포털. 고난의 행군.
URL: https://nkinfo.unikorea.go.kr/nkp/term/viewNkKnwldgDicary.do?dicaryId=4
BBC NEWS 코리아 (2021, 11, 18). 유엔, 북한인권결의안 17년 연속 채택 …… 북한, '적대시 정책의 결과물' 반발.
URL: https://www.bbc.com/korean/news-59303512

Human Rights Council (2014). Report of the commission of inquiry on human rights in the democratic people's Republic of Korea. *UN General Assembly*.

Part 3

통일 커뮤니케이션의 제도와 기획

Chapter 07   통일언론정책과 대북보도, 통일언론 리터러시
Chapter 08   남북한 정보통신 교류 협력 정책 방향
Chapter 09   한국언론의 북한과 통일에 관한 보도 방식 · 내용 · 태도
Chapter 10   통일 · 북한 관련 TV 프로그램 기획과 현황
Chapter 11   전략적 통일 커뮤니케이션

Chapter 07

통일언론정책과 대북보도, 통일언론 리터러시

임종석 | 상지대학교 교수

1. 서론

대한민국의 통일 논의에 있어 교훈이 될만한 나라로 자주 언급되는 동독과 서독의 통일과정에서 언론, 특히 방송의 역할은 두 나라의 통일과 양쪽 국민의 정신적 통합과정에 지대한 영향을 끼쳤다고 할 수 있다. 1990년 이뤄진 동서독의 통일은 이미 1970년대부터 동독 국민이 서독방송을 시청하면서 공산주의 탈주와 서구 자본주의 사회의 간접 경험을 하게 된 결과이기 때문이다(박경숙·이관열, 2020).

독일통일 과정에서 그러했듯이 이념과 체제가 다른 두 나라, 지구상 유일 분단국가인 남한과 북한 사이에서 언론 또는 미디어의 역할이 어떠해야 하는지에 대한 관심이 높다. 이 문제가 바로 통일언론정책에 관한 것이다. 여러 가지 차원과 배경에서 논의될 수 있으나 일반적으로 통일언론정책은 남과 북의 분단상황을 극복하고 하나의 민족국가를 수립하는 과업과 관련하여 정부가 통일에 대한 관심사에 대한 보도와 논평 과정에 개입하여 이를 조정 또는 통제하는 정책이라 할 수 있다(유재천, 1992).

　1950년 한국전쟁 이후 남한과 북한은 휴전선을 사이에 두고 70여 년에 걸쳐 군사적인 적대적 시기가 대부분이었고 지난 2000년 6·15 남북공동선언을 계기로 비록 짧은 기간이긴 하나 남북 사이의 화해와 평화를 논의하는 과정을 거쳐왔다. 남북 분단의 원인이나 갈등 관계의 지속과 관련하여 남북한 당국만의 문제가 아니라 주변 강대국을 비롯한 국제정세의 영향 때문이라고 보는 시각이 많다. 이로 인해 우리의 통일이 남한과 북한의 의지와 힘에 의해서가 아니라 외세의 주도권에 따라 결정되는 것은 아닌지 우려되는 것도 사실이다. 그러나 통일 논의에 있어서 남북 정부 당국이나 주변의 강대국들보다 남북한의 주민, 다시 말해 통일의 실질적 주체로서 양국 국민의 이해와 교류가 우선해야 한다는 데에 이견이 없을 것이다. 분단 체제 아래에서 언론, 즉 신문과 방송을 비롯한 다양한 미디어 플랫폼이 통일과 관련된 정부 정책이나 상대국의 정보를 전달함은 물론 남북의 문화와 의식을 통합하고 교류하기 위한 가장 파급효과와 영향력이 큰 도구라고 할 수 있다.

　세계 유일 분단국으로 남아있는 한반도가 통일을 이룸으로써 동북아 질서와 안정은 물론 세계평화에 이바지하고 무엇보다 7천 5백만 한민족이 전쟁의 공포에서 벗어날 수 있기 위해 언론의 핵심적인 역할이 필요하다. 다른 분야와 비교해 볼 때 통일과 북한 관련 정보는 정부에 대한 의존성이 큰 만큼 통일뉴스나 대북보도는 각 언론사가 좀 더 공정하고 객관적인 보도와 심층적인 접근 자세를 견지할 필요가 있다. 그동안 우리나라 미디어가 생산한 통일과 북한 관련 담론에 대해선 부정적인 평가가 많은 게 현실이다. 그 이유는 정권과 언론사의 정파성에 따라 보도의 방식과 내용에 큰 차이를 보인 점과 이로 인해 북한에 적대적이거나 편향적인 보도로 사회적 갈등을 부추기는 결과를 초래했기 때문이다. 이에 따라 수용자도 미디어 플랫폼 홍수 시대를 맞아 무수한 통일 관련 뉴스와 정보들 가운데서 다양한 미디어와 관점을 통해 정확성과 균형감 있는 정세 감각을 갖추고 확인되지 않고 의심되는 뉴스에 관하여는 시민 스스로가 찾아보면서 사실 여부를 확인해 보는 적극적인 자세가 필요하다(김선호, 2018).

2. 역대 정부의 통일언론정책 기조와 대북언론보도

1948년 대한민국 정부 수립 이후 문민 정부 이전까지 역대 정부의 통일언론정책은 정권의 지향점과 반공 이데올로기 그리고 정권 안보를 위한 활용 요인들에 의하여 결정되고 유지됐다(유재천, 1992). 이들 세 가지의 요인은 통일언론정책의 주요한 근간으로서 한국 현대사를 지탱해왔다고 할 수 있다. 지난 군사 정부에서는 정부의 통일정책을 사실상 강요하거나 지지를 요구했고 언론의 고유한 기능으로서 통일정책에 대한 비판이나 대안 제시를 전면 허용하지 않았다. 이후 1987년 민주화 운동과 문민 정부 시대로 들어오면서 통일 보도에 대한 직접적인 통제는 차츰 사라졌으나 간접적이고 우회적인 수단으로 언론에 영향력을 행사하기도 했다. 아래에서는 역대 정부별 통일언론정책 기조와 언론의 통일 관련 보도방식에 대해 살펴보고자 한다.

이승만 정부(1948~1960년)의 통일정책은 한국전쟁의 영향으로 북진통일론, 무력통일 정책이 대두되기도 했으나 1954년 제네바회담을 계기로 UN

감시하의 남북총선거에 의한 통일정책을 채택하였다. 이 당시 북한지역을 '실지(失地)'로 보고 이곳을 수복하는 것을 통일의 목표로 삼았다. 이러한 실지 수복 개념은 1960년대 박정희 정부 시대까지 이어졌다. 반공통일의 분위기가 최고조에 달한 국내환경에서 당시 모든 언론은 정부의 통일정책을 그대로 따르거나 지지해야만 하였다.

장면 정부(1960~1961년)는 매우 짧은 임기였으나 중립화 통일론 등 다양한 통일방안이 제시되었다. 단기적으로나마 언론의 자유가 최대한 보장된 시기라 통일언론정책 역시 적극적인 시기라고 할 수 있다.

5·16쿠데타로 집권한 박정희 정부(1961~1979년)는 혁명공약 제1조[1])에서 밝혔듯이 강력한 반공 정책을 펼쳤다. 이 당시의 통일언론정책은 쿠데타에 의한 세력을 정당화하기 위한 차원에서 여러 건의 필화사건[2])이 보여주듯 언론자유의 말살과 탄압이 이어졌다. 즉 통일정책에 대한 언론의 요구를 철저히 배제했다고 할 수 있다. 1972년 '7·4 남북공동성명' 이후에도 유신체제를 지속하면서 통일언론은 계속 말살되었다.

전두환 정부(1980~1988년)의 통일언론정책은 박정희 정부의 정책을 그대로 계승하였다. 특히 전두환 정부는 문화공보부를 통해 각 언론사에 '보도지침'을 하달하고 통일정책과 남북관계, 북한 동정 등의 보도를 일일이 통제하고 보도 여부나 신문지면의 크기까지 간섭하였다. 이 같은 '보도지침'은 권위주의 언론의 표본으로 세계 저널리즘 교육교재로 활용하여도 무방할 정도다(유재천, 1992).

---

1) 반공을 국시(國是)의 제일의(第一義)로 삼고, 지금까지 형식적이고 구호에만 그친 반공 태세를 재정비 강화할 것입니다(1961, 5, 16, 군사혁명위원회).
2) 박정희 정부 시기에는 언론탄압의 수단이 됐던 필화(筆禍)사건이 끊이지 않았다. 1960년대에는 황용주 필화사건, 분지 필화사건 등 다수가 발생했으며, 1970년대에는 김지하 필화사건, 리영희 필화사건 등 더욱 언론과 문인 통제를 강화하였다(한국민족문화대백과).

노태우 정부(1988~1993년)는 1987년 민주항쟁과 6·29선언을 계기로 언론자유가 크게 개선된 시기라고 할 수 있다. 노태우 정부는 1988년 7월 '민족자존과 통일번영을 위한 특별선언'을 발표했는데 역대 정부들과 달리 통일에 대한 개방적인 자세를 보여주었고 통일언론의 자유도 활성화되었다고 할 수 있다. 그러나 노 정부의 통일언론정책은 결국 5공 시대의 반공 이데올로기와 「국가보안법」, 북한 및 공산국가에 관한 보도 요강을 발표하는 등 통일언론에 대한 지속적인 통제를 이어간 점은 변함이 없었다.

문민 정부 출범을 알린 김영삼 정부(1993~1998년)는 냉전에서 탈냉전기로 이행하는 시기였으나 대북 통일정책에서 강경과 온건의 극단적 정책 반전을 거듭했다. 특히 김영삼 정부 임기 동안 남북한 당국자 간 접촉이 거의 없었고 북한 핵문제 등 한반도 긴급현안이 대부분 북미 양자접촉을 통해 해결됨으로써 1991년 남북합의서 체제 이전으로 후퇴했다는 평가를 받았다. 문민 정부를 표방한 만큼 공식적인 언론통제는 없었으나 보도현장에서는 비공식적 통제가 이뤄지면서 언론의 자기검열과 언론사주에 의한 자본통제를 강화하는 결과를 가져왔다(정인숙, 1998). 특히 북한 영상자료를 제공하고 있는 국가안전기획부가 보도량과 보도내용을 교묘히 조절하는 방법을 통해 언론사의 편집, 편성권을 통제하였다.

대북포용정책, 햇볕정책을 일관되게 추진한 김대중 정부(1999~2004년)는 2000년 6·15 남북정상회담 성사를 통해 남북화합과 교류의 물꼬를 텄고 이에 대한 일반 국민의 지지도 역시 높았다. 그러나 2001년 하반기 이후 대북포용정책이 대내외적으로 난관에 봉착하자 진보언론은 이를 계속 지지했으나 〈동아일보〉, 〈조선일보〉, 〈중앙일보〉 등 보수신문은 한결같이 정부와 날을 세우는 비판적 논조로 바뀌었다. 남북화해 무드속에 대북언론 보도방식이나 보도량에 있어 자유로워진 것은 사실이나 김대중 정부가 취한 일부 언론사에 대한 세무조사와 공정거래법 활용이 더욱 고도화된 대북언론 통제의 수단이 됐다는 비판을 받는다(이재경, 2003).

참여 정부의 노무현 정부(2003~2008년)는 김대중 정부의 대북포용정책을 근간으로 하여 평화번영정책을 기조로 대북 및 한반도 정책을 추진하였다. 2006년에는 북한 미사일 발사와 핵실험 사건이 일어나 남북한의 긴장관계가 고조되었다. 그러나 대북지원사업이 진행되고 2017년 10월 제2차 남북정상회담은 남북한 관계개선에 기여하였다는 평가를 받는다. 노무현 정부는 언론과 건전한 긴장관계 원칙을 표방하면서 이전 정부들이 손대지 못한 언론개혁의 기치를 내걸었으나 결과적으로 언론과의 과도한 대립 및 적대적 갈등관계를 유발하였다. 대북언론 보도에 대한 정부의 간섭이나 통제는 거의 사라졌으나 언론 전반의 반정부 정서로 인해 노무현 정부의 대북정책 논조에 부정적인 영향을 준 것으로 보인다.

이명박 정부(2008~2013년)는 상생과 공영의 대북정책이라는 포괄적 통일정책구상을 펴나갔다. 즉 '비핵·개방·3000'을 핵심으로 추진하여 북한이 비핵화하고 개방한다면 국제사회와 협력해 북한 주민소득이 3000달러가 되도록 해 상생과 공영의 통일로 나아가겠다는 의지를 담고 있다. 이명박 정부의 대북 압박정책 기조는 지난 김대중, 노무현 정부가 시행한 다양하고 막대한 대북지원과 남북화해 협력에도 불구하고 북한이 사실상 핵보유국의 역량을 키우고 남한의 안보를 위협하는 상황이 초래되었다고 보았기 때문이다. 이명박 정부의 언론정책은 '프레스 프랜들리press friendly' 기조에 입각해 친화, 자율과 시장경쟁을 강조하면서 노무현 정부의 취재 선진화 방안을 백지화하는 등 언론취재에 최대한 우호적인 관계를 유지하려는 입장을 견지했다. 그러나 정부의 기대와 달리 천안함 침몰사건과 연평도 포격사태, 두 차례의 핵실험 등 북한의 도발과 군사적 위기가 고조되면서 이명박 정부의 통일정책에 대한 논조는 보수지와 진보지 모두에서 부정이 긍정보다 훨씬 더 많았다(이화행 외, 2015).

박근혜 정부(2013~2017년)의 대북정책은 튼튼한 안보 위에 남북 간 신뢰형성과 한반도 평화정책과 통일로 나아가는 '한반도 프로세스'를 근간에 두고 있다. 2014년 1월 신년기자 회견에서 박 대통령이 통일대박론을 제시했는데 이는 2인자 장성택의 처형과 급변사태 가능성 등 김정은 정권의 불안정성이 흡수통일의 길을 열어줄 수도 있다는 기대감을 높였기 때문이다. 그러나 북측에 대한 선 비핵화 원칙이 신뢰 프로세스의 진전을 이루지 못하게 했고 김정은 정권의 등장과 함께 시작된 빈번한 핵실험, 미사일 발사 및 대남도발로 박 정권의 대북정책은 진전을 이루지 못했다. 박근혜 정부 당시 대북언론 보도는 보수나 진보성향 신문들 모두에서 전반적으로 중립과 긍정적인 논조가 많았다는 특징을 보였다(이화행 외, 2015).

문재인 정부(2017~2022년)의 한반도 정책은 '평화와 번영의 한반도'를 조성하는 것을 목표로 한다. 즉 핵과 전쟁 위협이 한반도를 조성하는 가운데 북한의 붕괴를 바라지 않으며, 어떤 형태의 흡수통일도 추진하고 아니하고 인위적인 통일을 추구하지 않을 것이라는 3-NO 정책을 천명하였다. 한반도의 봄으로 상징되는 새로운 남북관계가 조성되면서 2018년 세 차례의 남북정상회담과 북미정상회담이 개최되었다. 문 정부는 한반도의 종전선언을 꾸준히 추진하였으나 이에 대해서 주변 이웃 국가들은 물론 국내에서도 극명하게 찬반양론으로 대립하는 결과만 초래하였다. 문 정부의 언론정책은 개방과 소통을 전제로 최대한 알리고 쌍방향성을 추구하는 것이었다. 문 정부의 대북정책에 대한 언론의 논조는 진보성향 언론에서는 긍정적인 측면을, 보수적인 성향 언론은 부정적인 측면을 강조하였다(박종민 외, 2020).

2022년 출범한 윤석열 정부는 비핵·평화·번영의 한반도를 위해 자유민주적 기본 질서에 입각한 평화통일을 비전으로 제시했다. 이를 위해 일체의 무력도발 불용, 호혜적 남북관계 발전, 평화적 통일기반 구축을 3대 원칙으로 정립하였다. 윤 대통령은 북한이 핵 개발을 중단하고 비핵화로 전환한다면 북한 경제와 북한 주민의 삶을 획기적으로 개선할 수 있는 담대한 계획을 준비하겠다고 선언하였다. 특히 지난 정부에서 유명무실했던 「북한인권법」을 시행하여 북한인권재단을 출범시킨다는 방침이다. 윤 정부는 미디어의 공정성·공공성을 확립하기 위해 규제와 기준을 완화하고 책임을 강화하는 방향으로 미디어 정책을 펼 방침이어서 임기 동안 통일언론 보도에 어떠한 영향을 미칠지 주목된다.

역대 정권의 통일언론정책과 통일 관련 보도방식을 분석해 본 결과 군사정부 아래에서 통일 보도가 억압됐던 시대를 지나 민주화 시대를 거치며 언론의 자유와 다양성이 보장되는 방향으로 발전하여 온 것은 분명하다. 그러나 가장 객관적이고 정확해야 할 통일문제와 대북 관련 보도에 있어서 자본주의 심화와 신자유주의 영향 아래 보수와 진보성향 등 언론사마다 뚜렷한 정파성, 특히 집권 정부와 친소 관계에 따라 정부에 우호적이거나 비판적인 보도 성향을 보였다(이정진, 2003; 김경희·노기영, 2011).

3. 통일언론 보도의 현주소

개인에게 메시지를 습득할 수 있는 미디어 또는 채널이 제한적일수록 그 미디어나 채널에 대한 의존도는 높아질 수밖에 없다. 남과 북으로 분단돼 온 지난 70여 년 동안 전쟁의 위협과 군사적 대립 가운데 남북 양측 모두 체제 유지와 국민 결속을 위해 상대방을 같은 민족이 아닌 적대국으로 인식해 온 날들이 훨씬 더 많았다. 그래서 남북한 모두 상대방에 대한 정보를 정치적, 전술적 목적으로 활용해 이를 가공, 유통하는 일이 잦았다. 그나마 통일과 대북 관련 정보를 얻을 수 있는 유일한 수단이 신문과 방송, 인터넷 미디어 등 언론밖에 없는 현실에서 국민이 인식하게 되는 통일관, 대북관은 언론들이 제공하는 프레임(frame3))을 그대로 답습하게 된다. 뉴스는 '세상을 향한 창문'과 같아서 어떤 현실을 볼 수 있게 하는 프레임으로 작동하기 때문이다(Tuchman, 1978).

이러한 관점에서 통일정책이나 대북 관련 보도에서 그동안 우리나라 언론의 관행은 어떠했을까? 우리 사회에서 1987년 민주화와 학생운동의 영향 아래 1990년대부터 통일운동에 대한 시민사회와 재야의 목소리가 터져 나오고 이 시기를 즈음하여 우리나라 언론도 통일에 대한 논의를 활발해 이어왔다. 그러나 그동안 우리나라 언론의 통일보도는 정권의 성향이나 크고 작은 대북 관련 사건에 따라, 특히 언론사마다 고유한 정파성에 따라 보도나 편집(편성)의 방향이 일관되지 못하여 때론 대북 적대적인, 때론 대북 친화적인 기사의 흐름을 보였다. 통일보도의 내용과 관련해 주로 정부의 통일정책과 북핵, 군사실험, 남북회담, 국제관계와 같은 거시적 차원의 보도가 주를 이루었으나 통일비용이나 통일방식, 북한 인권에 대한 보도는 상대적으로 소홀하게 취급되었다. 실제로 통일보도의 주요 내용을 분석해 보면 남한정책과 북핵 및 군사실험, 남북회담 등 거시적 차원의 주제가 65%가량을 차지했으나 북한인권이나 북한 주민에 대한 보도는 1~2% 수준으로 매우 소홀했다

---

3) 특정한 이슈에 관하여 언론이 대중에게 제공하는 정보를 포장하기 위해 어떤 내용을 포함시키고 어떤 내용은 배제하는데, 이렇게 사용하는 뉴스틀을 프레임이라고 한다(Gitlin, 1980).

(이화행 외, 2015). 또 정부 통일정책에 대한 평가에 있어서 보수와 진보신문사의 언론 보도에 편차가 커 정부의 대북정책이 보수적인지, 진보적인지에 따라 또는 그 정부와 신문의 관계가 우호적인지, 비우호적인지에 따라 다르게 나타났다. 이 때문에 어떤 분야보다 냉정하고 신중한 보도 자세를 가져야 할 대북정책이나 통일문제에 관하여 언론이 우리 사회 내부를 통합하기보다 결과적으로 대립을 부추기게 됨으로써 남남갈등을 일으키고 남북관계에 있어서 분열적 기능을 한다는 비판을 받고 있다.

4. 통일시대에 대비한 통일언론 리터러시

OTT, SNS를 비롯한 각종 디지털 플랫폼이 등장하면서 1인 소셜미디어 이용이 증가하고 개인의 미디어 이용 판도가 바뀌었다. 그만큼 미디어 콘텐츠가 다양해지고 발전하면서 소통의 범위가 넓어지고 이용자의 이해 수준도 깊어지고 있다. 따라서 개인이 다양한 형태로 구성된 미디어 메시지에 접근해 분석하고 평가하며 커뮤니케이션하는 능력, 이른바 미디어 리터러시가 필수적인 시대가 도래하였다.

앞에서 살펴본 본 바와 같이 역대 집권 정부의 성격에 따라 통일언론정책의 방향이 현격한 차이를 드러내고 대북 관련 정보의 공개범위도 양적, 질적으로 상이하였다. 특히 폐쇄적인 북한 사회와 제한된 정보 환경으로 인해 통일이나 대북 관련 가짜뉴스가 배포, 확산할 가능성도 크다. 북한 관련 가짜뉴스는 불필요한 자극으로 긴장감을 조성하고 통일을 방해함은 물론 남한 사회의 갈등을 부추길 가능성이 크다.

남한 20대 청년세대의 북한 사회에 대한 무관심과 통일에 대한 부정적

인식이 심화되고 대안적 통일교육에 대한 요구가 점점 증가하고 있다는 점과 북한이탈주민이 새로운 정보소외계층으로 분류되고 있다는 사실에 주의할 필요가 있다(김효숙, 2015). 통일교육의 관점에 있어서 단순히 정부의 시책을 일방적으로 홍보하는 소극적 기능에서 벗어나 한반도 통일이라는 전체적이고 포괄적인 틀과 동북아 안정과 세계평화에 이바지하게 된다는 측면에서 글로벌 관점을 제공할 필요가 있다. 한반도의 평화통일을 위해 미디어의 역할과 기능이 막중한 만큼 미디어 스스로가 국민의 평화통일에 관한 관심과 지지를 높임으로써 우리 사회 전반의 통일 친화적인 분위기를 조성해 나갈 필요가 있다(정영주, 2016).

그러므로 통일시대를 준비하는 한국인에게는 통일과 관련된 뉴스를 찾아서 읽고 분석하며 평가한 뒤 공유하는 능력인 통일언론 리터러시가 시급한 시점이다. 이를 위해 통일 관련 뉴스나 대북보도와 관련해 확인되지 않은 사실에 대하여 어느 한쪽의 보도나 즉각적인 반응보다는 국내외의 다양한 채널 이용과 시간을 두고 판단하는 균형 있는 자세가 필요하다. 그리고 한반도 주변을 둘러싼 미국과 일본, 중국, 러시아 등 강대국들이 우리의 통일과 직접적인 이해 당사자라는 측면에서 통일언론 리터러시에 국제뉴스 감각을 강화해야 할 필요성이 더욱 커지고 있다. 국민 누구나 통일언론 리터러시의 크리에이터로 통일에 관한 다양한 생각과 주장을 담은 미디어 창작물을 제작해 보면 어떨까? 이를 위해 사회와 대학 등 교육현장에서 지금보다 더욱 풍성한 통일 교육과 함께 통일언론 미디어 리터러시 함양을 위한 홍미롭고 다채로운 프로그램을 시행할 것을 제안한다.

참고문헌

김경희·노기영 (2011). 한국 신문사의 이념과 북한 보도방식에 대한 연구. 〈한국언론학보〉, 55권 1호, 361-387.
김선호 (2018). 진실이 가려지는 시대의 미디어 리터러시. 〈미디어와 교육〉, 8권 2호, 204-221.
김효숙 (2015). 남북한 청년세대의 포용의 가능성 탐색: 미디어문화워크숍 사례를 중심으로. 〈장신논단〉, 47권 2호, 291-316.
박경숙·이관열 (2020). 독일의 통일 과정에서 미디어의 역할: 전파월경(Spillover)과 스푸트닉(Sputnik) 금지 조치를 중심으로. 〈사회이론〉, 57호, 43-72.
박종민·정영주·주호준·김현우 (2020). 대한민국은 지난 20년간 '북한'과 '통일'을 어떻게 보았는가? 언론 보도 빅데이터 분석 및 국민 인식 종단연구. 〈한국언론학보〉, 64권 6호, 161-201.
유재천 (1992). 통일을 위한 언론의 과제와 전망. 〈관훈저널〉, 통권 53호, 100-131.
이재경 (2003). 언론인 인식을 통한 한국사회와 언론 자유의 조건 연구. 〈한국언론학보〉, 47권 2호, 54-77.
이정진 (2003). 대북정책 결정과정에서 나타난 대통령과 여론의 영향력 변화. 〈국제정치논총〉, 43권 1호, 253-273.
이화행·이정기·최진호·정성호·강경수 (2015). 한국언론은 통일을 어떻게 바라보는가?: 정권, 미디어 유형, 개별 언론사별 통일보도 내용분석을 중심으로. 〈한국방송학보〉, 29권 2호, 220-259.
정영주 (2016). 통일 인식 제고와 미디어의 역할: 통일 관련 미디어 지수의 필요성. 〈언론정보연구〉, 53권 1호, 57-104.
정인숙 (1998). 김영삼 정부에서의 언론의 자유도와 비공식적 통제. 〈한국언론학보〉, 42권 4호, 57-99.

Gitlin, T. (1980). *The whole world is watching: Mass media in the making and unmaking of the new left*. Berkeley: Univ. of California Press.
Tuchman, G. (1978). *Making news: A study in the construction of reality*. New York: Free Press.

한국민족문화대백과, 오적필화사건
    URL: https://terms.naver.com/entry.naver?docId=796082&cid=46624&categoryId=46624

Chapter 08

남북한 정보통신 교류 협력 정책 방향

홍문기 | 한세대학교 교수

1. 서론

지난 2018년에는 2월 평창 동계 올림픽을 시작으로 판문점 남북미 정상들의 만남이 있었고 6월에는 싱가포르 북미 정상회담이, 9월에는 평양에서 남북정상 회담이 열렸다(남상열 외, 2019). 이때만 해도 곧 통일이 이루어지거나 그에 준하는 남북관계의 획기적 변화가 기대됐다. 그러나 2019년 2월 베트남 하노이 북미회담 결렬 이후 남북관계가 경색되더니, 2022년 새해 벽두에만 북한은 7차례에 걸쳐 미사일을 쐈다. 이처럼 21세기 남북관계는 쉽게 예측하기 어려운 상황이다. 그럼에도 불구하고 남과 북은 한반도의 평화와 번영을 위해 한걸음씩 나아가고 있다. 특히 남북의 과학기술, 정보통신ICT 분야의 교류는 이질화된 남과 북을 이어줄 수 있는 중요한 연결고리라 할 수 있다(이춘근 외, 2014).

정보통신분야의 남북 교류협력현황을 살펴보고 향후 과제를 논의하고자 하는 이 장에서는 우선 과거 남북한 간에 이루어진 정보통신 부문 교류협력사업의 추진 상황을 파악하고자 한다. 다음으로 남북 통신교류협력 관련 현행 법·제도에 대하여 논의한 후, 마지막으로 남북 정보통신교류 및 협력사업 추진과제와 남북 통신교류 협력을 위한 제도적·정책적 방향을 모색하고자 한다. 이는 글로벌 수준의 ICT 인프라 및 과학기술자원을 보유한 남한과 과학기술, ICT 잠재력이 우수한 북한의 정보통신 교류 협력 현황과 문제점을 살펴보는 계기가 될 것이다. 이를 통해 새로운 한반도 재도약의 기회를 마련하고, 바람직스런 남북 정보통신 교류 협력 정책 방향이 모색되길 바란다.

2. 북한 정보통신 환경의 변화

1) 북한의 정보통신

북한에서 통신이란 일반적으로 신문, 방송, 잡지 등 각종 보도매체 및 이를 통하여 수집된 정보나 사실의 전파를 의미한다. 우리가 사회간접자본이라고 분류하는 통신개념을 북한에서는 '체신'으로 부른다(강인수 외, 1991). 다시 말해 '체신'은 전기, 전화, 우편을 접수·전달하는 사업을 의미한다. 북한의 체신사업은 전기통신(유·무선 전신, 전화), 우편통신(편지, 소포, 송금), 방송(유·무선, 라디오, TV) 등 3개 부분으로 분류되며, 내각의 체신성을 비롯하여 체신관리국, 체신소, 전신·전화국, 방송국 등에 의하여 업무가 수행된다. 북한의 체신은 1946년 2월에 조직된 북한 임시인민위원회 산하에 체신국이 발족되면서 처음으로 체계화되었다. 이후 몇 차례의 행정조직의 개편 후 2001년 현재 체신은 중앙행정 기관인 내각에 속해 있는 체신성이 담당하고 있다(CIA, 2000). 체신성은 체신정책의 수립과 집행, 지휘 및 감독, 각종 우편물의 배포업무 관장, 전신·전화 시설의 계획과 설비관리, 무선전파의 통제와 감시감독, 사회주의 국가들과의 통신 업무에 대한 정책수립과 협정체결 및 집행감독, 체신요원 양성과 확보에 관한 계획실시 및 지휘감독, 체신 분야에 소요되는 일체의 자재설비에 관한 계획과 분배, 전시체제하에서의 체신업무 관장, 체신성 산하 전체기관의 영리업무에 관한 계획과 분배, 체신 분야에 대한 총괄적인 업무실적 보고와 통계작성 및 유지 등 사실상 정보통신 관련 거의 모든 업무를 관장하고 있다(황동언, 1997).

2) 북한 ICT 현황과 한계

김정은 체제 출범으로 북한은 ICT 분야에 큰 변화가 나타났다. 특히 해외유학을 경험한 김정은으로 인해 2010년을 전후해 북한은 ICT 분야에서 소프트웨어와 하드웨어를 넘어 정보유통과 보급을 크게 강조하고 있다(서소영, 2018). 국가과학원 산하의 컴퓨터연구소를 정보과학기술연구소로 개편하고, 체신성 산하 정보통신연구소를 확대하는 등, ICT 분야의 연구개발 역량을 대폭 강화한 것도 이와 무관하지 않다. 북한은 1997년부터 국가과학원 산하의 중앙과학기술통보사 주관으로 전국적인 정보통신망 '광명'을 구축했다. 망 구축과 유지 보수는 체신성에서 주관하고, 이를 통해 운용되는 과학기술 DB 구축과 보급·유통은 과학원 중앙과학기술통보사와 인민대학습당 등이 주관한다(김종선, 2013). 2010년을 전후해 김일성종합대학과 김책공업종합대학 등이 사이버교육에 광명 망을 사용하면서 그 응용이 크게 확대됐다. 이에 따라 평양에서 전국 각 도청소재지까지 3GB 이상 용량의 광케이블이 연결되었고, 여기서 각 리 단위까지도 1GB 이상의 고속 통신망이 구축됐다. 광케이블은 90년대에 유엔 개발기구UNDP 지원으로 평양에 설립된 생산 공장에서 수행했다(CIA, 1999). 그러한 수요 급증에 비해 기술 수준이 낮아 많은 어려움을 겪었다. 2000년대 초반 태국 록슬리퍼시픽Loxley Pacific이 나진 선봉지역에 새로운 현대식 광케이블 생산 공장을 건설하면서 이 문제가 해결됐다(이춘근, 2014).

이동통신과 태블릿 PC 등의 개인용 정보기기 확대보급도 북한의 ICT 산업 발전에 크게 기여했다. 태국 록슬리퍼시픽과 이집트의 오라스콤Orascom 등이 북한 지역에 휴대폰을 공급하면서 그 수요가 크게 늘어 2015년 경 가입자가 240만에서 300만 명 정도에 이르는 것으로 파악되고 있다(남상열 외, 2019). 북한 체신성에서도 대만 회사와 합작으로 '체콤'이라는 독자적인 이동전화와 중계기를 생산해 평양 지역에 보급하고 있다. 오라스콤은 191 번호를 쓰고 '체콤'은 195를 사용하는데, 송신과 수신 모두 요금을 받아 보급량이 많지 않다. 이동통신 단말기들은 지식확산과 경제활동, 여가 수단 등으로 다양하게 활용되고 있다. 고정전화 보급이 부족한 북한의 현실에서 이동전화 보유 하나만으로도 상당한 정보유통과 이를 통한 수익 확보를 기대할 수 있다. 다만, 전국적인 망 구축과 단말기 보급은 크게 부족한 실정이다. 외국과의 연결도 차단된 상태이다(이춘근 외, 2014).

북한에서는 태블릿 PC 보급도 크게 증가하고 있다. 2010년을 전후해 중국, 대만 등지에서 기판과 부품을 수입해 북한이 조립, 판매하는 방식으로 독자적인 태블릿 PC들을 경쟁적으로 출시하고 있다(김종선·이춘근, 2014). 여기에는 2014년 공장에서 생산한 '아리랑'과 조선컴퓨터센터KCC에서 생산한 '삼지연', 룡악산정보기술연구소의 '룡흥' 등이 있다. 최근 '삼지연'이 동일한 이름으로 전혀 다른 새로운 모델을 출시하였고, 이전의 '아리랑' 단종 후 새로운 모델로 '울림'이 2014년을 전후해 출시됐다. "아리랑"과 '울림'은 정보기술총국PIC(이전의 평양정보센터)에서 개발한 것이다. 태블릿 PC에는 김일성, 김정일 어록 등의 정치 홍보 책자들뿐 아니라 중고등학교 교과서와 컴퓨터 관련 서적, 외국어 사전, 각종 게임 등이 탑재되어 있어, 종이 부족으로 지식 습득에 장애를 받고 있는 독자들에게 커다란 기여를 하고 있다. 과학원 산하 이과대학 졸업생이 주관하는 '노을' 등의 PC는 중국에 사무소를 두고 고품질 부품을 수입해 생산되고 있으나 매우 비싸 생산량과 판매량이 제한적이다(이춘근 외, 2014).

1999년 국제전기통신개발 보고서World Telecommunication Development Report가 보도한 북한의 가입자 회선수는 1998년 기준 1,100,000회선으로 당시 남한의 약 1/18 수준이고, 100인당 가입자 회선 수는 4.82로 43.27인 남한의 약 1/9 수준에 불과한 것으로 확인됐다(ITU, 1999). 북한의 통신시설은 양적인 측면에서 크게 부족하고, 질적으로도 매우 낙후된 것으로 알려져 있다. 시외통신의 경우 많은 지역이 수동식 교환기에 의존하고 있고, 자동식으로 전환된 지역에서도 기계식 방식이며, 시외전화의 디지털화 비율은 1998년 기준 4.6% 수준이었다(CIA, 1999). 일반적으로 개인전화는 당 간부 등 지도층에만 설치되어 있으며 일반 국민들은 협동농장, 공장 등에 설치된 공동전화 및 공중전화를 이용하고 있는 것으로 알려져 있다. 북한의 공중전화는 평양과 함흥 등 대도시의 시내 주요 거리와 백화점, 호텔 등에 설치되어 있다. 시,군 지역에는 체신소에 2~3대 설치되어 있으며 공중전화가 설치되어 있지 않는 경우에는 지역 관공서나 기업체를 찾아가 용건을 등록하고 사용한다. 북한의 공중전화는 1996년 현재 2,720대가 설치되어 있다(통일부, 2001). 시외통신망의 경우 평양을 중심으로 도·시·군·리 간에 종적으로 연결되어 있다. 이러한 수직적인 통신망은 주로 여러 지역 관할구와 주요 산업기반들을 연결하여 산업목적과 행정목적으로 이용하거나 주민들에게 당국의 정책을 전파시키는 데 주로 이용되고 있다(서소영, 2018).

대부분의 북한의 통신시설은 북한이 대외 개방을 추진하거나 남북 관계가 호전됐던 과거 시점에 일시적으로 북한과 협력했던 해외 기관·기업과 제3국에 의한 단편적 자료에 근거해 막연히 추측될 뿐이다. 이처럼 오래되고 기본적인 통신부문 이외에 이동통신과 인터넷 등 정보통신부문에 대한 북한 관련 통계는 거의 알려지지 않고 있다. 그럼에도 불구하고 2000년대 들어 남한의 정보통신 수준이 급성장함에 따라 현재 남북 간 정보통신 격차는 더욱 더 크게 벌어졌으리라 추정된다(이춘근 외, 2014).

3. 남북 정보통신 교류 관련 법·제도·정책

1)「남북 교류 협력에 관한 법률」

남북 정보통신 교류와 관련된 대표적 법안으로는「남북교류협력에 관한 법률」을 들 수 있다. 1990년 8월 이 법이 제정되기 이전에는 남북한 주민 간의 회합·접촉, 북한왕래 등 일체의 행위는「국가보안법」에 의한 반국가적 활동으로 간주돼 엄격히 규제됐다. 그러나 1980년대 후반 이후 냉전붕괴라는 세계정세의 변화와 한국정부의 대북정책 등에 따른 한반도 내에서의 환경변화로 남북한 간 교류협력의 필요성과 이를 위한 법·제도의 정비가 요구됐다. 이에 따라 정부는 남북한 간의 상호교류와 협력을 제도적으로 뒷받침하기 위하여 「남북교류협력에 관한 법률」(이하 남북교류협력법)을 제정했다. 이 법은 남북한 상호 간에 상호교류와 협력을 촉진하기 위하여 필요한 사항을 규정함으로써(제1조) 북한이 적대관계의 당사자가 아닌 교류와 협력의 당사자임을 인정하였다는 점과, 남북 간 통신, 왕래, 교역, 협력사업 등에 포괄적 규정을 둠으로써 남북 간의 교류협력을 법적으로 보장하였다는 점에서 의의를 찾을 수 있다(제성호, 2001).

통신역무의 제공과 관련하여서는 남북 교류 협력의 촉진을 위해 전기통신역무를 제공할 수 있다는 조항을 두고 있으며(동법 제22조 제1항), 남북한 간에 제공되는 전기통신역무의 제공자·종류·요금·취급절차 등에 관하여 필요한 사항은 대통령령으로 정하도록 하고 있다(동법 제22조 제2항). 전기통신역무를 제공할 수 있는 자는 「전기통신기본법」에 의하여 전기통신사업을 경영하는 자로서 남북한 간에 제공할 수 있는 전기통신역무의 종류는 유선전기통신과 무선전기통신을 모두 포함한다(동법 시행령 제46조 제1·2항). 그리고 남한과 북한 간에 제공되는 전기통신역무에 대한 요금은 국내전기통신요금에 의한 요금에 의하며(동법 시행령 제47조), 전기통신역무에 관하여 「남북교류협력법」과 동법 시행령에 규정된 사항 이외의 필요한 사항에 대하여는 「전기통신기본법」 및 「전기통신사업법」의 관계규정을 적용한다(동법 시행령 제48조). 남북 통신협력사업의 승인과 관련하여 북한주민과 협력사업을 하고자 하는 자는 통일부 장관으로부터 협력사업자 승인을 얻어야 한다(동법 제14조 제1항). 협력사업자 승인요건은 남북 교류 협력 추진에 기여할 수 있어야 하며 최근 3년 이내에 협력사업을 하고자 하는 분야의 사업실적이 있거나 협력사업을 추진할 만한 자본, 기술 등을 갖추고 있어야 하며 기타 통일부장관이 정하는 요건을 갖추어야 한다(동법 시행령 제30조). 이는 협력사업을 추진하고자 하는 개인과 법인·단체의 경험, 전문성 등 자격과 능력을 검증·확인하는 과정으로 이 같은 절차를 둔 것은 남북관계의 특수한 현실을 고려하여 무분별한 남북 협력사업 추진과 이에 따른 과다 경쟁을 사전에 방지함으로써 질서 있는 남북 교류 협력에 이바지하기 위함이라 판단된다. 한편 통일부장관은 남한과 북한 당국 간의 합의 또는 당국의 위임을 받은 자간의 합의가 있을 때 및 협의회 의결이 있을 때에는 통신분야의 협력사업 승인에 관한 절차규정에 대해 특례를 정할 수 있다(동법 시행령 제20조; 통일부 교육협력국, 1999).

한편, 남북 간 통신부문의 협력확대는 남북 교류 협력 사업을 원활하고 지속적으로 추진하기 위한 필수적인 요소임에도 통신장비 및 기기를 북한으로 반출하는 데에는 국제적으로는 바세나르협정과 미국의 「수출관리법」, 국내적으로는 전략물자 수출입공고의 제약이 있다. 냉전의 종식이라는 국제정세의 변화에 대응해 1996년 11월 미국을 비롯한 17개의 코콤회원국들은 기존의 공산권 국가에 대한 군비통제를 목적으로 한 코콤COCOM: Coordinating Committee of Multilateral Strategic Export Controls체제를 해체하고 새로운 다자 간 통제체제를 설립하는 과정에서 바세나르협정이 합의됐다. 이로써 공식적으로 새로운 다자 간 국제협력체제가 출범하게 됐다(통일부 교육협력국, 1999). 우리나라는 1996년 4월 아르헨티나, 루마니아와 함께 창립회원국의 자격으로 바세나르협정 창립총회에 참여했다.

2) 바세나르협정

바세나르협정은 본질적으로 대량파괴무기 외에 통상적인 상용무기 conventional arms와 이와 관련된 이중용도품목dual-use goods 및 기술에 대한 통제체제를 정하고 있다(황동언, 2000). 이 협정은 기존의 대량파괴무기 비확산협정을 보완해 상용무기와 이중용도품목 및 기술의 불법축적 방지를 위해 그 이전(移轉)에 대한 투명성과 책임을 강화함으로써 국제안보 및 지역안정에 기여하는 데 그 설립목적이 있다. 바세나르협정의 목적을 실현하기 위한 회원국의 의무와 권한을 살펴보면, 회원국은 상용무기와 이중용도 품목 및 기술의 이전이 회원국의 책임하에 이행되는지를 점검하고 국제평화와 안보가 향상될 수 있도록 하는 기본원칙을 준수해야 한다. 이 과정에서 회원국은 자발적으로 정보를 교환하고 이전의 투명성을 향상시키며 무기이전과 함께 이중용도품목 및 기술이전에 대한 전체 회원국 간의 논의, 이전과 관련한 위험에 대한 공동의 이해증진을 도모해야 하는데 남북한 정보통신 교류와 관련된 문제가 여기서 발생한다.

바세나르협정 관련 통제 물자 중 일반산업 목록에는 전자 관련 총 26개, 컴퓨터 관련 총 10개, 전기 통신 및 정보보안 관련 총 7개의 통제 번호로 지정된 통제 목록이 있다. 그 내용을 확인하기는 어렵지만 일반산업 목록에 지정된 이러한 통제목록·번호가 남북 간 정보통신 교류 협력의 장애물이 되곤 한다. 특히 상용무기에는 유엔의 군수등록제도의 대상이 되는 7가지 주요 무기가 있는데 이 중 전자, 컴퓨터, 통신장비를 포함한 무기가 포함돼 있다(황동언, 2000). 따라서 남북한의 정보통신 교류 과정에서 통제품목에 속하는 정보통신 분야의 기술과 장비는 각국의 통제경험과 기술의 향상을 고려하여 정기적으로 재검토될 필요가 있다. 또한 이러한 회원국 간 정보교환 중 일반 정보교환, 이중용도품목 및 기술 관련 정보교환, 무기 관련 정보교환 등은 남북 간 정보통신 분야 교류에 있어 대부분 회원국 간 통제정책의 범위에 속한다.

남북 간 정보통신 교류와 관련해 바세나르협정 이전에도 남한은 "전략물자 수출통제 제도"의 영향을 받아왔다(통일부 교육협력국, 1999). 1985년 한미 간에 체결된 '전략물자 및 기술자료 보호에 관한 양해각서'에 입각해 운영된 전략물자 수출통제 제도는 지금처럼 남북관계가 경색된 상황에서 남북 간 정보통신 교류를 막는 결정적 장애물이 돼 왔다. "전략물자 수출통제 제도"는 정보통신과 같은 첨단기술 기반 전략물자가 공산권 지역으로 유출될 경우, 공산권 국가의 군사력 증강으로 이어져 한미 양국의 국가안보에 위협이 될 수 있어 전략물자의 공산권 이전을 통제하는 데 양국이 협조한다는 것이다. 또한 이 제도는 미국의 수출통제 관련 법·제도를 위반해 비확산통제물자와 기술을 유출한 기업들은 물론 미국과 교역을 하는 여타 국가의 기업들에 대해서도 무거운 제재를 가하고 있다. 특히 남북한 정보통신 교류 협력 과정에서 미국에 대한 수출·수입의존도가 높은 반도체, 통신장비 등 분야의 정보통신 기업들은 이 제도에 대한 이해가 요구된다(통일부 교육협력국, 1999).

3) 남북 정보통신 관련 수출 통제

미국의 수출통제 관련 규제 중 남북 정보통신 교류 협력에 영향을 미치는 구체적 법령으로는 수출관리법(EAA: Export Administration Act; 수출관리규정EAR: Export Administration Regulations; 핵무기 확산금지법Nuclear Non-proliferation Act, 고성능컴퓨터에 대한 수출통제Export Controls on High Performance Computers 등이 있다. 또한 미 상무부는 이중용도 품목 및 기술에 대한 수출 및 재수출을 상품통제목록에 반영하여 별도로 관리하고 있다. 그리고 CIPComposite Theoretical Performance가 6MTOPS Millions of Theoretical Operations Per Second를 초과하는 컴퓨터는 미국정부로부터 수출허가를 받도록 돼 있다(U.S. Department of Commerce, 2000). 2000MTOP까지는 민간 최종사용자에게 허용할 수 있다. 그러나 마이크로프로세서의 경우에는 펜티엄 Ⅲ급에 해당하는 수준(CTP 550MTOPS)을 초과하면 미국정부의 수출허가를 받아야 한다.

통신장비의 경우 휴대폰, 광전송장비와 교환기, 라우터 등은 규제대상으로 수출허가가 있어야 한다. 최종 용도심사도 강화되고 있다. 인지규정은 수출업자가 자신이 수출하는 상품이나 기술이 핵, 미사일, 생화학무기의 설계, 개발, 생산 비축에 사용될 것을 알거나, 또는 미국 상무부에 의해 이들 무기의 확산계획에 대해서 묵과할 수 없는 이전(移轉)의 위험이 있는 것으로 고지되었다면, 이러한 제품, 기술 및 서비스는 통제대상이 된다. 따라서 기업은 최종용도에 대해 의심이 되는 경우 정부의 관련 부처와 협의해야 한다 (U.S. Department of Commerce, 2000).

1990년대에 접어들면서 미국은 북미관계가 진전되면서 이 제도에 의한 완화조치를 단계적으로 추진해왔다. 그러나 북한에 대한 테러지원국 해제, 공산국가에 대한 일반적 해제와 같은 핵심사항들은 해결되지 않은 채 이 제도에 의한 대북규제는 지금까지 이어지고 있다. 미국은 북한에 대해 정상교역관계(NTR: Normal Trade Relation)나 특혜관세(GSP: Generalized System of Preference) 대우를 받는 국가들에 적용하는 관세율('Column 1' 관세율)보다 훨씬 높은 관세율('Column 2' 관세율)을 적용하는 등 미국의 개별적 대북한 제재조치는 "전략물자 수출통제 제도"에 의해 구체적·체계적으로 이루어지고 있어 남북한 정보통신 교류 협력에 결정적 영향을 미치고 있다(U.S. Department of Commerce, 2000).

4. 남북 정보통신 교류 협력의 한계와 문제점

1) 남북 정보통신 교류 협력의 한계

남북한 정보통신 협력은 1990년대부터 시작됐다. 그러나 다양한 시도와 많은 노력에 비해 그다지 진전이 이루어지지 않고 있다. 이처럼 남북 정보통신 교류와 협력이 제대로 이루어지지 못하는 이유로 우선, 남북한 정보통신 관련 정보·자료의 부족을 지적할 수 있다.

대부분의 남북 협력과 교류 과정에서 문제가 되는 북한 내부의 정보와 자료 부족이 남북 정보통신 교류 협력의 중요한 한계라 할 수 있다. 남북은 언어와 문자가 통하는 단일 민족을 유지하고 있음에도 전문성이 필요한 과학기술과 정보통신 협력에서 서로에 대한 정보와 자료가 거의 없다. 과거 남한은 북한의 전력 사정을 모르고 전력 변화에 극히 예민한 장비를 가지고 가서 낭패를 당한 사례가 있다. 더욱이 북한은 국제적 고립과 폐쇄성으로 인해 정보통신 관련 분야의 정보·자료가 매우 부족하다. 정보통신 분야의 교류와 협력은 상호신뢰 없이 추진되기 어렵다. 실제로 이 장에서 다루는 대부분의 자료와 데이터들도 남북관계가 호의적이었던 2000년대 초반을 전후로 한 내용이 대부분이다. 시시각각으로 변하고 달라지는 과학기술 정보통신 분야의 데이터와 자료의 유통속도를 고려할 때 북한 관련 정보통신 통계치는 물론 법·제도·정책에 대한 내용도 10여 년이 지난 자료라는 사실은 남북한 정보통신 교류가 이루어진다 해도 관련 현황에 대한 몰이해와 오해로 실질적이고 구체적인 교류와 협력이 어려운 상황이 벌어질 우려가 있다.

둘째, 부족한 북한의 인프라 시설은 남북한 간 정보통신 교류·협력의 한계로 지적된다(김경숙, 2017). 특히 기업협력이 포함되는 경우, 북한의 IT 산업 인프라가 열악해 정상적인 조업이 이루어지기 어렵고 노동생산성이 떨어진다. 에너지 공급 부족으로 생산량과 효율성에 한계가 있다. 특히 극심한 전압과 주파수 변동으로 잦은 단전이 일어나고, 이러한 문제는 전기를 필요로 하는 거의 거의 모든 정보통신 장비와 부품들을 무용지물로 만들었다. 이 과정에서 전압과 전류에 민감한 정보통신 관련 기기들은 오작동과 잦은 고장으로 인해 제 역할을 하지 못한다. 이러한 인프라 부족은 물류비 상승과 더불어 생산 납기를 이수하지 못하는 결과를 초래한다(김경술, 2017). 이는 수익창출에 불리하고 인프라로 인한 효율성이 떨어지는 상황에서 정보통신 교류와 협력을 통한 남북 상생 모델을 구축하는 것은 거의 불가능하다. 이러한 현상은 지역 내 노동력 수급의 한계로 이어져 추가적인 경비 수요가 발생하는 등 사실상 투자가치 하락으로 귀결된다.

셋째, 남북 정보통신 교류와 협력은 남북 간 정치적·사회적 이슈에 따라 쉽게 좌우되는 한계가 있다. 과거 금강산 총격 사건과 개성공단 출입제한 등 사소한 문제로 시작된 일들이 한반도 정치적·군사적 긴장으로 이어지면서 정보통신 분야의 교류와 협력을 저해해 왔다. 사건·사고는 늘 발생할 수 있는데 그때마다 중단되는 협력과 교류 단절은 정보통신 전문가·기업의 합의를 무력화시키고 이로 인한 후유증들은 또 다른 문제의 원인이 된다(양문수, 2013).

2) 남북 정보통신 교류 협력의 문제점

1990년대부터 시작된 남북 정보통신 교류가 제대로 이루어지지 못하는 한계를 살펴봤다. 그렇다면, 이 같은 한계에도 불구하고 남한은 남한대로 북한은 북한대로 남북 정보통신 교류 협력을 위해 한계를 극복하기 위해 어떠한 노력을 하고 있는지 살펴볼 필요가 있다. 그러나 남북 정보통신 교류와 협력이 별다른 변화가 나타나지 않는 중요한 이유는 남북 정보통신 교류를 위한 한계를 극복하기 위해서는 해결돼야 하는 많은 문제가 산적해 있기 때문이다. 산적한 다양한 문제 중 꼭 선결돼야 하는 몇 가지 문제점을 지적하고자 한다.

첫째, 정보통신 교류와 협력이 공식적인 협력채널이나 상설 협의 기구가 없이 진행될 경우 혼란과 혼선만 빚게 된다(이춘근·김종선, 2014). 다른 분야와 달리 남북 정보통신 협력은 개별 기업의 기술 수준과 운영 방식에 따라 개별적으로 운영될 가능성이 크다. 특히 급속히 발전하는 다양한 하드웨어와 소프트웨어의 출현으로 정보통신 기술과 운영방식은 과거보다 훨씬 복잡하고 까다롭다. 이러한 상황에서 전문가, 기술자 중심 개인 기업들의 정보통신 남북교류는 문제 발생 시 사실상 자체적·개인적으로 해결해야 하고 제3자의 중재를 통해 협력이 추진될 경우 그 상황은 더욱 심각해질 수 있다. 이 때문에 과거의 남북 정보통신 협력은 대부분 남한의 무상지원이나 무상에 가까운 호혜적 협력으로 수행되어 왔다. 이는 정보통신 분야의 남북 교류가 유사한 이유로 형식적·선언적으로 이루어졌음을 의미한다.

둘째, 북한이 지금처럼 미사일 발사와 핵 실험에 몰두할 경우 이에 비례하는 국제규제들은 남북 간 정보통신 교류 협력을 어렵게 한다(이춘근, 2014). 북한이 전 세계의 반대에도 불구하고 핵무기를 개발, 시험하고 장거리 로켓을 발사하는 지금과 같은 상황에서 이러한 규제들은 점점 더 강화된다. 이는 바세나르협약과 미국 상무성의 수출관리규정EAR: Export Administration Regulations, 기술과 제품의 최종 용도를 통제하는 캐치올Catch All 제도 등을 통해 구체화된다. 이러한 상황에서 컴퓨터·모뎀 등 언제든 군사적 목적으로 이용될 수 있는 민감한 정보통신 장비들의 대북 반출 국제 제재로 남북한 정보통신이 거의 불가능하다. 미국 상무성의 EAR 제한이나 캐치올 제도 역시 컴퓨터가 포함되는 정보통신 분야에서의 협력을 어렵게 한다. 미국이나 국제사회뿐만 아니라 북한 대남협력기관의 과도한 개입도 남북한 정보통신 교류와 협력을 방해한다. 남북한 정보통신 교류 추진 시 정보통신 관련 협력·전문 기관 외에 별도 대남 북한 기관에서 이를 강력히 통제한다. 과거 남북 정보통신 협력이 추진되던 과정에서 북한의 대남협력기관인 학술담당의 민족화해협의회와 경제 분야의 민족경제연합회만이 아니라 아태평화위원회, 개성공단 관리위원회 등 정보통신 관련 전문성이 거의 없는 기관의 개입으로 업무가 제대로 진행되기 어려웠다(양문수, 2013).

마지막으로 정보통신 분야에서 늘 우려되는 해킹 문제가 남북한 정보통신 교류의 걸림돌로 지적된다(이춘근 외, 2014). 북한의 남한·미국·해외 사이트 해킹이 주로 논란이 돼 왔지만 2022년에는 미국의 한 해커가 북한 사이트를 해킹한 것으로 의심받고 있다. 이처럼 정보통신 분야에서의 해킹 행위는 은밀히 추진되고 중국 등 다른 나라를 거쳐서 해킹 행위가 이루어지기 때문에 해킹 주체를 명확히 하기 어렵다. 과거 북한이 그랬던 것처럼 해킹을 부인하고 중국 등 관련 국가를 조사하는 것도 사실상 불가능해 IP 등의 정밀 추적을 통해 결정적인 증거를 찾아도 사실상 별다른 해결책은 없다. 이에 비해 해킹으로 인한 피해는 심각하다. 더욱이 북한의 사이버전쟁 수행기관과 인력 등의 능력 등에 대한 평가도 불분명한 상황에서 남북한 정보통신 교류 상황에서 발생할 수 있는 문제들은 예측조차 무의미한 상황이다. 향후 남북한 정보통신 협력을 위해서는 해킹 문제를 어떻게 해결할 것인지, 해킹 상황에서 벌어질 수 있는 다양한 논란들에 대해 어떻게 대응할 것인지 등에 대한 구체적 계획과 방안을 미리 마련해야 할 것이다.

5. 남북한 정보통신 교류·협력 정책 방향

1) 기술 격차 해소

　정보통신 관련 분야에서 남북한 간에는 많은 기술적 차이가 있다. 북한은 구 소련의 영향과 기술분야에서 주체사상의 영향으로 남한과는 다른 표준방식을 대부분 사용하고 있다. 특히 정보통신망의 경우 남북한 상호 간에 통신망의 표준이 일치되지 않은 상태에서 북한이 통신망 현대화를 진행하고 향후 통신통합을 추진하게되면 망 효율성에 문제가 될 수 있다. 이 때문에 기존의 통신망을 전면적으로 변경하거나 어느 한쪽을 폐기해야 하는 상황도 있을 수 있다. 남북 통신교류의 확대를 위해서는 남북한 정보통신망의 표준화가 반드시 선행돼야 한다. 또한 현재 남북한이 사용하고 있는 정보통신용어도 서로 다르다. 이처럼 상이한 정보통신용어의 사용은 정보통신 분야 종사자·전문가뿐만 아니라 일반 국민에게도 혼란을 야기할 수 있다. 특히 정보통신 분야의 상이한 용어 사용은 정보통신기술 표준화와 더불어 남북한 정보통신 교류 협력을 위해 꼭 해결돼야 할 중요한 문제다(이춘근 외, 2014). 남북한 간 정보통신 표준화를 위해서는 가능한 범위 내에서 정보통신표준 관련 정보공유 작업이 이루어져야 한다. 이를 위해 남북한 정보통신 표준기관 간 정보교류를 위한 협력체제, 즉 기준과 원칙의 구축이 필요하다. 이를 바탕으로 남북한 정보통신표준통일을 위한 협의체를 구성해 남북한 간 정보통신 시스템 연동 시 문제가 될 수 있는 부분을 파악하고 이에 대해 표준화 작업이 이루어져야 한다. 또한 남북한 정보통신 관련 시범사업 추진을 통해 정보통신 시스템 간 상호호환 가능성과 운영 가능성 등을 검토한 후 이를 널리 알리는 작업이 필요하다. 정보통신부문에서 실질적으로 남북한 간 표준화 작업을 추진하는 방안으로는 남한의 기업들이 북한의 정보통신 시설 구축 및 현대화 작업에 참여해 우리의 정보통신 설비와 컴퓨터·소프트웨어 등을 북한에 지원하는 방식이 있다(한신대학교, 2009). 이러한 방식을 추진하는 과정에서 바세나르협정, 미국의 「수출관리법」, 전략물자수출입공고 등에서 규제하는 품목의 범위와 기준에 대한 변화를 통해 남북한 간 상호신뢰를 기반으로 한 북한 지원이 이루어지게 되는 제도적 변화가 나타날 수 있다. 다시 말해 남북한 간 교류와 협력을 위한 정보통신 기기·장비는 군사용이 아닌 것으로 간주되어 북한에 대한 다양한 제재조치를 완화하고 이를 통한 남북협력이 새로운 전환점을 맞이하는 계기가 될 수 있다는 것이다.

2) 제도 개선

과거 정보통신 분야의 남북협력이 제대로 이루어지지 않은 이유 중 하나는 대부분 단순 임가공형태의 노동집약적 산업 수준에 그쳤기 때문이다. 이는 정보통신 분야의 협력문제와 관련해 다양한 규제로 인해 기술적 협력이 거의 불가능했음을 의미한다. 따라서 향후 정보통신 분야 남북 교류협력이 이루어질 경우 필수적인 정보 통신 장비 및 기기 반출을 위한 전반적인 제도 개선이 있어야 한다. 예를 들어 이중용도 품목 및 기술에 대한 보다 적극적인 반출제도의 운영이 필요하다. 현재 대부분의 정보통신장비와 기술은 규제 대상이다. 그러나 정보통신 분야 남북협력의 노동집약적 단순 임가공 수순을 벗어나기 위해서는 바세나르협정에서 규제하는 이중용도 품목 및 기술의 군사적 전용을 이유로 금지된 컴퓨터·모뎀 등 관련 장비 반출이 자유로워야 한다. 이중용도 품목 및 기술의 군사적 전용을 방지하면서도 본격적인 제조업 분야 투자 활성화를 위한 제도적 해결방안이 마련될 필요가 있다. 또한 통제 품목의 특징과 품목을 병기하는 방식도 도입하는 것을 고려해야 한다. 전략물자 수출입 공고는 통제품목의 분류를 각각의 비확산협정에서 규정하고 있는 비확산 통제품목 리스트에 근거한 것이다. 그러나 지금처럼 정보통신 기계·장비에 대해 상품과 기술을 따로 분류해 별도로 통제할 경우 경제협력을 위한 통제품목의 대북반출 여부 판단에 불필요한 시간과 비용이 든다. 이는 정보통신 분야 남북협력을 더디게 하므로 이에 대한 제도적 개선이 필요하다. 기업의 활발한 대북경제협력을 위해 정부는 미국 정부상무부와 이중용도 품목의 재수출 관련 절차를 간소화하고, 통상문제 발생을 미연에 방지할 수 있는 상호협의 및 상시협조체제를 구축하는 노력이 필요하다. 특히 우리나라가 생산하거나 사용하는 정보통신 관련 기술품목의 대부분은 미국의 기술을 포함하고 있기 때문에 반출 물자가 문제가 될 경우 해당기업은 미국으로부터 모든 수출입활동에 제약을 받게 된다. 이 문제는 북한에 관련 품목을 수출하는 모든 기업에 해당되기 때문에 기업의 재수출 규제 관련 비용과 시간을 절약하기 위한 한미 정부차원의 협조체제 구축을 위한 제도적 모색이 요구된다.

3) ICT 기술 중심 교류 모색

남북 정보통신 교류 협력사업을 위한 별도의 제도적 기반을 모색할 필요가 있다. 정보통신 교류는 사회·문화 교류적 측면, 경제 교류적 측면, 기술 교류적 측면의 성격을 모두 띤다. 그렇지만 현실적으로 남북 정보통신 교류의 과정에서 선행돼야 하는 것은 전기통신 역무제공을 위한 기술적 측면이다(남상열 외, 2019). 이를 위해 우선 가칭 '남북 정보통신 교류에 관한 규정' 등을 마련해 남북 정보통신교류협력에 대한 제반사항들을 적절히 규제하고, 정부가 기술적 측면에서 어떻게 지원할 것인지 구체화할 필요가 있다. 특히 인터넷을 통한 남북 간 교류에 대한 제도적 뒷받침이 요구된다. 향후 남북한의 물적 교류사업이 인터넷을 통해 추진되는 사례가 증폭될 수 있다. 이 경우 새로운 방식·형태의 남북교류를 모두 북한 주민 접촉승인에 의해 규제하는 것은 사실상 불가능하다. 특히 인터넷을 통한 남북교류는 북한 주민접촉과 직접적인 관련이 있다. 따라서 「남북교류협력에 관한 법률 시행령」 등을 개정해 인터넷을 포함한 남북통신 교류에 관한 별도의 규정이 필요하다.

한편, 남북통신교류 확대에 가장 큰 장애요인은 북한 지역의 빈약한 통신 기반시설이라 할 수 있다. 남북 정보통신 교류를 위해서는 무엇보다도 북한 지역 통신망 확대와 낡고 노후화된 정보통신 설비를 현대화하는 작업이 요구된다. 북한 지역의 통신망 구축과 현대화 작업은 막대한 비용과 오랜 시일이 소요되는 작업이다. 따라서 남북 정보통신 교류와 협력은 기본적으로 정보통신 수요가 있는 경제협력사업 및 관광지역을 중심으로 한정된 정보통신 서비스를 제공하는 방식으로 추진되는 것이 바람직하다. 특히 경제협력 확대와 연계해 정보 통신 서비스 제공 지역을 선정하고 이를 점차적으로 확대하는 방향으로 정책을 추진해야 한다. 북한 지역 내 정보통신망 구축은 수요가 많고 수익성이 높은 개성공단 지역이나 국내 업체의 진출 및 향후 전개될 남북한 간 경제협력사업 지역을 중심으로 남북한 간 직접 통신망 구축을 추진할 필요가 있다(남상열 외, 2019). 과거 2000년대 초반 남북관계가 호의적이었을 때도 남북한 정부 간 연락업무 및 회담지원용 통신을 제외한 모든 남북 간 통신은 국제기구의 통신위성과 일본이나 중국과 같은 제3국의 통신망을 경유했었다. 이처럼 통신회선이 제3국을 경유함에 따라 불필요한 중계료를 외국의 통신 사업자에게 지불함으로써 국제 구간에 대한 비용 부담이 문제가 됐다. 또한 제3국을 경유함에 따라 접속점이 과다하게 늘어나 통화품질도 문제가 됐고, 고장 시 고장 지점 파악은 물론 복구도 오래 걸리는 문제가 발생했다. 따라서 향후 남북한 정보통신 교류 시 제3국을 경유하기보다는 남북한 중계망을 직접 연결하는 한반도 통신망을 중심으로 남북한 간 정보통신 협력이 이루어지도록 정책 방향을 설정할 필요가 있다.

남북한의 교류와 협력 실현 가능성이 높은 분야로 흔히 ICT기술 분야를 꼽는다. 이는 북한의 낙후된 경제 발전을 위한 가장 효과적인 방법으로 간주된다. 이미 북한은 부분적인 경제개방을 통해 정보기술 부문의 발전을 추진하고 있다. 정보통신산업부문에서의 남북 교류와 협력은 북한이 중국처럼 기존 정치·사회 체제를 유지하면서 경제분야에 국한된 개혁·개방을 추진한다면 정보통신 분야의 첨단 기술연구 개발 및 산업단지 경제특구 조성 가능성이 크다. 북한 지역 경제 특구를 통한 남북한 간 정보통신 산업의 교류와 협력이 활발히 이루어지기 위해서는 남한 기업들을 유치할 수 있도록 투자환경 조성 및 이와 관련된 제반 문제에 대한 제도적 장치가 마련돼야 한다. 특히 부족한 사회 간접 자본의 대폭적인 확충과 외부인에 대한 편의시설 개발 등 관련시설 개선이 필요하다. 그 밖에도 행정 체제를 개선하거나 재화와 물품의 자유로운 반입·출입을 허용하는 등 북한 내 우수인력의 대규모 이동 등이 이루어질 수 있는 경제 특구 설정도 이루어져야 한다. 이를 위한 남북한 당국 간 적합한 제도와 정책적 지원이 뒷받침돼야 할 것이다.

6. 결론 및 논의

정보통신분야의 남북 교류 협력 현황과 향후 과제를 논의한 이 장에서는 과거 남북한 간에 이루어진 정보통신 부문 교류 협력 사업의 추진 상황을 파악하고 남북 통신 교류 협력 관련 현행 법·제도를 기반으로 향후 남북 정보통신 교류 및 협력 사업 추진 관련 제도적·정책적 방향을 살펴봤다. 남북한 정보통신 교류와 협력을 위해 선결돼야 하는 문제는 북한 지역의 열악한 정보 통신 기반시설 개선이라 할 수 있다. 또한 남북한 정보통신 교류협력 확대를 위해서는 남북통신 협력 사업의 절차를 간소화할 필요가 있다. 남북 교류가 지속적이고 원활하게 추진되기 위해서는 통신부문의 기술협력 과정절차 중 복잡한 협력사업자 승인과 협력사업 승인 단계 등을 줄일 필요가 있다.

정보통신 분야는 중국의 경제 개방 및 개혁을 모델로 북한의 낙후된 경제를 발전시킬 수 있는 전략 산업 영역으로 간주된다. 정보통신 분야의 기술 교류는 전면적인 개방이 이루어지지 않아도 제한된 지역에서 제한된 범위의 인력 교류를 통해서도 이루어질 수 있다. 과거 정보통신 기술 부문의 남북 교류 및 협력에 대해서는 북한도 적극성을 보였다. 국제사회의 대북 제재가 아직도 진행되는 상황과 이에 대한 불만을 표하며 북한이 미사일 실험을 계속하는 현 상황에서 단시일 내에 남북한 정보통신 교류와 협력에 대한 획기적 변화는 기대하기 어렵다. 그러나 경제부문의 개방을 통해 현 체제를 유지하면서 경제를 발전시키고자 하는 북한의 입장을 고려할 때 남북한 간 정보통신 교류는 향후 지속적으로 확대될 가능성이 있다. 이와 관련해 현 남북 교류 협력 관련 법·제도는 과거 매우 제한적으로 이루어지던 남북 협력 상황에서 제정된 것이므로 향후 남북 간 교류가 빈번해지고 확대될 때 실질적인 북한의 변화를 불러일으키기 위해 현재 상황에 적합하지 않은 조항들은 개선될 필요가 있다. 이처럼 남북한 정보통신 교류와 협력을 위한 법·제도·정책 개선은 향후 남북한 간 정보 통신 교류의 확대에 따라 더욱 중요해질 것이다. 남북 간 정보 통신 교류 확대가 이루어졌을 때를 대비해 기존의 남북 교류 협력 관련 법·제도 등을 종합적으로 개선·보완하는 작업에 학계와 전문가들이 좀 더 관심을 기울일 필요가 있다고 사료된다.

참고문헌

강인수·박성조·황인세 (1991). 〈독일통신통합과 남북한의 통신통합〉. 진천: 정보통신산업진흥원.
김경술 (2017). 〈남북협력을 위한 발전 신기술 활용방안 연구: IGCC와 국산수차를 중심으로〉. 울산: 에너지경제연구원.
김종선·서지영·조예진·Guenther, J. (2013). 〈통일 이후 남북한 과학기술 통합전략을 위한 사례조사연구: 독일사례를 중심으로〉. (조사연구 2013-02). 세종: 과학기술정책연구원.
김종선·이춘근 (2014). 통일을 대비한 북한의 IT 기술 분석 및 협력방안. 〈STEPI Insight〉, 142호, 1-31.
남상열·강하연·김창완·고상원·김성옥·이학기·김태은·임동민·서소영·김선규 (2019). 〈남북 과학기술/ICT 분야 4차산업혁명 공동대응 방안 연구〉. 진천: 정보통신정책연구원. 비공개 보고서.
서소영 (2018). 북한 ICT 정책동향 및 시사점. 〈정보통신방송정책〉, 30권 18호, 1-14.
양문수 (2013). 한반도 평화 회복을 위한 국가전략: 개성공단 사업을 중심으로. 〈국가전략〉, 19권 2호, 57-78.
이춘근 (2014). 〈통일시대 준비를 위한 미시적 종합연구: 과학기술, 정보통신, 에너지 분야〉. 서울: 통일연구원.
이춘근·김종선 (2014). 과학기술분야 대북현안과 통일 준비. 〈STEPI Insight〉, 137호, 1-26.
이춘근·김종선·남달리 (2014). 남북 ICT 협력 추진 방안. 〈정책연구〉, 1-116.
제성호 (2001). 남북통신교류 활성화를 위한 법제 개선방향. 〈정보통신정책〉, 13권 7호, 22-37.
통일부 (2001). 〈2001 통일백서〉. 서울: 통일부
통일부 교육협력국 (1999). 〈남북교류협력법규집〉. 서울: 통일부 교류협력국.
황동언 (1997). 북한의 사회간접자본 현황(III): '통신'. 〈통일경제〉, 117-133.
황동언 (2000). 남북 경협에서 바세나르체제의 영향과 시사점. 〈통일경제〉, 64호, 64-75.

CIA (1999, 2000). The world factbook.
U.S. Department of Commerce (2000). Export administration regulations.

Chapter 09

한국언론의 북한과 통일에 관한 보도 방식 · 내용 · 태도

김찬중 | 한남대학교 교수

1. 언론 보도 방식의 중요성

 우리 사회는 다양한 집단으로 구성되어 있다. 성별, 나이, 지역, 이념성향, 국적 등 다양한 기준에 따라 많은 집단이 존재한다. 이렇게 많은 집단 가운데에서도 손쉽게 자주 접할 수 있는 집단이 있고 그렇지 못한 집단도 있다. 젊은 층에 속한 사람이 노년 층의 집단 사람을 만나기는 쉽다. 진보 집단 사람이 주위에서 보수 집단 사람을 만나는 것을 상상하는 것은 어렵지 않다. 반면 그렇지 못한 집단도 있다. 예를 들어 이슬람 문화권에 속한 사람들을 생각해보자. 이슬람 문화권에 속한 지역이나 국가를 방문하지 않는 이상 일평생 이슬람 문화권의 사람을 만나기는 쉽지 않을 것이다. 그럼에도 불구하고 우리는 이슬람 문화와 그 집단 사람들에 대한 일정한 지식과 태도를 가지고 있다. 그렇다면 한 번도 만나본 적이 없는 집단 사람들에 대해 어떻게 지식과 태도를 가질 수 있는가? 바로 간접 경험에 의한 학습이 이를 가능하게 한다. 사람들은 사회에서 발생하는 모든 일을 직접 경험할 수 없기 때문에 다양한 간접 경험을 통해 현실을 이해하고 평가한다. 학교 수업 시간이나 친구, 가족 등 주변 사람들과의 대화 등 다양한 방법을 통해 간접 경험을 할 수 있다. 미디어 역시 주요한 간접 경험의 통로다. TV나 신문, 인터넷 등 미디어는 직접 경험하지 못한 세상에 대한 지식과 태도를 형성하게 한다. 북한 혹은 통일에 대한 문제 역시 마찬가지다. 주변 사람들 가운데 북한을 방문했거나 혹은 북한 사람들을 직접 만나본 사람들이 얼마나 있는가? 그럼에도 불구하고 한국 시민 대다수는 북한이나 북한과의 통일에 대해 각자의 생각과 태도를 가지고 있다. 미디어를 통한 간접 경험을 빼놓고는 설명할 수 없는 부분이다(윤영철, 1991).

  미디어가 북한이나 통일에 대한 시민들의 생각과 태도 형성에 영향을 미친다면, 북한에 대한 어떤 정보를, 어떻게 보도하고 묘사하는지는 매우 중요한 문제일 수밖에 없다. 북한과 통일에 대한 올바른 정보를 바탕으로 형성된 시민들의 생각과 태도가 통일의 초석이 되기 때문이다. 하지만 미디어는 현실을 있는 그대로 보여주지 않는다. 미디어는 일정한 기준과 관점을 토대로 재구성된 현실을 사람들에게 전달한다(이준웅, 2000). 따라서 북한과 통일에 대한 올바른 정보를 얻기 위해서는 미디어가 어떤 내용을 선택적으로 강조하고 있는지 주의 깊게 살펴볼 필요가 있다. 그렇다면 우리 언론은 북한에 대해 어떻게 보도하는가? 한국 언론의 북한에 대한 보도는 한국전쟁부터 시작해 이어지는 남북 군사적 대치 국면, 2000년 남북 정상회담 등의 화해 국면 등 역사적 상황에 따라 변화해왔다(김동익, 2000). 그럼에도 불구하고 지금까지 수행된 많은 연구를 통해 드러난 공통적인 특징은 한국 언론이 북한을 편향적이고 선정적으로 보도한다는 것이다(박용규, 1998).

2. 편향적 보도

먼저 편향적 보도가 무엇을 의미하는지 살펴보자. 편향적이란 말의 뜻은 어느 한쪽으로 치우쳐 있다는 뜻이다. 무엇에서 치우쳐 있다는 것인가? 있는 그대로의 모습에서 치우쳐 있다는 뜻으로 볼 수 있다. 사안을 있는 그대로 보도하는 방식을 객관적 보도라 한다면 결국 편향적 보도라는 것은 객관적인 보도가 아닌 특정한 부분을 강조하거나 일정한 기준에 따라 사안을 왜곡된 관점으로 보도하는 것을 의미한다.

1) 부정적 편향

북한과 통일에 대한 편향적인 보도 가운데 가장 눈에 띄는 특징 중 하나는 북한 체제와 주민, 남과 북의 관계 등에 대한 부정적인 뉴스 선택과 보도가 이뤄진다는 것이다. 북한과 통일에 대한 긍정적인 논조의 기사는 찾아보기 어렵다. 즉, 대한민국 언론의 북한과 통일에 대한 보도는 부정적으로 편향되어 있다. 한국의 언론은 전반적으로 북한 사회와 체제에 대해 부정적으로 평가하며, 부정적인 고정관념을 담아 묘사한다. 북한 주민에 대한 국내 신문의 보도에 관한 연구를 살펴보자. 연구대상이 된 전체 360건의 기사 가운데 70%가 넘는 264건의 기사가 부정적인 논조의 기사였다(하승희·이민규, 2012). 이 기사들은 북한 주민을 체제에 억압받고, 반인륜적 범죄를 저지르는 사람들로 묘사했다. 북한 주민들이 철저히 통제받는 사회에서 살고 있으며, 일탈 주민에 대해서는 공개처형을 한다는 기사, 마약사용이나 인신매매 등이 횡행한다는 기사, 생활고로 어린아이들이 먹을 것을 찾아 헤맨다는 기사 등이 대표적인 예다.

북한 사회에 발생한 특정한 이슈나 사안에 대해서도 부정적인 시선을 거두지 않는다. 북한 체제의 특수성을 고려한다면 김일성, 김정일 등 최고 지도자의 사망은 남북 관계에 미치는 파장이 가장 큰 사건 가운데 하나일 것이다. 그렇다면 이 두 사건을 한국의 언론은 어떤 시각으로 바라보았는가? 북한 최고 지도자의 사망 이후 한반도 정세와 관련해 한국의 언론은 북한의 도발에 대비해 남한 사회의 반공의식이나 안보체제를 강화해야 하며, 미사일 개발이나 한미합동훈련 강화 등 군사적 대응을 촉구하거나 강화해야 한다는 기사가 다수였다(이완수·배정근, 2013). 즉, 한국의 언론은 북한 최고 지도자의 사망이 불러올 한반도 상황에 대해 부정적으로 전망을 하고 있으며, 군사적 대응을 통해 안보를 강화해야 한다고 주문하고 있는 것이다. 비슷한 결과가 다른 연구에서도 제시되었다. 장성택 처형 사건 및 그 이후 북한 동향에 대한 방송 보도를 분석한 연구에 따르면 한국의 언론의 장성택 처형 사건이라는 북한의 정치사회적 이슈에 대해 김정은의 공포 정치, 폭력적 리더십, 남북 간 대치, 불안정하고 불확실한 북한 사회 등 부정적인 뉴스 프레임을 담은 기사들을 적극적으로 보도한 것으로 나타났다(설진아·조아라, 2017).

한국의 언론은 북한에 왜 부정적인가? 무엇보다 북한과 남한은 수백만 명의 희생자를 낳은 교전의 당사자라는 역사적 맥락을 무시하기 어렵다. 우리와 전쟁을 벌인 적국에게 호의적인 보도를 할 이유가 무엇이 있겠는가? 언론의 자의든, 아니면 북한과의 체제경쟁에 놓인 한국 정부의 언론통제에 의한 것이든, 한국전쟁 이후 꽤 오랜 시간 북한에 관한 뉴스는 남북 대결 양상에 초점을 맞춘 부정적이고 냉소적인 기사일 수밖에 없었다(임을출, 2014). 외국 언론의 영향도 존재한다. 국내 언론은 외국 언론, 특히 미국, 영국, 프랑스 등 서방 강대국의 언론사에 대한 의존도가 크며, 이에 특정 사안에 대해 서방 언론사들의 관점을 무분별하게 수용하는 경우가 많다는 것은 잘 알려진 사실이다(김병길, 1999). 특히 국내 언론의 직접적인 취재가 어려운 분야에서 이 같은 의존은 더욱 커지기 마련이다. 북한 사회와 주민들에 대한 직접 취재가 어려운 국내 언론들의 경우 외국 언론이 전하는 북한 뉴스는 좋은 정보원이 된다. 문제는 외교 문제와 관련해 서방 언론사들은 감시자가 아니라, 철저히 자국의 이익과 관점을 반영하는 동반자의 역할을 한다는 점이다. 다시 말해, 외국 언론사들의 북한에 관한 보도 역시 자국의 관점을 반영하는 보도라는 것이다. 미국 주요 언론사의 사설과 칼럼을 분석한 연구를 살펴보자. 이 연구에 따르면 미국 언론들은 북한이 핵무기를 통해 국제사회와 이웃 국가를 위협하고, 핵무장에 필요한 시간을 벌기 위해 협상을 이용하며, 독재정권을 유지하기 위해 인권 탄압을 자행하는 불량국가로 묘사하는 것으로 나타났다(최종환·김성해, 2021). 대단히 부정적인 시각의 보도다. 북한에 대한 이 같은 부정적인 관점의 보도는 군사 헤게모니를 유지하기 위한 미국 정부의 의도에 미국 언론이 조응한 결과로 해석되고 있다. 서방 언론의 보도를 무비판적으로 받아들이는 국내 언론 보도에 북한에 대한 부정적인 보도가 많은 것은 이상한 일이 아닐 것이다.

국내 언론의 부정적 편향은 언론 관행, 특히 뉴스가치 판단의 영향일 수 있다. 언론은 수많은 소식들 가운데 몇 가지만을 선택한 뒤 취재를 통해 뉴스로 만들어내는 일을 수행한다. 그러나 이 과정은 항상 '마감시간'이라는 시간적 제약 속에서 이뤄진다. 그러다 보니 효율적으로 업무를 수행하는 방안을 찾아내야 할 필요성이 있고, 그 같은 효율적인 업무 방안이 오랜 시간 계속되면서 '관행'으로 굳어져 계속 이어지고 있다. '뉴스가치' 판단은 언론의 오랜 관행 가운데 하나로(김원용, 1997), 수많은 소식 가운데 무엇이

뉴스가 되어야 하는지 결정하는 데 뉴스가치 판단은 도움이 된다. 언론은 관행적으로 우리 사회에 중요하고, 시의적절하고, 많은 영향을 미치는 소식을 가치 있다고 판단하고 선택하여 뉴스로 만들어낸다. 부정적인 소식 역시 중요한 뉴스가치를 가지고 있다. 언론은 관행적으로 긍정적인 정보보다는 부정적인 정보를 선택해 뉴스로 만들어 낸다. '나쁜 뉴스가 좋은 뉴스'라는 말이 괜한 말이 아니다. 북한과 관련해 부정적인 정보와 동시에 긍정적인 정보들도 존재한다. 그러나 언론의 관행을 고려한다면 긍정적인 정보보다 부정적인 정보가 더 많이 선택되어 뉴스로 보도되었을 가능성이 크다고 볼 수 있다.

2) 언론사의 이념적 성향에 따른 편향

북한이나 통일과 관련된 보도에서 나타나는 한국언론의 편향 가운데 하나는 언론사의 정치적 이념 성향에 따른 편향적인 보도다. 언론사의 정치적 이념 성향에 따라 같은 사안에 대해서도 보도방식이 상이하다. 한국의 언론사들이 보수적 시각을 대변하느냐 진보적 성향을 대변하느냐에 따라 이념적으로 나누어져 있음은 주지의 사실이다. 대북 문제와 관련해 진보냐 보수냐를 가르는 기준은 반공 이데올로기와 연관이 크다(강원택, 2005). 반공 이데올로기의 유지와 존속이 필요하다는 보수와 그것이 폐기되거나 근본적으로 바뀌어야 한다는 진보로 구분할 수 있다. 일반적으로 〈조선일보〉, 〈중앙일보〉, 〈동아일보〉는 반공 이데올로기를 지지하는 보수신문으로 〈경향신문〉, 〈한겨레〉는 반공 이데올로기를 반대하는 진보신문으로 구분할 수 있다(김경희·노기영, 2011). 반공 이데올로기가 진보와 보수를 가르는 기준이라면, 이 같은 시각을 대변하는 언론의 북한, 통일 관련 보도가

상이함은 어쩌면 당연한 결론일 수 있다. 공산주의를 국가의 안보와 안정을 위태롭게 하는 사회 불안 요소로 보고 이를 배척하는 이데올로기를 반공 이데올로기라 한다면, 이를 유지하자는 보수신문 입장에서 북한에 대해 긍정적인 보도를 하거나, 북한을 지원하는 통일정책에 관해 호의적인 시선으로 바라보기 어려울 것이다. 반면, 진보신문의 경우 보수신문과 비교해 훨씬 더 유연한 입장을 보일 것으로 예상해볼 수 있을 것이다.

실제 연구 결과들 역시 이 같은 예상에서 크게 벗어나지 않는다. 〈조선일보〉와 〈동아일보〉, 〈경향신문〉과 〈한겨레〉 등 4개 신문사의 북한에 관한 보도를 분석한 연구에 따르면 보수신문으로 알려진 〈조선일보〉, 〈동아일보〉는 북한 정부에 대해 부정적 관점을 드러낸 기사가 많았던 반면 〈경향신문〉, 〈한겨레〉 등 진보신문은 중립에 가까운 관점을 보인 기사가 많았다. 또한 보수신문은 진보신문과 비교해 북한을 비합리적이고 적대적이며, 남한과는 이질적인 강경하고 폐쇄적인 존재로 묘사하고 있었다(김경희·노기영, 2011). 그리고 북한 주민들에 대한 신문 보도를 분석한 연구를 살펴보면 보수신문의 경우 북한 주민들이 북한의 독재체제에 의해 강압적으로 억압받는 내용을 담은 기사가 많았다. 반면 진보신문의 경우 인도적 차원에서 식량난, 의약품, 생필품 부족 등 열악한 환경 속에서 고통받고 있는 주민들에 관한 내용이 가장 많았다(하승희·이민규, 2012). 보수신문과 진보신문 모두 고통받는 북한 주민들에 관한 내용이지만 이를 바라보는 관점에서 확연한 차이가 나타난다.

한국 정부의 통일정책에 관한 보도에서도 언론사의 정치적 이념에 따른 편향이 나타나는데, 재미있는 점은 언론사의 정치적 이념 성향이 정부의 이념 성향과 맞물려 보도방식을 바꾼다는 것이다. 한국의 보수신문과 진보신문이 대북 정책에 대해 보수적이라고 평가를 받는 김영삼 정부 시기와 진보적이라고 평가를 받는 김대중 정부 시기 대북 정책에 관한 사설을 분석한 연구에 따르면 〈조선일보〉, 〈동아일보〉 등 보수신문들의 대북 정책에 대한 비판의 강도가 김영삼 정부 시기보다 김대중 정부 시기 한결 더 강해졌다. 반대로 진보신문인 〈한겨레〉의 경우 김영삼 정부 시기 비판이 강했던 반면 김대중 정부 시기에는 지지하는 쪽으로 바뀌었다. 이는 김대중 정부 시기 대북 포용정책이 진보의 논조와 방향이 일치했기 때문이다(이원섭, 2006).

3. 선정적 보도

한국언론의 북한에 대한 보도와 관련해 눈에 띄는 또 하나의 특징은 선정적이고 인간적인 흥미를 끄는 기사가 많다는 점이다. 선정적인 기사란 폭력이나 섹스와 관련된 용어를 사용해 인간의 감성을 자극하거나 자극적이고 도발적인 언어로 기사를 작성하는 기사를 말하는데 무책임하고 선동적인 보도 역시 선정적인 기사에 포함된다(심재철·정완규·김균수, 2003). 한편 인간적 흥미를 끄는 기사란 사람들의 생활에 직접적인 영향을 미치지 않는 보도로 연예인, 가십, 인간적인 드라마 등과 관련된 기사를 말한다(김원용, 1997). 결국 북한 관련 선정적인 기사가 많다는 말은 북한 실상에 대한 감성을 자극하는 보도, 지엽적 사안에 대한 가십성 보도가 많다는 말과 같다.

북한 장성택의 처형과 관련된 보도를 살펴보자. 지난 2013년 발생한 장성택의 실각과 처형 이유와 관련해 일부 언론들은 '북한 예술단원들이 포르노 동영상을 찍고 유포시킨 혐의로 처형됐던 사건 당시 입수한 동영상에서 장성택과 리설주의 부적절한 관계가 발각됐다.'고 보도했다(스포츠한국, 2013, 12, 11). "장성택이 평양의 고급레스토랑인 '해맞이식당'에서 연회를 즐기면서, 은하수악단 단원들을 기쁨조로 활용한 것으로 알려지면서 당시 은하수관현악단에 몸담았던 리설주까지 거론되면서 김정은의 화를 돋구웠다."는 기사도 나왔다(조선일보, 2013, 12, 11). 장성택의 실각 이유를 리설주와의 성적인 관계와 연관지어 사람들의 감성을 자극한다는 점에서 선정적인 기사로 볼 수 있다. 장성택의 처형 방식과 관련해서도 선정적인 보도가 어김없이 등장했다. 장성택이 사냥개에 물려 죽었다느니, 박격포에 죽었다느니 등의 기사가 보도되었다. 폭력적이고 도발적인 언어를 사용해 사람들의 생활과 전혀 관련 없는 내용을 자세히 묘사했다는 점에서 전형적인 선정적 보도다.

장성택 처형 사건 및 그 이후 북한의 정치·사회적 이슈에 대한 방송의 보도 프레임을 분석한 연구에 따르면, 여러 미디어 프레임 가운데 인간적 흥미 프레임으로 구성된 기사가 가장 많이 보도된 것으로 나타났다(설진아·조아라, 2017). 이 연구에서 인간적 흥미 프레임이란 사람들의 감성적 측면을 자극하는 보도로 정의되었다. 예를 들어 장성택 처형 사건 이후 김정은과 장성택, 주변 인물들의 옷차림이나 표정, 개인적 일화들과 관련된 뉴스들이 인간적 흥미 프레임으로 구성된 뉴스다. 공식 행사에서 리설주가 어떤 표정을 지었으며 김정은의 팔짱을 끼고 나타났는지, 패션 선택에 있어서 한복이 아니라 투피스 정장을 입었다든지, 장성택의 부인이자 김정은의 고모인 김경희의 성격은 어떠한지, 장성택과 김경희의 부부 관계가 어땠는지, 김정은의 10대 학창시절에 대한 소문 등에 관한 보도가 연구를 통해 드러난 대표적인 예다. 북한, 특히 북한 지도부에 대한 선정적인 보도는 사실 어제오늘 일이 아니다. 1980년 공식 등장한 김정일은 1994년 김일성

사후 북한의 지도자가 된 후에도 우리 언론에 '파티를 즐기는 애송이', '유부녀와의 사이에서 혼외자를 낳은 바람둥이', '밤새 기쁨조 파티를 즐기는 호색한', '영화광', '포악하고 광기 어린 망나니' 등의 이미지로 묘사되어 왔다(김현경, 2015).

북한과 관련한 선정적인 보도의 만연은 앞서 논의한 남북한의 역사적 상황이 주된 이유가 될 수 있다. 한국전쟁 이후 계속된 남북한의 체제경쟁 속에서 한국 정부는 언론에 북한 사회와 북한 지도부에 대한 비도덕성을 부각시키고 냉소적인 반응을 불러일으킬 수 있는 보도를 요구해 왔다(김동익, 2000). 선정적인 기사는 그 같은 요구에 부합하는 보도방식이다. 한편 선정적 보도가 많은 이유를 국내 언론의 과도한 경쟁에서 찾을 수도 있다. 디지털 미디어 기술의 등장과 발전에 따라 언론의 진입장벽이 낮아지면서 이제는 수백 개의 언론이 생존경쟁을 벌이는 상황이 펼쳐지고 있다. 경쟁에서 승리하기 위한 언론의 전략 가운데 하나는 선정적이고 흥미를 자극하는 기사를 통한 독자 유인임은 잘 알려져 있다. 이 같은 언론의 생존전략이 북한 관련 보도에 적용되지 않을 이유는 없다. 즉, 북한 사회나 북한 지도부에 관한 선정적인 가십성 보도는 독자의 관심을 끌기 위한 언론사들의 전략의 결과물일 수 있다.

4. 추측, 미확인 보도

선정적인 보도에 더해 문제를 심각하게 만드는 것은 북한 관련 보도에 추측성 미확인 보도, 그래서 후에 오보로 판명되는 기사가 많다는 것이다. 뉴스가 여타 창작물과 다른 점은 사실을 기반으로 한다는 점이다. 사실 보도는 뉴스를 뉴스답게 만드는 가장 중요한 요소인 것이다. 이에 한국기자협회의 윤리강령에서도 뉴스 보도의 제1준칙을 진실한 보도에 두고 있으며. 이를 어겼을 시 가능한 신속하게 바로 잡을 것을 명시하고 있다. 1996년 2월 모 신문에서 김정일 본처인 성혜림이 서방세계로 탈출했다는 기사를 보도하면서 언론계가 발칵 뒤집혔다. 성혜림은 북한의 최고 지도자인 김정일의 본처이니 사안의 중요성이 매우 큰 뉴스였다. 이에 국내 많은 언론사들이 이 소식을 쫓아 취재와 보도에 열을 올렸다. '성혜림씨가 92년에 망명을 타진했다.', '성혜림씨가 조만간 한국으로 망명할 것'이라는 등의 후속 기사가 보도되었다. 첫 보도 이후 나흘 동안 중앙 6개 신문사가 다룬 성씨 관련 보도는 무려 3백 건에 달했다(성유보, 2000). 그런데 얼마 뒤 성혜림 망명은 사실이 아닌 것으로 밝혀지면서 국내 언론들은 세계적인 웃음거리로 전락했다. 성혜림은 모스크바에 머물면서 북한 측 보호를 받고 있던 것으로 밝혀졌다. 이 밖에 이승복 어린이 사건, 김정일 국방위원장 정신병, 평양 계엄령 선포, 조명록 전 군총정치국장 쿠데타, 위조지폐 보도, 리설주 처형, 현송월 단장 총살, 김정은 뇌사 상태 보도 등 언론에 대서특필되었으나 오보로 드러난 사례는 그 수를 헤아리기 어려울 정도다(오마이뉴스, 2019, 7, 2).

북한 관련 오보가 빈번한 이유는 무엇인가? 먼저 북한의 폐쇄성을 생각해 볼 수 있다. 북한 관련 보도는 특파원 파견 등 직접취재가 어렵기 때문에 북한 매체, 탈북자, 방북 민간인, 해외언론, 국내외 정보기관 등과 같은 정보원을 통한 간접취재를 통해 뉴스를 만들 수밖에 없다. 기본적으로 사실관계를 확인하기 어려운, 미확인 추측성 기사가 양산되기 쉬운 취재 환경이다. 여기에 더해 정보원을 통해 얻은 정보들을 검증 절차 없이 속보경쟁에 따라 기사화하면서 오보가 만들어지는 구조가 고착화될 수 있다.

즉, 사실 확인이라는 가장 기본적인 취재 보도 원칙이 지켜지지 않으면서 오보가 양산될 수 있는 것이다. 취재 보도 원칙이 잘 지켜지지 않는 상황을 보여주는 지표가 '익명 취재원'의 빈도다. 북한 관련 보도에 익명 취재원이 빈번하게 등장한다. 익명 취재원은 기사 작성 시 정보의 출처를 밝히지 않거나, 익명으로 처리하는 것이다. 언론은 정보의 출처를 정확히 알림으로써 그 뉴스가 믿을만하고 진실된 뉴스임을 보여준다. 따라서 취재원을 명확히 밝히지 않는 것, 즉 익명 취재원의 빈번한 이용은 진실보도라는 언론의 책임을 다하지 못하는 것이다(박재영·이완수, 2007). 북한 주민들에 관한 언론 보도에 등장하는 취재원을 살펴본 한 연구에 따르면 보도된 뉴스의 약 40%가 '대북 소식통', '관계자' 등 익명의 취재원을 인용한 기사였다(하승희·이민규, 2012). 이 연구는 북한 관련 뉴스를 보도함에 있어 기자들이 얼마나 기본적인 취재 원칙에 소홀한지 명확히 보여주고 있다.

참고문헌

강원택 (2005). 한국의 이념 갈등과 진보·보수의 경계. 〈한국정당학회보〉, 4권 2호, 193-217.
김경희·노기영 (2011). 한국 신문사의 이념과 북한 보도방식에 대한 연구. 〈한국언론학보〉, 55권 1호, 361-387.
김동익 (2000). 비판 없는 '북한 보도'를 경계한다. 〈관훈저널〉, 통권 76호, 99-110.
김병길 (1999). 한·미 시사잡지의 북한 관련 보도분석. 〈한국언론학보〉, 44권 1호, 52-89.
김원용 (역) (1997). 〈매스미디어 사회학〉. 서울: 나남.
김현경 (2015). [① 뉴식 정책 판단 그르치는 북한 로열패밀리 보도. 〈방송기자〉, 25권, 10-11.
박용규 (1998). 한국언론의 북한보도 현황과 통일 지향성에 관한 연구. 〈논문집〉, 19권, 183-204.
박재영·이완수 (2007). 인용(quotation)과 취재원 적시(attribution)에 대한 한미(韓美) 신문비교. 〈한국언론학보〉, 51권 6호, 439-468.
설진아·조아라 (2017). 북한의 정치사회적 이슈에 대한 지상파 방송보도 프레임 분석: 2013년 장성택 처형 사건을 중심으로. 〈언론과학연구〉, 17권 2호, 129-163.
성유보 (2000). [특집2: 남북정상회담 이후의 과제: 국내문제] 언론이 변해야 통일이 된다. 〈통일시론〉, 통권 8호, 143-154.
심재철·정완규·김균수 (2003). 한국과 미국 신문의 뉴스가치 비교: 대학 관련 기사를 중심으로. 〈한국언론학보〉, 47권 3호, 95-124.
윤영철 (1991). 언론의 현실 재구성에 관한 연구: 우리나라 신문의 남북관계 보도 분석. 〈한국언론학보〉, 26호, 251-286.
이완수·배정근 (2013). 1994 vs. 2011: 김일성과 김정일 사후 한국 언론의 북한문제 보도 프레임 변화. 〈정치커뮤니케이션 연구〉, 29권, 149-183.
이원섭 (2006). 언론의 남북문제 보도에 나타난 이데올로기적 성향과 정부 정책 평가: 김영삼 정부와 김대중 정부 시기의 사설 비교 분석. 〈한국언론정보학보〉, 35권, 329-361.

이준웅 (2000). 프레임, 해석 그리고 커뮤니케이션 효과. 〈언론과 사회〉, 29호, 85-153.
임을출 (2014). 북한 보도 무엇이 문제인가. 〈관훈저널〉, 통권 130호, 94-100.
최종환·김성해 (2021). 국제권력질서와 담론정치: 한·미 언론의 '북한 악마화' 담론을 중심으로. 〈정치커뮤니케이션 연구〉, 60호, 31-82.
하승희·이민규 (2012). 북한주민 생활 실태에 관한 국내 신문보도 프레임연구: 조선일보, 동아일보, 한겨레, 경향신문을 중심으로. 〈한국언론정보학보〉, 58권 2호, 222-241.

스포츠한국 (2013, 12, 11). 北 장성택, 리설주와 부적절한 관계 가졌다?
    URL: http://sports.hankooki.com/news/articleView.html?idxno=5001979.
오마이뉴스 (2019, 7, 2). 서로의 치부 들춰낸 조선·동아... 분발 촉구한다.
    URL: http://www.ohmynews.com/NWS_Web/View/at_pg.aspx?CNTN_CD=A0002550373&CMPT_CD=SEARCH.
조선일보 (2013, 12, 11). "'리설주, 포르노·불륜· 장성택과 동반숙청…' '각종 추측 난무…' 전부 사실이야?".
    URL: https://www.chosun.com/site/data/html_dir/2013/12/11/2013121103175.html

Chapter 10

통일·북한 관련 TV 프로그램 기획과 현황

윤복실 | 서강대학교 연구교수

1. 세계가 주목했던 KBS 1TV '이산가족을 찾습니다'(1987)

방송 프로그램 기획은 계절성, 시의성, 시사성, 화제성 등을 통해 마련된다. 시청자들이 관심을 가질 만한 아이템들이 그 안에 있기 때문이다. 1983년 KBS가 마련했던 '이산가족을 찾습니다'도 마찬가지였다. '이산가족을 찾습니다'는 휴전 30주년이라는 시의성에 맞춘 특집 프로그램으로 애초 예정된 방송 시간은 1시간 35분이었다. 그런데 '이산가족을 찾습니다'는 애초 예정된 방송 시간을 훌쩍 넘긴, 세계 방송 역사상 유례없는 긴 방송 시간을 기록하였다. 전쟁의 비극이 적나라하게 목격되는 살아있는 현장이었기 때문이다. '이산가족을 찾습니다'는 방송이 시작되자마자 세간의 이목을 집중시켰는데, 이에 KBS는 파격적인 방송 편성을 감행하였다. 6월 30일 첫 방송 이후 7월 1일에는 8시간 45분 방송, 7월 2일에는 11시간 방송, 7월 3일에는 9시간 50분이 방송되는 등 '이산가족을 찾습니다'는 거의 하루종일 방송되었다. 급기야 453시간 45분이라는 〈기네스북〉에 등재될 만큼 긴 방송 시간이 할애되었다. 생방송을 통해서 전해지는 이산가족의 아픔과 이산가족 상봉을 통한 기쁨이 전 국민의 눈물샘을 자극했던 것이다. 전 세계의 언론도 KBS '이산가족을 찾습니다' 특별방송에 주목했다. AP, UPI, 로이터, AFP 등 세계 4대 통신과 각국의 일간지와 방송사들은 서울발 특파원 기사를 다뤘고 방송의 열기가 뜨거워지면서 대규모 취재반을 서울에 파견했다. 세계적인 화제가 된 특별생방송 '이산가족을 찾습니다' 프로그램은 그해 9월에 열린 제6차 세계언론인대회에서 '1983년도의 가장 인도적인 프로그램'으로 선정되었다. 그리고 1984년 세계평화협력회의에서 '골드 머큐리 국제상'을 수상했다.

공개홀에서 이산가족을 찾는 출연자들

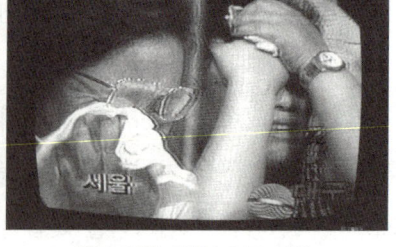
전국 이원 생방송으로 진행

그림 1. KBS 제1TV '이산가족을 찾습니다'

출처: KBS 아카이브

'이산가족을 찾습니다' 프로그램의 구성은 아주 간단했다. 생방송 공개홀에서 이산가족의 신상을 소개하고, 그 사연자를 아는 당사자나 주변인이 방송사에 전화하거나 직접 찾아오도록 연결하는, 상봉을 주목적으로 하는 단순 구성이었다. 그런데 첫 방송이 전파를 탄 6월 30일, 2,200건의 출연 신청이 이루어졌고 850가족이 출연하여 36건의 가족 상봉이 이루어졌다.

그리고 방송이 시작된 지 이틀 만에 출연 신청이 1만 4,780건이 접수됐고 7월 12일 출연 신청의 누계는 10만 건을 넘어섰으며, 이 프로그램에 출연한 인원은 5만 3,536명이나 되었다. 이렇듯 프로그램의 열기는 폭발적이어서 이산가족의 상봉을 주선하기 위해 연결했던 9개 네트워크 지역국(부산, 대구, 광주, 전주, 대전, 청주, 춘천, 제주, 강릉)에서 지역 신청자들을 직접 출연시키는 것으로 그 형식을 변경하기도 했다(한국방송협회, 1997). 〈한국방송 70년사〉에는 '이산가족을 찾습니다' 첫 방송의 분위기를 아래와 같이 기록하고 있다.

> 만반의 준비를 갖추고 첫 방송을 시작한 후 시간이 흘러가도 상봉의 극적 장면은 터지지 않았다. 과연 어떤 결과가 나타날지? KBS 임직원을 비롯한 제작진은 중앙홀 쪽으로 온 신경을 쏟고 지켜보고 있었다. 태풍 전야의 적막. 그런 긴장된 순간이 이어지던 어느 순간, 별안간 중앙홀 바깥이 떠들썩하더니 5, 6명의 중년 남녀들이 누군가의 이름을 외치며 뛰어들었다. 목이 메어 말도 제대로 못하는 이들을 진정시킨 후 확인반이 그들을 홀 안으로 안내하는 순간, 출연자 한 사람이 홀 안쪽으로 들어서는 사람들의 이름을 부르며 마주 달려갔다. 포옹, 통곡, 서로 얼싸안고 다시 이름을 부르며 만남의 기쁨으로 눈물을 쏟는 모습….
>
> 40년 가까운 세월을 생사조차 모르던 혈육을 다시 만난 그 벅찬 반가움과 헤어져 살던 서러움이 한데 뒤엉켜 서로 부둥키고 울부짖는 감동적인 장면…. 그것은 어느 드라마의 극적 장면보다도 진했다. 화면을 지켜보던 모든 시청자들에게 벅찬 감동을 안겨 준 것은 말할 것도 없었다. 제작진도 울었고 시청자도 흐느꼈다.

프로그램이 열기를 더할수록 출연 신청은 어려워졌고, 사연을 접수하지 못한 사람들이 넘쳐났다. 이들은 서울 여의도 KBS 본사로 몰려들기 시작하였고, KBS 건물은 가족을 찾는 사연들로 온통 도배되기에 이르렀다. 이에 특별 생방송 시간이 아닌 뉴스에서도 이산가족들의 사연들을 전하기에 바

빠다. 이처럼 '이산가족을 찾습니다'는 방송이 시작된 6월 30일부터 11월 14일까지 장장 138일 동안 안타까운 사연과 눈물로 가득 채워졌다. 그러나 이 방송 기간에도 가족을 찾지 못한 이산가족들이 있었고 그들의 시선은 자연스럽게 북한으로 향하였다. 이는 실질적인 '남북 이산가족 찾기' 교환 방문으로 이어지기에 이른다. 이를 통해서 통일·북한 관련한 방송 프로그램의 영향력과 미디어의 역할을 확인하게 된다.

2. 지상파의 북한·통일 관련 정규프로그램 편성

남한에서 통일·북한 관련한 정규프로그램이 편성된 것은 남북교류가 이루어지면서이다. 그러나 남북교류가 이루어지기까지는 오랜 시간이 소요되었다. 1953년 7월 27일 휴전 협정이 이루어지고 1954년 제네바 회담이 열렸지만 아무 성과를 거두지 못했다. 이때, 북한 대표인 남일 외상이 남한에 대한 경제적 지원을 제안하였는데 남한은 이를 거부했다. 그 이후로도 북한은 줄곧 남한에 지원을 제안하였지만, 남한은 북한의 정치적인 공세에 넘어가지 않겠다며 교류를 거부하였다. 사실, 분단 초기에 북한의 경제 상황은 남한보다 우월했다. 하지만 북한이 '고난의 행군'이라는 가혹한 시절을 겪게 되고, 남한은 한강의 기적으로 불리는 경제개발에 성공하면서 남과 북의 경제적 상황은 역전되었다.[1] 그럼에도 북한은 남한에 인도적 지원을 제안한 것이다. 그런데 전두환 정부는 북한의 지원 제안을 선뜻 받아들였다. 1984년 여름, 남한은 400여 명의 사상자가 발생할 정도로 큰 물난리를 겪었는데, 북한이 방송을 통해 인도적 지원을 제안한 것이다. 이때, 전두환 정부는 86아시안게임과 88올림픽을 유치한 상태라, 한반도 정세를 안

---

[1] 1983년 기준 쌀 생산량은 남한(540만 톤)이 북한(212만 톤)보다 2.5배 많았다. 시멘트 생산량도 남한이 북한보다 2.7배 많았다(김연철, 2018, 138쪽).

정적으로 끌고 가야 할 필연적인 이유가 있었다. 그렇게 1984년, 북한의 수해물자 제공이 남한에서 이루어졌다. 한국전쟁 이후 처음 있는 일이었다. 이를 계기로 경색된 남북한 관계가 한층 부드러워졌다.

그 여세를 몰아 노태우 정부는 1991년 12월 남북기본합의서를 채택한다. 이때부터 한국에서 북한이나 통일에 대한 관련 프로그램이 제작되기 시작하였다. "남북기본합의서를 통해 방송 언론 분야의 교류에 대한 합의가 이루어졌고 국내에서도 북한에서 제작한 영상물의 방영이나 북한 방송 청취가 가능"(이화여자대학교 통일학연구원, 2009, 494쪽)해졌기 때문이다. 1988년에 이루어진 7·7 선언은 북방정책의 출발을 알렸다. 이에 따라 "1988년 9월 3일 북한의 언론 자료와 방송 프로그램의 대국민 공개 조치가 취해졌고, 주요 방송 언론사들은 북한 관련 전담 기자를 도입하거나 남북 관련 부서를 설치했다."(이화여자대학교 통일학연구원, 2009, 497쪽) 이때 KBS에 통일문제연구소가, MBC에 남북 협력국이 만들어졌다. 그리고 북한과 관련된 프로그램이 신설되기 시작하였다. 이는 북한·통일 관련 프로그램 제작이 남한의 북한 정책 방향이나 관계 여부에 깊이 연관되어 있음을 의미한다.

1989년 3월에 신설돼 2022년 현재도 방송 중인 KBS '남북의 창'은 한국 최초의 통일·북한 관련 프로그램이다.[2] 프로그램 홈페이지에는 '남북의 창'이 북한 전문프로그램으로 통일에 대비하는 관찰자, 기록자, 전달자의 역할을 이어가고 있다고 소개돼 있다. '남북의 창'은 KBS 1TV에서 토요일 오전 7시 50분부터 40분간 방송하는 프로그램이다(2022년 8월 현재). 프로그램은 종합 구성으로 4개의 코너로 이루어져 있다. 남북관계 현안을 심층 분석하는 '이

---

[2] 위키백과에 따르면 통일·북한 관련 프로그램은 '남북의 창' 이전에도 제작, 방송되었다. KBS TV 통일·북한 관련 프로그램(출처: 위키백과)

통일논단	주간 북한 소식	남북의 창	북한리포트
1984.4.8.~1985.11.3	1980.12.2.~1989.3.5	1989.3.14.~2001.4.26	2001.5.3.~2003.11.2

슈 & 한반도', 북한의 이모저모 정보를 알리는 '요즘 북한은' 그리고 북한에 대한 이해의 폭을 넓히기 위한 '클로즈업 북한', 통일을 준비하고 남북관계를 모색하는 '통일 路 미래 路' 등이다. 프로그램 제작은 보도국 산하 북한팀에서 이루어지며 기자들이 제작한다. 코너 중 하나는 외주제작으로 만들어지지만, 그 형식은 북한의 여러 소식을 알리는 보도 형식에 치중되어 있다. 거기에 북한에 대한 이해도를 높일 수 있도록 전문가와 탈북민 등의 대담이나 인터뷰가 추가된다.

　MBC의 '통일전망대'는 2001년 정규 편성되었다.3) MBC '통일전망대'의 홈페이지에는 북한 전문프로그램으로 북한에 대한 이해를 높이고 통일 미래를 준비해나가겠다고 소개되어 있다. '통일전망대'도 종합구성으로 매주 토요일 오전 7시 20분에 30분 동안 방송된다(2022년 8월 현재). 이 프로그램도 기자들이 생산한다. 코너는 5개로 구성되었는데, 북한의 최근 동향을 점검해보는 '북한은 지금 1, 2', '전망대 포커스', '북한이 궁금해', '생생 통일현장', 북한의 말을 배우는 '북한 말 한마디' 등이다. 또한 탈북민과 전문가를 스튜디오에 초청하여 대담을 나눔으로써 북한에 대한 이해를 높이도록 한다.

KBS 1TV '남북의 창'　　　　　　　MBC TV '통일전망대'

그림 2. 지상파의 북한·통일 관련 정규프로그램

출처: 각 프로그램 홈페이지.

---

3) MBC '통일전망대' 홈페이지에는 1989년에 시작된 북한 전문 프로그램이라고 되어 있다.

1995년 케이블 TV가 개국하였지만, 통일과 북한에 관련한 프로그램은 크게 증가하지 않았다. 국가의 정책을 홍보하는 KTV에서 북한 관련 프로그램이 제작되기 시작한 것은 지난 2004년 4월에 '통일로 미래로'를 편성하면서다. 그러나 '통일로 미래로'는 2007년 12월 29일 자로 종영되었다. 이처럼 통일·북한과 관련한 프로그램은 다양한 장르로 편성되지 않고 있다. 이는 시청률이 높지 않기 때문이다. 방송은 시청률을 근간으로 한 광고 수익으로 운영되기 때문에 시청률이 높지 않은 프로그램은 제작하지 않는다.[4)

통일·북한 관련 방송 프로그램이 KBS와 MBC 외에 다른 방송사에서 활발하게 제작되기 시작한 것은 김대중 정부 시절이다. 주지하듯이 김대중 정부는 햇볕정책을 표방하였고, 대북 포용 정책을 시행하였다. 김대중 정부는 출범하면서 100대 과제를 발표하였고, 북한 방송 개방과 남북 언론 교류를 공표하였다. 그리고 2000년 6월 역사적인 남북정상회담을 이루었다. 이를 계기로 각 방송사들은 기존 북한 관련 프로그램을 새로운 방향으로 개편하거나 편성하였다. 이때 KBS가 가장 활발하였다. KBS는 여러 특집 형태의 프로그램들을 많이 제작하였다.[5) SBS는 뉴스 생방송을 2000년 10월 조선노동당 창건기념일에 진행했고, 2003년 '통일농구대회'를 제작·방송하였다. MBC는 2001년 주민생활 취재, 2002년 가수 이미자, 윤도현 공연 등을 방송하였다. "2000년대 초반이나 중반까지 남북의 방송 교류가 활발하던 시기에는 남북 방송인과 프로그램 교류 및 한국방송의 북한 현지에

---

4) KBS '남북의 창'은 시청률 최저 5%에서 최고 7%까지 유지한다. 이는 시청률이 고정적으로 유지되고 있는 것이며 OTT 서비스로 지상파의 시청률이 많이 떨어진 것을 감안한다면 높은 시청률을 유지하는 것이다(시청률 출처: 닐슨코리아).
5) 2000년 9월 '2000년 한민족 특별기획 - 백두에서 한라까지' 생방송 제작, 10월 '남과 북이 함께 부르는 노래', '은둔의 땅, 관광으로 빗장 연다', '대동강 밸리의 꿈', '백두고원을 가다', '10대 민족문화유산' 등 제작; 2002년 1월 드라마 '제국의 아침' 촬영, '전국노래자랑' 평양 편, '남북경협현장 평양, 남포 그리고 개성' 제작 방영, KBS 교향악단 평양공연; 2005년 드라마 '사육신' 촬영(2007년 방영).

서의 방송 취재를 바탕으로 한 북한의 문화, 관광명소, 북한의 산업 등을 소개하는 특집 기획물 제작 등이 진행되었다."(강민경, 2016, 20쪽) 이때 KBS는 정규 프로그램으로 제1TV에 '북한 리포트'[6]를 신설했다. 교육방송인 EBS는 '남북은 하나' 프로그램을 신설하였다. 그리고 케이블 TV에서도 북한 관련 프로그램을 편성하였다. 아래 표를 보더라도 통일·북한과 관련된 프로그램이 2000년대 이전보다 상대적으로 많이 제작되었음을 알 수 있다.

표 1. 방송사별 북한 관련 TV 프로그램 편성 현황

방송사	프로그램명	방영시간대	방영시간	형식
KBS	북한 리포트	목, 23:35~24:05	30분	지상파
KBS	남과 북 하나로	토, 17:30~17:58	28분	지상파
MBC	통일전망대	토, 07:45~08:00	15분	지상파
MBC	남북한마당	일, 06:05~07:00	55분	지상파
EBS	남북은 하나	일, 07:20~07:50	30분	지상파
EBS	서울말 평양말	월~토, 09:58~10:00 (2000.12.18~3. 31)	2분	지상파
KTV	한민족 우리는 하나	일, 22:10~23:00 (2000. 5. 12~)	50~60분	케이블
KTV	서울말 평양말	월~금, 09:10~09:20	10분	케이블
YTN	북한 리포트	화, 16:33~16:55, 23:35~24:00 수, 02:32~02:55 일, 08:35~09:00, 19:32~19:55	23~25분	케이블
Arirang TV	Peninsula Scope	토, 08:00~09:30 (재방:일, 16:00~16:30)	30분	케이블

출처: 이우승 (2001). 〈북한 관련 방송프로그램 현황과 개선방안 연구〉.

---

[6] '북한리포트'는 2001년 5월 3일~ 2003년 6월 19일 매주 목요일 밤 11시 35분부터 30분 동안 방영하였고, 2003년 6월 29일에 시간을 변동하여 매주 일요일 아침 7시 30분에 방송하였는데, 2003년 11월 2일에 종영하였다.

2003년 출범한 노무현 정부는 김대중 정부의 햇볕정책을 승계하였기 때문에 남북 방송 교류가 진전되었다. 이때 KBS는 남북 및 해외 학자 평화통일회의의 방송물을 제작하였고, 광복절에 조선중앙TV와 함께 '전국노래자랑' 평양편을 제작·방송하였다. 그러나 2천년대 중반 북한의 핵 문제가 등장하면서 남북 방송 교류는 교착상태에 빠지게 된다. 거기에 2008년 출범한 이명박 정부의 '비핵·개방·3000'이라는 통일 전략은 남북관계를 더 경색시켰다. 또 "2010년 천안함 사건이 발생하고 이에 대응한 정부조치가 진행되면서 남북 방송 교류는 양측이 간헐적으로 접촉을 하는 수준을 넘어설 수 없었다."(이주철, 2013) 결국, 남북 방송 교류는 지속될 수 없었다. 2013년 출범한 박근혜 정부는 통일대박론을 제시하고 통일준비위원회를 출범시키는 등 통일에 대한 국민의 관심을 증진시키고자 하였다. 그에 따라 남북 간 방송·통신 교류협력이 적극적으로 추진되었다(세계일보, 2018, 10, 22). 그러나 남북관계는 풀리지 않았고, 방송사의 재정난 등이 겹치면서 방송 교류는 거의 진행되지 못하였다. KBS는 지난 1989년에 설치된 남북협력단을 지난 2021년 6월 통일·외교팀 산하로 흡수시켰다. 이는 남북관계가 장기간 악화일로에 놓임으로써 제 기능을 하지 못했기 때문으로 풀이된다. 아이템의 개수도 정권별로 차이가 난다. MBC '통일전망대'는 김대중 정부 시기에 아이템의 개수가 많았고, KBS '남북의 창'는 노무현 정부와 이명박 정부의 시기에 아이템의 개수가 상대적으로 더 많았다. 주목할 것은 두 프로그램 모두 김대중 정부시기에 "모두 경제, 생활 관련 주제와 언어 및 문화 관련 주제를 가장 많이 선택"(박주연, 2012, 64쪽)하였다는 점이다. 현재, 지상파와 케이블 TV에 편성된 통일·북한 관련 프로그램은 남북 방송 교류가 활성화되었던 2000년대 초반과 그리 달라지지 않은 상황이다. 아래 표는 현재 지상파와 케이블 TV에서 방송되는 통일·북한 관련한 프로그램이다.

표 2. 지상파와 케이블 TV의 통일·북한 관련 프로그램 편성 현황

방송사	프로그램명	방영시간대	방영시간	플랫폼
KBS	남북의 창	토, 오전 7시 50분	40분	지상파
MBC	통일전망대	토, 오전 7시 20분	33분	지상파
KTV	여러분의 북마크	일, 오전 9시	28분	케이블 TV
KTV	통일 NOW	수, 오후 5시 30분	17분	케이블 TV
아리랑TV	Peace Insight	토, 오전 7시	21분	케이블 TV
TV조선	이제 만나러 갑니다	일, 오후 11시	1시간 20분	케이블 TV

3. 채널 확대에 따른 통일·북한 관련 프로그램의 장르 확장

2011년 종합편성방송채널이 개국하면서 통일·북한 관련 프로그램은 변화를 맞게 된다. 이는 기존 지상파에서 제작되었던 정보전달 위주의 프로그램이 아닌 토크 쇼 형태로 장르가 전환되면서 비롯된 변화다.

〈채널A〉는 개국과 동시에 '이제 만나러 갑니다'(이하 '이만갑')라는 프로그램을 편성하였다. '이만갑'은 2022년 1월 현재 방영되고 있는 통일·북한 관련한 최장수 프로그램이다. '이만갑'은 지난 12년 동안 방송하면서 3차례 개편을 단행했는데, 처음 시작은 '이산가족 감동 프로젝트'였다. 전국에 있는 이산가족을 만나 그들의 가족에게 보내고 싶은 물품이나 편지를 받아 '소망의 전당'을 만드는 교양프로그램이었다(동아일보, 2011, 11, 29). 그러다 2012년 3월 25일 방송된 '탈북미녀' 특집의 시청률이 오르면서 프로그램의 형식이 집단토크쇼로 바뀌었다. "프로그램은 주제 토크 외에, 탈북 여성 출연진 소개, 탈북 과정 이야기, 최근 북한에 대한 가십, 고민상담 등의 코너로 구성되었다."(이선민, 2014, 87쪽) '이만갑'은 이전까지 방송에서 주요한 발화자로 자리하지 못했던 탈북자를 전면에 내세웠다는 것에 그 의미가

있다. 그러나 많은 선행연구가 밝히고 있듯이 종합편성채널의 예능프로그램에서 제작되는 통일·북한 관련 프로그램들은 통일을 위한 '민족동질성 회복' 혹은 '이질감 극복' 등 방송이 지향해야 할 가치를 저해한다. 이는 프로그램에서 재현되는 탈북민의 이미지와 탈북민의 증언들이 남한 내의 북한 체제에 대한 비판의식과 반공의식을 고취시키는 역할을 하기 때문이다. 한편, 말이 주체가 되는 프로그램을 토크 프로그램이라고 하는데 토크 프로그램은 토크쇼와 토론 프로그램으로 나뉜다(이두원, 1995, 11쪽). 쇼가 "극이나 행렬, 연기, 경치 등 '구경거리'와 '볼거리', '웃음거리'의 총체적 표현"(김우룡, 1987, 183쪽)을 일컫는 것이란 점에서 '이만갑'은 프로그램 형식이 토크쇼[7]이다. 문제는 '쇼'란 형식이 제공하는 웃음의 근원에 있다. 그것은 탈북자들의 북한에 대한 체제 비판 그리고 남한 체제의 우월성 심화에 이용되기 때문이다. 이는 통일과 관련한 방송 프로그램이 지향하는 것이 민족의 동질성 회복, 이질감 해소와 거리가 멀다는 것을 의미한다. 어쨌든 집단토크쇼 형식의 '이만갑'의 시청자 반응이 좋게 나오자, 〈TV조선〉에서도 유사한 프로그램을 편성하였다. 바로 '모란봉 클럽'이다.

〈TV조선〉의 '모란봉 클럽'(이하 '모란봉')은 지난 2015년 9월 12일에 첫 방송을 내보냈고 지난 2021년 5월 2일 284회로 종영되었다. 이 프로그램의 홈페이지에는 탈북미남미녀들의 버라이어티한 한반도 표류기가 토크로 꽃피는 프로그램으로 소개되어 있지만, 주요 출연자는 탈북 여성들이다.[8] '모란봉' 프로그램은 처음에 "남한 사회 및 문화 현상에서 느낀 이질감과 당혹감을 가감없는 탈북자들의 담화로 풀어내고 북한의 실제 모습에 대한 이야

---

7) 토크쇼의 원형은 10세기 영국 커피하우스에서 청중이 모여 그 날의 이슈에 대해 토론한 것에서 시작했던 것으로 본다. 이 시기의 커피하우스는 계몽주의 시대에 새로운 도시에 거주하게 된 사람들이 당대 철학과 예술 등에 대해 이야기를 나누던 일종의 살롱 같은 장소였다(Scott, 1996/2002).
8) 방송 기간 5년 7개월 동안 출연자 수가 2천 8백여 명에 달했다.

기 역시 다양한 시각으로 언급하며 '탈북자'와 '북한'에 대한 한국 사회의 새로운 담론 생성을 촉구"(강민경, 2016, 30쪽)하였다. 하지만 종영 전의 아이템 등을 보면 북한 혈통의 세계(281회), 경이로운 특수부대(282회), 북한 열차 25시(278회), 생계 전투! 장마당의 세계(277회) 등 북한 체제와 사회를 비판하는 내용이 주를 이루었다. 애초, 서로 다른 남·북 체제와 현황, 생활 및 문화를 이해하고 동질감을 회복하고자 하는 기획의도와 사뭇 다르다. 이는 '이만갑'과 크게 다르지 않다. '이만갑'에 출연한 탈북자들은 단순 전달자 역할에 한정되고 '모란봉'의 출연자들도 사변적 담화를 전달한다. 또한 북한 정권을 비판하거나 비하하며 희화화함으로써 남한 문화에 대한 우월성을 부각하여 범국가적인 통일 시각을 제시하거나 통일에 대한 회의적인 시각을 제시한다(강민경 외, 2017). 한 가지 다른 점이 있다면, "'이만갑'은 '문화동일 담론'으로 귀결되어 남한의 우월성 부각에 집중하는 수렴형 담론이 주를 이뤘고 '모란봉'은 '주변화 문화 담론'으로 귀결되며 남·북에 대한 비판과 더불어 일부 긍정의 양립적 시각을 제기하며 각 주제마다 대립적 담론들을 생성"(강민경, 2016, 30쪽)한다는 점이다. '이만갑'은 2021년 6월, 방송 10주년을 맞아서 2022년 1월 현재, 탈북민 게스트 출연자 수를 대폭 줄이고, 3인 MC 체제로 전환하여 방송하고 있다.

〈채널A〉 '이제 만나러 갑니다'   〈TV조선〉 '모란봉 클럽'

그림 3. 종합편성채널의 통일·북한 관련 프로그램

출처: 각 프로그램 홈페이지.

표 3. 종합편성채널에서 방송된 통일·북한 관련 프로그램

방송사	프로그램명	형식	방영시간
채널A	이제 만나러 갑니다	집단토크쇼	2011. 12. 4~현재
	잘 살아보세	리얼리티	2015. 3. 12~2017. 3. 11
TV조선	모란봉 클럽	집단토크쇼	2015. 9. 12~2021. 5. 2
	애정통일 남남북녀	리얼리티	2014. 7. 4~2015. 6. 19 2015. 7. 17~2017. 4. 7
MBN	남심북심 한솥밥	리얼리티	2015. 6. 29~2015. 9. 21

이외에 종합편성채널에서 통일·북한 관련한 프로그램은 예능 프로그램 형식으로 제작되었다. 〈TV조선〉 '애정통일 남남북녀', MBN '남심북심 한솥밥' 등이 그것이다. 〈TV조선〉의 '애정통일 남남북녀'는 시즌 2까지 제작되었고, 지난 2017년 4월에 종영되었는데 남한의 연예인 남성과 북한의 탈북녀의 가상결혼 생활을 담은 리얼리티 형식으로 제작되었다. MBN의 '남심북심 한솥밥'은 연예인과 탈북자의 2박 3일 동안의 동거 기간에 펼쳐지는 리얼리티 예능으로 제작되었는데, 방송 3개월 만에 폐지되었다. 이에 따라 현재 케이블 채널에서 방송되는 북한 및 통일 관련 프로그램은 〈채널A〉의 '이제 만나러 갑니다'뿐이다.

4. 유튜브의 통일·북한 관련 방송 프로그램

OTT 서비스가 등장하면서 통일·북한 관련 방송은 유튜브에서도 볼 수 있게 되었다. 유튜브가 특별한 것은 북한에서 제작한 영상을 남한의 시청자들이 직접 볼 수 있다는 점에 있다. 북한은 국제 관광 사업 추진과 홍보

그리고 보편적 국가로서의 대외 이미지 쇄신 등을 위한 목적으로 유튜브를 활용한다(하승희, 2020). 북한은 〈조선의 오늘〉이라는 유튜브 채널을 개설하면서 유튜브를 활용하기 시작하였는데, 〈조선의 오늘〉에는 선전·선동 목적의 정치와 군사적 위협을 목적으로 하는 다큐멘터리도 있지만, 상품광고와 주요 관광지 여행 정보 등을 제공한다. 그리고 세계적인 이용자를 위해 중국어, 러시아어, 영어 등 다양한 언어로 건강 상품의 동영상을 탑재한다(박한우, 2018). 그러나 유튜브는 북한의 채널을 폐쇄하였다. 이는 "미국의 대북제재를 위반하지 않기 위해서다. 이러한 조치는 채널 내 콘텐츠뿐만 아니라 북한 정권이 유튜브 광고를 통해 벌어들이는 자금 때문에 취해진 것이 분명하다."(김가나, 2017, 78쪽)

다른 한편, 남한 내에서 통일·북한과 관련한 유튜브 영상은 주로 탈북자들에 의해서 생산된다. 이들을 탈북 유튜버라고 부른다. 이들은 수익창출을 위해 영상을 생산한다. 이는 유튜브에서 통일·북한과 관련한 다양한 채널이 등장하고 활발하게 운영된다는 점에서 그러하다. 물론 북한인권단체나 비탈북민이 운영하는 채널도 있다. 〈아프리카TV〉 플랫폼에서도 북한 통일 관련한 방송이 운영된다. "탈북민이 유튜브 채널을 운영하려는 동기에는 '이제 만나러 갑니다', '모란봉 클럽'과 같이 탈북민이 출연하는 예능프로그램에서 재현되는 남에 의해서 쓰인 각본과 짜인 이미지를 벗어나려는 것에 있다."(시미즈 켄터·윤인진, 2021, 28쪽)

탈북 유튜버는 여성이 절대적으로 많지만, 구독자 수가 많은 것은 남성이다. 이들은 거주지역, 출신배경, 직업 등 자신의 경험과 특징을 살린 영상을 제작하는데 이들이 생산하는 콘텐츠는 정치·시사, 남북한 비교, 탈북, 여성, 문화·일상 등으로 구분된다. 정치·시사 유형은 미국, 북한, 한국을 소재로 하고, 탈북 관련은 탈북과정, 강제북송, 수용소 등 기존 케이블 예능 프로그램에서 소비되는 소재 등을 차용한다. 특이점은 여성 관련 영상이 여성의 외모를 강조하거나 가부장 질서에 순응하는 여성 이미지를 소비하지 않는다는 것이다. 또한 탈북민의 삶을 주체적으로 표현한다는 것이다(시미즈 켄터·윤인진, 2021). 다시 말해서 "탈북민 유튜버는 1인 미디어의 기술적 특성을 활용하여 자아표현을 적극 수행하면서도 대립과 이질성이 돋보이는 담론을 통해 자신의 정체성을 구축"(최종환, 2021, 467쪽)한다. 즉, 유튜브에서 생산되는 통일·북한 관련 콘텐츠는 기존 지상파나 종합편성채널에서 제작하는 프로그램의 영상문법과 다른 것이다.

표 4. 탈북민이 운영하는 유튜브 채널 현황

순번	채널명	구독자	주제
1	강명도 TV – 자유조선	48.4만 명	정치·시사
2	정성산 TV	40.7만 명	
3	놀새나라 TV	29.7만 명	
4	태영호 TV	26.8만 명	
5	주성하 TV	26.4만 명	
6	손봄향의 사생활	25.4만 명	일상
7	강철환 TV	18.4만 명	정치·시사
8	배나무배나 TV	17.3만 명	일상
9	김홍광 튜브	15.5만 명	정치·시사
10	이애란 TV	13.8만 명	

출처: 최종환 (2021). '탈북민 유튜버'가 재현하는 정체성의 사회학.

한국의 북한과 통일 관련한 TV 프로그램을 논할 때 통일 이전의 독일 TV 프로그램과 비교한다. 이는 독일 방송이 프로그램을 통해 통일 정책을 효율적으로 홍보한 것으로 평가받기 때문이다. "객관적인 입장에서 진정으로 동독을 이해하고 국민들의 민족의식을 고취시킬 수 있는 프로그램들을 제작하려는 편성 전략들이 시도"(이우승, 2001, 74쪽)되었던 것이다. 하지만 남한에서 제작되는 통일·북한 관련한 TV 프로그램은 그렇지 못하다. 이는 유튜브에서 생산되는 통일·북한 관련한 프로그램을 기대하는 배경이 된다. 유튜브에서 한반도의 공존과 평화를 기대할 수 있는 다수의 영상이 게시되기를 희망한다.

참고문헌

강민경 (2016). 〈탈북자, Talk Show, 담화 및 담론: '이제 만나러 갑니다'와 '모란봉 클럽'의 담론 분석〉. 성균관대학교 대학원 석사학위 논문.

강민경·백선기·남시호 (2017). 문화적 양극화, 탈북자 토크쇼, 정체성 혼란: 〈이제 만나러 갑니다〉와 〈모란봉 클럽〉에 대한 담화 및 담론 분석. 〈한국콘텐츠학회논문지〉, 17권 1호, 567-584.

김가나 (2017). [세계는 지금] 외신의 창: 유튜브, 북한 채널을 폐쇄하다. 〈통일한국〉, 397권, 78-78.

김연철 (2018). 〈70년의 대화〉. 파주: 창비.

김우룡 (1987). 〈방송학 강의〉. 서울: 나남.

박주연 (2012). 통일 및 북한관련 지상파 텔레비전 정규 프로그램 연구: KBS의 〈남북의 창〉과 MBC의 〈통일전망대〉 분석을 중심으로. 〈커뮤니케이션학연구〉, 20권 1호, 43-68.

박한우 (2018). 북한 유튜브 채널 분석: '조선의 오늘'에 대한 이용자 반응과 텍스트 분석. 〈Journal of The Korean Data Analysis Society〉, 20권 5호, 2581-2592.

시미즈 켄타·윤인진 (2021). 탈북유튜버와 그들이 재현하는 탈북민 이미지. 〈재외한인연구〉, 53권, 25-50.

이금희 (2012). 〈토크쇼의 상징적 자기완성 기능에 관한 연구: KBS "아침마당" '수요가족탐구' 중년여성 출연자 심층 인터뷰를 중심으로〉. 숙명여자대학교 박사학위 논문.

이두원 (1995). TV 토크쇼 진행자의 언어적 스타일에 대한 연구: 토크쇼 진행언어의 표현(expression)적 특성에 관한 고찰. 〈한국방송학보〉, 통권 6호, 5-39.

이선민 (2014). 탈북 여성은 어떻게 말할 수 있는가?: 텔레비전 토크쇼 〈이제 만나러 갑니다〉(채널 A)에 대한 비판적 분석을 중심으로. 〈미디어, 젠더&문화〉, 29권 2호, 75-115.

이우승 (2001). 북한 관련 방송프로그램 현황과 개선방안 연구. 〈방송통신연구〉, 53호, 45-82.

이주철 (2013). 2000년대 방송분야 교류협력의 성과와 문제점. KBS 통일방송연구.

이화여자대학교 통일학연구원 (편) (2009). 〈남북 관계사: 갈등과 화해의 60년〉. 서울: 이화여자대학교 출판부.

최종환 (2021). '탈북민 유튜버'가 재현하는 정체성의 사회학: 〈놀새나라 TV〉에 대한 담론 분석을 중심으로. 〈한국소통학보〉, 20권 4호, 433-478.

하승희 (2020). 북한의 유튜브 대외 선전매체 활용 양상, 〈북한학연구〉, 16권 2호, 171-205.

한국방송협회 (1997). 〈한국방송 70년사〉. 서울: 한국방송협회·한국방송공사.

Scott, G. G. (1996). *Can we talk?: The power and influence of talk shows*. New York: Insight. 김숙현 (역) (2002). 〈토크쇼, 그 힘과 영향〉. 서울: 커뮤니케이션북스.

닐슨코리아

    URL: https://namu.wiki/w/%EB%8B%90%EC%8A%A8%EB%AF%B8%EB%94%94%EC%96%B4%EC%BD%94%EB%A6%AC%EC%95%84

동아일보 (2011, 11, 29). 이산가족의 염원 소망 상자에.

    URL: https://www.donga.com/news/article/all/20111128/42200295/1

세계일보 (2018, 10, 22). 통일대박 내세웠던 박정부... 북 방송·통신교류 추진했었다.

    URL: http://www.segye.com/newsView/20181022004052

위키백과

    URL: https://ko.wikipedia.org/wiki/%EC%9C%84%ED%82%A4%EB%B0%B1%EA%B3%BC:%EB%8C%80%EB%AC%B8

Chapter 11

전략적 통일 커뮤니케이션

홍문기 | 한세대학교 교수

1. 서론

　1972년 7·4 남북공동성명을 시작으로 정상회담과 장관급 회담 등을 통해 북측과 남측은 다양한 통일 커뮤니케이션 전략을 모색해 왔다. 정권이 바뀔 때마다 새로운 통일 전략이 제시되고 있지만, 정권의 이념적 성향에 따라 통일 커뮤니케이션 전략은 아무런 성과 없이 끝나곤 했다(이홍종, 2015). 이 때문에 한반도 통일을 위한 커뮤니케이션의 전략적 가치를 파악하기가 어렵다. 이 장에서는 통일과 커뮤니케이션의 관계를 바탕으로 통일 커뮤니케이션의 정의와 범위를 살펴보고자 한다. 특히 통일이란 무엇을 의미하고 이를 바탕으로 통일 커뮤니케이션은 어떻게 정의할 수 있는지를 통합이론에 근거해 그 개념과 의미를 파악하고자 한다. 이를 위해 그 동안 각 정부에서 추진한 다양한 남북통일 접근 방식을 이론적으로 파악하고, 이러한 과정을 통해 도출된 결과를 바탕으로 한반도 통일을 위한 커뮤니케이션 전략을 마련하기 위한 방향을 제시하고자 한다.

2. 통합이론

통일 커뮤니케이션의 근간이 되는 통합이론Unification Theory은 국가 간 갈등해소 및 경제적 번영을 목적으로 하는 일종의 평화전략 이론이다. 통합이론 대한 논의는 제2차 세계대전 이후 서구 국가들의 단결과 유럽경제공동체·유럽석탄철강공동체 등 초국가적인 현상이 나타나기 시작하면서 등장했다(이홍종, 2015). 유럽에서의 통합에 대한 논의는 유럽 각국의 분쟁을 평화적인 방법으로 해결하는 동시에 서로 협력하여 함께 잘 살 수 있는 제도나 체계를 자발적으로 만들자는 인식에서 시작됐다. 이러한 통합이론의 대표적 학자로는 미트라니D. Mitrany, 하스Ernst B. Hass, 도이치K. Deutsh, 에치오니A. Etzioni, 린드버그Leon N. Lindberg, 나이Joseph S. Nye, Jr. 등이 있다. 이 중 하스(Hass, 1968)는 통합이 이루어지기 위한 조건으로 통합 당사국들의 정치엘리트적 가치관이 본질적으로 같으면서도 다원적이어야 한다고 주장했다.

다시 말하면, 정치적인 안정을 기반으로 경제수준이 비슷하고 천연자원과 환경보호에 대해 상호보완적 관계이어야 하며 군사력 수준이 서로 비슷해야 한다는 것이다(Hass, 1968). 지리적으로 가깝고, 통합 상대국이 비슷한 문화를 가지고 있으며, 통합 당사국의 정치집단 및 국민들이 우호적이면 통합이 더 잘 이루어진다는 것이다. 개별 국가차원에서 살펴보면, 복지·사회발전·체제안정의 수준이 높고 강한 군사력과 높은 경제력을 기반으로 관료의 능력이 뛰어날수록 통합이 이루어지기 쉽다. 하스 등 통합이론가들이 주장하는 유형은 크게 네 가지로 나뉜다.

우선 연방주의federalism를 들 수 있다. 연방주의는 헌법적 조치를 통한 공식적인 통합을 강조하는 통합전략 이론이다(Etzioni, 1965). 이 이론은 지역

차원의 통합에 의해 국가권력을 새로운 초국가공동체에 이양할 것을 주장하는 이론이므로 정치적인 분야에서 통합이 먼저 이루어진다면 경제 등 비정치 분야에서도 통합을 이룰 수 있다는 전략적 통일 방안이다(이흥종 2015). 실제로 이러한 방식은 과거 남북 간 통일 커뮤니케이션 전략 방식에서도 확인된다. '7·4남북공동성명'이나 '민족공동체 통일방안' 등이 연방주의적 방식의 통일 커뮤니케이션 전략이라 할 수 있다. 그러나 이러한 접근 방식은 국제연합의 경험에서 나타나는 바와 같이 비현실적이며 사회심리적 측면을 간과했다는 비판을 받고 있다 .

다음으로 미트라니(Mitrany, 1966)가 주창한 기능주의가 있다. 기능주의functionalism는 복지 등 비정치적 분야에서의 정책적 통합을 통해 권력 등 정치분야의 기관통합·사회심리적 통합이 가능하다는 통합전략 이론이다. 이 이론은 비정치적인 기술적 차원의 협력이 점차 정치적인 협력으로 발전하고, 정치적인 협력은 자연스럽게 초국가적인 공동체를 필요로 하게 된다는 분기가설(分岐假說)에서 시작됐다(Mitrany, 1966). 이 때문에 기능주의는 통합에 의한 합리적이고 기술적인 힘이 정치적인 힘을 압도할 수 있을 것이라는 이상적이고 비현실적인 가정을 수용해야 하는 문제가 있다. 이에 대해 기능주의는 기술과 복지 그리고 정치를 분리하는 이분법이 현실정치에 맞지 않는다는 비판을 받고 있다. 그럼에도 기능주의는 인간이 추구하는 통합의 목적과 의도를 제시하고, 이후 다양한 국제적 협력이론을 발전시키는 모태로 간주되고 있다.

세 번째 통합이론인 신기능주의neo-functionalism는 유럽통합을 위한 전략과 이론의 근간으로 여겨진다(Rosamond, 2000). 유럽공동체의 구축 전략은 "하위정치"의 적절한 통합, 즉 경제분야의 통합이 핵심이다. 이를 바탕으로 국가 이익이 침해되지 않는 고위 권위기구를 창설해 통합을 추진하고 국가 간 경제분야의 부분적인 통합은 장래 경제분야 전반의 통합을 촉진하는 데 기여하도록 한다. 국가단위의 권위에 대한 충성으로부터 초국가적 고위 단위로 대중의 충성이 이동됨으로써 경제통합의 심화로 유럽 지역기구의 제도화가 추진되고 경제통합의 심화는 정치통합으로 발전된다. 그러면 최종적으로 점진적인 경제통합과 이에 따른 초국가적 기구 설립을 통해 유럽의 장기적 평화체제를 구축하게 된다(Rosamond, 2000). 정치적 통일을 궁극적인 목표로 하는 신기능주의는 초국가적 기구의 창설을 통해 통합의 계기를 지속적으로 보장하고 이를 통해 영구적인 통합을 달성하게 된다(Lindberg, 1963). 결국, 신기능주의는 위의 두 가지 접근방법이 합쳐진 것으로 기능주의에서 비정치 분야의 협력이 정치 분야로 가는 파급효과spill over가 완전하게 이루어지지 못하기 때문에 그것을 채우기 위해 연방주의 조치가 필요하다는 것이다(Etzioni, 1965). 유럽통합 과정에서 경제협력 등 비정치적인 분야에서의 협력이 계속 발전하기 위해서는 단일법 등 정치적인 연방주의 조치가 필요한 것처럼 한국의 통일정책·대북정책에서도 처음에는 기능주의 접근으로 시작하지만 협력이 계속 이루어지려면 북핵문제, 평화협정, 군축 등 정치적인 연방주의 조치가 필요하게 된다.

마지막 이론으로 도이치(Deutsch, 1953)가 주장한 소통communication이론 또는 교류주의transactionalism 이론을 들 수 있다. 이 이론은 커뮤니케이션이 집단·국가·국제체제의 조직망으로서 통합 단위들 간의 친밀한 유대감을 이끌어내는 중요한 역할을 하기 때문에 국가 간 원활한 의사소통 및 상호작용을 통해 서로 좋은 감정을 만들 수 있고, 이것이 발전하면 정치적 안전공동체를 이룰 수도 있다고 주장한다. 특히 도이치(Deutsch, 1953)는 성공적 통합이 국가 간 차이를 해결하는 과정에서 폭력을 사용할 가능성을 급격히 감소시키는 상태에서 이루어진다는 점에 주목했다. 국가 간 갈등을 해결하고 전쟁을 종식시키기 위해 지역 안보를 성취하는 방법으로 안보공동체를 제시했다. 안보공동체는 주어진 영토 내에서 국민들이 공동체 감각과 제도를 획득하고, 장기적이고 신뢰할 수 있는 '평화적 변혁'에 대한 기대가 강력하게 그리고 폭넓게 확산되도록 한다(Deutsch, 1953).

(1) 교류주의와 안보공동체

교류주의 통합전략과 관련된 두 가지 안보공동체 유형에는 융합적 안보공동체와 다원적 안보공동체가 있다. 독립된 단위가 제도적 융합을 통해서 커다란 단위로 공식적으로 합병되는 것을 의미하는 융합적 안보공동체는 사실상 앞서 논의한 연방주의와 신기능주의의 통합이라 할 수 있다(Rosamond, 2000). 한편, 다원적 안보공동체는 독립성을 유지하여 제도적 병합이나 초국가적 권위가 존재하지 않는 방식의 통합을 의미한다. 그런데 융합적 안보공동체는 군사적 부담 증대, 단위 내에 사회적 동원과 정치 참여의 급증, 행정력의 감소, 정치 엘리트의 폐쇄성 및 정부 행위와 사회기대 간의 괴리 발생 등으로 불안정 요인이 많다. 이 때문에 다원적 안보공동체가 바람직스런 방향으로 선호된다(Deutsch, 1953).

교류주의가 소통주의로 설명되는 이유는 통합과 관련해 국가 간 공동체 의식을 상호의사소통과 통신 수준의 정도에 의한 것으로 판단하기 때문이다. 상호접촉과 교류의 망을 구축하고, 상호교류가 증대될수록 상호 간의 중요성을 인정하는 것은 물론, 상호 간의 접촉이 이득이라는 인식 확대를 바탕으로 사회집단 간의 다각적인 연계 및 발전을 통한 통합과정을 구체화한다는 특징이 있다. 통합의 잠재력은 높은 수준의 국제적 교류가 있는 상황에서 확인되고, 실제적 통합은 상호 간의 감응이 지배적일 때 이룩된다. 따라서 감응 · 통신의지 · 통신능력 · 통신기술 등이 주요변수가 되고 산업,

경제적 기술적 변화, 이민, 소비자의 기호변화, 문화적인 역동성, 국제적 도전 등이 교류의 필요성을 증폭시킨다. 통합의 완성은 이 같은 필요성을 만족시킬 수 있는 교류 능력이 충족되어야 한다(Deutsch, 1953).

교류주의는 통합을 추진하고 발전시키는 과정에 있어 정책적 측면을 중시한다. 다자 간 또는 양자 간(특히 분단국) 통합을 추진하는 과정에서 경제 분야뿐만 아니라 다방면에서의 상호교류와 접촉의 중요성을 강조하고 있다. 또한 통합의 결과인 안보공동체도 이분법적 통합모델을 제시하고 있으나, 이 과정을 다원적 안보공동체(국가연합과 유사)에서 융합적 안보공동체(연방·제도적 통합과 유사)의 발전과정으로 보는 것도 현실적인 대안이 될 수 있다. 그러나 이 이론은 통합의 주요 지표인 통신수단이 국가의 독점적인 영향하에 있다는 사실에 대한 설명이 없고, 주권개념을 간과하고 있으며, 갈등을 부정적으로만 보고 있다는 한계가 있다(Rosamond, 2000).

3. 통일 커뮤니케이션의 개념

다양한 통합이론에 근거한 통일의 개념은 일반적으로 두 개 이상의 단위체가 하나의 사회단위로 이전해 가는 과정이라 할 수 있다. 서로 다른 이질적 정치·사회·경제·문화 체제를 유지하고 있는 국가가 하나로 통합된다는 것은 단순한 문제가 아니다. 베를린 장벽의 붕괴는 독일의 통일을 주도한 다양한 통합이론들과 관계가 있다. 제2차 세계대전 이후 서구 국가들의 단결, 유럽경제공동체·유럽석탄철강공동체 등 초국가적인 현상이 나타나기 시작했다. 이 같은 현상을 설명하기 위한 통합이론들은 각국의 분쟁을 평화적인 방법으로 해결하는 동시에 서로 협력하여 함께 잘 살 수 있는 제도나 체계를 자발적으로 만들자는 인식에서 시작됐다.

한편, 한반도에서는 새로운 정권이 수립될 때마다 서로 다른 통일 정책이 수립되고 이를 실천하기 위한 노력·성공·실패가 반복돼왔다. 통일을 위한 커뮤니케이션 환경 조성을 위해 정치·경제·외교·군사와 같은 통일 관련 직접적 문제를 다루는 분야 대신 접촉이 가능하며 심각하지 않은 주제를 다루며 커뮤니케이션 환경을 구축해왔다. 커뮤니케이션은 송수신자 간에 공통적으로 이해하는 의미 있는 상징적 기호체계인 메시지를 서로 공유하는 과정이라고 할 수 있다(Cooley, 1894). 이러한 커뮤니케이션은 인간으로 하여금 사회적 존재로서 살아가게 만드는 도구라 할 수 있다. 이 때문에 쿨리(Cooley, 1894)는 커뮤니케이션을 "인간관계가 존재하고 발전하게 되는 메커니즘mechanism"이라 정의했다. 오늘날 대부분의 남북 간 교류는 문화·체육·예술 등 다양한 분야에 대해 남북 간 커뮤니케이션 활동에서 시작되고 있다. 통합이론의 개념과 인간이 관련을 맺고 있는 사람 혹은 세상을 통해 메시지를 보내고, 받고, 해석하는 과정임을 의미하는 커뮤니케이션의 개념에 근거해 통일 커뮤니케이션의 개념을 정의하면 "남북한 상호 이익을 증진하고 서로 다른 정치·사회·경제 체제를 하나로 통합하기 위한 전략적 메시지 구성과 전달 과정"이라 정의할 수 있다(홍문기, 2015). 통일을 위한 전략적 커뮤니케이션 활동을 구체적으로 실행하기 위해서는 통일을 위한 남북의 노력을 통합이론과 통일 커뮤니케이션 개념에 근거해 살펴볼 필요가 있다.

4. 남북 간 통일 커뮤니케이션 전략 실행과정

오랜 시간과 많은 노력을 투자해도 상대의 반응에 따라 그 결과를 장담할 수 없는 정치적·이념적 통합은 이루어지기 어렵다. 이러한 이유로 우리 정부는 1972년 발표된 '7·4남북공동성명'을 통해 통일의 3대 원칙, 즉 외세에 의존하지 않는 자주 원칙, 전쟁이나 폭력의 수단에 의존하지 않는 평화 원칙, 민족대단합의 원칙 등을 제시했다. 통일 3대 원칙은 1994년에 여야 합의로 만든 '민족공동체 통일방안'을 중심으로 시작됐다. 3단계로 구성된 이 방안은 화해 협력 단계, 남북연합 단계, 통일국가 완성을 지향하고 있다. 역대 한국 정부는 이에 근거해 대북정책을 제시해 왔다. 이처럼 선언적·법적 조치를 통한 공식적인 통합을 강조하는 대표적 통합전략 방식을 연방주의federalism라 할 수 있다(Etzioni, 1965). 연방주의는 정치적인 분야에서 통합이 먼저 이루어진다면 경제 등 비정치 분야의 통합을 이루는 방식이다. '7·4남북공동성명'이나 '민족공동체 통일방안' 등 대표적 연방주의적 방식의 통일 커뮤니케이션 전략은 비현실적이며 사회심리적 측면을 간과해 형식적·선언적 의미의 통합 논의에 불과하다는 지적을 받고 있다(최의철, 2001).

제4공화국의 출범과 함께 박정희 대통령은 1973년 6월 23일 '통일과 외교에 관한 특별선언'을 발표하면서 "2개의 코리아"론을 수용했다. 그리고 이 '6·23선언'에서 출발해 남북한의 불가침협정 체결 및 남북한의 국제연합 동시 가입안을 제의했다. 그러나 북한은 남한의 이 같은 제의가 분단을 고착화시킨다고 주장하면서 1973년 6월 23일 '5대강령'을 제시했다. 그 핵심은 주한미군의 철수와 '고려연방국' 창설 및 '고려연방국' 아래에서의 국제연합 가입이었다. 이어 북한은 1973년 8월 28일 대한민국의 내정을 이유

삼아 남북대화의 중단을 선언했다. 북한은 1980년 10월 노동당 제6차대회가 채택한 '고려민주연방공화국 수립안'을 수락을 요구하며 '10대 시정방침'을 수락할 때 통일이 가능하다고 주장했다. 이러한 통일 커뮤니케이션 접근 방식은 기능주의와 상반되는 연방주의적 방식을 적용한 것이라 할 수 있다. 이러한 신기능주의적 통일 커뮤니케이션 전략이 등장하는 이유는 한국의 통일 커뮤니케이션 접근 방식에서 북한이 적대적 무력도발 가능성이 있기 때문이다. 특히 핵 문제와 관련해 기능주의적 방식의 통합만으로는 한계가 있다. 따라서 신기능주의적 통합이 바람직하다는 주장이 점점 더 설득력을 얻고 있다. 그런데 이러한 신기능주의적 통일 커뮤니케이션 전략은 불완전한 비정치적 분야의 통합을 완성시킬 수 있다는 긍정적 측면이 있다(Rosamond, 2000). 그러나 북핵 문제 등 해결하기 어려운 정치적·이념적 상황에서 통일과 관련된 커뮤니케이션메시지를 어떻게 구성하고 전달할 것인가가 중시된다(Nye, 2012).

신기능주의 관점에 근거한 남한의 통일 커뮤니케이션 전략으로 1982년 1월 21일 제안된 '민족화합민주통일' 방안을 지적할 수 있다. 이 방안은 두 부분으로 이루어져 있다. 첫째 부분은 남북한 기본관계 잠정협정을 맺어 남북한 관계를 평화적으로 관리하자는 내용이고, 둘째 부분은 남북한이 「통일헌법」을 제정하여 이것을 기초로 '통일민주공화국'을 세우자는 내용이었다. 이를 거부한 북한은 1983년 10월 미얀마 수도 양곤에서 제5공화국 정부의 요인들에게 폭탄테러를 했다. 이 사건으로 북한의 국제적 이미지가 나빠지자 북한은 1984년 1월 남북한과 미국의 3자회담안을 공개 제의하고, 같은 해 9월 '수재민 구호품 제공'을 제의하는 등 대화노선으로 전환하는 듯했다. 1988년 2월 노태우 대통령의 제6공화국은 새로운 통일 커뮤니케이션 전략을 추구했다. 제6공화국에서는 공산권과의 관계 개선 및 북한과의 대화 모색에 역점을 둔 북방정책을 추진했다. 그러나 북한은 두 가지 제의를 모두 거부해 이 방향은 사실상 성과를 내지 못했다. 1989년 10월 베를린 장벽의 붕괴를 시발로 세계 곳곳에서 공산정권들이 연쇄적으로 무너지는 가운데 냉전질서가 해체됐다. 국제정치에서는 화해와 협력의 분위기가 대세를 이루었다. 그 후, 1998년 2월에 한국에서는 김대중 정부가 출범하였다. 김대중 정부는 북한의 무력도발을 용인하지 않을 것이며, 북한의 붕괴를 유도하지도 않을 것이라는 전제 아래, 북한을 포용하는 화해정책을 취할 것임을 선언했다. 이 같은 연방주의 통일 커뮤니케이션 전략을 바탕으로 2000년 4월 8일 남북한은 "김정일 국방위원장의 초청에 따라 김대중 대통령이 평양을 방문하여 남북정상회담을 개최한다."는 데 합의했다. 이를 계기로 2000년 6월 13일부터 15일까지 평양에서 김정일 국방위원장과 김대중 대통령은 처음으로 남북정상회담을 가졌다.

신기능주의를 표방한 김대중 정부는 이산가족 문제, 경제 및 사회·문화 교류 문제 등 5개 항을 담고 있는 '6·15 남북공동선언'을 발표했다. 그 후 노무현 정부는 통일·대북정책과 관련하여 역대 정부가 지향해 온 남북 간 평화공존과 공동번영을 계속해서 추구해 나가며, '6·15 남북공동선언' 등 남북 간의 기존 합의사항과 성과 역시 존중하고 승계하려 했다. 노무현 대통령도 2007년 10월 2일부터 4일까지 평양에서 김정일 국방위원장과 남북정상회담을 가졌다. 그러나 이러한 노력들은 신기능주의가 지향하는 국가 이익이 침해되지 않는 고위 권위기구를 창설하거나, 이를 위한 통합 추진에는 다다르지 못했다. 특히 국가 간 경제분야의 부분적인 통합에 의한 경제분야 전반의 통합도 달성하지 못했다. 신기능주의적 관점의 통합이론에서는 국가단위의 권위에 대한 충성으로부터 초국가적 고위 단위로 대중의 충성이 이동되기 위해서는 심화된 경제통합이 이루어져야 하나, 이를 담당할 남북 간 지역기구의 제도화도, 경제통합의 심화도 이루어지지 않았다. 이는 점진적 경제통합과 이에 따른 초국가적 기구 설립을 통해 장기적 평화체제를 구축할 수 있다는 로자몬드(Rosamond, 2000)의 신기능주의와도 어긋난 결과라 할 수 있다(Nye, 2012).

2008년 출범한 이명박 정부는 기존의 통일 및 대북정책의 성과와 한계를 바탕으로 정상적 남북관계 정립 및 실질적 관계발전을 추진했다. 남북한 주민의 행복한 삶과 통일기반 마련을 궁극적 목표로 실용과 생산성에 기초한 정책을 추진했다. 유연한 접근, 국민적 합의에 기초한 정책 추진, 남북협력과 국제협력의 조화를 추진원칙으로 하는 '상생 공영의 대북정책'과 그 구체적 추진전략으로서의 '비핵·개방·3000구상'을 제시하였다. 이는 커뮤니케이션이 집단·국가·국제체제의 조직망으로서 통합 단위들 간 친밀한 유대감을 이끌어내야 한다는 교류주의transactionalism 관점과 관련이 있다. 국가 간 공동체 의식을 상호 의사소통과 통신 수준의 정도에 의한 것으로 판단하는 교류주의는 상호접촉과 교류의 망을 구축하고, 상호교류가 증대될수록 상호 간의 중요성을 인정하는 것은 물론, 상호 간의 접촉이 이득이라는 인식을 바탕으로 구축된다. 이를 위해 산업, 경제적 기술적 변화, 이민, 소비자의 기호변화, 문화적인 역동성, 국제적 도전 등이 교류의 필요성을 증폭시켜 경제분야뿐만 아니라 다방면에서의 상호교류와 접촉의 중요성을 강조하고 있다(Nye, 2006).

과거 남북대화·교류 중심의 포용정책과 원칙 중심의 대북정책이 모두 북한의 의미 있는 변화를 견인하지 못했으며, 핵개발 및 도발 저지에 한계를 드러낸 점에 주목한 박근혜 정부도 교류주의를 표방했다(주철기, 2013). 기존 대북정책의 한계를 극복하고 대북정책을 둘러싼 남남갈등을 해소하기 위해 박근혜 정부는 과거 대북정책의 장점을 수용하여 통합적으로 접근하면서 남북 간의 신뢰형성을 핵심으로 하는 '한반도 신뢰 프로세스'를 제시했다. 교류주의적 관점에서 남북관계 발전과 한반도 평화정착, 통일기반 구축을 위해 국민적 지지와 국제사회와의 협력하에 다양한 대북정책 및 외교정책을 강력하게 추진했다. 주로 남북 간 신뢰 형성에 초점을 맞춘 '한반도 신뢰 프로세스'는 남북 간 신뢰를 바탕으로 한 국민적·국제사회 신뢰를 통해 남북 간 교류 확대를 목표로 했다. 그러나 통합을 추진하고 발전시키는 과정에 있어 경제분야뿐만 아니라 다방면에서의 상호교류와 접촉의 중요성을 강조하는 교류주의적 특성에도 불구하고 북한의 핵실험과 미사일 발사 등 한반도 전쟁 위협 고조로 인해 교류주의의 구체적 지향점인 안보공동체 구축에 실패했다.

문재인 정부의 통일 커뮤니케이션 전략인 한반도 정책의 핵심은 북핵문제 해결을 통한 항구적 평화정착이라 할 수 있다. 이는 불안정한 정전체제를 항구적 평화체제로 전환하는 것을 목표로 하고 있다. 정전체제 선언을 목표로 하는 문재인 정부의 통일 전략은 통합이론 측면에서 볼 때 연방주의federalism적 성격이 강하다. 문재인 정부는 지속 가능한 남북관계 발전을 위해 7·4 남북공동성명, 남북기본합의서, 6·15 공동선언, 10·4 정상선언 등 기존 남북 간 합의를 계승·발전시켜 통일문제와 대북정책을 둘러싼 갈등을 해소하고, 국민적 공감대와 합의를 형성함으로써 한반도 신경제공동체 구축을 추진했다. 이는 남북이 공존·공영하는 하나의 시장을 형성, 새로운 성장동력을 창출하고 더불어 잘 사는 남북 경제공동체를 구현해 남북한과 동북아에 평화·번영의 새로운 경제질서를 창출한다는 의미에서 신기능주의적 관점에서 설명할 수 있다. 그러나 남북 경제공동체 구현을 위한 남북 정상회담 이후 북미 관계가 순조롭지 못했고, 2022년 새해 벽두에만 7차례에 걸친 미사일 발사로 기능주의 또는 신기능주의 관점의 통일 커뮤니케이션 전략의 실행은 요원해졌다.

문재인 정부의 구체적 통일 커뮤니케이션 전략은 북핵문제의 경우 제재·압박과 대화를 병행해 단계적(핵동결 → 완전한 비핵화)으로 북핵 문제를 해결하는 것이다. 기능주의적 관점에서 문재인 정부의 통합전략을 살펴보면, 비정치적 분야에서의 정책적 통합을 강조함으로써 양국 간 정치분야의 기관통합·사회심리적 통합이 가능하고, 특히 정전체제를 통해 이를 해결하려 한다는 점에서 연방주의적 접근방식과도 맥을 같이 한다. 이로 인해 문재인 정부의 통일 전략 커뮤니케이션은 신기능주의적 성격이 짙다고 할 수 있다. 신기능주의적 관점은 외형적으로는 비정치적인 기술적 차원의 협력을 통해 점차 정치적인 협력으로 발전하고, 정치적인 협력은 자연스럽게 초국가적인 공동체를 필요로 한다. 그러나 이를 정치적 선언과 협약에 의해 해결할 수 있다는 입장이다. 실제로 합리적이고 기술적인 다양한 접근 방식을 통해 한반도 평화와 안정을 추구하는 것 같지만, 선언적으로라도 정전체제를 구축하려는 점은 기능주의와 연방주의의 혼합적 양상을 보이는 신기능주의적 측면이 있다고 설명된다.

5. 한반도 정책과 통일 커뮤니케이션

연방주의 통합전략을 추진해 온 박정희 정부와 달리, 김대중 정부의 대북정책은 기본적으로 기능주의적인 입장을 견지했다. "퍼주기"라는 비판을 받는 김대중 정부의 대북화해협력정책은 대북포용정책 또는 '햇볕정책'으로 불린다. 이 정책의 기본적인 틀은 북한을 포용해 개방체제로 전환하겠다는 정책으로 냉전 해체 이후 화해와 협력체제를 중시하고 있다. 화해와 협력을 통해 북한의 변화 여건을 조성하고 이를 통해 남북한 상호이익을 도모하고자 했다. 이러한 노력으로 북한체제의 개방이 이루어지면 통합과 통일이 이루어질 것이라고 주장했다. 김대중·노무현 정부에서 추진된 대부분의 통일커뮤니케이션 정책은 남북 교류 및 관계 개선 → 남북 상호 간 신뢰확립 → 냉전체제의 해소 → 정전체제의 평화체제로의 전환 → 평화적 민족통합 등 단계적 과정으로 도식화할 수 있다. 그러나 이명박·박근혜 정부의 대북정책은 기본적으로 신기능주의적인 입장이다.

"퍼주기"라고 비판을 받은 김대중·노무현 정부의 대북정책과는 달리 이명박·박근혜 정부의 대북정책은 "상호주의" 통일·통합정책이다. 이명박 정부의 대북정책은 북한이 핵을 포기하고 개방에 나서면 대북투자를 통해 북한의 1인당 국민소득을 10년 후 3000달러로 끌어올린다는 '비핵·개방·3000구상'으로 풀이된다. 그러나 2008년 7월 발생한 금강산 관광객 피살 사건, 2010년 3월 26일 천안함 침몰 사건, 그리고 2010년 11월 23일 연평도 포격 사건으로 이명박 정부가 추진한 신기능주의 입장의 상호주의 대북정책은 일부 교류적 활동만으로 끝났다. 이러한 실패와 관련해 박근혜 정부는 남북관계가 진전과 후퇴를 반복하는 이유가 신뢰의 문제 때문이라고 판단했다.

2014년 1월, 박근혜 대통령은 신년 내외신 기자회견에서 '통일 대박론'을 제시하며 한반도 신뢰 프로세스 통일 정책을 구체화했다. 박 대통령은 기자회견에서 통일 대박론을 밝히며 북한의 인구, 자원을 흡수해 발생하는 경제효과로 인해 침체된 한국 경제가 재도약할 수 있는 계기가 되고 1조 달러에서 5조 달러까지로 추정되는 막대한 통일 비용 부담을 상쇄할 수 있다고 밝혔다. 이러한 "통일 대박론"은 사실상 신기능주의적 선언으로 기능주의적 교류활동의 극대화를 통해 남북 간 통합을 이루겠다는 선언적 메시지로 해석됐다. 박근혜 정부의 한반도 신뢰 프로세스정책은 기능주의적 김대중 정부의 대북정책과 신기능주의적 이명박 정부의 대북정책, 즉 온건정책과 강경정책을 합친 것이라고 볼 수 있다. 한반도 신뢰 프로세스의 세 가지 기본개념은 튼튼한 안보, 신뢰, 그리고 균형이다. 튼튼한 안보를 바탕으로 북한의 핵과 재래식 위협에 강력하고 신뢰할 만한 억지력을 강화하고 그 억지력이 실패할 경우 국제사회와 협의하에 모든 정책수단을 강구하는 것을 골자로 하고 있다(최진욱 2013). 따라서 박근혜 정부의 한반도 신뢰 프로세스정책의 핵심은 남북 간 신뢰를 바탕으로 통일·통합 정책을 추진하는 것이라 할 수 있다. 한반도 신뢰 프로세스 정책의 목표는 한반도를 갈등의 지역에서 신뢰의 지역으로 변화시키고, 지속 가능한 평화와 통일, 안정적인 동북아 질서를 구축하는 것이다.

그러나 한반도 신뢰 프로세스 정책은 북핵 문제, 북한의 계속되는 안보 위협및 남북관계의 냉각 등으로 인해 만족할 만한 진전이 없어 결국 교류주의적 활동에 그쳤다는 평가를 받고 있다. 특히 통일 대박이 미래 청소년들에게 대박이 된다거나, 남북한뿐 아니라 주변국에도 대박이 될 수 있다는 점은 현실적으로 받아들여지지 않았다. 이 때문에 박근혜 정부의 한반도 신뢰 프로세스 정책은 김대중·노무현 정부의 기능주의적 실천은 고사하고, 이명박 정부의 교류주의 수준도 실현하지 못했다는 지적을 받고 있다. 한반도 신뢰 프로세스 정책의 실효성에 대한 의구심이 점점 더 증폭되는 상황에서 북핵문제와 관련해 북미협상 상황이 중요해지면서 박근혜 정부의 통일 정책은 사실상 유명무실해졌다.

문재인 정부의 통일 커뮤니케이션 전략인 한반도 정책은 기존 정부와 달리 신기능주의적 관점에서도 연방주의적 관점에 더 치우쳐 있다고 할 수 있다. 문재인 정부는 통일 정책에 있어 북핵문제 해결과의 선순환 구조를 강조하고, 정전협정을 통한 항구적 평화정착을 목표로 하고 있다. 이를 통해 평화체제로 전환함으로써 한반도 평화를 실질적·제도적으로 보장하고자 한다. 특히 남북관계 발전을 위해 7·4 남북공동성명, 남북기본합의서, 6·15 공동선언, 10·4 정상선언 등 기존 남북 간 합의를 계승·발전시키는 것을 표방하고, 국민적 공감대와 합의형성즉 제도적 통일 커뮤니케이션 전략을 추구한다는 점에서는 연방주의적 관점에 가깝다. 그러나 한반도 신경제공동체 구축을 위해 남북 간 다양한 교류협력을 확대하여, 민족 동질성 회복을 위한 남북공동체 형성을 강조한다는 점에서 기능주의적 측면이 있다고 할 수 있다. 이산가족 상봉 등 다양한 "남북 교류"에 의한 비정치적 활동이 북핵문제 등으로 정치 분야로 가는 파급효과인 "교류 협력기구 구축"으로 이어지지 못하기 때문에, 이를 채우기 위해 연방주의적 조치인 "정전체제" 선언에 집중한다는 측면에서 신기능주의적 성향이 강하다 할 수 있다. 이는 과거 유럽통합 과정에서 경제협력 등 비정치적인 분야에서의 협력이 계속 발전하기 위해서는 단일법 등 정치적인 연방주의 조치가 필요한 것처럼(Etzioni, 1965) 한국의 통일정책·대북정책에서도 처음에는 기능주의 접근으로 시작했지만 협력이 계속 이루어지려면 북핵문제가 해결돼야 하는 등 정치적·군사적 연방주의 조치가 필요함을 의미한다.

우리나라의 통일 정책은 정권마다 서로 다른 양상을 띠고 있다. 연방주의를 표방한 박정희 정부와 달리 김대중 정부는 기능주의적 성향이 강한 신기능주의 통일 정책을 추진했다. 한편, 이명박 정부와 박근혜 정부는 신기능주의를 표방했지만 사실상 교류주의적 통일 정책을 추진했다. 문재인 정부는 기능주의를 표방하나 사실상 신기능주의 정책을 추진하고 있다. 이처럼 통합관점에 따라 각 정부가 표방하는 통합이론과 실제로 추진해 온 전략적 통일 커뮤니케이션 방식에는 차이가 있음을 알 수 있다. 이는 북한의 핵 실험과 미사일 발사 등 국제 관계에 영향을 미치는 여러 요인들에 대해 우리 정부가 대응하는 과정에서 발생한 현상이라 할 수 있다.

6. 결론 및 논의

이 챕터에서는 통합이론을 중심으로 각 정부별 전략적 통일 커뮤니케이션 방안을 살펴봤다. 국가 간 갈등해소 및 경제적 번영을 목적으로 하는 평화전략 이론으로써 통합이론은 제2차 세계대전 이후 유럽경제공동체 설립을 목적으로 시작됐지만 통독 과정에 큰 영향을 미쳤다. 이러한 이유로 이 챕터에서는 통합이론을 중심으로 통일과 커뮤니케이션의 관계를 분석함으로써 통일 커뮤니케이션의 정의와 범위를 이해하고, 전략적 통일 커뮤니케이션이 통일정책을 통해 어떻게 구현됐는지 연방주의, 기능주의, 신기능주의, 교류주의 관점에서 살펴봤다.

다양한 통합이론을 주장한 학자들은 정치적인 안정을 기반으로 경제수준이 비슷하고 천연자원과 환경보호에 대해 상호보완적 관계이어야 하며 군사력 수준까지 엇비슷해야 통합이 용이하다고 주장했다(Hass, 1968). 실제로 지리적으로 가깝고, 통합 상대국이 비슷한 문화를 가지고 있으며, 통합 당사국의 정치집단 및 국민들이 우호적이면 통합이 더 잘 이루어진다는 이들의 주장은 통독 과정에서 입증된 측면이 있다. 이를 한반도 상황에 비춰보면, 지리적으로 동서독보다 가깝지만 70년 넘는 세월을 거치면서 문화는 서로 달라지고, 양국 간 정치집단·국민 간 반목은 심해지고 있음을 알 수 있다. 이 때문에 신기능주의적 접근 방식인 경제분야의 통합을 바탕으로 남북 간 사회 통합에 대한 노력이 계속돼 오고 있지만, 고위 권위기구

창설이나 국가 간 경제분야의 부분적인 통합이 제대로 이루어지지 않아 그동안 지속된 신기능주의 통일 커뮤니케이션 전략의 타당성이 의심받고 있다. 더욱이 교류주의에서 강조한 안보공동체는 계속된 북측의 핵실험과 미사일 발사 등으로 통합과정에서 필수적으로 요구되는 국제사회의 지지를 받지 못해 시도도 하지 못하고 있다.

정치적 통일을 궁극적인 목표로 하는 신기능주의는 정전 체제와 같은 정치적 통합의 계기를 지속적으로 보장하고 이를 통해 영구적인 통합을 달성하게 된다(Lindberg, 1963). 하지만 통합이 국민들의 충성을 통합된 새로운 중심으로 이전하도록 설득하는 과정임을 의미하기 때문에 정치적 통합을 이루기 위해 지역수준의 중앙기구들과 정책들은 꼭 마련돼야 한다(Lindberg, 1963). 문재인 정부가 애쓰는 정전체제 선언은 비정치 분야의 다양한 협력이 북핵문제 등으로 정치 분야 파급효과로 이어지지 못하기 때문에 추구하는 연방주의적 궁여지책(窮餘之策)이라 평가할 수 있다. 통합이론에 근거한 통일의 개념은 서로 다른 이질적 정치·사회·경제·문화 체제를 유지하고 있는 국가가 하나로 통합되는 것을 의미한다. 이 때문에 한반도에서는 새로운 정권이 수립될 때마다 서로 다른 통합 전략이 채택되고 이를 실천하기 위한 커뮤니케이션 환경 조성을 위해 정치적 문제를 다루는 대신 다양한 방식의 교류와 접촉을 통해 심각하지 않은 주제를 다루며 통일 커뮤니케이션 환경을 구축해왔다.

이 장에서는 통합이론 관점에 따라 통일 커뮤니케이션의 개념을 "남북한 상호이익을 증진하고 서로 다른 정치·사회·경제 체제를 하나로 통합하기 위한 전략적 메시지 구성과 전달 과정"이라 정의했다(홍문기, 2015). 이에 근거해 과거 박정희, 김대중, 이명박, 박근혜, 그리고 문재인 정부에서 추진하는 다양한 통일 정책을 살펴본 결과 한반도 통일을 위한 커뮤니케이션 전략의 한계와 문제점이 무엇인지 파악됐다. 특히 박근혜 대통령의 "통일 대박론" 이후 우리 사회에서는 한반도 통일을 위한 구체적이고 실천적인 다양한 노력이 진행되고 있다. 또한 문재인 정부의 정전협정 체결을 전제로 하는 한반도 정책도 국민의 대북·대내·대외적인 커뮤니케이션 방식과 그 내용에 관심을 갖고 노력할 필요가 있다는 점이 확인됐다.

2022년 8월 15일 광복절 경축사에서 윤석열 대통령은 '담대한 구상'이라는 이름으로 사실상의 윤석렬 정부 통일커뮤니케이션 정책의 밑그림을 제안했다. 그 골자는 북한이 핵 개발을 중단하고 실질적인 비핵화로 전환한다면 그 단계에 맞춰 북한의 경제와 민생을 획기적으로 개선할 수 있는 담대한 정책을 추진하겠다는 것이다. 이는 지난 5월 대통령 취임식에서 언급한 '담대한 계획'을 좀 더 구체화한 것이라 판단된다. 북한이 핵을 포기한다면 윤석렬 정부는 대규모 식량 공급 프로그램, 발전·송배전 인프라 지원, 항만·공항 현대화 프로젝트, 농업기술 지원 프로그램, 의료 인프라 현대화 지원, 국제투자 및 금융 지원 프로그램 등 "담대한 지원"을 하겠다는 것이다. 이에 대해 북한은 이미 "10여 년 전 남조선 각계와 세인으로부터 실현 불가능한 흡수통일문서로 지탄받고 역사의 쓰레기통에 던져졌던 이명박 역도의 비핵·개방 3000을 적당히 손질한 것"이라고 비난했다. 흥미로운 것은 북한이 무시·무대응이 아닌 적극적 반응을 보였고, 심지어 꼼꼼히 살펴 누구의 무엇과 어떻게 다른지 이론적 논의 방향을 제안했다는 것이다.

한반도 통일시대를 준비하기 위해서는 민족공동체 통일방안의 1단계인 화해협력 기반을 바탕으로 일관된 메시지 전략을 유지하는 것이 중시된다. 실제로 독일의 경우, 통독과정에서 많은 우여곡절이 있었지만, 동독과 서독의 통일을 지향하는 일관된 메시지 전략이 소통됐기 때문에 가능했다. 오늘날 남북관계는 국가성의 강화, 기능주의적 파급효과의 한계, 북한 변화 요구 증대, 비대칭성, 통일의식 약화, 지역통합과의 연계 등의 요소로 과거보다 훨씬 복잡해졌다. 무엇보다도 북핵 문제와 북한의 미사일 대륙간 탄도 미사일 발사 등은 통합이론에서 논의된 전제조건들을 희석시키고 있다. 이처럼 여러 가지 요소를 복잡하게 고려해야 함에도 불구하고 우리의 한반도 통일시대를 준비하는 국민통합적이며 일관된 통일 커뮤니케이션 메시지 전략은 부재한 상황이다. 대북정책의 효율성을 위해 '대북정책의 일관성'과 '지속가능한 대북정책'의 필요성이 중시되고 있다. 문재인 정부는 정전 협정을 전제로 항구적 평화체제를 한반도에 구축하고자 했으나 북핵 문제 등으로 사실상 거의 불가능해졌다. 그러나 윤석열 정부는 북한의 국제사회 편입지원을 위한 전제조건인 비핵화 문제가 해결되면 한반도 정책은 새로운 국면을 맞이할 수도 있다. 이러한 상황에서 언론학 분야에서 국가 간 통합 이론에 근거한 전략적 통일 커뮤니케이션 방안을 마련하기 위한 노력에 경주하고 통일 및 대북 정책과 관련된 메시지 전략 구성방안에 주목할 필요가 있다. 특히 통일 및 대북 정책에 대한 여론의 변화를 이해하고 파악하기 위해 좀 더 다양한 변인들의 상관관계를 파악하려는 노력이 요구된다. "대담한 구성"을 기반으로 새롭게 남북 관계를 모색해야 하는 윤석열 정부는 바람직스런 통일 커뮤니케이션 전략 방향을 통해 전 정부의 과오를 극복하길 기대한다.

참고문헌

이홍종 (2015). 박근혜정부의 한반도 신뢰 프로세스 정책: 김대중 정부와 이명박 정부의 대북정책과의 비교를 중심으로. 〈정치정보연구〉, 18권 1호, 51-69.
주철기 (2013). 박근혜 정부의 '한반도 신뢰프로세스': 왜, 무엇을, 어떻게. 〈한반도선진화재단 기타 단행본〉, 8-13.
최의철 (2001). 〈남북 통합과정에서 기업인과 이산가족 교류의 역할〉. 서울: 통일연구원.
최진욱 (2013). 한반도 신뢰프로세스의 이론적 체계: 대두배경, 본질과 이행방안. 동북아연구회세미나. 5, 6~22.
홍문기 (2015). 통일 커뮤니케이션의 정의와 범위, 그리고 연구방법. 〈한국언론학회 심포지움 및 세미나〉, 2015권 5호, 5-25.

Cooley, C. H. (1894). The Theory of Transportation. *Publications of the American Economic Association, 9*(3), 13-148.
Deutsch, K. W. (1953). Nationalism and social communication: An inquiry into the foundation of nationality. Cambridge: M.I.T. Press.
Etzioni, A. (1965). Political unification: A comparative study of leaders and forces. New York: Holt, Rinehart & Winston.
Hass, E. B. (1958). *The uniting of Europe: Political, social and economic forces 1950-1957*. Calif: Stanford University Press.
Lindberg, L. N (1963). *The political dynamics of european economic Integration*. Stanford, California: Stanford University Press.
Mitrany, D. (1966). A working peace system. Chicago: Quadrangle books.
Nye, J. S. (2006). *The power game*. New York: Public Affairs.
Nye, J. S. (2011). *The future of power*. New York: Public Affairs.
Rosamond, B. (2000). Theories of European integration. New York: St. Martin's Press.

Part 4

통일 커뮤니케이션의 매체와 실천

Chapter 12 북한의 미디어
Chapter 13 북한의 모바일 콘텐츠와 사회문화 변화
Chapter 14 국내외 대북방송
Chapter 15 국제정세와 남북관계 외신보도
Chapter 16 북한방송 말하기의 이해

Chapter 12

북한의 미디어

김선호 | 한국언론진흥재단 책임연구위원

1. 북한의 신문

1) 북한 신문의 기능

　북한에서 신문은 기본적으로 노동당이나 내각, 사회단체가 발행하는 기관지 성격을 갖는다. 신문이 당과 대중을 연결하는 중요한 수단으로서 인민을 주체형의 공산주의자로 만들고 당이 제시한 길로 나아가도록 이끌어주어야 할 임무와 역할을 맡고 있기 때문이다. 2001년 '조선기자동맹 제8차 대회 참가자들에게 보낸 서한'에서 김정일은 "언론인들은 무엇보다도 사회주의 사상 진지를 철옹성같이 다지는 사상적 기수"로 규정하면서, "언론인들은 당의 사상으로 튼튼히 무장하고 당 정책을 자 막대기로 하여 모든 것을 분석·판단하며 당의 의도를 옳게 대변하여 글을 쓰는 것을 생활화, 습성화하여야 합니다."라고 요구했다. 그리고 북한의 기자동맹도 "자본주의 사회의 기자구락부가 아니라 기자, 언론인들을 당과 수령의 붓과 마이크로

옹위하고 실력으로 받들어나가도록 이끌어주는 사상교양단체"라고 규정했다. 따라서 북한의 신문은 모두 기관지적 성격을 가지고 있으며, 조선노동당의 관할 아래 있다. 구체적으로, 북한의 주요 신문들은 모두 조선노동당 중앙위원회 선전선동부가 지도 및 감독한다. 선전선동부는 출판검열총국을 산하에 두고 신문 기사 내용을 최종적으로 검열하고 승인한다.

2) 북한의 주요 신문

(1) 로동신문

북한의 주요 신문 중 노동당 기관지 〈로동신문〉은 북한을 대표하는 신문이다. 1945년 11월 1일 〈정로〉라는 이름으로 창간돼 1946년 9월 현재 이름으로 제호를 쓰고 있다. 〈로동신문〉의 지면은 매호 6면으로 구성되며 북한의 주요 정책과 당 노선, 국제면 등의 내용을 다루고 있다. 5~6면의 국제 및 대남 소식 면에는 한국, 미국 정부를 비판하는 각종 시위와 사건·사고 등이 실린다. 간혹 외국의 통신사 기사를 인용해 자사의 편집 방향에 따라 구성하는 경우도 있다(고유환 외, 2012). 〈로동신문〉은 정치와 경제, 사회, 문화 기사를 송고하는 한편, '조국통일', '혁명일화' 등 최고지도자의 말과 글을 제공하고 있다. 또한 당에서 결정하는 각종 법령과 시책 등을 알림으로써 당 기관지라는 정체성을 확고히 갖고 있다. 〈로동신문〉은 2017년 '서광'이라는 새로운 사이트를 만들어서 유튜브나 페이스북 같은 소셜미디어를 통해 대외선전을 진행하고 있다.

(2) 민주조선

〈민주조선〉은 1945년 8월 평안남도 인민위원회 직속 기관지 〈평양일보〉로 출발해 이듬해 6월 북조선임시위원회 기관지로 창간되었다. 1948년 9월

조선민주주의인민공화국 수립과 함께 최고인민회의 내각 기관지로 운영되어 왔다. 〈로동신문〉과 기본 임무와 역할은 비슷하지만 정부 기관지라는 특성상 정책 관련 문제를 주로 다룬다. 최고인민회의와 최고인민회의 상임위원회, 내각의 결정, 지시, 법령 등을 기사로 게재한다.

(3) 청년전위

〈청년전위〉는 북한청년동맹 기관지다. 1946년 1월 17일 〈민주청년〉으로 창간되어 1964년부터 1995년까지 〈로동청년〉이라는 이름으로 발행되었다. 〈청년전위〉라는 제호로 신문이 나오게 된 것은 1996년부터다. 이 신문은 기본적으로 〈로동신문〉이 보도한 내용을 청년·학생이 볼 수 있도록 재해설한 기사를 싣는다.

3) 북한 신문의 변화

북한 신문 관련 정보가 제한적이긴 하지만, 최근 북한 신문에서도 몇 가지 유의미한 변화들이 발견되고 있다. 첫째, 북한 신문도 디지털 기술 활용도를 넓히고 있다. 북한은 김정일 집권 말기부터 〈로동신문〉의 전달 방식을 다변화하는 데 힘을 쏟았다. 변화하는 국제정세와 대내외 소식을 신속하게 전달하기 위해 2011년 2월 자체 홈페이지를 구축했다. 'kp'라는 국가 도메인을 쓰고 있는 북한은 영문 주소로 〈로동신문〉 홈페이지에 기사를 전송하고 있다. 이전까지 북한은 조국평화통일위원회가 운영하는 〈우리민족끼리〉 등을 통해 우회적으로 〈로동신문〉 기사를 전송했지만 이때부터 자체 서비스를 개시했다. 홈페이지 오픈 초기에는 없었던 '검색', '날짜별 보기' 서비스 등 새로운 방식의 기사 공급을 시도하고 있다는 점도 특징이다.

그리고 2016년 3월 1일에는 '아리랑협회'를 발간 주체로 국제 선전용 온라인 신문인 〈메아리〉를 개설했는데, 〈메아리〉는 "통일에 이바지하는 유익하고 다양한 소식들을 전하는 것을 기본 사명으로 한다."고 주장하고 있으며, 기사와 사진 이외에도 동영상을 제공하는 등 멀티미디어 전략을 취하고 있다.

둘째, 일부 북한 신문은 독립채산제로 운영되는 것으로 알려져 있다. 〈로동신문〉 같은 공식 기관지는 상당 부분 국가 재정에 의존하지만, 〈메아리〉나 '서광' 같은 신생 미디어들은 자체적으로 운영자금을 확보해야 하는 것이다. 이는 국가배급제도와 시장경제가 병존하는 북한 경제구조의 이원성이 미디어 영역에도 적용됨을 보여준다.

셋째, 북한 신문은 현대화를 추진하고 있다. 2015년 8월 15일 북한 정권 수립 70주년에 맞춰 〈로동신문〉을 비롯해 〈민주조선〉, 〈청년전위〉, 〈평양신문〉 등에 컬러화를 시도했다. 최고지도자의 동향과 메시지, 주민 생활을 보다 사실적으로 전달하고, 주민들의 생활양식의 변화에 따른 조치로 추정된다. 특히, 2018년 남북 정상회담 직후 북한의 보도는 과거와 다른 모습을 보여주었다. 2018년 4월 남한 문화예술단의 평양 공연 다음날, 〈로동신문〉은 1면 기사로 "경애하는 최고령도자 김정은 동지께서 남측 예술단의 공연을 관람하시였다."고 보도했다. 김정은과 남한 공연단이 함께 찍은 사진을 포함해 8개의 칼라 사진도 게재했다. 그리고 현재 〈로동신문〉은 영어와 중국어 서비스를 통해 북한의 입장과 노선을 국제 사회에 직접 전파하려고 시도하고 있다.

넷째, 보도의 신속성도 가시적인 변화다. 예외적인 상황일 수도 있으나, 2018년 북미정상회담에서 〈로동신문〉은 과거보다 빠른 속도로 관련 소식을 전달했다. 북미정상회담 당일인 6월 12일 오전 〈로동신문〉에는 김정은이 싱가포르의 야경을 시찰했다는 보도와 더불어 싱가포르 현지의 높은 빌딩과 야경, 시설 관련 14장의 사진이 게재되었다. 북한이탈주민 출신 주성하 기자는 〈로동신문〉이 취재 내용을 바로 다음날 보도한 경우는 없었다며 당시 상황을 매우 이례적인 일이라고 평가했다. 〈로동신문〉 기사는 노동당 선전선동부 결재까지 받아야 하며, 수많은 단계의 교열을 거치기로 유명한데, 싱가포르 야간 시찰의 경우 단 몇 시간 만에 '본사 정치보도반'이라는 바이라인으로 보도되었다(주성하, 2018).

2. 북한의 방송

1) 북한 방송의 이념

북한에서의 방송은 '사회의 모든 성원들을 공산주의의 혁명가로 교양을 개조하는 사상·문화·교양자적 역할'을 하면서 당의 노선과 정책을 집행하는 선전기구다. 대중을 교양하기 위한 선전 수단, 유일체제를 강화시키는 수단과 함께 김일성의 혁명 사상을 대내외에 널리 알리는 데 주력하고 있다. 북한 방송의 3대 기능은 이데올로기 무장을 위한 선전·선동 기능, 사회주의 혁명을 위한 조직·동원의 기능, 공산주의형 인간을 양성하는 문화·교양의 기능으로 요약된다(최성 외, 2013). 신문과 마찬가지로 형식은 다르지만 주민들을 교양하고, 당의 노선을 선전하는 것이 주요 기능인 셈이다. 북한 방송은 조선노동당 중앙위원회 산하 조선중앙방송위원회의 통제를 받으며, 조선중앙방송위원회는 대내방송위원회, 대외방송위원회, 대남방송위원회 등 세 개의 부서로 나뉘어져 있다.

2) 북한의 주요 방송 채널

(1) 조선중앙TV

〈조선중앙TV〉(채널 12번)는 북한을 대표하는 종합방송채널이다. 1963년 3월 첫 방송을 시작한 이후 1974년 4월 컬러 방송을 했으며, 2018년에는 16:9 비율의 고화질 방송을 하고 있다. 김정은 시대에 들어 과학기술이 강조되면서 방송채널의 질적 수준도 향상되는 추세다(황준호 외, 2018). 방송 편성은 주로 김정은의 현지지도와 동향, 북한의 대남정책을 다룬다. 방송 시간은 김정은 집권 후인 2013년부터 주당 47시간에서 62시간으로 증가했다. 방송 내용은 정책을 홍보하는 그야말로 북한 당, 정부, 군대의 대변인 역할을 한다. 〈조선중앙TV〉는 주로 뉴스, 일기예보, 시사해설, 아동, 과학기술, 세계상식, 다큐멘터리 영화, 문예, 스포츠, 영화, 드라마, 사회·문화, 동물의 세계 등의 프로그램을 방영한다.

(2) 만수대TV

1983년 12월 개국한 〈만수대TV〉(채널 5번)는 평양 시민과 평양 거주 외국인을 대상으로 지역 소식을 전한다. 주로 영화와 스포츠, 여행 등 문화 여가 관련 내용을 다룬다. 〈만수대TV〉는 주말 오전 9시~오후 1시, 오후 4시~10시까지 국제소식과 외국 영화, 문화와 체육 관련 프로그램을 방송하는 채널로, 정치·사회 프로를 중심으로 진행하는 딱딱한 〈조선중앙TV〉에 비해 북한 주민들에게 인기가 높은 것으로 알려졌다. 하지만 조선노동당 중앙위원회 비서국 산하 조직인 북한 지도부의 엄격한 통제로 운영되고 있다. 2016년에는 TV 수신 범위가 평양에서 전국으로 확대되었다. 수신 방식 또한 기존 지상파에서 유선 케이블 방식으로 전환되었다.

(3) 룡남산TV

1971년 4월 〈개성TV〉로 개국한 〈룡남산TV〉(채널 9번)는 교육전문 방송 채널이다. 조선중앙방송위원회 대학방송국이 운영하고 있으며, 2012년 9월 현재의 〈룡남산TV〉로 재탄생했다. 교육 전문 채널에 맞게 평양 지역 대학생을 대상으로 최신 과학기술과 경제학, 철학, 외국어 등의 프로그램을 주로 방송한다. 〈룡남산TV〉는 평양, 개성 등 북한 지역 내에서는 PAL 방식으로 제공되지만, 대남 선전을 위해 NTSC 방식으로도 송출한다. 때문에 우리나라에서 전파방해를 걸고 있지만 전파 환경에 따라서는 경기북부 지역에서도 시청이 가능하다(황준호 외, 2018).

3) 북한 방송의 변화

북한의 TV 보급률은 상승하고 있다. 2015년 기준 보급된 TV는 320만 대로서 두 가구당 한 대꼴로 TV를 가지고 있는 것으로 추정된다. 북한 정부는 TV 보급 확대를 추진하면서, 주민들에게 하사품으로 TV를 주기도 한다. LED TV는 중국에서 수입되는데, 아리랑 상표가 붙은 50인치 LED 텔레비전을 대규모로 싣고 있던 트럭들이 2016년 3월 중국 단둥 세관을 다녀가기도 했다. 2016년 7차 당 대회 참가자들에게 전달한 선물이었는데 당 대회 폐막 직후 3,600여 명이 TV 수상기를 선물로 받았다고 전해진다.

북한은 IPTV 방송도 추진하고 있다. 북한은 2016년 8월 실시간 방송과 주문형 서비스를 동시에 제공하는 망TV다매체열람기 '만방' 서비스를 도입했다. 북한의 인트라넷인 '광명'과 연결된 망TV다매체열람기를 통해 주요 방송을 송출하고 있다. 망TV다매체열람기의 외형은 와이파이 안테나가 탑재된 인터넷 공유기와 비슷하다. 광대역 인터넷망과 연결되며 속도는 초당

4.6MB 정도로 파악된다. '만방'은 다양한 부가서비스를 제공하고 있다. 북한 TV 시청자들은 날짜별-장르별로 원하는 방송프로그램을 선택해 원하는 시간에 시청할 수 있고, 개별 방송프로그램의 인기도도 알 수 있다(황준호 외, 2018).

TV 보급의 확대 및 IPTV 도입 이외에 방송 프로그램에서도 변화가 발생하고 있다. 북한 내부에서는 주민들의 생활 수준과 의식 변화에 따라 스포츠와 영화, 드라마 부문 등이 다양화되는 추세다. 북한은 2015년 광복 70주년을 기념해 3대 TV 채널 이외에도 〈체육 텔레비죤〉이라는 명칭으로 스포츠 전문채널을 설립했다.

한편, 〈BBC〉 보도에 따르면, 방송 뉴스 제작에 있어서도 드론을 이용해 촬영한 영상이나 3D 컴퓨터 그래픽 영상, 타임랩스time lapse 영상, 데이터 시각화 등 선진적인 기법도 활용되고 있다. 경제뉴스 부분은 방송 앵커도 서양식 복장의 젊은 여성을 등장시키는가 하면, 앵커 배경 화면도 백두산이 아닌 방송 부조정실이 배경화면으로 제공된다.[1] 이런 변화가 나타나는 데는 크게 두 가지 이유가 있다.

첫째, DVD나 USB, SD카드 등을 통해 남한과 중국의 드라마나 영화가 담긴 동영상이 유포되는 것에 대한 대응 조치로 볼 수 있다. 북한 당국은 체제 유지를 위해 해외 콘텐츠 유통을 불법화하고 있지만, USB나 SD카드는 숨기기 쉽기 때문에 단속이 엄격하게 이뤄지지 못한다. 통일미디어(2019)가 탈북자를 대상으로 실시한 심층 인터뷰에 따르면, 50% 이상이 USB나 SD카드를 이용해 남한이나 중국의 드라마, 영화, 노래를 접한 경험이 있다고 응답했다. 그리고 외부 녹화물 단속기구인 109 상무(속칭 '109 그루빠')의 단속반원이 적발하더라도 뇌물로 무마하는 경우도 다수 있는 것

---

[1] BBC News (2019, 4, 7). North Korea state TV goes hi-tech for a day.
URL: https://www.bbc.com/news/av/world-asia-47831570/

으로 알려졌다. 외부로부터 영상물이 은밀히 유입되고 이에 대한 단속이 철저히 이뤄지지 못하는 상황에서 북한 방송의 경쟁력을 높이기 위해 새로운 포맷들을 시도하고 있는 것이다.

> "한국 및 외국 방송 매체를 시청하는 주민이 급격히 증가하다 보니 북한 정부로서도 방송의 수준을 올릴 수밖에 없는 처지가 됐다. 그 결과 북한 텔레비전 뉴스는 이제 20세기 후반 수준은 돼 보인다. 과거에 비하면 그래픽이나 세트가 나아졌다." (Tudor & Pearson, 2015)

둘째, 경제 뉴스나 과학기술 관련 뉴스에서 특별히 포맷이 달라지고 첨단기법이 사용된다는 점에 주목할 필요가 있다. 경제와 과학 관련 보도에 있어서 북한 방송의 변화는 북한이 추진하는 경제발전과 과학화를 강조하기 위한 조치의 일환으로도 볼 수 있다. 다시 말해, 김정은이 집권 이후 강조하고 있는 경제 및 과학기술 정책에 대해 첨단 기법을 활용하여 보도함으로써, 북한 주민들에게 북한의 미래상을 시각적으로 체감하도록 만들기 위한 선전 활동으로도 볼 수 있다.

3. 북한의 디지털 환경

1) 북한의 이동통신망

북한에는 일반전화가 거의 보급되지 않았고, 유선전화 보급단계를 건너뛰고 휴대전화('손전화기') 단계로 나아가고 있다. 다른 한편, 개인용 컴퓨터(PC) 보급률이 저조한 다른 후진국가들처럼 개인용 컴퓨터 보급 단계를 거치지 않고 스마트폰 보급 단계로 나아가고 있다. 스마트폰은 유선전화와 개인용 컴퓨터 보급이 저조한 상태에서 커뮤니케이션의 '단번 도약'을 성취할 수 있는 기기인 셈이다. 북한에서 스마트폰 보급률은 아직 그리 높지 않지만 북한은 스마트폰 제작 기술과 앱 개발 능력을 갖추고 있다. 따라서 북한에서 향후 스마트폰은 커뮤니케이션 혁명의 기폭제로 작용할 수도 있다. 그러나 스마트폰이 북한에 가져올 변화는 예단하기 어렵다. 스마트폰을 비롯한 디지털 기술은 북한의 개방과 경제발전에 있어서 중차대한 요소이지만, 통제와 감시의 대상이 될 수도 있다.

북한은 태국의 통신회사인 록슬리 퍼시픽Loxley Pacific의 기술로 2002년에 이동통신망 '선넷'을 개통했다. '선넷'은 평양, 금강산, 나진-선봉 등 세 지역에서 주로 사용됐다. 비록 가입자는 주로 소수 엘리트로 한정됐지만, 이 세 지역이 시사하는 바는 크다. 평양은 북한 수도이고, 금강산은 관광지구이며, 나진-선봉은 경제특구이기 때문이다. 이는 앞으로 스마트폰 보급 등 북한의 디지털화가 대도시, 관광지, 경제특구지역을 중심으로 발생하게 될 것임을 예측하게 한다.

한편, 북한은 2004년 용천역 폭발 사고 이후 이동통신을 중단시켰다. 중국을 방문했던 김정일 일행의 귀국행 열차가 룡천역을 통과한 직후 발생한 대폭발은 암살 시도로 여겨졌고 휴대전화로 폭발물을 기폭시켰다는 판단에 따른 것이었다.[2]

용천역 폭발 사고 이후 북한이 본격적으로 이동통신 서비스를 개시한 시기는 2008년이다. 당시 3G 이동통신서비스는 이집트 이동통신사인 오라스콤과 북한 조선체신회사가 합영으로 만든 '고려링크'라는 이름으로 운영되

---

[2] 2,000명 이상의 사상자를 낸 이 폭발은 폭탄이 기폭되어 발생했다기보다는 김정일이 용천역 통과한 직후 신호오류로 유조열차와 비료수송열차가 충돌하면서 발생했다는 설이 있다.

었다. 오라스콤은 75%의 지분을 가지고 있었으며, 2010년 모든 지분을 러시아 통신기업 빔펠콤에 팔았다. 2008년 고려링크 가입자는 1,694명에 불과했지만 2009년 91,000명, 2012년 2월에는 100만 명, 2013년 5월에는 200만 명으로 증가했다. 고려링크는 2011년 3분기 말 453개의 기지국을 설치하고 평양을 포함한 15개 주요 도시와 86개의 중소 도시까지 통신서비스가 가능하도록 만들었다(김연호, 2014). 평양을 중심으로 북한 거점 도시에 통신망이 보급되면서 이동통신의 이용도는 더욱 증가했다. 북한의 이동통신 가입자는 2018년 기준 450만 명으로 추산되며, 기관 및 연구자에 따라 500~600만 명으로 추정하기도 한다. 이 중 스마트폰 이용자는 전체 대비 40% 수준으로 추정된다. 특히, 평양지역 젊은 층과 나진-선봉 등 경제특구의 상인들은 휴대전화를 필수품으로 여기고 있는 것으로 알려졌다. 북한의 스마트폰 한 대 가격은 미국 달러 기준 100~400달러인데, 이는 북한 주민들의 1~5개월치 봉급에 해당한다.

2) 북한 스마트폰 기종과 앱

초기 북한의 이동전화는 체신성이 2008년부터 3년간 중국의 화웨이와 ZTE사 단말기를 수입해 USIM만 장착해 운영하였다. 2011년에는 ZTE사에 의뢰해 주문자 요구에 따른 생산방식OEM을 채택했다. '평양' 상표명이 부착된 단말기를 보급한 것이 이 무렵이었다. 북한은 2011년 처음으로 조립 생산한 '류성'을 출시했다. 기술개발을 쌓은 북한은 5·11 공장에 새로운 스마트폰 조립 생산 라인을 만들어 신기술 개발에 나섰다. 그 성과로 2013년 8월 아리랑, 평양 등 스마트폰 2종을 선보였다(서소영, 2018). 2016년 8월 말 현재 북한에서 출시된 스마트폰은 '류성' 3개 기종과 '평양' 10개 기종,

'아리랑' 6개 기종 등 20종에 이른다.

북한의 대표적인 스마트폰인 '평양 2423'은 남한의 보급형 스마트폰과 크게 다르지 않다. 구글의 안드로이드 체계를 사용하는데 화상전화와 단문메시지SMS, 음성통화, 사진기, 동영상, 녹음기, 나침판, 달력, 기록장 등 20개의 유틸리티 외 23개의 앱이 기본으로 설치되어 있다. '백두산 총서'와 '광명도서' 등 체제선전용 앱도 있지만 조선말·다국어·중어·한자사전이나 영어 및 중국어 학습 앱, 문서와 엑셀, 파워포인트까지 만들 수 있는 '사무처리' 앱과 날씨를 알리는 '기상정보봉사' 앱, 오락 앱 등이 다양하게 제공된 것이 특징이다.[3] 장기, 당구, 승용차 경주, 땅크전, 마리오 등 게임 앱도 다수 탑재된 것으로 보인다.

북한에서 스마트폰을 사용해 국제전화 이용 및 인터넷 접속은 원천적으로 불가능하다. 북한주민은 이동통신망으로 통화를 할 수는 있지만 인트라넷인 '광명'에 접속하기 위해서는 이동통신망이 아니라 와이파이망을 이용해야 한다. 또 개인이 앱을 설치하기 위해서는 스마트폰 매장을 방문해야 한다. 그리고 외국인이 국제전화(한국 제외)와 인터넷을 사용하기 위해서는 별도의 고려링크 서비스에 가입해야 하며 심sim카드도 별도로 구매해야 한다(최재영, 2018).

3) 스마트폰과 장마당 경제

휴대전화는 북한의 비공식 '장마당' 경제에 획기적인 변화를 가져오고 있다. 과거 북한 상인들은 중국의 불법 휴대전화를 이용해 시장 여건과 외환

---

3) 한겨레 (2019. 3. 11). 북한 최신 스마트폰 '평양 2423' 써보니 '깜짝'.
URL: https://www.hani.co.kr/arti/politics/defense/885344.html

시세 등의 정보를 주고받았다. 1990년대 북한의 공공 배급제도가 실패한 시기 중국으로부터 휴대전화를 이용한 대체물품 밀수가 가능했다. 또 휴대전화는 비밀자금의 송금 통로 역할을 했다. 당시 "휴대전화를 소지한 사람은 굶주릴 필요가 없다."는 소문이 퍼질 정도로 휴대전화는 상업적 거래를 통한 돈벌이의 필수수단으로 여겨졌다.

김정은 시대에 들어서 휴대전화는 북한의 비공식 장마당 경제에서 핵심적인 요소가 되었다. 휴대전화 가입자가 전체 인구의 20% 정도에 이르면서 시장 거래 정보가 빠르게 유통되고, 상인들은 심지어 휴대전화를 활용해서 물품 처리 방법, 수량, 배송 방법까지 결정할 수 있게 되었다(김지영, 2019). 그리고 휴대전화를 통해 가격과 수요에 대한 정보를 실시간으로 확인할 수 있게 되면서 지역 간 가격 불균등 현상이 줄어들고 물건 가격이 전국적으로 하향 표준화되는 경향이 발생하고 있다(이정진, 2019).

4) 북한의 온라인 사이트

(1) 주요 kp 도메인 사이트

북한은 1997년 인트라넷인 '광명'을 구축했다. 광명은 내각의 각 위원회와 성, 중앙 기관, 김일성 종합 대학을 비롯한 교육기관, 평양정보센터 등 IT 관련 연구기관, 국가과학원 발명국, 인민대학습당, 주요 공장, 기업소 등 1,300개 이상의 기관 및 기업소 등을 연결하고 있다. 북한 주민은 개인용 컴퓨터나 스마트폰으로 '광명'에 접속하여 이메일, 화상전화, 〈로동신문〉 열람, 도서관 접속 등을 할 수 있지만, 외부 인터넷 접속은 불가능하다. 북한 주민이 광명을 통해 접속할 수 있는 사이트도 제한적이다. 최근에는 전자상거래 차원에서 상품을 소개하는 기업 홈페이지들도 증가하고 있지만,

인터넷이 체제유지에 위협이 될 수 있다는 당국의 인식으로 인하여 매우 제한된 범위에서 보급되고 있다(김유향, 2018). 반대로, 외부에서 '광명'에 접속하는 것 또한 불가능하며, 따라서 정확하게 북한에 어떤 종류의 사이트들이 얼마나 많이 개설되어 있는지 파악하기는 어렵다.

 북한의 인터넷 정책은 김정은 정권 출범 직전인 2010년부터 뚜렷한 변화를 보였다. 북한은 국제인터넷기구에 가입해 인터넷과 '월드와이드웹(www)'을 직접 연결하고, 국제기구에 1,000여 개의 인터넷 주소를 신청했다. 김정은은 2012년 5월 "인터넷을 원활하게 이용하고 인터넷을 통해 다른 나라의 첨단 과학기술을 많이 접해야 한다"는 지시를 하달했으며, 이는 '국가통치 기본방침'에 포함되었다(황준호 외, 2018). 소프트웨어 개발 업체인 GitHub가 2016년 파악한 바에 따르면, 북한에는 총 28개의 'kp' 도메인이 운영 중인 것으로 나타났다. 해당 사이트들로는 고려항공, 조선인보험회사, 조선조리협회, 고려청소년여행사, 조선관광, 조선교육기금재단, 김일성종합대학, 조선사회과학협회와 같은 기관 이외에도 〈로동신문〉, 〈조선중앙통신사〉, 〈조선중앙방송사〉, 〈민족대단결〉, 〈조선의 소리〉 같은 선전 매체와 소셜미디어로 추정되는 '친구'도 있는 것으로 파악됐다.[4]

 북한은 해외에 일부 사이트를 개설하고 북한 내 사이트와 연결시키고 있다. 북한이 처음으로 개설한 외부용 웹사이트는 2001년 9월 문을 연 실리은행이다. 실리은행은 중국 선양에 서버를 두고 해외와 평양 간 전자우편 서비스를 제공한 인터넷 서비스다. 실리은행은 두 대의 서버를 이용해 30분 간격으로 전자우편 중개 업무를 하는 일종의 사이버 우체국으로 불린다. 설립 당시 유료로 회원가입을 한 외국인과 북한 주민, 그리고 기업인들

---

[4] URL: https://github.com/mandatoryprogrammer/NorthKoreaDNSLeak

에게 한정적으로 운영되었다(김봉식, 2017). 2000년대 중반 북한 인트라넷에는 많은 기관이 홈페이지를 개설한 것으로 파악된다. 한 웹사이트에는 그곳에서 연결link할 수 있는 기관들이 표시되어 있어 원하는 기관명을 클릭하면 그 기관의 IP 주소로 바로 연결이 되는 형태였다. 북한이 내부적으로 구축한 인트라넷의 각 사이트는 체신성 산하 전화국을 경유해 전용망으로 연결되었다(김봉식, 2017). 그리고 북한은 재일본조선인총련합회(이하 '조총련')가 운영하는 뉴스통신사인 〈조선통신사〉와 신문사 〈조선신보〉와 교류하면서, 이들 일본 사이트를 통해 외부에 정보를 내보내고 있다. 조총련이 운영하는 언론사들은 북한에 지국을 두고 있으며, 북한의 입장을 대변하는 뉴스나 룡천역 폭발 사고 같은 다른 외신에 공개되지 않는 정보들을 내보내는 역할을 하고 있다.

(2) 플랫폼 사이트의 등장

한편, 북한에도 디지털 사이트의 플랫폼화 현상이 발생하고 있는 것으로 보인다. 플랫폼은 자체적으로 제품이나 콘텐츠를 생산하지 않으면서 콘텐츠 제작자와 수용자, 제품 생산자와 소비자를 연결시켜주는 것을 고유기능으로 갖기 때문에, 북한에는 더 적합한 온라인 사이트 모델이 될 수 있다. 다시 말해, 북한에는 자체 도메인을 보유한 사이트 수는 적지만 플랫폼 기능을 하는 사이트가 생겨나고 있으며, 기업이 개별적으로 사이트를 개설할 필요 없이 플랫폼을 통해 연결되는 것이 더 효율적으로 여겨지는 것으로 보인다.

북한의 디지털 플랫폼 중 하나가 2016년 개설된 온라인 쇼핑 플랫폼 '만물상'이다. 만물상은 모바일 앱도 가지고 있으며, 만물상에는 400여 개의 북한 기업이 등록하여 전자상거래를 하고 있다. 만물상은 상품 구매와 운송, 식당 소개, 식료품 주문 등의 기능을 갖추고 있다. 만물상은 등록된 기업들에게 상품 등록 및 이용자 분석 서비스를 제공하고 있으며, 하루 평균 7만 정도의 페이지뷰를 기록하고 있는 것으로 추정된다.[5]

　북한은 포털 사이트 '광야(http://www.dprkportal.kp/)'도 개설했다. 광야는 네이버나 다음처럼 뉴스의 주요 정보를 자체 사이트에서 보여주진 못하고 주요 사이트로 연결 기능만 가지고 있는 것으로 보인다. 광야는 검색창을 갖추고 있는데 '로동'을 입력하면 키워드와 관련된 다양한 기사나 관련 온라인 사이트를 보여주는 대신 〈로동신문〉을 추천해주는 정도 수준에서 기능하는 것으로 보인다. 광야를 통해 연결되는 사이트는 만물상과 같은 쇼핑 사이트, 김일성종합대학, 김책공업종합대학, 조선관광, 고려항공 등이며, 〈로동신문〉, 〈조선의 출판물〉, 〈청년전위〉 등 선전 매체도 광야를 통해 연결되고 있다.

---

[5] NK경제 (2019, 5, 24). 북한 전자상거래 플랫폼 만물상 400개 기업 등록.
　URL: https://www.nkeconomy.com/news/articleView.html?idxno=1454

그림 1. 북한의 포털 사이트 '광야'의 검색창과 주요 연결 사이트[6]

(3) 글로벌 플랫폼을 이용한 선전 확대 시도

북한은 내부에서 인터넷 접속을 제한하며, 외부에서 인트라넷 광명 접속도 허용하고 있지 않지만, 인터넷 플랫폼을 활용한 체제선전 시도는 비교적 활발한 편이다.

---

6) 허프포스트 (2018, 10, 11). 북한에 '포털 사이트'가 생겼다.
URL: http://www.huffingtonpost.kr/news/articleView.html?idxno=75919

그림 2. '조선의 오늘' 유튜브 채널

　북한은 2010년 10월부터 기존의 신문과 방송, 국제기구를 통하지 않고 트위터와 페이스북, 유튜브 등 소셜 플랫폼을 통해 자국의 소식을 알리고 있다. 북한이 운영하는 유튜브 채널로는 〈조선중앙TV〉, 〈조선중앙통신〉, 〈우리민족끼리〉, 〈동포메일〉, 〈고려미디어〉와 일부 음악채널이 있다.[7] 과거에도 대외 웹사이트를 운영한 적이 있었지만, 소셜 플랫폼에 진출한 것은 새로운 시도이다. 그러나 구독자나 조회 수 등을 볼 때 성과는 미미한 것으로 보인다.

---

7) Guardian (2014, 4, 28). Top YouTube channels for North Korea watchers.
　URL: https://www.theguardian.com/world/2014/apr/28/top-youtube-channels-for-north-korea-watchers

4. 북한의 정보 통제

북한을 비롯한 사회주의 국가는 정보에 대해 철저히 통제하는 경향을 보여 왔다. 1990년대 동구권 국가의 체제전환 이후 '우리식' 사회주의를 고수한 북한은 가장 폐쇄적인 정보 통제 정책을 유지하고 있다. 일당독재와 일인독재체제에 대한 충성심을 주입시키고 유지하기 위함이다. 북한이 경제개발과 과학기술의 발전을 위해 노력하더라도 그런 노력이 체제의 생존과 맞교환될 가능성은 적다. 외부 정보나 콘텐츠가 북한체제의 존속에 위협이 되지 않는다면 북한은 개방에 나서겠지만, 체제 유지에 위협이 된다고 생각되면 철저히 통제할 수밖에 없을 것이다. 그리고 전자보다는 후자가 북한이 취해왔던 기본 노선이며, 이 노선이 바뀔 가능성은 거의 없다.

전통적으로 북한은 외부정보의 유입을 철저하게 차단해 왔다. 북한 주민이 접할 수 있는 출판물은 국가가 인정한 도서로서 검열 인증도장이 찍혀 있으며, 그 외의 출판물은 단속대상이다. TV와 라디오는 북한의 공영방송에 채널과 주파수를 고정시켜 놓은 봉인의 개봉여부를 주기적으로 검사받아야 한다. 북한 내 휴대전화 보급은 증가하였으나 국내 통화에 한정되고 국외 통화와 외부정보의 유입은 통제되고 있다(통일연구원, 2016). 중국산 휴대전화가 은밀하게 사용되고 있는 중국 접경지대에는 신호 방해 장치가 추가로 설치되었고 최첨단 감시 장비를 동원한 통제가 강화되고 있다.

김정은 집권 이후 북한은 정보화 확산과 더불어 보안 정책도 강화하고 있다. 인트라넷 광명 접속을 위한 인증절차도 복잡하다. 광명에 접속하기 위해서는 기기 고유번호, 기관, 등록 암호, 용도, 기계 유형, 신청자 직장 등 개인정보, 전화번호 등을 적은 신청서 작성을 통해서 가능하다(김종선, 2016). 세계적 수준의 사이버 전쟁을 수행하는 해커부대를 보유하고 있는 북한은 정보 기기에 대한 통제에 있어 첨단화 경향을 보이고 있다. 대표적인 예로 자체 개발한 컴퓨터 운영체제OS '붉은별'을 들 수 있다. 오픈소스 리눅스 기반의 '붉은별'의 연산능력은 윈도우 OS에 비해 떨어지지만 보안 기능은 매우 강력한 것으로 알려져 있다. 붉은별은 사용자가 입력한 검색 키워드나 문장뿐만 아니라 마우스 클릭 내역도 저장한다(김유향, 2018). 북한 정보기관은 스마트폰을 몰래 작동시켜 설치된 앱에 대한 스크린샷을 저장하거나 스마트폰의 마이크를 작동시켜 감청하거나 카메라를 작동시켜 무엇을 하고 있는지 감시하기도 한다.

게다가 북한이 2020년 채택한 「반동사상 문화 배격법」은 '남조선 영화나 록화물, 도서, 노래, 그림, 사진 같은 것을 보았거나 들었거나 보관한 자'에 대해 5~15년 '로동교화형'에 처한다고 명시하였다. 그리고 '남조선식으로 말하거나 글을 쓰거나 남조선 창법으로 노래를 부르거나, 남조선식 서체로 인쇄물을 만든 자'는 2년 이하의 '로동교화형'에 처한다고 규정했다.

참고문헌

고유환·이주철·홍민 (2012). 〈북한 언론 현황과 기능에 관한 연구〉. 서울: 한국언론진흥재단.
김윤도 (2017). 북한 유무선 통신서비스 현황 및 시사점, 〈정보통신방송정책〉, 29권 10호, 1-43.
김연호 (2014). 북한의 휴대전화 사용 실태, 〈KDI 북한경제리뷰〉, 16권 3호.
김유향 (2018). 북한 IT 현황과 남북 IT 협력의 과제. 김상배·신성호·이신화·조한승·이승주·신범식·김유향·강하연·송태은 (편). 〈4차 산업혁명과 남북관계: 글로벌 정보화에 비춘 새로운 지평〉 (127-166쪽). 서울: 사회평론아카데미.
김종선 (2016). 경제강국 건설을 위한 김정은 시대의 정보화 전략, 〈과학기술정책〉 제26권 6호. 22-25.
김지영 (2019). 김정은 시대 북한 정보기술 발전의 정치경제적 고찰. 〈아태연구〉, 26권 2호, 127-170.
서소영 (2018). 북한 ICT 정책동향 및 시사점. 〈정보통신방송정책〉, 3권 18호, 1-15.
이정진 (2018). 〈북한의 이동통신 연구〉, 북한대학원대학교 박사학위논문.
주성하(2018), 〈노동신문〉 변화로 본 김정은시대 북한 언론, 〈관훈저널〉 가을호.
최성·우성구·최상현·유갑상·최유진 (편) (2013). 〈남북 방송통신 간접교류 협력방안 연구〉. 과천: 방송통신위원회.
최재영 (2018). 〈평양에서 서울로 카톡을 띄우다: 우리가 너무나 몰랐던 북녘의 오늘〉. 고양: 가갸날.
통일미디어 (2019) 〈북한 미디어 환경과 외부콘텐츠 이용에 대한 실태조사〉 http://unimedia.utilline.com/에서 다운로드.
통일연구원 (2016). 〈2016 북한인권백서〉. 서울: 통일연구원.
황준호·김청희·황지은 (2018). 〈남북 간 방송미디어 상생협력 및 발전방안 연구〉. 세종: 과학기술정보통신부.

Tudor, D., & Pearson, J. (2015). *North Korea confidential: Private markets, fashion trends, prison camps, dissenters and defectors*. 전병근 (역) (2017). 〈조선자본주의 공화국〉. 서울: 비아북.

NK경제 (2019, 5, 24). 북한 전자상거래 플랫폼 만물상 400개 기업 등록.
 URL: https://www.nkeconomy.com/news/articleView.html?idxno=1454
한겨레 (2019, 3, 11). 북한 최신 스마트폰 '평양 2423' 써보니 '깜짝'.
 URL: https://www.hani.co.kr/arti/politics/defense/885344.html
허프포스트 (2018, 10, 11). 북한에 '포털 사이트'가 생겼다.
 URL: http://www.huffingtonpost.kr/news/articleView.html?idxno=75919

BBC News (2019, 4, 7). North Korea state TV goes hi-tech for a day.
 URL: https://www.bbc.com/news/av/world-asia-47831570/
Guardian (2014, 4, 28). Top YouTube channels for North Korea watchers.
 URL: https://www.theguardian.com/world/2014/apr/28/top-youtube-channels-for-north-korea-watchers

Chapter 13

북한의 모바일 콘텐츠와 사회문화 변화

하승희 | 동국대학교 연구초빙교수

1. 북한의 모바일 콘텐츠

국제사회의 디지털혁명에 따라 북한은 전 분야에서 다양한 과학기술을 결합하고 관련 과제와 정책을 제시하며 전인민의 과학기술인재화를 추진하고 있다. 북한의 대외선전매체에서는 북한 주민들은 디지털기기를 소지하고 자유롭게 활용하는 모습들을 보여주고 있는데, 이는 북한의 기술 발달을 간접적으로 과시하려는 것으로 해석할 수 있는 한편, 실제 일부 지역에 한해서는 일정 정도 일상으로 정착되었다고 볼 수 있는 측면도 존재한다. 이 장에서는 북한의 대외선전매체 〈조선의 오늘〉과 당 기관지 〈로동신문〉을 통해 모바일 기술과 콘텐츠, 기술발전에 따른 사회·문화의 변화 모습을 살펴본다. 북한 매체의 특성상 보도 내용은 선전·선동을 목적으로 함에 따라 해당 내용을 해석하는데 주의가 필요하다. 그럼에도 이 매체들을 통해 북한 당국이 지향하는 바를 읽어낼 수 있다는 점에서 의미를 지닌다.

최근 북한은 인공지능과 생체인식 관련 기술에 주목하고 있다. 2019년 전국정보화성과전람회에서 출품된 얼굴인식기 '담보'는 김일성종합대학 첨단기술개발원에서 제작한 것으로, '영상카메라, 식별프로그람, 장치기술' 등 인공지능기술을 통해 얼굴을 자동 식별하여 신분확인, 출입관리에 활용한다고 전했다. 주요 대학 출신 연구사들로 구성되어 정보기술제품을 개발하고 있는 만경대정보기술사에서는 인공지능과 증강현실을 도입한 스마트폰 '진달래'를 대표상품으로 소개하기도 하였다(조선의 오늘, 2020, 2, 4). 북한 게임의 경우 스마트폰 및 태블릿PC용 어플리케이션으로도 다양한 주제와 장르로 개발되고 있다. 북한 태블릿PC와 스마트폰에 기본적으로 탑재되어 있는 게임 어플리케이션에는 고전게임과 같은 퍼즐아케이드, 스포츠게임, 레이싱시뮬레이션 게임 등이 있으며, 최근에는 액션게임이나 시뮬레이션 게임, 어드벤처 게임 등 3D 그래픽이나 모션 활용 등 다양한 기법을 활용한 게임들이 제작되고 있다. 북한 전자기술제품연구소에서 개발한 3D 게임 '다람이와 고슴도치'는 어린이들의 동심과 근로자들의 정서에 맞는 게임을 새롭게 개발하였다고 강조했다(조선의 오늘, 2020, 8, 2).

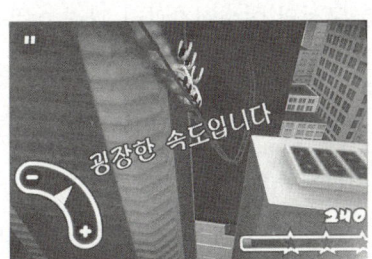
레이싱시뮬레이션 게임 '관성렬차'

액션 게임 '맹수들의 싸움'

스포츠게임 '축구의 세계'

어드벤처 게임 '흑막속의 별장'

그림 1. 북한의 주요 게임 어플리케이션

이 외에도 일상생활과 관련된 교육용 및 건강관련 어플리케이션 등이 다양하게 개발되고 있다. 교육용 어플리케이션으로 개발된 '조선의 태권도 1.0'은 3D기반의 교육용 오락콘텐츠로, 조선시대 환경에서 전쟁 임무 수행 과정을 통해 태권도의 다양한 기술동작과 함께 해당시기 역사적 인물과 문화 지식을 습득할 수 있게 했다(조선의 오늘, 2017, 7, 2). 건강 관련 어플리케이션으로는 김일성종합대학 첨단과학연구원·평양의학대학이 협업하여 제작한 가정용의료진단 및 치료지원체계 '명의원'이 있다. 이 어플리케이션은 치료방법과 의학상식자료(종합진단편, 예진편, 치료법편, 약물편람편, 의학상식편, 시력검사편, 체질분류편, 어린이 및 노인질병상식편)가 포함되어있고, 북한 내 소프트웨어 최우수제품으로 등록되면서 전국 각지의 정보기술교류소에서 판매 및 보급되고 있다고 밝혔다(조선의 오늘, 2015, 12, 1). 평양계명기술개발소에서는 비만도계산편, 하루필요열량계산편, 나의 치료일지편, 30일몸단련편, 병원예약편 등으로 구성된 여성건강관리 관련 어플리케이션 '녀성건강일지'를 제작했다(조선의 오늘, 2020, 3, 10).

위치정보서비스를 제공하는 어플리케이션도 개발되었는데 대표적으로 평양시 내 위치정보서비스인 상평정보기술교류소의 '평양안내' 1.0와 삼흥경제정보기술사의 '길동무' 2.0, 전국 길안내프로그램 '지름길' 1.0 등이 있다. 이 어플리케이션들을 통해 다양한 기관들의 위치정보와 노정들을 쉽게 찾아볼 수 있으며, 전화번호, 서비스 내용 등의 정보도 받아볼 수 있도록 했다고 밝혔다(조선의 오늘, 2017, 9, 6). 전국 길안내 프로그램 '길동무 2.0'은 대부분의 건물들이 3D로 묘사되었고 노선검색, 거리측정, 위치전송, 연료소비량 및 시간 계산 기능 등을 탑재하였다. 또한 버스노선 안내를 통해 목적지까지의 길안내 서비스를 제공하고 현 위치를 상대방에게 문자(통보문), 3G망, 블루투스를 통해 전송할 수 있도록 했다(조선의 오늘, 2020, 1, 23).

이처럼 북한이 다양한 분야의 모바일 어플리케이션을 제작하고 있음을 대외선전매체를 통해 밝히고 있다. 모바일 어플리케이션은 스마트폰에 탑재되어 작동함에 따라, 주민들에게 활용되고 기능하기 위해서는 북한 내 스마트폰의 상용화가 전제되어야 한다. 북한의 폐쇄성에 따라 스마트폰 보급률의 정확한 추산은 어려운 실정이지만 향후 점차 확산될 것이라는 가정 하에, 북한 주민들이 새로운 기술을 수용하는 과정에서 나타날 수 있는 다양한 사회문화 현상들에 주목해야 한다.

2. 북한의 모바일콘텐츠를 통한 사회문화의 변화

1) 디지털 환경에서의 병리적 현상

새로운 기술의 도입으로 디지털 환경으로 생활환경이 변화하는 한편, 그 이면에는 부작용도 나타나고 있다. 북한 〈조선중앙TV〉에서 방영한 다양한 프로그램에서는 스마트폰 기기 사용에 대한 당국의 우려를 확인할 수 있다. 〈조선중앙TV〉에서 방영한 프로그램 '[상식] 왜 〈애꾸러기〉가 될가요?'는 아이의 양육에서의 여러 가지 문제를 주제로 다루고 있는데, 4편에서는 양육자가 아이에게 심을 주는 대신 스마트폰 게임에 몰입하는 설정으로 몰래카메라를 통해 관심을 받지 못하는 아이의 행동을 지켜보는 모습이 담겨있다. 프로그램 '[상식] 좋은 식생활습관을 붙여주자요'라는 프로그램에서는 5편에서 식사시간에 아이가 스마트폰 게임에 빠져 부모와 실랑이를 벌이고 있는 모습을 확인할 수 있다. 이렇듯 북한 내 스마트폰의 보급과 일상적 사용으로 유아동들의 스마트폰 노출이 높아지고 이에 따른 과의존과 미디어중독현상이 나타나고 있음을 간접적으로 알 수 있다. 이 같은 현상에 대해 〈로동신문〉은 국제사회 정책 및 동향을 통해 휴대폰이 미치는 부정적 영향에 대해 강조하였다.

> "청소년들은 심리적으로 성숙되지 못하였고 또 년령적 특성으로 하여 ≪전자헤로인≫에 쉽게 ≪중독≫될 수 있다. (중략) 손전화기가 사람들 사이에 련계를 맺어주고 생활을 편리하게 해주는 실용적이고 유익한 기구인것만은 명백하다. 그런데 일부 사람들은 그러한 손전화기를 전용오락기구처럼 리용하고 있다. 손전화기가 몸의 한부분처럼 되였다면 손전화오락은 생활의 한부분으로 되였다. 길거리에서, 뻐스와 전동차 안에서, 직장에서 손전화오락을 하는 것이 세계 그 어디서나 볼수 있는 광경이다. 장시간 손전화오락에 몰두하는 사람들은 인간의 정신육체에 피해를 주는 심한 오락의존증에 걸렸다고 보아야 할 것이다. 보다 문제로 되는 것은 어른들의 본을 따 어린아이들까지도 손전화오락에 맛을 들이고 있는 것이다. 어린아이들이 우유병보다 먼저 손전화기를 찾고 손전화오락으로 시간가는 줄 모르고 있다."
> ─ "세계적우려를 자아내는 오락의존증" (로동신문, 2018, 1, 29)

> "보다 심각한 것은 색정적인 통보문이나 소설, 동영상자료들과 폭력적인 내용의 전자오락들이 손전화기를 통해 무제한하게 전파되고 있는 것이다. 이것은 손전화기가 미성년학생들에게 불건전한 사상의식을 주입하는 수단으로도 되고 있다는 것을 말해준다. 손전화기를 통해 류포되는 각종 퇴폐적이고 반동적인 사상문화가 학생들의 인생관과 가치관 형성에 혼란을 조성한다는 것이 세계 대다수 교원들과 학부형들의 견해이다."
> ─ "주목되는 교내에서의 손전화기사용금지조치" (로동신문, 2018, 12, 18)

대외선전매체 〈조선의 오늘〉에서는 묘향전자제품공장에서 개발한 근시 예방을 위한 시력보호경보기를 소개하였다. 기사는 이 제품의 제작배경에 대해 "현시기 정보산업이 발전하면서 어린이들속에서는 전자매체를 통한 학습과 오락으로 인한 근시발생률이 높아지고 있다. 오랜 시간 손전화기를 들여다보거나 전자오락을 하면 눈에 피로가 쌓이면서 시력이 떨어지게 되는데 이러한 현상은 생활습관을 갓 붙이기 시작한 어린이들속에서 보편적으로 나타나고 있다. 어린이들은 독서를 하거나 오락을 하면서 시간이 지남에 따라 저도 모르게 전자매체를 점점 눈가까이에로 접근시키기 일쑤이며 이런 행동이 일정한 기간 지속되면 근시가 초래되게 된다"고 설명하였다(조선의 오늘, 2021, 7, 20). 북한 어린이들의 전자매체 활용과 전자오락의 활용이 높은 수준임을 짐작해볼 수 있는 대목이다.

실제로 인터넷 및 휴대전화 중독에 따른 공격성, 중독과 충동성의 연관성에 대한 결과는 기존 선행연구에서 지속적으로 증명되어왔다. 이는 유아동들에서 특히 부정적인 영향이 나타나는데, 5~9세 유아동의 경우 정신적 발달이 아직 제대로 이루어지지 않은 단계에서 외부 충격이나 경험은 반복된 생활 습관으로 형성되기 쉽다(김종민 외, 2014; 성욱준, 2017; 김광하 외, 2020). 현재 유아동들의 경우 디지털기기에 쉽게 노출된 환경에서 성장하면서, 디지털 기술을 처음 접하게 되는 연령대가 점차 낮아지고 있다. 특히 북한의 경우 발전해가는 기술 속에서 태어난 세대이기 때문에 이들에게 최신기술은 생활 환경 그 자체로서, 이러한 환경에 보다 빠르게 적응하고 이전 세대와는 다른 소비패턴과 문화를 양산할 수 있다.

2) 디지털 정보격차 심화 및 개인화 · 고립 · 파편화로 인한 감시 · 통제의 어려움

북한은 실생활 속에 다양한 기술이 유입되면서 디지털 환경으로 급속히 변모되고 있다. 기술의 혁신은 북한 내 삶의 지형과 패턴, 북한 주민들이 관점과 가치관 또한 변화시킬 가능성이 있다. 북한의 사회 · 문화, 정치 · 경제 등의 모든 분야는 평양이 중심이 됨에 따라 평양과 그 외 지역 간의 격차는 크게 나타난다. 실제로 북한의 주요 디지털기반 시스템은 평양 중심으로 구축되고 있고, 이러한 시스템이 북한 전역으로 확대되는 데는 많은 시간과 비용이 소요될 수밖에 없는 현실에 따라 기술 발전과 디지털 환경으로의 변화가 진행될수록 디지털 정보 격차로 인한 양극화 또한 심화될 수밖에 없다.

디지털기기의 보급 및 확산으로 구축된 새로운 환경에서 기기를 개인이 소유하게 됨에 따라 생기는 개인화의 문제도 나타날 수 있다. 디지털 기기가 점차 소형화되면서 휴대가 용이해지고, 망 권역이 점차 확대됨에 따라 근무 환경, 이동 범위는 물론 국가차원에서 감시의 영역과 방식까지 변화할 수 있다.

북한의 태블릿 PC, 노트북, 스마트폰 등은 국가통제 영역인 인트라넷 안에서 사용되고 있지만, 제한된 영역 안에서도 다양한 방법으로 외부 콘텐츠를 접하고 있으며, 저장 및 재생매체 또한 기술의 발전과 함께 불법적으로 진화하면서 감시와 통제를 피하고 있다. 북한 당국은 이러한 상황에서 예상되는 사회변화와 문제들을 인식하고, 디지털기기 내 통제기능을 강화하고 미디어 리터러시를 점차 확대해 나가고 있다. 이 외에도 인공지능분야에서의 무궁무진한 발전을 기대하면서도, 이로 인해 나타날 수 있는 부정적 영향들에 대해서도 우려하고 있다.

"인공지능은 이제 더이상 환상적인 개념이 아니다. 이 기술은 이미 지능형 손전화기나 콤퓨터들에 가상방조자의 형태로 도입되어 인간생활과 밀착되였으며 그 활용범위가 급속히 확대되고 있다. 인공지능기술이 도입된 다양한 제품들이 사람들의 부분적인 사유활동을 대신하고 있으며 미래의 보다 조화롭고 지능화된 생활환경에 대한 희망의 폭

을 넓혀주고 있다. (중략) 가상적으로 인공지능에 대한 인간의 통제능
력이 상실되는 경우 즉 인간의 두뇌를 초월하는 ≪초능력≫의 콤퓨터
가 사람의 의사, 통제를 무시하고 자기의 ≪생각≫대로, 제 ≪마음≫
대로 가동하는 경우이다.
- 인공지능기술의 빠른 발전, 우려되는 후과 (로동신문, 2019. 3. 21)

  북한 당국은 최근 등장한 인공지능 기술과 관련해, 이 기술로 발생할 윤리와 도덕 문제, 이에 대한 법률제정 문제 등 인공지능을 바라보는 국제사회의 우려와 대응을 주시하고 있다(로동신문, 2018. 11. 14). 이 외에도 로동신문은 사이버범죄(로동신문, 2018. 12. 26), 전자폐기물(로동신문, 2018. 8. 11) 등의 기사를 게재하며 관련 주제에 대한 심각성을 인지하고 논의로 확대하고 있다.

3. 기술발전과 도래할 북한의 미래

  이 장에서는 북한의 뉴미디어 콘텐츠 동향과 함께 사회문화적 측면에서 어떠한 변화가 나타나고 있는지에 대해 살펴보았다. 북한의 뉴미디어 콘텐츠가 다종다양화 되고 있는 가운데, 원격체계 구축 및 인공지능을 활용한 생활 속 IT기술 등 전 분야에서 기술접목을 통해 발전하고 있었다. 북한 내 스마트폰 보급이 확대되면서 스마트폰 기반의 다양한 어플리케이션이 개발되는 양상도 나타났다. 이 중 건강 어플리케이션은 환자가 자체적으로 증상을 진단하고 치료하도록 하면서 국가가 수행하지 못하는 영역을 기술을 통해 보완하고 있음을 알 수 있다.
  기술의 발전은 북한 내 사회문화의 모습에도 변화를 가져왔다. 스마트폰

사용 후유증, 게임중독 등의 부작용이 나타났고, 디지털 정보격차 심화 및 개인화로 인한 감시·통제의 어려움 또한 예상될 수 있다. 특히 이러한 변화에서 유아동들에 대한 우려가 크게 나타나는데, 북한의 영유아들도 디지털기기에 쉽게 노출된 환경에서 성장하고 있으며, 디지털 기술을 처음 접하게 되는 연령대 또한 점차 낮아지고 있다. 북한 내 디지털 기기보급과 함께 동반되는 병리적 현상은 더욱 확대되어 가는 것으로 나타났다.

북한은 내부망인 인트라넷을 활용하며 외부와의 인터넷 접속이 차단된 환경이다. 이에 북한 주민들은 개인이 소지한 디지털 기기로 게임과 같이 부분적으로 허용된 특정 콘텐츠만 활용 가능하다. 이러한 상황에도 불구하고 북한 당국은 소프트웨어 개발에 박차를 가하고 있어 새로운 콘텐츠가 양적으로도 질적으로도 계속해서 진화하고 있다고 볼 수 있다. 북한 내 네트워크 기반의 사회연결망 서비스 또한 엄격히 통제되고 있는 상황에서, 북한의 디지털기기 사용 양상과 이로 촉발될 수 있는 문제점은 예상하기 쉽지 않다. 앞으로 변화할 북한의 모습을 미리 예측하기 위해서는 북한 내 기술의 발전과 활용, 변화의 모습을 계속적으로 면밀히 살펴보아야 할 것이다.

참고문헌

1. 북한 자료

로동신문 (2018, 1, 29). 세계적우려를 자아내는 오락의존증.
로동신문 (2018, 8, 11). 전자오물을 재생리용하기 위한 노력.
로동신문 (2018, 11, 14). 인공지능이 직면한 도전.
로동신문 (2018, 12, 18). 주목되는 교내에서의 손전화기사용금지조치.
로동신문 (2018, 12, 26). 심각한 우려를 자아내는 싸이버범죄.
로동신문 (2019, 3, 21). 인공지능기술의 빠른 발전, 우려되는 후과.
조선의 오늘 (2015, 12, 1). 가정용의료진단 및 치료지원체계 ≪명의원≫.
조선의 오늘 (2017, 7, 2). 교육 및 오락프로그람 ≪조선의 태권도 1.0≫ 개발.
조선의 오늘 (2017, 9, 6). 사회주의문명의 축도, 려명거리봉사망 (5).
조선의 오늘 (2020, 1, 23). 생활의 길동무로 불리우는 응용프로그람들.
조선의 오늘 (2020, 2, 4). ≪진달래≫ 손전화기와 함께 유명해진 만경대정보기술사.
조선의 오늘 (2020, 3, 10). 녀성건강관리에 도움을 주는 손전화기응용프로그람.
조선의 오늘 (2020, 8, 2). 자체의 힘으로 우리 식의 전자오락프로그람을.
조선의 오늘 (2021, 7, 20). 근시예방에 효과적인 시력보호경보기.

2. 국내 자료

김광하·김미라·고재욱 (2020). 유아의 스마트폰 과의존이 사회성에 미치는 영향: 자기조절 매개효과. 〈유아교육·보육복지연구〉, 24권 4호, 323-348.
김종민·문정주·권미량 (2014). 유아기 스마트기기 중독성에 대한 탐색적 연구. 〈생태유아교육연구〉, 13권 1호, 199-219.
성욱준 (2017). 유아동의 인터넷중독 영향 요인에 대한 탐색적 연구. 〈예술인문사회 융합 멀티미디어 논문지〉, 7권 7호, 461-472.

Chapter 14

국내외 대북방송[1]

조수진 | 장로회신학대학교 교수

1. 라디오를 통한 대북방송

북한은 외부 세계에 대한 차단과 감시를 철저하게 행하는 사회다. 따라서 북한 내부의 정보와 상황을 정확하게 파악하기 어렵고, 반대로 외부 세계의 정보가 북한 내부로 유입되는 것 또한 어려운 상황이다. 그러나 북한 당국의 주민들에 대한 통제와 감시, 처벌(「북한 형법」 제6장 195조)에도 불구하고 북한 주민들의 외부 정보에 대한 욕구는 점차 커지고 있으며, 접근 방법도 다양해지고 있다.

남한에서 북한으로의 정보 유입은 1960년대 이전에는 삐라(전단지)와 확성기를 통한 심리전 방송이 주를 이루었다면, 라디오 수신기가 늘어나는 1960년대 이후부터는 라디오 전파 활용이 가장 크다고 볼 수 있다. 이에 대해 북한 당국은 북한 주민들의 외부 정보에 대한 노출을 막기 위해 봉인

---

[1] 이 장은 저자의 2017년 저서 〈대북방송〉을 기초로 재구성되었다.

된 라디오만 사용할 수 있도록 하고 있으나 북한 주민들은 라디오 봉인을 해제하고 몰래 방송을 듣고 있다. 2000년대 중반부터는 단파를 통한 민간 대북방송이 늘어나면서 대북라디오 방송 전파가 많아졌다. 이에 북한 당국은 대북방송에 대한 전파방해를 지속적으로 실시하고 있다.

북한 내에서 주민들의 대북라디오방송 청취 상황은 1990년대 후반부터 늘어난 탈북자들을 통해 알려지기 시작했다. 라디오를 듣고 탈북을 결심하게 됐다고 밝히는 증언들이 이어졌다. 북한인권정보센터의 2012년 조사자료(탈북민 1,486명 대상)에 따르면, 19.8%가 라디오 청취 경험이 있으며, 한국을 동경해서(25.7%), 외국 사회를 동경해서(8.6%), 한국으로 가기 위해(8.6%) 등을 청취 목적으로 밝히기도 했다. 2013년 남북언론연구회 조사에서는 라디오 청취를 연령별로는 20~40대가, 성별로는 여성보다는 남성이 더 많이 듣는 것으로 조사됐다. 〈극동방송〉에 도착한 편지(1979년~1982년 도착한 편지 200통)를 분석한 자료에서도 남자가 77.5%, 여자가 19.5%로 월등히 남성의 비율이 높았다. 이들은 주로 국제정세나 한국 상황, 날씨, 음악, 심지어는 북한 내부의 사정을 듣기 위해서도 라디오를 찾는 것으로 나타났다.

그러나 최근에는 북한 내 미디어 환경의 변화로 SD카드, 알판(CD), DVD, USB 등 다양한 매체를 통해 정보가 유입되면서 라디오의 영향력이 줄어들고 있는 것으로 나타나고 있다. 최근 3년 이내 탈북한 탈북민을 대상으로 실시한 인터뷰[2] 결과 미디어 이용에 대한 세대별 차이도 나타난다. 그러나 김정은 체제 이후 감시와 통제, 처벌이 더 강력해진 상황에서 감추기 쉬운 소형 라디오는 여전히 외부 정보 유입에 중요한 도구로 활용되고 있으며, 남한 드라마 등의 남한문화 콘텐츠를 접한 경험이 정보 욕구로 이

---

[2] 저자가 2021년 8월부터 한 달 동안 최근 3년 이내(2019~2021년) 탈북한 청년 15명을 대상으로 실시한 인터뷰

어져 라디오를 찾게 되는 순환이 이어질 것으로 예상된다. 남북 교류가 전무한 현 상황에서도 라디오 전파를 통한 정보 유입은 꾸준히 진행되고 있다. 따라서 양질의 콘텐츠, 통일과 평화를 지향하는 내용의 콘텐츠가 전달되는지에 대한 관심과 연구가 중요하다. 이를 위해 대북방송에 대한 개념과 상황에 대한 이해가 필요하다. 이 장에서는 현재 라디오 전파를 통해 북한으로 외부 정보를 보내고 있는 대북방송의 역사와 현황에 대해 살펴보고자 한다.

2. 대북방송의 유형

대북방송은 남한에서 북한에 있는 주민들에게 보내는 메시지다. 대북방송은 분단 초기 남과 북의 유일한 커뮤니케이션 수단이었으며, 프로파간다적인 심리전 형태로 시작되었다. 라디오를 통해 자신의 체제를 옹호하고 적대국 수용자들의 반응을 형성하고 통제, 변화를 꾀하는 선전형태의 '대적(對敵) 커뮤니케이션'으로 시작된 것이다. 이후 정권의 변화에 따라 방송의 논조도 계속 변화되어 왔다. 따라서 대북방송은 분단체제에 있는 남북관계를 알 수 있는 상징적 의미도 지니고 있다. 현재는 대북방송의 주체가 다양해지면서 프로그램 내용과 형식에도 많은 변화가 생겨나고 있다. 체제비판이나 논평보다 교양, 문화, 오락 프로그램의 비중이 높아지고 있다.

대북방송은 유형별로 크게 국내와 국외 주체로 나뉜다. 국내 주체는 국내 지상파라디오 방송과 민간대북방송으로 구분되는데, 지상파 라디오방송으로는 〈KBS한민족방송(구, 사회교육방송)〉과 〈극동방송〉이 중파와 단파로 방송을 송출하고 있다. 탈북자들을 중심으로 시작된 민간대북방송으로는

〈국민통일방송〉과 〈북한개혁방송〉, 〈자유북한방송〉이 대표적이다. 이 외에도 종교단체(기독교)가 단파라디오로 대북 선교방송을 활발히 전개하고 있다. 국외주체는 미국 국방부가 지원하는 〈미국의소리방송 VOA(Voice of America)〉와 〈자유아시아방송 RFA(Radio Free Asia)〉, 그리고 영국 〈BBC방송〉이 대표적이다. 〈미국의소리방송〉과 〈자유아시아방송〉은 단파 송출과 함께 〈극동방송〉의 대북방송 시간을 임대해 중파로도 하루 4시간씩 방송을 송출하고 있다. 대북방송의 유형과 주파수를 정리하면 〈표 1〉과 같다.

표 1. 대북방송의 유형과 주파수

주체	유형	대북방송(주파수)
국내	지상파 라디오 (중파)	KBS 한민족방송(구. 사회교육방송) AM 972, 1170KHz (단파 6015KHz)
		FEBC 극동방송 AM 1188, 1566KHz
	민간대북방송 (단파)	국민통일방송 2014 열린북한방송, 자유조선방송, NK데일리 인터넷신문 통합 7515 KHz
		자유북한방송 11570KHz
		북한개혁방송 7590, 9380KHz
	기타 종교방송 (단파)	TWR 북방선교방송, OKCN 광야의 소리, VOM 순교자의 소리
국외	미국 (단파, 중파)	VOA(Voice of America) 미국의소리방송 • 단파 7225, 15775, 9490, 11935 • 중파 648, 1188KHz RFA(Radio Free Asia) 자유아시아방송 • 단파 5830, 7210, 7455, 11850, 11985, 9975, 7465, 11830, 7460, 9700, 11945 • 중파 1188KHz
	영국(단파) 일본(단파)	**BBC코리아** 방송 7355, 9390, 9615, 13650KHz **시오카제** 6135, 5910KHz, **일본의 바람** 9950KHz

출처: 조수진 (2017). 〈대북방송〉, 서울: 커뮤니케이션북스 이해총서.

대북방송은 국경을 넘어 북한 지역까지 전파가 도달되어야 하기 때문에 주로 중파와 단파 주파수를 활용한다. 중파는 파장이 크고 전리층을 타면서 멀리 도달할 수 있기 때문에 대북방송으로 적합한 주파수이지만, 국제전기통신연합ITU의 협약에 따른 국제연맹의 승인이 필요하고 비용이 많이 든다. 현재는 〈KBS한민족방송〉과 〈극동방송〉 등의 기존 지상파 라디오만 중파를 활용하고 있다. 중파는 주파수 배정도 어렵지만, 전기비가 많이 들어 관리 유지가 쉽지 않기 때문에 대부분의 민간대북방송에서는 제3국의 단파를 임대해 사용하고 있다. 단파는 중파보다 파장은 작지만 전리층에 반사되어 원거리까지 도달 가능하기 때문에 국제방송에 널리 사용되고 있는 주파수다.

3. 지상파라디오

1) KBS한민족방송(구, 사회교육방송)

우리나라 대표적인 공영방송인 〈KBS〉는 〈한민족방송〉이라는 대북방송을 운영하고 있다. 이 채널은 남북관계의 변화에 따라 프로그램 편성과 논조가 변화되고, 명칭의 변화도 계속됐다. 1948년 조선중앙방송국 대공방송으로 시작해 〈자유대한의 소리〉, 〈사회교육방송〉, 〈한민족방송〉으로 명칭이 변경됐다. 1957년 공보처에서 독립해 〈자유대한의 소리〉 대북방송으로 체계를 잡고, 1961년부터는 대북방송 전용 채널로 방송을 하게 된다. 당시에는 북한의 선전, 선동 대응과 국내 반공 강화가 주 목적이었다. 1972년 7·4 남북공동성명 이후 〈사회교육방송〉으로 명칭이 변경되고, 상대방을 중상 비방하지 않는다는 양측의 합의로 심리전 방송은 중단됐지만, 1973년 북한이 대남방송을 재개하고 도발을 일삼으면서 남한도 역시 대북방송을 강화하게 된다. 1993년 문민정부에 들어서면서부터는 화해 분위기가 조성되고 인권 프로그램에 관심을 갖기 시작한다. 1998년 김대중 대통령 햇볕정책으로 프로그램이 연성화되고 2000년 6·15 선언 이후 화해와 협력을 강조하는 프로그램으로, 2004년 남북장성급회담 이후 사회교육방송 존폐가 거론되면서 '한민족 네트워크 강화'라는 방향으로 정체성을 재정립한다. 2007년 8월 15일 〈한민족방송〉으로 명칭이 변경되고 지금까지 계속되고 있다(안민자, 2009).

〈한민족방송〉의 청취대상은 북한 동포와 중국, 러시아, 구소련의 중아아시아를 아우르는 지역의 북방 동포, 일본 거주 동포 등 전 세계 한민족 동포들로, 750만 재외 동포를 대상으로 한다. 현재 방송은 국내 최대 출력인 1,500kW 중파와 단파를 이용하고 있으며, 2014년 10월부터는 스마트폰 앱 '콩'으로, 최근에는 유튜브 채널로도 방송을 청취할 수 있게 했는데, 북한에서의 청취점유율이 43.2%에 달하는 것으로 나타난다.

1948년 대공방송으로 시작된 〈한민족방송〉은 정부 정책에 부합하는 프로그램을 편성한다. 반공사상을 강조하는 '우리의 나아갈 길', '이북동포에게 보내는 시간'이 대표적이다. 사회교육방송 당시에는 '사할린 동포에게', '북간도 동포에게' 등 북방 동포와 통일을 위한 교육을 목적으로 프로그램을 제작했다(한국방송공사, 1997; 방송사편찬위원회, 1997). 문민 정부 이후에는 화해와 협력을 강조하는 프로그램과 인권 프로그램이 등장하고, 탈북자가 늘어나는 1990년대 말에는 보도, 논평 등을 통해 소식을 전한다. 현재 주요 프로그램으로는 '보고싶은 얼굴 그리운 목소리'가 있다. 탈북민들이 한국에 오면 이 프로그램의 진행자를 만나고 싶어 〈KBS한민족방송〉을 찾는 것으로도 알려지고 있다. '세월따라 노래따라', '서울말 따라잡기', '팝스 프리덤', '통일열차', '경제로 통일로', '라디오극장' 등 다양한 프로그램이 제작되고 있으며, 탈북민들의 참여도 늘고 있다.

2) FEBC극동방송

〈극동방송〉은 1956년 미국의 TEAM(The Evagelical Alliance Mission)선교회가 한국복음주의방송협회를 창설하고 공산권선교를 목표로 세운 우리나라 최초의 대외방송이다. 〈아세아방송(현 제주극동방송)〉은 1973년 세계 최대 선교기구인 FEBC(Far Eest Broadcasting Company)가 중국 선교를 목표로 설립한 선교방송이다. 〈극동방송〉이 1970년대 들어 경영난을 겪게 되면서 1977년 〈아세아방송〉과 공동운영 체제로 들어가게 된다. 미국 선교단체에 의해 대외방송으로 시작된 두 방송은 초기 미국인 선교단체 주도 아래 미국인의 시각에서 방송이 이루어졌으며, 1977년 한국인 국장(김장환 목사)이 취임하고 공동운영되기 시작하면서 한국인 주도의 대북방송으로 변화된다. 한국어 방송 시간이 확대되고, 북한과 중국에서 가장 잘 들리는 오전 5시와 오후 9시 이후로 방송 시간이 변경되었다(조수진, 2014).

초창기 프로그램으로는 북한 동포들이 방송을 들으며 성경을 받아쓸 수 있도록 5분 동안 성경을 천천히 낭독하는 '5분 성경' 프로그램과 음악과 교양, 선교 내용을 담은 '등불을 밝히며', 북한 동포를 타깃으로 하는 '이북동포에게 보내는 시간', 미국 성도들의 간증을 담은 '나는 이렇게 믿었다' 등이 편성된다. 1995년에는 새벽 시간뿐만 아니라 초기 편성과 같이 저녁 시간대(오후 9시)에도 대북방송을 편성해 '남과 북이 하나되어'를 생방송으로 송출하기도 한다. 현재 서울 중파 1,188KHz, 출력 100kW와 〈제주극동방송〉 중파 1,566KHz, 출력

250kW로 대북방송을 송출하고 있다. 대표적인 프로그램으로는 서울은 '복음의 메아리'(매일 04:00~05:00), 'FEBC 새벽예배'(매일 05:00~6:00), 〈제주극동방송〉은 '새벽을 깨우며'(매일 04:00~05:00), '북한을 위한 기도'(매일 05:00~5:02), '안녕하세요 여기는 제주도입니다'(매일 05:02~ 05:30)가 있다(극동방송, 2006; 극동방송자료편찬위원회, 1996).

1976년 방송을 수신한 재중동포의 편지가 도착하기 시작하면서 대북라디오방송의 효과가 입증되기 시작했으며, 청취자들의 수신보고 및 청취소감문이 급격히 늘면서 '북방선교의 기수'라는 타이틀을 얻게 된다. 〈극동방송〉은 1979년 청취자 반응 증가를 보면서 수용자 조사의 필요성을 느끼고 북방 수용자들에 대한 청취율 조사를 실시하게 되는데, 중국 현지와 북, 중 접경지역 수신상태 조사와 탈북민들을 통한 구술 조사를 실시하기도 한다. 2005년에는 방송을 듣고 북한에서 체포된 북한성도들에 대한 내용이 보도되면서 한국 교회 내에서 북한선교를 위한 라디오방송의 중요성을 인식하는 중요한 계기가 되기도 한다. 1996년에는 처음으로 북한동포의 편지가 인편을 통해 〈제주극동방송〉에 전달되기도 했다. 〈제주극동방송〉 송신기 교체가 있었던 지난 2012년에는 북한 내 5가정이 헌금 500위안과 〈극동방송〉을 들으며 적어나간 신앙노트를 전달하기도 했으며, 2021년에도 〈서울극동방송〉에 북한 동포의 편지가 인편으로 도착하는 등 북한 내부에서 〈극동방송〉의 대북방송을 듣고 신앙을 유지하고 있는 성도들이 있음이 확인되고 있다(조수진, 2021).

4. 민간대북방송

민간대북방송은 〈KBS〉가 〈한민족방송〉으로 명칭을 바꾸고 화해와 협력을 강조하는 프로그램 편성과 북한 지역만이 아닌 한민족 전체지역을 아우르는 방송을 표방하자 탈북자들을 중심으로 북한에 대한 비판적 목소리를 대신하는 대안언론으로서 기능을 하겠다고 밝히면서 시작된 방송이다. 민간대북방송은 국가의 재정 지원을 받지 않고 대부분 미국의 재정적 지원을 받아 운영되고 있으며, 국내 중파 주파수 사용이 어려워 제3국의 단파를 임대해 전파를 송출하고 있다. 단파 주파수는 일정한 비용만 있으면 까다로운 조건 없이 해외에서 임대가 가능하기 때문에 민간대북방송사들이 활용하고 있다. 대부분 하루 1~5시간 정도 임대하고 있다. 민간대북방송은 국내가 아닌 국외 단파로 송출되기 때문에 국내에 적용되는 법적 절차나 허가 절차가 없고, 방송사업자가 아닌 사단법인으로 등록되어 있는 상태다.

민간대북방송은 〈자유북한방송(2005)〉과 〈자유조선방송(2005)〉, 〈열린북한방송(2005)〉, 〈북한개혁방송(2007)〉 등 4개 방송으로 시작된다. 대부분 1시간 송출부터 방송 시간을 점점 확대해 나가기 시작했으나, 재정적인 어려움, 전문인력의 부족 등 열악한 상황이 개선되지 않자 2015년을 기해 일부가 통합을 모색하게 된다. 〈자유조선방송〉과 〈열린북한방송〉, 그리고 북한전문 인터넷신문 매체인 〈데일리 NK〉가 통합해 〈국민통일방송〉을 만든다(이창현·조수진, 2020). 〈국민통일방송〉은 현재 대표적인 민간대북방송으로 자리잡아 단파라디오 송출뿐만 아니라 유튜브 영상프로그램 제작까지 확대하고 있다. 〈국민통일방송〉을 중심으로 〈민간대북방송〉 콘텐츠의 변화를 살펴보면 크게 4기로 나누어볼 수 있다. 초기에는 주로 논평과 남한 소식, 북한 내부소식, 김정일 일가 체제의 모순을 폭로하는 강한 어조의 내용이 주를 이룬다. 주로 북한의 정치적 현안에 대한 해설과 논평에 집중되는 경향이 강했다. 두 번째 시기는 2011년에서 2014년으로 외부 게스트, 특별히 탈북자 게스트의 참여를 늘리고 다큐멘터리, 입체낭독 등의 다양한 포맷을 활용하기 시작한다. 세 번째 시기는 2015년 이후 〈국민통일방송〉으로 일부 민간대북방송이 통합한다. 탈북민이 본격적으로 MC로 기용되기도 하고, 선정성이 강한 프로그램이 줄고 교양, 오락, 문화 편성이 비율이 늘어난다. 또 하나 새로운 변화는 북한 지역에서는 듣기 힘든 낮 시간대 방송을 편성하기도 하는데, 이는 통일방송으로서의 정체성 변화를 염두에 두고 있다는 의미로 해석된다. 네 번째 시기는 통합 이후 대표적인 민간대북방송으로 자리를 잡고 영상프로그램을 확대해 나간다. 북한 내 한류 현상이 보고되기 시작하면서 문화적인 내용, 한국 문화 관련 내용, 시장화와 관련된 경제 소식 등이 프로그램에 반영되기 시작했으며, 북한 내 미디어 환경변화에 따른 영상프로그램도 제작되는 시기다. 이를 정리하면 아래 〈표 2〉와 같다.

표 2. 민간대북방송(국민통일방송) 콘텐츠의 변화

시기 구분	주요 내용	방송 시간
1기 (2005~2010)	뉴스·논평(김정일 체제 폭로)50% 교육·정보 50%	1일 30분 2008년부터 1일 3시간
2기 (2011~2014)	뉴스·시사 35%(논평 주 5회 중 20% 정도 강한 어조 유지) 교양 35%, 문화·음악 30%	1일 3시간
3기 (2014~현재)	뉴스·논평 35% 교육·교양 40%, 문화·오락·음악 25%	2014년부터 1일 2시간 2016년부터 1일 3시간
4기 영상 (2015~현재)	영상프로그램 제작 업로드 동영상 959개(2021년 9월 현재)	구독자수 6.57만 명

출처: 조수진 (2021). 미디어를 활용한 북한선교방안 모색. 〈장신논단〉, 53권 5호

민간대북방송의 콘텐츠의 변화에서 발견되는 점은 일상성이 강조된다는 점이다. 일상(日常)은 평범하고 무의미한 것으로 여겨질 수 있으나, 사건의 토대가 되기 때문에 중요하다. 탈북민 3만 명을 넘어선 시대, 그들을 통해 북한 주민들의 일상을 들여다볼 기회가 많아졌으며, 그 내용이 방송 콘텐츠에 반영되고 탈북민 방송 참여 확대가 이루어지면서 이러한 논의는 더 중요해지고 있다(조수진, 2018).

5. 국외 주체 방송

1) 미국의소리방송 VOA(Voice Of America)

국외 주체의 대표적인 대북방송인 〈미국의소리방송〉은 미국의 국제 홍보 전략으로서의 방송의 일환이다. 미국의 이러한 국제 홍보전략 차원의 방송은 냉전 시기에는 공산권에 대한 민주주의, 자유주의 확산이 주요 목적이었다면 최근에는 정보가 억압된 지역에 정확하고 객관적인 정보를 전달한다는 의미로 확대되었다(이원웅, 2009). 이러한 의미에서 미국은 자유와 정보, 인권이 억압된 북한에 대한 방송을 강화하고 있다. 〈미국의소리방송〉은 1942년 설립된 미국의 국영방송으로 워싱턴에 본부를 두고 있고, 정부재정으로 운영된다. 현재 한국어를 포함한 43개 언어로 1,200여 나라의 현지 방송국을 통해 매주 1,500시간 프로그램을 제작·송출한다. 1994년부터 인터넷 서비스를 시작했으며, 전 세계 1억 4,100만 명을 시, 청취 대상으로 한다. 〈미국의소리방송〉은 신뢰, 정확, 객관, 균형 잡힌 보도를 중요하게 여기며, 'VOA헌장'을 통해 이러한 목적을 밝히고 있다. 한국어방송은 당시 주미외교위원부

위원장인 이승만 박사의 제안으로 시작됐다. 1942년 8월 29일 샌프란시스코에서 제작된 '자유의 종은 울린다'라는 한국어방송이 그 시작이었다. 1945년부터 〈서울중앙방송〉으로 중계되기 시작했으며, 1950년 8월부터는 1시간 동안 확대·편성해 송출됐다. 주로 뉴스, 해설, 정치, 경제, 사회, 문화, 교육 프로그램들이 편성된다.

지난 2004년 미국 내「북한인권법」이 통과되면서 법적 근거가 마련됨에 따라 〈미국의소리방송〉은 대북방송에 대한 지원을 확대해 나가고 있다. 현재는 단파와 〈극동방송〉 중파 주파수를 빌어 하루 4시간씩 대북방송을 송출하고 있다. 주요 프로그램으로는 'VOA뉴스 투데이', '워싱턴 뉴스광장', '생방송 여기는 워싱턴입니다', '출발 뉴스 쇼' 등이 있다.

2) 자유아시아방송 RFA(Radio Free Asia)

〈자유아시아방송〉은 1994년 미의회가 입법한「국제방송법」에 따라 1996년 미국 의회의 출자에 의해 설립된 국제방송국이다. 〈미국의소리방송〉이 청취 대상을 전 세계로 선정한 것과 달리 〈자유아시아방송〉은 뉴스와 정보에 자유롭게 접근하지 못하는 아시아 지역을 대상으로 한다. 또한, VOA가 국영방송이라면, 〈RFA〉는 미 정부의 견해나 이익을 대변하지 않는 독립된 언론이다. 1996년 중국어방송을 시작으로 티베트어, 버마어 방송을 실시했으며, 한국어방송은 1997년 3월부터 시작했다. 현재는 9개 나라의 언어(중국어, 티베트어, 베트남어, 버마어, 한국어, 라오어, 크메르어, 광동어, 위구르어)로 아시아 전 지역을 향해 단파와 중파, 위성으로 방송을 하고 있다. 〈RFA〉는 과거 동유럽 사회주의 국가들의 민주화에 기여한 것으로 평가되는 〈RFE(자유유럽방송)〉을 모델로 하고 있으며, 한국어방송은 언론의 자유가 제한된 북한을 대상으로 한다. 〈자유아시아방송〉 역시 단파와 〈극동방송〉 주파수를 통해 하루 5시간 방송하고 있다.

〈RFA〉 프로그램은 뉴스보도가 가장 큰 비중으로 편성되며, 탈북자와 북한인권 등에 대한 내용, 경제, 문화 등 다양한 내용으로 구성된다. 주요 데일리 프로그램으로 'RFA 뉴스'와 칼럼, 일기예보, '여기는 서울', '지구촌 소식', '스포츠 매거진', '남북생활어 사전', '역사 속의 오늘' 등이 있으며, 주간 프로그램으로 탈북민 정착기, 북한 소식, RFA 초대석 등의 인터뷰, 경제 소식, 음악관련 프로그램 등이 다양하게 편성된다.

3) 그 외 국외 주체 방송들

영국 〈BBC방송〉도 2017년 9월부터 단파와 인터넷으로 대북방송 송출을 시작했다. 또한, 일본의 '특정실종자문제조사회'라는 민간단체가 납북된 일본 피해자들을 대상으로 한국어와 일본어, 영어로 방송하는 '시오카제'와 일본 정부산하 '납치문제대책본부'가 운영하는 단파방송인 '일본의 바람'이 있다.

6. 나가며: 대북방송에 대한 관심과 연구의 필요

라디오를 통한 대북방송이 북한 주민들의 인식 변화를 이끄는 데 중요한 역할을 하고 있다는 것은 탈북민들을 통해 그동안 계속 확인되어 왔다(남북언론연구회, 2013). 시대 변화에 따라 대북방송편성의 형식과 내용에도 그동안 많은 변화가 시도되고 있다. 이제는 북한의 미디어 환경도 급변하고 있으며, 최근 다양한 매체를 통해 외부 정보가 유입되고 있는 상황에서 대북라디오 방송은 북한주민들의 일상, 삶에 중요한 정보들을 전달할 수 있어야 한다. 교류조차 없는 남북 관계에서 전파를 통해 공감대를 형성해 나가기 위한 도구로 대북방송이 활용될 필요가 있다. 그러기 위해서는 공감대 형성을 위한 소재개발과 프로그램 다양화도 필요하다. 대북방송은 늘 전문성 부족의 한계가 지적되고 있다. 이제는 대북방송 제작의 생산자, 콘텐츠, 수용자에 대한 체계적인 연구와 관심이 필요한 때다.

참고문헌

극동방송 (2006). 〈극동방송 50주년 화보집〉.
극동방송 40년사 편찬위원회 편 (1996). 〈극동방송 40년사〉. 서울: 극동방송.
남북언론연구회 (2013). 〈대북방송백서〉. 서울: 남북언론연구회.
남북언론연구회·RFC자유조선방송 편 (2014). 〈통일시대와 미디어의 역할〉. 서울: 남북언론연구회.
북한인권정보센터 (2012). 〈북한인권백서〉. 통일연구원.
안민자 (2009). 〈대북방송 정체성 변화와 프로그램 편성연구〉. 경남대학교 박사학위 논문.
이원웅 (2009). 〈미국 대북 방송연구: 운용실태 및 전략을 중심으로〉. 서울: 통일연구원.
이창현·조수진 (2020). 〈민간대북방송의 현황과 제작자의 인식 연구〉. 서울: 통일부
조수진 (2014). 〈극동방송의 대북방송 역사연구〉. 고려대학교 석사학위 논문
조수진 (2017). 〈대북방송〉. 서울: 커뮤니케이션북스.
조수진 (2018). 〈민간대북방송 출현 이후 대북방송의 변화: KBS 한민족방송, 극동방송, 국민통일방송을 중심으로〉. 국민대학교 박사학위 논문.
조수진 (2021). 미디어를 활용한 북한선교방안 모색: 대북라디오선교방송을 중심으로. 〈장신논단〉 53권 5호, 355-379.
한국방송공사 (1977). 〈한국방송사〉. 서울: 한국방송공사.
한국방송협회 (1997). 〈한국방송 70년사〉. 서울: 한국방송협회.

Chapter 15

국제정세와 남북관계 외신보도[1]

최종환 | 성균관대학교 메타사회연구소 선임연구원

1. 한반도의 국제정치

 오늘날 한국은 세계적 수준의 정치·경제·사회·과학 기술적 역량을 자랑한다. 코로나바이러스감염증-19(이하 '코로나19')라는 팬데믹 상황에서도 한국의 방역수준은 선진국들과 비교해 볼 때 부족함이 없는 실정이다. 실제로, 한국의 코로나19 치명률은 0.12%로, 영국 1.31%, 미국 0.54%, 독일 0.14%보다 낮은 수준이다. 그 성과에 힘입어 경제협력개발기구OECD는 'K방역'을 코로나19 우수 대응 사례로 소개한다고 밝히기도 했다(한국일보, 2022, 5, 17). 또한, 한국은 비(非) 서구권 국가 가운데, 자체 생산한 문화콘텐츠가 서방 국가에서 인기를 끌고 있는 거의 유일한 나라이기도 하다. 음악, 영화, 드라마 콘텐츠는 현재 동아시아뿐만 아니라, 유럽, 북미 시장에서 활발하

---

[1] 본 글은 필자가 쓴 논문 일부를 발췌하였다. 최종환 (2022). 북한의 미디어 외교 연구: 약자의 국제사회 여론전. 〈통일연구〉, 26권 1호, 79-119 참고.

게 유통되며 큰 인기를 모으고 있다.

하지만, 이러한 외형적 성장에도 불구하고 한국은 냉전시대의 유산을 온전히 청산하지 못하고 있다. 2차 세계대전 종결 이후 형성된 '분단의 씨앗'은 서로를 향해 적대적 정체성을 구축해왔다. 매년 열리는 한미연합훈련은 상대를 제압해야 한다는 안보 논리와 '적(敵)과 아(我)'라는 이분법적 정치 논리에서 시작되었다고 해도 과언이 아닐 정도다. 남북한 정치 지도자들 또한 상대를 부정함으로써 자유민주주의와 사회주의의 우월성을 인정받으려 했다. 북한의 경우, 2017년 미국의 대북적시 정책에 맞서 '핵무력 완성'을 선포하며, 대륙간탄도미사일ICBM: inter continental ballistic missile을 발사했다. 이어, 8차 당 대회(2021)에서는 처음으로 적대 국가를 향한 '선제적 핵공격'을 언급했다. '위로부터' 확산된 분단의 감정은 국민 개개인들에게 지대한 영향을 주었으며, 이러한 비정상적 체제는 현재까지 지속되고 있다.

이와 같이 한반도는 '성장'과 '위기'라는 양극단의 정치적 상황이 존재한다. 자유민주주의와 사회주의라는 서로 다른 체제가 존립하는 남북한은 그 자체로 냉전이 지속된 공간이기도 하다. 그런 만큼 해외 언론의 관심도 커지는 양상이다. 소위 '국제뉴스'는 개별 국가의 외교적 아젠다agenda를 알아보는 창구이자, 국가 간 소통을 이끄는 매개체로 볼 수 있다. 우리가 실시간으로 국제이슈를 접할 수 있게 된 것도 미디어의 발 빠른 취재력이 뒷받침되었기 때문이다.

2018년 문재인 정부의 한반도 평화프로세스 국면이 이를 잘 보여준다. 남북은 세 차례 정상회담을 가졌고, 제3국이었지만 분단 이후 처음으로 북미 정상이 손을 잡았다. 정상회담을 통해 합의된 4·27 판문점선언과 6·12 싱가포르선언, 9·19 평양공동선언은 모두 평화와 화해를 강조한다. 이듬해에는 제2차 북미정상회담이 열렸지만, 양국의 입장차로 합의문은 도출하지 못했다(최종환, 2021).

해외 언론은 이러한 정치적 이벤트를 비중 있게 다루었다. 2018년 4월 남북정상회담의 경우, 서울 메인프레스센터MPC에는 3,000여 명의 내외신 취재진들이 모였다. 취재진은 36개국 184개 매체 869명으로 집계되었다. 일본이 25개 매체 366명으로 가장 많았으며, 미국 언론 28곳 161명, 중국 언론 21곳 81명 등이 뒤를 이었다. 정상회담 당일 등록도 이뤄져 실제 외신 기자 수는 이보다 훨씬 많았을 것으로 파악된다(정지용, 2018).

오늘날 한반도는 미중 경쟁의 변곡점이기도 하며, 정치·경제적 파급력 또한 커지고 있다. 외신들이 한반도와 남북관계 문제에 관심을 기울이는 것도 이러한 외교적 상황의 변화와 무관하지 않아 보인다. 글로벌 미디어들은 현상 파악에 머물기보다 정치·사회적 의미를 포착하려는 모습을 보였다. 본 장에서는 남북관계를 둘러싼 해외 언론의 전반적인 보도 양상을 알아보고자 한다. 이를 통해 통일 커뮤니케이션의 방향과 공공외교의 정책적 함의를 도출할 것으로 기대했다.

2. 미디어의 외교적 역할

디지털 기술에 힘입어 지구촌은 하나로 연결되고 있다. 국제이슈에 대한 접근성은 이전보다 훨씬 쉽고 빨라졌다. 유수의 글로벌 미디어들은 상시적으로 국제이슈를 보도함으로써 자국의 이익을 대변하거나, 정치적 이벤트에서 여론을 확산하기도 한다. 이러한 행위는 한 나라의 브랜드 형성, 이미지 개선과 무관하지 않다. 국제사회에서 국가적 평판은 외교정책과 문화, 경제력, 문화 수준 등을 기초로 종합적으로 이뤄진다고 할 수 있다(Anholt,

2007; Wang, 2006). 정보가 활발하게 유통되고 있는 오늘날 국가의 평판은 점차 중요해지고 있다. 공공외교는 이를 설명하는 핵심 개념 중 하나다.

일반적으로, 공공외교는 한 나라의 역사와 전통, 문화, 예술에 대한 공감대를 확산하고, 국제사회에서 여론을 모으는 행위를 말한다(문미리, 2021). 공공외교를 수행하는 이들은 해외 대중들을 대상으로 어떠한 소통 과정을 전개해야 하는지 파악할 필요가 있다(이진영, 2018). 특정 이데올로기를 내세우기보다 주변국들이 함께 대응할 의제를 발굴하고, 문제해결에 나서는 행위들이 여기에 속한다. 국제사회에서 '소프트 파워soft power'가 주목받는 것도 이와 관련이 깊다. 여기에는 정부가 미디어를 통해 수행하는 공공외교와 각종 문화 교육, 커뮤니티 등이 포함된다.

최근에는 외교정책에 대한 자국민의 이해와 지지가 중요해지면서 미디어의 외교적 역할이 주목받고 있다. VOA(미국의 소리)를 비롯해 영국 BBC, 중국 CCTV가 벌이고 있는 해외 수신자용 프로그램은 미디어를 통한 공공외교의 전형적인 사례라고 할 수 있다. 그 대상은 타국의 대중을 중심으로 하면서도, 대학·NGO 등 여론 형성에 중요한 역할을 하는 조직을 포함한다(진행남, 2013 재인용; 자오치정, 2011/2012).

사실, 미디어는 시기와 상황, 역할에 따라 형식은 조금씩 달랐지만, 외교현장에서 자국의 이익을 대변하기 위한 '협력자parter'로서 기능을 일정 부분 담당해왔다(Cohen, 1963). 외교적 측면에서 볼 때, 미디어는 대외정책의 필요성에 따라 단기간 활용되는 프로젝트가 아닌 오랜 시간을 두고, 국가 이미지 개선, 공감대 형성, 우호적인 대외환경 조성 등에 중요한 시사점을 제공한다(김성해, 2014). 국가 간 이해관계가 첨예하게 엇갈리거나, 다양한 여론이 형성되는 경우, 미디어는 어느 것이 중요한지 선별해 보도함으로써 국가가 나아가야 할 방향을 제시하는 것이다. 정보원의 전략적 활용, 특정

보도주제 부각, 상대국에 대한 신뢰 형성 등이 여기에 해당된다(김성해 외, 2011). 이 같은 요소들은 한 사회의 오랜 관습과 담론, 의례를 통해 이뤄진다. 이는 역설적으로, 오랫동안 축적된 고정관념이 미디어 보도 혹은 외교적 행위를 통해 더욱 확산된다고 볼 수 있다.

미디어의 외교적 역할은 '사회적 책임'social responsibility 이론으로도 접근할 수 있다. 이 이론은 언론의 자유가 민주주의를 강화할 것이라는 신화를 깨뜨리고, 황색 저널리즘yellow journalism을 양산한다는 비판에서 나온 개념이다. 미국의 허친스 위원회Hutchins Commission는 과도한 신상 털기, 인권침해 같이 미디어의 무책임한 보도를 비판하며, 공공재로서 역할을 강조한 바 있다(Altschull, 1990/2005). 미디어라는 공공재는 공동체가 직면한 사회적 문제에 집중하고, 시시비비를 가려 더 나은 대안을 제시해야 한다는 당위론과 맞닿아 있다. 미디어의 사회적 책임은 결국 변화하는 국제사회에서 자국의 이익을 극대화하고, 기후위기, 에너지 문제 등 인류의 보편타당한 가치를 지키는 행위로 이해할 수 있다.

문제는 미디어가 국가이익을 어떻게 수호할 것인가라는 점이다(허재철, 2018). 국가 간 분쟁이 길어지는 나라에서 양자가 똑같은 이익을 쟁취하기란 쉽지 않다. 이 과정에서 미디어는 전략적 판단을 하게 된다. 당면한 상황에 유보적 입장을 취하거나, 서로의 공통된 이익을 적극적으로 발신하는 태도 등이 그런 경우다(선상신·김성해, 2011).

물론, 미디어의 외교적 역할은 자유주의와 사회주의 체제에서 서로 다른 의미를 가진다. 모두 국가이익을 대변한다는 공통점이 있지만, 전자는 정부의 통제에서 벗어나 자유로운 취재와 보도가 허용된다. 국가 간 외교 행위에서 정부의 입장을 우호적으로 대변하기보다 사실에 기반한 비판적 입장을 드러내기도 한다. 반면, 사회주의권에서는 당의 기본 노선을 강조하며 집단 체제로 미디어가 운영된다. 정부 입장을 일방적으로 따른다는 점에서 자유주의 국가들과 차별화 된다(이윤복, 2018). 사회주의 국가들은 미디어의 자율성을 제한하고 있기 때문에 학계에서는 이들 나라의 보도 행위가 프로파간다 속성을 지녔다는 진단이 있지만(선상신·김성해, 2011), 한편에서는 그렇게 보는 시각이 '정치적'이라는 견해도 있다(박세진, 2019).

국제사회가 빠르게 변화하는 시기, 언론의 외교적 역할을 탐색하는 것은 중요한 과제다. 언론 보도의 의미를 파악해 더 나은 국제관계를 형성하는 것은 개별 국가의 책무이기도 하다.

3. 남북관계를 둘러싼 외신보도

한반도는 지정학적 특성상 외신들의 주목도가 높다. 미중 경쟁의 분기점이자, 자유주의와 사회주의 양 진영이 첨예하게 대립하고 있는 세계 냉전사의 보기 드문 지역이기 때문이다. 외신들은 한반도에서 벌어지는 다양한 이벤트와 인물, 사건 등을 조망하며 여론 확산에 힘쓰고 있다. 이 절에서는 남북관계를 둘러싼 해외 언론의 전반적인 보도 경향을 살펴보았다.

1) 안보위협의 고조

현실주의 관점에서 볼 때, 국제사회는 경제력과 군사력으로 설명된다. 토마스 홉스Thomas Hobbes는 일찍이 '만인에 의한 만인의 투쟁'이라고 했으며, 상대가 넘볼 수 없는 압도적 힘만이 전쟁을 예방할 수 있다고 했다. 미디어를 통해서도 이러한 관점은 쉽게 확인된다. 국가 간 외교 행위에 대해 외신들은 문제해결보다 갈등과 대립을 드러내는 관점을 많이 보였다.

최종환·김성해(2021)는 미국 주류 언론이 북미협상 국면에서 북한의 위협 수준을 재차 강조했다고 주장한다. 북한의 대외전략이 남북관계에 영향을 주기도 하며, 남북관계 진전에 따라 북한의 행동 변화에 영향을 줄 수 있다는 점에서 각각의 이슈는 보완적인 관계에 있다. 이들에 따르면, 미국의 〈워싱턴 포스트〉와 〈뉴욕타임스〉는 2002년 부시 행정부의 '악의 축' 발언 이후 특정 국면마다 북한에 대한 강압적인 태도를 보였다. 예컨대, 북한의 안보 위협에 상응하는 경제제재를 높이거나(〈워싱턴 포스트〉), 대(對) 중국 압박을 강화해야 한다(〈뉴욕타임스〉) 등의 주장이 그런 경우다. 미국 언론은 안보 이슈가 부각될수록, 북한을 '악마화'하는 담론을 생산함으로써 문제해결을 더욱 어렵게 만들었다고 볼 수 있다. 이러한 보도 경향은 국제정치학에서 '안보화securitization theory' 이론으로 설명된다. 코펜하겐학파로 불리는 올 웨버가 처음 제안한 이 개념은 특정 이슈를 '안보security' 위기로 규정한다는 의미다. 결국 모든 이슈가 안보 문제로 직결되어 해결에 대한 다양한 논의를 축소한다는 것이다(최종환·김성해, 2021). 안보 논리에 기반한 보도는 한반도를 둘러싼 정치·외교적 사안을 양극단의 이분법적 논리로 귀결시키는 문제로 이어질 수 있다.

안보 이슈가 국가 간 정치적 입장에 따라 달리 보도된다는 주장도 눈여겨 볼 부분이다. 천안함 피격을 둘러싼 미중 언론의 보도 방식을 분석한 유세경 외(2010) 등의 연구에서 이러한 문제점이 확인된다. 그들은 미국의 〈뉴욕타임스〉와 중국 〈인민일보〉가 해당 이슈를 어떠한 방식으로 보도했는지 살펴보았다. 연구에 따르면, 사건에 대해 미국은 안보 위협을 확산시키는 한편, 북한에 대한 강력한 제재를 강조했다. 하지만, 중국 언론은 비교적 사실관계를 파악하는 데 힘을 기울였다. 그 차이는 보도 시점에서도 명확히 드러났다. 〈뉴욕타임스〉는 분석 기간 하루 평균 1건 이상의 기사를 지속적으로 보도했고, 북한과 동맹관계에 있는 중국의 〈인민일보〉는 사건 발생 이틀 만에 사실보도를 하는 데 그쳤다. 그러나, 천안함 침몰사건 조사 결과가 발표된 3차 시기 이후 보도 건수는 〈뉴욕타임스〉 5건, 〈인민일보〉 10건으로 큰 차이를 보였다(유세경 외, 2010). 이러한 결과는 남북관계의 중대한 영향을 주는 천안함 사건에 대해 국제사회의 이해관계가 첨예하게 얽혀있다는 점, 외신은 사실을 있는 그대로 전달하기보다 자국의 정치적 이익을 극대화하는 방향으로 보도하고 있음을 보여준다.

남북관계는 분단 70년 이후 화해와 갈등 국면이 반복적으로 나타났다. 하지만, 1990년대 초반 북핵 문제가 수면 위로 떠오르면서 외신들의 관심은 북한의 위협 수준을 어떻게 억제할 것인가로 모아졌다. 특히, 북한의 핵·미사일 도발을 비롯해, 천안함 사건, 연평도 포격 등 군사적 이슈가 발생할 때마다 언론은 갈등을 중재하기보다 안보 위협을 고조시키는 태도를 보였음을 부인할 수 없다. 언론 보도가 한 사회의 여론 형성에 중요한 역할을 한다고 볼 때, 이러한 보도 태도가 한반도 평화와 통일에 어떠한 영향을 주게 될지 돌아볼 일이다.

2) 국제규범에 대한 이해 충돌

국제사회에는 테러리즘과 기후변화, 감염병 위기 대응 등 다양한 규범이 존재한다. 국제규범은 국제사회 일원이라면 누구도 반대할 수 없고, 반드시 지켜야 할 약속이다. 남북관계 측면에서는 비핵화, 대북제재, 인권 등이 국제사회의 중요한 규범이라 할 수 있다. 한반도에서 핵실험을 중지하고, 인간의 존엄성을 해치는 행위는 용납할 수 없다는 국제사회의 합의가 마련된 것으로 보면 된다.

하지만, 국제규범을 둘러싼 시각차는 외신 보도를 통해 자주 목격된다. 대북제재 이슈가 대표적이다. 유엔 안보리는 2006년 북한의 1차 핵실험 이후 본격적으로 대북제재를 실행했다. 2022년 기준, 안보리가 채택한 대북제재 결의는 총 10차례다. 모두 북한에 경제적 압박을 가하려는 취지다. 그 중 2017년의 대북제재 2397호는 역대 가장 강력한 비군사적 제재로 꼽을 수 있다. 회원국들은 북한 해외 노동자를 24개월 내 송환해야 하고, 대북 식료품 및 선박 수출을 할 수 없게 되었다. 하지만 제재는 단순히 특정 국가에 대한 벌칙으로 작용하지 않는다. 예컨대, 대북제재 결의는 "비핵화 여부에 따라 제재의 강화 및 수정, 완화" 등을 명시하고 있으며, 인도적 지원 및 문화체육교류, 관광 등을 제재 항목에서 예외로 두고 있다. 제재는 패널티penalty 성격이 강하지만, 본질은 평화적인 해법을 강조하는 것이다(최종환·이현주, 2021).

대북제재를 둘러싼 외신 보도는 정치적 관점에 따라 다양하게 나타났다. 안보리는 2017년 12월 22일 대북제재 결의안 2397호를 채택했는데, 당시 중국과 일본 언론은 서로 다른 방식으로 문제에 접근했다. 중국 관영 매체들은 대북제재의 '무용론'을 제기했다. 제재 결의가 북한의 변화를 이끌 수 없다고 보고, 오히려 북한의 핵실험을 가중시킨다고 본 것이다. 그 대안으로, 북미 간 대화와 타협을 제시했다(뉴시스, 2017, 12, 25). 반면, 일본 언론은 이 조치가 '전례 없는 수준으로까지 한층 높인 것'이라고 규정했다. 그러면서, 자국의 유력 정치인들의 발언을 인용, 대북제재가 국제사회의 합의된 약속임을 강조했다(매일경제, 2017, 12, 23). 이러한 보도 태도는 대북제재라는 국제규범을 제재와 압박이라는 매우 좁은 관점에서 해석하고 있음을 볼 수 있다. 한반도 평화라는 대의에 의미를 부여하기보다 자국의 정치적 입장과 관점에 따라 국제규범을 상이하게 바라보고 있음을 설명한다.

2018년 북미정상회담 당시 미국과 영국 언론 보도에서도 비슷한 시각이 확인된다. 북미정상회담은 70여 년 간 지속된 두 나라의 적대를 청산하고 신뢰를 다지는 매우 의미 있는 '정치적 이벤트'였다. 주요 의제는 비핵화를 둘러싼 문제해결 방식으로 모아졌다. 이와 관련하여, 문미리(2021)는 해외 유력 언론은 비핵화에 대해 구체적인 정의를 내리지 못했다고 진단했다. 예컨대, 영국의 BBC는 일본과 중국 정치인을 주로 인용하면서, 북미정상회담 이후 강대국의 정세 변화를 주로 보도했다. 비핵화에 대해서는 한반도 평화와 연결지어 평화체제 구축을 해결 프레임으로 제시했다. 반면, 미국 CNN은 비핵화를 위해 구체적으로 어떠한 접근이 이루어져야 하는지 방향을 제시하지 못했다. 대신 주한미군 철수, 대북제재, 한미연합훈련 등에 대한 반대 입장을 보일 수 있는 기사를 생산한 것으로 드러났다(문미리, 2021).

한반도 평화와 비핵화는 국제사회의 중요한 의제 중 하나다. 특히 미국과 중국 간 전략 경쟁이 첨예하게 벌어지고 있는 한반도는 작은 충돌이 대규모 참상으로 번질 수 있는 공간이기도 하다. 국제규범에 대한 언론 보도도 매우 신중하고 무겁게 받아질 필요가 있어 보인다. 단순히 '약속을 지켜야 한다'는 당위론에서 벗어나 한반도 평화를 촉진할 수 있는 신뢰 구축과 교류협력의 방안을 모색할 수 있는 보도로 개선되어야 할 것이다.

4. 공공외교의 중요성

디지털 기술에 힘입어 지구촌은 하나로 연결되고 있다. 국제이슈에 대한 접근성은 이전보다 훨씬 쉽고 빨라졌다. 유수의 글로벌 미디어들은 상시적으로 국제이슈를 보도해 자국의 이익을 높이거나, 정치적 이벤트에서 자신들의 목소리를 발신하고 있다.

외신들의 관심 영역에서 남북관계는 결코 가볍지 않아 보인다. 막대한 자본력과 취재력을 가진 외신들은 국제사회의 핵심 국가로 성장한 한국에 대해 치열한 취재경쟁을 벌이고 있다. 기존 레거시 미디어뿐만 아니라 개인들이 직접 나서서 유튜브와 페이스북, 트위터 등을 활용해 스스로 의제를 설정하는 모습도 어렵지 않게 볼 수 있다. 기실 현대 모든 외교 활동이 미디어를 통해 전달되고 있다고 해도 과언이 아니다(송태은, 2020).

선행연구에서 확인한 것처럼, 한반도와 남북관계를 둘러싼 외신 보도는 대체로 주요 정치적 이벤트와 안보 위협 등에 치우쳐 있는 경향을 보였다. 특히 북핵 문제가 글로벌 이슈로 떠오르면서 이와 관련한 다양한 입장을 드러내고 있다. 남북관계에 대한 외신 보도가 한반도 정세와 통일 및 평화에 대한 국제사회의 인식에 적지 않은 영향을 미친다고 볼 때, 이들 언론이 남북관계를 어떻게 정의하고, 평가하는지 알아보는 작업은 그 국가의 정책 방향을 이해하는 계기가 될 것으로 보인다(문미리, 2021).

실제로, 오늘날 서방 국가들은 외교의 주체를 정부와 함께 미디어, 시민단체, 기업 등을 하나의 범주로 넣고 있다. 외교 대상에 타국 국민뿐만 아니라 자국민까지 포함하면서 국제이슈의 수신·발신처는 광범위해지는 양상이다. 미디어가 법적으로 외교관 역할을 수행하는 것은 아니지만, 국제사회의 여론을 수렴하는 데 적지 않은 역할을 한다. 더욱이 코로나19와 기후변화, 우크라이나 전쟁 등 국제 이슈가 점점 복잡해지고 이해관계가 많아지고 있으므로, 보다 다양한 시각으로 외신보도를 파악할 필요성이 제기된다(진행남, 2013). 이와 더불어 우리는 체계적인 지원과 이벤트를 통해 외신을 통한 통일 담론을 만들어야 할 것이다.

참고문헌

김성해·유용민·심영섭 (2011). 글로벌 디지털 시대의 국제 뉴스: 온라인 국제뉴스에 대한 국가별 비교연구. 〈언론정보연구〉, 48권 2호, 181-222.
김성해 (2014). 글로벌 공론장, 여론전쟁 그리고 중견국 비전 : 한국형 미디어외교 모델을 위한 탐색적 연구. 〈문화와 정치〉, 1권 2호, 35-66.
문미리 (2021). 컴퓨터 텍스트 분석 툴(Tool)을 활용한 글로벌 뉴스미디어의 싱가포르 북미정상회담 뉴스 프레임 분석: BBC와 CNN을 중심으로. 〈정치커뮤니케이션연구〉, 통권 61호, 5-58.
박세진 (2019). 프로파간다라는 시선을 넘어서: 수령님 노래와 어버이의 나라. 〈문화와 사회〉, 27권 2호, 229-278.
선상신·김성해 (2011). 북한 언론과 대외정책: 6자회담 보도를 통해서 본 북한 엘리트의 프로파간다 전략. 〈북한학연구〉, 7권 1호, 255-296.
송태은 (2020). 미디어 공공외교와 세계여론. 김상배·송태은·안태현·박종희·배영자·전재성·박성우·조동준·신범식·이승주 (편) (2019). 〈지구화 시대의 공공외교〉. 서울: 사회평론아카데미.
유세경·정지인·이석 (2010). 미국과 중국 일간지의 '천안함 침몰 사건' 뉴스 보도 비교 분석. 〈미디어, 젠더 & 문화〉, 16호, 105-141.
이윤복 (2018). 사회정치적 생명체론과 사회관계의 성격: 북한 언론문화의 배경에 관한 일고찰. 〈한국언론정보학보〉, 통권 91호, 188-215.
이진영 (2018). 문화외교와 소셜미디어 활용: 디지털 문화공공외교의 대두와 개념화를 중심으로. 〈문화와 정치〉, 5권 4호, 69-94.
진행남 (2013). 〈한국의 미디어 공공외교의 강화방안〉. 서귀포: 제주평화연구원.
최종환 (2021). 남북한 언론이 재구성한 평화 담론의 비판적 분석: 괴리된 이상(理想)과 분단체제의 지속. 〈언론과학연구〉, 21권 3호, 129-175.
최종환·김성해 (2021). 국제권력질서와 담론정치: 한·미 언론의 '북한 악마화' 담론을 중심으로. 〈정치커뮤니케이션 연구〉, 60호, 31-82.
최종환·이현주 (2021). 규범의 역설과 한반도 평화: 대북제재에 대한 한국 언론의 대안 담론 모색. 〈한국언론정보학보〉, 109권, 282-318.

최종환 (2022). 북한의 미디어 외교 연구: 약자의 국제사회 여론전. 〈통일연구〉, 26권 1호, 79-119.

허재철 (2018). 중국 글로벌 뉴스 미디어의 특성 및 외교적 역할에 관한 연구. 〈중소연구〉, 42권 2호, 75 - 114.

자오치정 (2011). 公共外交与跨文化交流. 이희옥 (역) (2012). 〈중국은 어떻게 세계와 소통하는가: 글로벌 시대 중국의 공공외교〉. 파주: 나남.

Altschull, J. H. (1990). *From Milton to McLuhan: The ideas behind American journalism*. London: Longman. 양승목 (역) (2005). 〈현대언론사상사: 밀턴에서 맥루한까지〉. 서울: 나남.

Anholt, S. (2007). *Competitive identity: The new brand management for nations, cities and regions*. New York: Palgrave Macmillan.

Cohen, B. (1963). *The press and foreign policy*. Princeton, NJ: Princeton University Press.

Wang, J. (2006). Managing national reputation and international relations in the global Era: Public diplomacy revisited. *Public Relations Review*. *32*(2). 91-96.

뉴시스 (2017, 12, 25). 中언론 "제재만으론 북핵 해결 어려워 … 北美 대화해야".
    URL: https://newsis.com/view/?id=NISX20171225_0000185592&cID=10101&pID=10100

매일경제 (2017, 12, 23). 교도 "日아베, 유엔 안보리 새 대북제재 전례 없는 수준".
    URL: https://www.mk.co.kr/news/world/8107843

한국일보 (2018, 4, 25). "남북정상회담 메인프레스센터 오픈 … 축구장 1개 크기에 내외신 3,000여명 집결".
    URL: https://www.hankookilbo.com/News/Read/201804251512939753

한국일보 (2022, 5, 17). "[단독] K방역, OECD 코로나 우수 대응 보고서에 실린다".
    URL: https://www.hankookilbo.com/News/Read/A2022051616150000229?did=NA

Chapter 16

북한방송 말하기의 이해

조수진 | 장로회신학대학교 교수

뉴스를 통해 전해지는 북한 아나운서의 아나운싱은 낯설고 어색하다. 도대체 왜 저렇게 힘을 주어 멘트를 하는지 이해하기 어렵다. 그 차이를 알기 위해서는 북한방송의 목적과 그 사회의 언어, 말하기에 대한 이해가 필요하다. 언어는 사회적 산물이면서 도구이고 그 사회의 이데올로기가 기호로 전달되는 것이기 때문에 그 사회가 추구하는 바가 언어정책에 반영된다. 특별히 대중의 의식과 가치를 통합하기 위해 활용되는 북한방송의 언어와 화법을 살펴보는 것은 남과 북의 차이를 이해하기 위한 중요한 단서가 될 수 있다. 이 장에서는 북한방송의 기능과 그 기능에 따라 재현되는 방송언어 사용을 북한방송 화술 이론 탐색과 실제 사례를 통해 살펴보고자 한다.

1. 북한방송의 기능

일반적으로 우리 사회에서는 방송의 기능을 환경감시기능, 상관조정기능, 사회화, 오락 등으로 설명한다. 그러나 북한의 경우는 마르크스-레닌주의에 기초를 둔 정치·사회적 기능으로 보고 있다. 따라서 북한방송의 기능은 다음과 같다.

1) 선전자, 선동자적 기능

중앙조선방송위원회가 〈조선중앙방송〉 40주년 기념으로 발간한 '방송리론'에 따르면, "방송이란 대중적이며 종합적인 보도선전수단이며 힘 있는 사상 문화 교양수단이다. 방송이 당의 목소리이고, 또 당은 방송을 통하여 수령님의 사상과 당의 방침을 내외에 선전하며 광범한 군중을 혁명 투쟁과 건설사업에로 힘 있게 불러일으키고 있다."라고 밝히고 있다. 방송이 체제의 이데올로기를 전달하는 목소리고, 그 목소리를 통해 대중을 하나로 규합해 통치하려는 선동적인 모습이 잘 나타나 있다. 이러한 사실은 북한방송 개시 25주년을 기념해 1970년 10월 15일 〈로동신문〉에 보도된 최고인민회의 정령 내용에서도 알 수 있다(강현두, 1997; 박우용, 2004).

> '방송은 노동당의 유력한 선전수단의 하나로서 전체 인민들을 당의 유일사상으로 철저히 무장시키며 그들은 사회주의 혁명과 사회주의 건설을 위한 투쟁에로 불러일으킴에 있어서 중요한 역할을 한다. 당의 선전역량의 주력부대의 하나인 방송부문 일꾼들은 김일성의 교시를 높이 받들고 사회주의 완전 승리와 조선혁명의 전국적 승리를 앞당기기 위해 공화국 반 년의 정치, 경제, 군사적 위력을 튼튼히 다지며 남조선 인민들의 반미구국투쟁을 지지성원하며 우리 혁명의 국제적 연대성을 강화하는 데 크게 이바지했다.'

2) 조직자적 기능

방송의 조직자적 기능은 방송이 당과 대중의 네트워크를 강화하고 결속시키는 역할을 한다는 의미다. 1988년 북한의 〈방송원화술〉에 그 의미가 잘 나타나 있다.

> "방송은 또한 사회정치적 분위기를 조성하고 대중을 위대한 수령님의 교시와 친애하는 지도자동지의 말씀, 구 구현인 당정책 관철에로 한결같이 떨쳐나서도록 조직동원하는 데서 중요한 역할을 담당하고 있다. 방송이 앞장서서 나팔을 불고 북소리를 울려야 온 나라가 떠들썩하고 근로자들의 생활이 더욱 생기발랄해질 수 있으며 온 사회에 전투적 기상이 넘쳐나게 할 수 있다. 사실상 나라의 전투적 분위기를 조성하는데서 방송의 힘을 따를 다른 선전수단은 없다."

이 외에 대중 비판과 통제자로서의 역할을 강조한 대중비판자적 기능과 '방송리론' 첫머리에 제시된 '사상 문화 교양수단'으로서의 기능이 있다. 북한은 방송으로 사회주의 체제의 우월성을 강조해 선전·선동의 수단으로, 대중을 하나로 규합하고 통제하는 조직자적 기능으로, 체제의 정당성을 대내적으로 선전하는 기능으로 활용하고 있는 것이다.

2. 북한 방송언어와 화술

방송원은 아나운서를 의미한다. 북한에서 방송화술, 화법에 대한 연구는 1960년대 초로 거슬러 올라간다. 방송원 1세대인 리상벽이 1964년 출판

(1980년 개정)한 〈화술통론〉이 북한의 첫 방송 교본이다. 이후 1975년 리상벽이 쓴 〈조선말 화술〉, 1988년 방송화술 전문가 리상벽, 김수희, 신덕홍이 함께 쓴 〈방송원 화술〉이 있다. 〈방송원 화술〉은 북한 방송언어의 기초 이론서로 방송원 자체 교육을 위한 아나운서 발성 교본이라고 생각하면 된다. 아래 내용은 방송원 화술 머리말에 나오는 내용으로 일본 아시아방송 연구회가 자료를 입수해 2003년 6월 15일자 아사히 신문에 보도하면서 알려졌다(박우용, 2004).

> "친애하는 지도자 김정일 동지께서는 주체적인 우리식 방송 화술에 관한 과학적인 사상과 리론을 력사상 처음으로 완성하심으로써 우리 방송을 영원히 영광스러운 김일성주의 방송으로 강화발전시켜 나갈 수 있는 리론실천적 무기를 마련하시였다. 그리하여 오늘 우리 방송은 위대한 수령님의 현명한 령도와 친애하는 지도자동지의 세심한 지도에 의하여 방송내용에서뿐 아니라 화술 형상 령역에서도 우리식 특질을 남김없이 발휘할 수 있게 되었다."

1) 북한 방송언어의 기본 원칙

- 김일성의 언어사상의 구현인 평양말(문화어)에 의해 창조되어야 한다.
- 방송 화술에서 당성, 노동계급성, 인민성이 철저히 구현되어야 한다.
- 방송언어인 방송화술은 방송의 특성에 맞게 창조되어야 한다.

2) 방송언어(화법)의 기본 형태

방송언어는 혼자하는 말과 주고 받는 말로 나뉜다. 혼자하는 말은 보도, 해설, 강의 토론, 읽기 및 읊기를 의미하며, 주고받는 말은 방송극의 대사,

좌담, 산문 가운데의 대화를 의미한다. 이러한 혼자하는 말과 주고받는 말의 형식은 이야기하는 입말투와 읽어주는 읽기투, 말투를 바꾸며 구사하는 말투 바꿈이 대표적이다. 입말투는 전달투, 설명투, 선동투, 느낌투가 있고, 읽기투는 흐름식, 입말식, 독보식, 연설식, 느낌식 읽기투가 있다. 말투 바꿈은 자동적 바꿈과 능동적 바꿈이 있는데, 한 원고에서 내용에 따라 다른 말투로 바뀐다. 예를 들면 설명식 입말투로 이야기하다가 선동식 입말투로 바꾸면서 분위기를 전환, 고조시키는 경우를 의미한다.

3) 북한 방송언어의 특징

(1) 어휘의 특징

어휘 사용은 남과 북의 이질화가 가장 큰 부분이다. 문장에 대한 이해보다는 어휘의 차이에서 오는 어려움이 많다. 고유어와 외래어 사용의 문제, 어휘 표현 자체가 달라서 생기는 문제가 발생한다. 외래어의 표기도 상이하다.

(2) 형태적 특징(문법)

남과 북에서 대표적으로 가장 차이가 나는 맞춤법이 두음법칙이다. 북한은 두음법칙을 적용하지 않는다. 1966년 〈조선말규범집〉을 통해 "두음의 ㄹ과 ㄴ은 제대로 발음하는 것을 원칙으로 한다."고 규정했다. 또한, 방송언어에서 많이 사용되는 또 다른 특징은 ~들, ~적 등의 접미사를 많이 사용한다는 것이다(손범규, 2002).

(3) 발음의 특징

장단음의 사용에 있어 단음을 장음으로 발음하는 경우가 많다. 선동적인 내용을 전달하기 위해 음성적·비언어적 전략을 사용하기 때문으로 해석된다. 경음화 현상이 자주 나타나는 이유이기도 하다.

(4) 전투적, 투쟁적인 말투

북한은 언어 자체를 무기로 보기 때문에 모든 표현이 전투적일 수밖에 없다. 북한 문화어는 언어 폭력성과 적개심, 상스러운 표현이 특징으로 꼽힌다(홍연숙, 1989). 적개심을 나타낼 때 강하고 격한 용어와 욕설까지도 서슴지 않고 사용하는 것들을 볼 수 있다. 〈방송원 화술〉교본에서도 방송원이 말의 기백이 없으면 인민투쟁 의식을 고취할 수 없음을 강조한다. 〈조선말 화술〉에서 역시 감정 기교에 대해 자세히 다루면서 '한마디 말을 하더라도 공대포가 되지 말고 과녁에 딱 들어맞는 명중탄이 되도록 주의를 돌려야 한다.'고 강조하고 있다.

(5) 경어의 사용

남한 방송의 경우 수용자가 중심이 되는 경어법을 사용하고 있다. 반면 북한 뉴스에서는 수령, 지도자에게만 극존칭을 사용하고 수용자인 인민들에게는 경어의 원칙이 없으며 반말을 사용하는 경우가 일반적이다. 방송은 당의 입장을 인민들에게 전하는 매개로서의 역할이기 때문에 반말을 사용한다.

(6) 지나친 수식어와 신화적인 은유 사용

수령이나 지도자를 우상화하기 위해 수령 이름 앞에 지나친 수식어가 사용되며, 절대권력자에 대한 신격화를 위해 신화적인 은유를 자주 사용한다.

(7) 기 타

이 밖에도 체제 선전 효과를 위해 문장을 길게 쓰는 만연체의 특징과 상투적인 말이 반복되는 경향을 보인다(전수태, 2002).

3. 방송화술 연습 방법

우리나라 스피치 전문서와 마찬가지로 북한 방송교본에도 호흡법과 목소리를 잘 내기 위한 방법이 자세하게 설명되어 있다. 스피치 연습 단계에서 소리를 내기 위한 전 단계로 몸의 경직을 풀고 바른 자세로 말할 것 등이 강조되곤 한다. 북한 역시 '목소리를 잘 내기 위한 방도'로 자신의 소리 상태와 생리적 자연조건을 파악하고 자세를 바로 가질 것을 요구한다. 또한, 말하기를 위한 들숨과 날숨 훈련과 가슴호흡(흉식), 배호흡(복식), 가슴배호흡(흉복식)에 대한 설명, 그리고 말하기에 중요한 태도로 꾸준하게 훈련해 숙련되어야 함을 강조한다.

방송교본에서는 음성 표현 기술로 목소리 빛깔을 합리적으로 선택하고 표현할 줄 알아야 한다고 말한다. 목소리 빛깔은 우리가 말하는 '음색'을 의미한다. 아나운서들이 자신의 음색을 찾아 연습해야 하는 것처럼 북한에서도 목소리 빛깔과 표현을 사용할 것을 강조하고 있다.

아나운서들은 방송 원고를 받으면 내용을 읽어 빠르게 파악하고 의미에 맞게 띄어 읽어야 할 곳들을 체크하는 경우가 많다. 북한에서는 이를 '랑독력을 높이기 위한 방도'로 설명한다. 글자를 빨리 보고 제때 말할 수 있는 능력을 키움과 동시에 단어의 뜻과 문자의 사상을 새겨가며 집중해 읽을 것을 강조한다. 방송화술 형상 작업에서 방송원은 마이크 앞에 앉기 전에 화술형상계획을 세울 것을 주문한다.

이 밖에도 공식문건 보도를 잘하기 위한 방도, 생방송을 잘 보장하기 위한 요구, 신문 사설, 론설 형상, 김정일과 김일성의 덕성 기사 형상을 잘 보장하기 위한 요구 등 다양하고 구체적인 화술전략과 장르별 연습 방법들이 제시되고 있다. 또한, 독창성 수법으로 개성적 특성을 살릴 것도 주문한다.

4. 방송원 분석을 통한 북한 방송언어 이해

1) 북한에서 방송원(아나운서) 되기

북한에서는 아나운서를 방송원(보도원)이라고 부른다. 북한에서도 역시 아나운서 직업은 인기가 많기 때문에 〈조선중앙텔레비전〉 아나운서가 되기까지는 어려운 과정을 거친다. 출신성분은 물론이고, 화술과 외모, 발음 세 가지 조건을 갖춰야 한다. 사상검열도 엄격하게 이루어진다. 방송원이 되기 위해서는 평양연극영화대학 방송과(화술학과)를 졸업하거나 전국화술경연대회에서 선발되면 된다. 선발된 아나운서 예비생은 도,시 방송위원회에서 실시하는 1차 시험과 중앙방송위원회의 2차 시험, 노동당 중앙위 조직지도부의 심사와 중앙방송위원회 양성소 과정을 이수해야 하며, 최종 5명 정도 선발된다. 방송원이 된 후에도 대부분 순환 근무를 하게 되며 수령의 칭찬을 받으면 좋은 길이 열리고 그런 기회를 갖지 못하면 기자, 행정직, 지방방송에서 근무하게 된다(주간경향, 2008, 5, 13).

북한의 방송 원고 멘트는 철저하게 검열된 후 방송되며 복잡한 검열체제로 생방송은 거의 없다. 기자 → 부장 → 부위원장 → 출판검열국을 거쳐 화술현상국으로 오면 방송원들이 낭독하는 장면을 촬영하고 촬영완성본도 같은 결재과정을 거치는 것으로 알려진다. 물론 아나운서들이 멘트를 수정하는 것은 불가능하다.

2) 리춘희 방송원

뉴스 보도는 객관성을 유지하는 것이 중요하나 북한 방송원은 뉴스에 감정을 싣고 기쁨, 슬픔, 분노를 말투와 목소리, 표정까지도 달리하며 표현한다. 대부분의 내용이 선전·선동의 내용이기 때문이다. 그래서 우리에게는 낯설다. 북한 뉴스를 떠올리면 가장 먼저 생각나는 이미지가 있다. 한복을 입은 나이 많은 여성 아나운서, 바로 리춘희(북한식표기 '리춘히') 아나운서다. 분홍 저고리를 입고 뉴스를 진행하는 경우가 많아 외신에서는 '핑크레이디'라 부르기도 한다. 최근에는 북한 아나운서들의 말투가 부드러워지고 친절한 모습을 보이는 등 북한 뉴스의 분위기도 변화의 조짐이 보이고 있으나, 여전히 북한의 중대발표는 리춘희의 입을 통해 전해진다. 리춘희는 북한 당국으로부터 '인민방송원' 호칭과 함께 '노력영웅' 메달을 받는 등 북한 방송원 중 최고임을 인정받았다(문화일보, 2017, 9, 5).

그림 1. 리춘희 방송원

출처: (좌) YTN (2016, 1, 7) URL: https://n.news.naver.com/mnews/article/052/0000751302
(우) 연합뉴스 (2021, 9, 10) URL: https://n.news.naver.com/mnews/article/018/0005033753

1971년부터 방송원 활동을 시작한 리춘희는 은퇴 후에도 여전히 당의 중요한 뉴스 담화와 수령의 동정 보도를 맡는 등 활발한 활동을 하고 있다. 북한 정권 수립 73주년 기념 열병식에서 김정은 위원장 어깨에 손을 올리거나 귓속말을 하는 장면, 팔짱을 끼고 기념사진을 찍은 모습들이 공개돼 화제가 됐다. 이 장에서는 앞에서 살펴본 북한 방송언어의 특징들을 북한 최고의 아나운서로 인정받은 리춘희 아나운서의 사례를 통해 이해해보고자 한다. 스피치 요소는 언어적, 비언어적 요소로 나뉜다. 북한 방송원들의 방송 특징은 비언어적-음성적, 비언어적-비음성적 요소 〈표 1〉에서 남한 방송 아나운서들과 확연한 차이를 보인다.

표 1. 북한의 스피치 비언어적 요소의 특징

구 분	음성적(vocal)	비음성적(non-vocal)
언어적 (verbal)	언어적-음성적 단어와 관련된 음성적 요인	언어적-비음성적 보통의 발화에는 없음
비언어적 (non-verbal)	비언어적-음성적 단어 이외의 것과 관련된 음성적 요인으로 속도, 높낮이, 강약, 퍼즈 등의 활용	비언어적-비음성적 자세, 태도, 외모, 의상, 제스처, 공간 이용 등의 활용
북한 방송교본 〈조선말 화술〉 관련 내용	• 전투적이며 생동한 입말투 • 개성을 적극 살릴 것 • 다양한 말투 사용 • 누구나 알아들을 수 있는 속도 (1분에 260~270자, 종류에 따라 23~270자로 속도 조절) • 중요한 대목, 고유명사 속도 늦추기 • 률동성(말의 흐름) 활용 • 선전, 선동용 방송은 기준 음정을 최고한계로부터 4~5음정 낮게 잡을 것 등	• 예절, 몸가짐 중요 • 눈으로 또는 머리로 하는 신호도 배합 • 화술의 감정과 얼굴 표정이 맞아 떨어져야 등

출처: 북한의 〈조선말 화술〉을 토대로 저자가 재구성.

(1) 비언어적-음성적 요소

내용을 강조하기 위해 강약, 크기, 속도, 휴지 등의 요소를 활용하는 것을 의미한다. 이 요소는 너무 자주 사용하지 말고 내용 중 중요한 부분 몇 군데만 활용할 것을 권한다. 그러나 북한 뉴스의 경우 활용 빈도가 굉장히 높기 때문에 남한 사람들에게는 어색하게 들리는 원인이 된다. 반면 선동적인 뉴스 전달에 있어서는 이 요소의 활용 빈도가 높을수록 더 감정을 자극하는 요소로 작용할 수 있다. 북한 방송원은 뉴스를 진행할 때 최대한 힘을 주어 강한 억양을 함께 사용하고 있으며 선동, 주입, 명령 등의 느낌이 들도록 진행해 북한방송의 기능인 선전자. 선동자적 기능을 충실히 하고 있다. 선동을 위해 쥐어짜는 듯한 발성을 자주 사용한다. 조일영 외(2021)는 음높이와 에너지 평균, 주파수 변동률, 발화 속도를 측정해 리춘희 아나운서가 뉴스 전달과 일상 인터뷰에서 요소 간 차이를 보인다고 밝혔다. 인터뷰에서는 뉴스에서 보이는 강하고 감정적인 표현보다는 부드러운 느낌을 주고자 평균 음높이도 낮아지고 음성에 실리는 에너지도, 음높이의 편차도 낮아지는 수치를 보였다. 속도의 경우, 일반적으로 북한이 남한 방송보다 상대적으로 느리다. 남한이 1분간 330~370음절이라면, 북한은 230~270음절 정도로 규정한다(김상준, 2002; 김상준, 2004; 이창환, 2010).

(2) 비언어적-비음성적 요소

연사의 외모, 외형, 태도, 자세, 제스처 활용, 시선 처리, 표정, 공간 활용 등의 요소를 말한다. 이 요소는 설득의 3요소 중 연사의 전문성, 윤리적 신뢰를 강조하는 에토스와도 연결된다. 북한의 〈조선말 화술〉에서도 '담화자의 입장과 태도가 성실하지 못할 때 존경받지 못하게 되며 대상에 대한 설득력을 떨어질 수밖에 없다. 담화자의 입장과 태도가 성실하였을 때 짧은 시간에 설득의 효과를 올릴 수 있다.'고 밝히고 있다. 화자의 신뢰, 전문성, 태도가 발현되는 에토스의 중요성이 강조되는 부분이다(전미영, 2006).

리춘희 아나운서는 이 요소 활용에 능하다. 뉴스의 내용에 맞는 표정과 제스처는 압권이다. '핑크레이디'라는 닉네임답게 대부분 분홍 저고리를 입고 나오지만, 미사일발사 성공이라든지 전투적 내용에 있어서는 인민복을 입고 더 강한 어조와 표정, 뚫어지게 바라보는 시선까지 표현한다. 2016년 수소탄 성공 뉴스를 전하면서는 경쾌한 음성과 함께 밝은 미소를 지으며 뉴스를 전하기도 했다.

그림 2. 리춘희 방송원

출처: (좌, 우) KBS (2017).
URL: https://n.news.naver.com/mnews/article/056/0010488677

리춘희 아나운서는 김정일 국방위원장의 사망 소식을 전하며 검은 상복을 입고 "당과 인민의 위대한 영도자이신 김정일 동지께서 뜻밖에 서거하신 것은 당과 혁명에 있어서 최대의 손실이며 우리와 겨레의 가장 큰 슬픔"이라며 침통하고 떨리는 목소리로 뉴스를 전한 장면은 유명하다(KBS 뉴스, 2017, 9, 2). 비언어적(음성적, 비음성적) 요소가 최대치로 발휘된 장면이다. 북한 방송원의 화술에는 중립, 객관이 아닌 '지지와 반대, 기쁨과 슬픔'의 사상 감정이 뚜렷하게 반영될 것이 요구된다.

최근 북한방송도 리춘희 아나운서 이후 젊은 아나운서들이 대거 등장하면서 말투가 부드러워지고 화장과 의상, 제스처 활용 등도 다양해지고 있다. 최근에는 예능 프로그램도 편성되고 '아나테이너'라 불리는 김은정 아나운서 등 젊은 아나운서들이 대거 등장하고 있다. 그러나 사상전달, 선동 선전 수단인 방송, 방송말은 체제가 변하지 않는 한 지속될 것이다.

그동안 북한 뉴스를 보며 구식이고, 촌스럽고, 낯설고, 어색한 감정이 있었다면 이제는 북한 뉴스가 그렇게 재현될 수밖에 없는 배경을 이해하고 앞으로 남과 북의 언어의 이질화를 어떻게 좁혀 나갈지에 대한 관심을 가질 필요가 있다.

탈북민들이 남한 사회 정착과정에서 부딪치는 어려움 중 하나는 언어의 차이에서 온다고 말한다. 외래어, 신조어, 외국어사용 등 직관적으로 이해하기 어려운 말들로 인해 탈북청소년들은 학교생활에 어려움을 호소하기도 한다. 이제 우리말 사용에 대한 스스로의 점검도 필요하다. 이 장을 통해 북한방송 말하기에 대한 이해와 더불어 언어 이질화를 좁혀 나가기 위한 우리의 노력도 고민해보는 시간이 되길 바란다.

참고문헌

강현두 (1997). 〈북한 매스미디어론〉. 서울: 나남출판.
김상준 (2002). 남북한 방송보도의 비언어 커뮤니케이션에 관한 비교 연구: 6.15 남북정상회담의 남북한 TV보도를 중심으로. 〈화법연구〉, 4권, 147-181.
김상준 (2003). 〈남북한 보도방송 언어연구: 우리 언어의 동질성 회복은 가능한가?〉. 서울: 커뮤니케이션북스.
리상벽 (1964). 〈화술통론〉. 평양: 조선문학예술총동맹 출판사.
리상벽 (1975). 〈조선말 화술〉. 평양: 사회과학출판사.
리상벽 (1989). 〈조선말화술〉. 서울: 탑출판사.
박우용 (2004). 〈북한 방송 총람〉. 서울: 커뮤니케이션북스.
손범규 (2002). 〈남북한 방송언어의 비교 연구: 스포츠 중계 방송을 중심으로〉. 연세대학교 석사학위 논문.
이창환·김경일·박종민 (2010). 남북한 방송언어의 차이에 대한 기초 분석. 〈한국산학기술학회논문지〉, 11권 9호, 3311-3317.
전미영 (2006). 북한 '문화어' 화술의 수사학적 특성: 〈조선말화술〉 분석을 중심으로. 한국수사학회 월례학술발표회, 16-32.
전수태 (2002). 〈북한 방송 용어 조사 연구〉. 서울: 국립국어연구원.
조선민주주의 인민공화국 국어사정위원회 (1966). 〈조선말 규범집〉. 평양: 사회과학원 출판사
조일영·이지연·심준영·최영서·김경배·정연만·이우용·조동욱 (2021). 북한 리춘희아나운서의 음성 변화가 갖는 의미 규명. 〈한국통신학회 학술대회논문집〉, 2021권 6호, 206-206.
홍연숙 (1989). 남북한 언어 비교. 한국어 연구논문 24집. 서울: KBS 한국어연구회.

문화일보 (2017, 9, 5). 〈오후여담〉 북의 대남 심리전.
    URL: https://n.news.naver.com/article/021/0002326416
주간경향 (2008, 5, 13). [북한읽기] 유명 아나운서는 '귀하신 몸'.
    URL: http://weekly.khan.co.kr/khnm.html?mode=view&dept=113&art_id=17514
KBS뉴스 (2017, 8, 2). 북 TV 간판 아나운서 '리춘희'를 아시나요?
    URL: https://mn.kbs.co.kr/mobile/news/view.do?ncd=3526379
KBS뉴스 (2017, 9, 2). [클로즈업 북한] 집중 해부, 북한 TV 뉴스.
    URL: https://mn.kbs.co.kr/mobile/news/view.do?ncd=3543527

Part 5

통일 커뮤니케이션의 수용과 이해

Chapter 17	종편의 탈북민 프로그램이 그리는 '북한'
Chapter 18	북한주민의 남한 미디어 수용과 영향
Chapter 19	북한 정보의 한계와 제한적 보도에 따른 비판적 읽기
Chapter 20	남북한 수용자의 언론관과 미디어 리터러시
Chapter 21	독일 통일 과정에서의 서독 TV방송의 역할과 시사점

Chapter 17

종편의 탈북민 프로그램이 그리는 '북한'[1)]

방희경 | 서강대학교 대우교수

1. 탈북민 출연 텔레비전 쇼

'통일'을 논의하기 위해서는 한국 사회에서 북한에 관해 이미지가 어떤 방식으로 생산되고 있는지를 살펴볼 필요가 있다. 특히 미디어가 생산하는 이미지는 중요한데, 우리가 다른 경로로 북한에 관한 정보를 얻고 이미지를 형성하기란 쉽지 않기 때문이다. 그럼 현재 한국 미디어는 북한을 어떻게 그리고 있을까. 이 글은 특히 종합편성채널(이하 '종편')이 방송하고 있는 탈북민 출연 프로그램이 어떤 방식의 북한이미지를 생산하고 있는지를 살펴본다. 2011년 12월 종편의 출범과 더불어 탈북민 출연 토크쇼가 등장했

---

1) 이 글은 다음 두 편의 논문에서 발췌한 내용을 재구성한 것이다. 방희경·이경미 (2016). 종편채널의 북한이미지 생산방식: '일상'으로의 전환, 이념적 정향의 고수. 〈한국언론학보〉, 60권 2호, 338-365. 방희경·박혜영 (2018). 탈북민 프로그램과 '정동(affect)'의 정치: 미디어 문화연구 확장을 위한 시론. 〈한국언론정보학보〉, 87권, 135-171.

다. 〈채널A〉가 토크쇼 '이제 만나러 갑니다(이하 '이만갑')'를 제작·방송하기 시작한 것이다. 이 토크쇼는 '통일'의 준비 단계로서 북한에 대한 남한의 오해와 편견을 불식시키고 남북의 화합 가능성을 모색한다는 기획의도 아래 진행되고 있다.

'이만갑'의 등장 이후 종편 채널에 탈북민 출연 프로그램들이 우후죽순 등장하기 시작했다. 〈TV조선〉이 가상 리얼리티쇼 '우리 결혼했어요(MBC)'의 포맷을 차용해 탈북민 출연 리얼리티쇼 '애정통일 남남북녀(이하 '남남북녀')'를 제작·방송하기 시작했다. 2015년 〈채널A〉는 가상 리얼리티쇼 '통일준비 생활백서, 잘 살아보세(이하 '잘살아보세')'를 제작·방송하기 시작했다. 이어 〈TV조선〉이 형식과 내용의 측면에서 '이만갑'과 유사한 토크쇼 '만나면 훙하리! 모란봉클럽(이하 '모란봉')'을 편성했다. 현재 〈TV조선〉의 '모란봉'과 '남남북녀' 그리고 '잘살아보세'는 종영되었고, '이만갑'은 약간 형식을 바꾸긴 했지만 〈채널A〉의 장수 프로그램으로 자리를 잡아 지금도 인기리에 방송되고 있다. 지금까지 방송되었던 탈북민 출연 프로그램의 주요 특징은 〈표 1〉에 정리되어 있다.

이러한 탈북민 출연 프로그램은 북한을 어떤 방식으로 묘사해왔을까. 이 글은 탈북민 프로그램이 북한을 묘사하는 데에 어떤 영상적·언어적 표현을 사용하고 있는지를 살펴볼 것이다.

표 1. 탈북민 프로그램의 특징

	채널A	TV조선
토크쇼	〈이만갑〉 • 방송분: 2011. 12. 4～ • 방송시간: 일요일 밤 11시 • 기획의도: '통일' 준비단계로서, 북한에 대한 남한의 오해와 편견에 맞서 남과 북의 화합을 모색하는 토크쇼 • 포맷: 〈미수다〉(KBS)	〈모란봉〉 • 방송분: 2015. 9. 12～2017. 5. 20 • 방송시간: 토요일 밤 11시 • 기획의도: 탈북여성들의 남한 살이 경험담을 통해 '통일' 이후의 남북한 삶을 알아보는 토크쇼 • 포맷: 〈비정상회담〉(JTBC), 〈이만갑〉(채널A)
가상 리얼리티쇼	〈잘살아보세〉 • 방송분: 2015. 3. 12 ～ 2017. 3. 11 종영 • 방송시간: 토요일 밤 9시 30분 • 기획의도: '통일'이란 가상 상황을 설정하고 남한 남성과 북한여성이 가족을 이뤄 살아가는 체험 버라이어티 쇼 • 포맷: 〈1박2일〉(KBS), 〈패밀리가 떴다〉(SBS)	〈남남북녀〉 • 시작일: 2014. 7. 17～ 시즌제 • 방송시간: 금요일 밤 11시 • 기획의도: '통일'과 '결혼'이라는 가상 상황을 설정하고 남한남성과 북한여성의 결혼생활 그려내는 리얼리티 쇼 • 포맷: 〈우결〉(MBC), 〈최고의 사랑〉(JTBC)

출처: 방희경·박혜영 (2018), 탈북민 프로그램과 '정동(affect)'의 정치: 미디어 문화연구 확장을 위한 시론. 〈한국언론정보학보〉, 87권, 149쪽.

2. 냉전 패러다임에 갇힌 시선

북한은 역사적 국면에 따라, 그리고 미디어의 이념적 성향에 따라 다른 방식으로 묘사되었다. 냉전이 지속되는 동안 북한은 야만적이고 공격적이며 음흉하다고 묘사되었고, 냉전의 종식과 더불어 부정적 이미지는 완화되었다. 국내에서 민주화가 이루어지면서 진보 미디어가 등장하자, 이들은 보수 미디어와 다른 방식으로 북한을 이해하고자 시도했다. 보수 미디어는 계속해서 북한을 잔인하고 무자비한 존재로 묘사해온 반면, 진보 미디어는 공조하고 함께 교류를 활성화해야 할 대상으로 부각시켰다(방희경·이경미, 2016). 이는 한국 사회가 이해해 온 북한 존재의 정체성은 언어와 이미지 등의 상징체계를 수단으로 재현된 하나의 구성물임을 말해준다. 그럼, 탈북민 출연 프로그램은 북한을 어떻게 이미지화 하고 있을까. 탈북민 출연 프로그램은 보수 언론의 자(子)회사인 종편 채널에 의해 제작·방송되고 있지만, 오락을 목적으로 하고 있다는 점에서 새로운 방향으로 나갈 수 있는 가능성을 지닌다는 점에서 주의 깊게 살펴볼 필요가 있다.

지금까지 방송을 이어오고 있는, 탈북민 프로그램의 대표 격인 '이만갑'은 그동안 몇 차례 형식을 바꿨다. 처음에는 원로 유명 연예인을 스튜디오로 초대해 이북의 고향에 관한 이야기를 나누는 형식을 취했고, 이후 전국에 흩어져 있는 이산가족을 찾아가는 방식을 취했다. 이듬해 2012년 '18인의 미녀와 함께하는 특집'을 방송하면서 시청률이 상승하자, '이만갑'은 KBS의 토크쇼 '미녀들의 수다(이하 '미수다')'의 진행을 맡았던 남희석이 사회를 맡고 토크쇼의 형태로 프로그램을 진행했다. 이때부터 '이만갑'은 탈북민, 특히 탈북여성을 스튜디오로 초대해 북한의 문화와 일상에 관한 이야기를 듣기 시작했다.

탈북민을 스튜디오로 초대하고 있는 '이만갑'은 북한을 비인간적이고 무자비한 존재로 그려낸다. 이 프로그램은 북한을 '정권'과 '주민'으로 철저히 구분 짓고, 전자는 '적(敵)'으로 밀어내는 동시에 후자는 '동포' 혹은 '한민족'으로 포섭하는 전략을 취한다. 이 프로그램은 북한 지배체제를 둘러싼 정보를 제공하면서 북한 정권을 위협적인 존재로 묘사하고, 탈북민의 입을 빌어 해당 이미지를 확고하게 고정시킨다. 탈북민 출연진은 자신이 과거 "악질 빨갱이"였음을 고백하는 발언을 한다. 고백 형식은 현재 이들이 북한 사회와의 관계를 끊고 사상적으로 남한 사회에 완전하게 편입된 것으로 보이게 한다. 탈북민 출연진은 계속해서 탈북 과정에서 겪었던 위험하고 고생스러운 경험을 상세하게 이야기함으로써 북한 정권에 대한 공포감을 상승시키는 효과를 발생시킨다. 또한 북한 정권의 부정적 이미지를 더욱 강조하기 위해, 자극적 색감의 자료화면과 컴퓨터 그래픽, 자막, 긴장감을 고조시키는 음악, 공포감을 조성하는 성우의 목소리 등 기술적인 부분을 적극 활용한다.

가령 2017년 3월 12일 방송분에서는 2011년 말 김정은이 집권한 후 '공포정치'가 극에 달하고 있다고 소개한 바 있다. 이때 김정은과 그의 측근을 담은 흑백 사진을 자료화면으로 제시하고 음침하게 들리는 배경음악과 긴박감을 주는 성우의 목소리를 삽입해, 김정은이 왕좌에 오른 후 "끊임없이 피바람을 일으키고" 있다고 소개한다. "김정은 5년간 간부 140여 명 숙청", "가족도 예외는 없다"는 내용은 음향과 함께 자막으로 삽입되고, 김정은이 "반역죄를 뒤집어씌워 숙청"한 인물이라며 장성택의 얼굴이 클로즈업된 사진을 제시한다. 곧 그 사진 위에는 총상이 표시되고 피가 사방으로 번져나가는 컴퓨터 그래픽이 덧입혀진다. "이복형 김정남까지 제거"했다고 소개하는 대목에서는 다시 김정남의 얼굴이 클로즈업되고, 그 위에 거품이 살짝 끼어 있는 생생한 질감의 검붉은 피가 끼얹어지고 이내 피가 밑으로 흘러내린다. 김정은이 측근들을 모두 제거하고 있다고 소개하는 내레이션이 삽입되는 순간에는, 마치 죽음을 연상시키듯 그 측근들의 얼굴이 모두 검은색으로 바뀌어 버리는 사진을 제시한다(〈그림 1〉의 ①과 ② 참고).

'이만갑'은 계속해서 북한에서 이루어지는 공개총살의 현장음을 단독 입수했다고 소개한다(〈그림 1〉의 ③ 참고). 녹음된 테이프를 틀자, 웅성웅성 떠드는 소리를 뚫고 공개처형을 선포하는 목소리가 들린다. "검열 단속을 통해 남조선 노래가 수록되어 있는 씨디알이 발견되었고 … 사회주의의 보존과 유지를 위해』 … [이를] 엄격히 처벌한다"라는 북한 억양의 남성 목소리가 들린다. 곧 "처벌하시오"라는 지시가 내려지자 사람들의 웅성거리는 소리, "탕!" 하는 소리가 나자 놀람의 비명소리와 함께 곧 침묵이 이어지면서 상황이 전달된다. 확대된 영상이나 장황한 설명은 제시되지 않는다. 시각적 정보가 차단된 상태에서 수용자의 청각은 더욱 예민해지고, 그 예민해진 감각을 뚫고 총소리가 들려온다. 총소리가 들리는 순간, 방금 들은 소리가 실제 북한의 공개총살 현장에서 녹음된 것인지의 여부는 확인할 수 없다. 사실상 그것은 중요하지 않을 수도 있다.

그림 1. '이만갑'과 '모란봉클럽'에서의 북한 재현

출처: ①, ②, ③ 〈채널A〉 '이만갑'(273회, 2017. 3. 12), ④ 〈TV조선〉 '모란봉클럽'(83회, 2-16. 4. 14)

자극적인 자료화면과 긴장감을 고조시키는 음악이 '이만갑'에만 제한적으로 이용되는 것은 아니다. '모란봉'에서도 같은 패턴이 발견된다. '모란봉'의 79회 방송분에서는 북한 공산대학 교수 출신의 탈북민 출연자가 김정남 살인사건의 배경을 소개한 바 있다. 설명이 진행되는 동안, 마치 칼집에서 칼을 빼는 듯한 날카로운 마찰음이 배경음향으로 삽입되는데 해당 음향의 정체는 명확하지 않다. 칼로 무언가를 벨 때 나는 날카로운 소리, 이 소리가 필자의 귀에 처음부터 들렸던 것도 아니다. 필자가 해당 영상을 반복적으로 돌려보기 전까지, 그 소리를 의식조차 하지 못했다. 날카로운 소리가 은밀하고 미세하게 새겨져 있기 때문이다. 정체도 명확하지 않고, 의식하기도 쉽지 않은, 이런 음향은 수용자의 미소지각micro perception을 정조준하고 있다. 곧, 제시된 김정남 사진 위에 선명하고 자극적인 질감의 피가 뿌려지고 이내 사방으로 퍼져나가는 그래픽이 덧입혀진다. 곧 폭발적인 북소리와 총알이 발사되는 놀라운 굉음, 유리창이 깨지는 파열음, 해당 영상과 음향은 곧 클라이맥스로 치닫는다.

'모란봉' 83회 방송분에서는 북한과 미국 사이의 전쟁이라는 '가상' 사건을 소개한 바 있다. '가상' 사건을 소개하면서도 해당 쇼는 자료화면을 제시한다. 자료화면에는 잠수함이나 미사일이 발사되는 장면이 담겨 있으며, 실제 미사일 발사를 연상케 하는 소리와 폭발음이 삽입된다. 우리가 토크쇼가 진정성 있고 리얼real한 현실을 전달한다고 믿었다면, 그것은 오해다. 토크쇼는 현실을 전달하기보다, 현실을 창출한다(김수정, 2010). 토크쇼는 출연진의 생생한 목소리를 고백 형식으로 전달하여 리얼한 현실을 전달하고 있다는 인상을 자아내지만, 탈북민 토크쇼는 가상 사건을 소개하면서 자료화면과 음향을 삽입해 이를 그럴싸한 사건으로 둔갑시킨다. 바꾸어 말해, 오락을 목적으로 하는 탈북민 프로그램은 논리적으로 정합적인 내용을 전달하거나 객관적인 명제를 제시하는 데 목적을 두고 있지 않다. 그보다는 북한에 관한 미세한 상과 관념을 생산하면서 수용자의 신체에 공포와 불안의 감정을 남겨두려는 것으로 보인다.

지금까지 살펴본 바와 같이 '이만갑'과 '모란봉'은 북한을 공격적이고 위협적인 존재로 묘사한다. 냉전이 종식되고 20년이 지난 후에도 이들은 냉전 패러다임의 시선 속에서 북한을 바라보고 있다. 이는 〈채널A〉와 〈TV조선〉이 〈동아일보〉와 〈조선일보〉의 자회사로서 갖는 보수적 정치성과 무관하지 않을 것이다. 앞서 언급한 바와 같이 보수 미디어는 북한을 '적'으로 규정하고 '악마'로 묘사하는 경향을 보였다. 한 가지 특기할 만한 사실은 보수 미디어는 탈북민의 입을 통해 이를 더욱 구체화하고 있다는 점이다. 탈북민 출연진은 북한 정권을 악마화하는 데 적극적 태도를 취한다. 마치 '대중의 눈'이라는 권력 앞에서 자신의 정체성을 의심받지 않으려는 듯이 말이다.

앞서 언급한 바와 같이 '모란봉'은 2017년 5월 10일을 기점으로 종료되었다. '이만갑'은 2021년 10주년을 맞아 형식을 한 번 더 바꾸었다. 탈북민 출연진의 숫자를 줄이고, 진중권과 썬킴 교수, 김진 기자 등 북한 관련 전문가 패널들을 초대하기 시작한 것이다. 이 과정에서 오락보다는 교양 프로그램 성격이 강화되었다. 그러나 어떤 형식을 취하든, '이만갑'은 북한에 대해 취하고 있는 태도는 일관된다. 〈채널A〉 2021년 9월 12일 방송분에서는 북한의 전 주석 김일성이 그의 아들 김정일에 의해 살해당했을 수 있다는 의혹을 내놓기도 했다. 이러한 의혹은 명확한 증거 없이 제기되었다. 탈북민 출연 프로그램은 언제쯤 냉전 패러다임에서 벗어날 수 있을까. 언제쯤 평화를 지향하게 될까.

3. 오리엔탈리즘적 관점에서 본 북한

토크쇼 '이만갑'과 '모란봉'뿐 아니라 '남남북녀', '잘살아보세' 등 네 편의 탈북민 프로그램은 공통적으로 북한을 특정한 방식으로 묘사하는 경향을 보인다. 여기에서 북한을 특정한 방식으로 묘사하며 본질화하는 것은 남한의 정체성을 창출하기 위한 기획으로도 보인다. 북한을 특정한 방식으로 이미지화함으로써 그 반대 항인 남한의 정체성을 구성할 수 있기 때문이다. 그 구체적 방식을 살펴보면, 첫째, 탈북민 프로그램은 북한을 '여성'에 비유하며, 그 반대 항으로서의 남한을 '남성'으로 상징해 '남남북녀'의 구도를 만들어낸다. '이만갑'은 매회 12~14명의 탈북민 출연진 가운데 9~11명을 탈북 여성으로 배치하고, 'South Four'로 불리는 패널은 남한 출신의 남성 연예인들로 구성한다. 탈북민 출연진은 총 세 줄로 배치된 좌석에 앉는데, 맨 앞줄은 나이가 어리고 출중한 외모를 가진 여성이 차지하고 이들의 외모는 '귀염둥이' 혹은 '고운 여성' 등의 수식어로 부각된다(〈그림 2〉의 ① 참고). 탈북 남성의 경우도 대표 꽃미남 배우 송승헌에 비유되는 등 여성화하는 특징을 보였다(263회 방송분에 출연한 북한 외교관 출신 '태영호'의 경우).

'모란봉'의 경우는 탈북 여성과 탈북 남성 출연진의 비중을 비슷하게 설정하긴 했지만, 탈북민의 감성적인 면모를 부각시켜 북한을 여성화하는 특징을 유지하고 있었다. 83회 방송분에 출연한 북한 대표 유도선수 출신 이창수는 등장 초반에 재치 있는 입담을 선보이며 국가 대표 선수 시절의 경험담을 늘어놓고 남성성을 과시하는 면모를 보였다. 그러나 곧 '86 아시안게임' 경기에 참가해 자신과 대결을 펼쳤던 남한 대표 선수를 떠올리고, 남한 대표 선수가 보낸 동영상 편지를 받고는 감동의 눈물을 흘리며 감정적이고 연약한 장면을 연출한다(〈그림 2〉의 ② 참고).

그림 2. '이만갑'과 '모란봉클럽'에서의 탈북민 재현

출처: ① 〈채널A〉 '이만갑', ② 〈TV조선〉 '모란봉클럽' 83회(2016. 4. 14)

    '남남북녀'는 제목으로 이미 명시하고 있는 것처럼 남한 남성을 남편으로, 탈북 여성을 부인으로 설정한 가상 리얼리티 쇼다. 한때 남한 여성과 북한 남성이 부부로 출연하는 '남녀북남' 구도를 갖춰 본 적이 있지만, 해당 프로그램 게시판에 어색하다는 의견이 쇄도하면서 남남북녀의 인물구성으로 되돌아간 바 있다. 따라서 지금까지 남편 역할은 40대의 연령을 차지하는 남한 연예인 혹은 전직 스포츠 스타가 맡았고, 20대의 탈북 여성이 부인 역할에 배치됐다. 남편 역할을 맡은 남성은 연령뿐 아니라 남한 사회에서 더욱 높은 사회·경제적 지위를 갖기 때문에 탈북 여성과의 위계구도에서 상위를 차지한다. '남남북녀'의 전신인 '우결'의 경우 비슷한 연령대의 인물을 가상 부부로 설정하거나 사회적 트렌드를 반영해 '연상연하' 커플을 설정하고, 젊은 여성을 주된 시청 층으로 확보하고 있는 만큼 자상한 성격과 '여심을 흔드는' 자기희생적 성격의 남편 모습을 강조한다. 반면 '남남북녀'의 경우는 탈북 여성을 순응적이며 자기헌신적인 모습을 지닌 인물로 묘사해 가부장제의 복원이라는 퇴행적 면모를 드러낸다.

    '잘살아보세'는 통일 이후 남북한의 주민이 모여 공동체를 꾸리고 살아가는 가상 상황을 설정하고, 네 명의 남성 연예인과 네 명의 탈북 여성을 각각 남북한의 주민으로 배치해 '남남북녀'의 인물구도를 설정한다. 남한 남성 출연진의 연령은 40~50대에 속하는 반면, 탈북 여성 출연진은 20대의 연령대를 차지한다. 특히 탈북 여성 출연진은 모두 '이만갑'에서 '국보급 미녀', '인형같이 빼어난 미모'로 칭해졌던 인물이며 높은 연령대의 남성 출연진에게 '아빠' 혹은 '오빠'라는 호칭과 존댓말을 사용해 남북한 사이의 기울어진 관계를 드러낸다.

둘째, 탈북민 프로그램은 북한을 '전통적인 세계'로 묘사하며, 남한을 '서구적인 세계'에 비유하며 이 두 세계를 끊임없이 대비시킨다. '이만갑'의 경우 토크쇼의 오프닝 단계에서 탈북민 출연진이 장기공연을 선보이곤 하는데, 이는 전통 춤과 노래로 구성된다. 탈북민 출연진이 한복을 입고 전통 춤과 노래를 선보이는 것이다. 남한 남성 연예인들로 구성되는 패널은 'South Four'라는 영어 명칭으로 불리고 있는 만큼 서구 세계와 자신을 동일시하고, 탈북민 출연진이 내놓는 전통적 스타일의 이야기와 공연에 놀라고 감탄하는 반응들을 보여준다. 다시 말해, 탈북민 출연진이 보여주는 한국 전통 스타일은 이질적인 것이며 이는 숭배의 대상이 되기도 하지만, 그 이질성으로 인해 곧 타자화되고 열등한 것으로 취급되기도 한다. 가령 탈북민 출연진에게 '웨이브 댄스'를 춰보라고 권하면서 서구와 동일시된 남한의 문화를 수용해야 할 것으로 인식하게 하는 등의 모습을 보여준다.

통일 후 남한 남성들과 북한 여성들이 공동체를 꾸리고 함께 살아간다는 설정을 하고 있는 가상 리얼리티 쇼 '잘살아보세'에서도 같은 경향이 발견된다. 연예인들로 구성된 남한 남성 출연진과 탈북 여성 출연진이 남한과 북한 각국의 음식을 선보이는 장면에서, 남한 남성이 커피와 주스, 샌드위치, 마시멜로우 등의 서양식 식단을 '남한식'으로 내놓는 반면, 탈북 여성은 토끼탕, 곤달걀, 개구리알 된장찌개 등의 토속 음식을 '북한식'으로 선보인다. 특히 북한식 조리법과 식재료가 소개될 때마다 물음표(?)나 '무시무시한 밥상', '충격' 등의 자막이 삽입되고, 남한 남성들이 북한 음식에 대해 반감과 두려움을 갖는 것을 유머 코드로 활용하면서 북한을 타자화하는 경향이 이어진다.

셋째, 탈북민 프로그램은 북한을 '비이성적'이고 '감정적'이며 '비합리적'인 지역으로 묘사하는 반면, 남한은 '이성적'이며 '합리적'이고 '성숙한' 곳으로 규정짓는다. '이만갑'은 오프닝 단계에서 남한 출신의 사회자가 안정된 톤으로 인사를 건네면서 토크쇼 시작을 알린다. 곧 탈북민 출연진이 이야기를 시작하는데, 북한을 빈곤하고 무법이 판치며 인권이 억압되는 지역으로 묘사하는 폭로성 발언들을 늘어놓는다. 탈북민 출연진은 북한 생활과 탈북 과정에서 경험한 고생스러운 사연들을 소개하면서 눈물을 흘리고 감정을 드러낸다. 이때 남한을 대표하는 사회자나 패널은 '북한 사회를 이해할 수 없다'는 표정을 지어보이거나, 탈북민 출연진에게 위로와 격려를 보냄으로써 남한 사회를 풍요롭고 안전한 곳으로 의미화한다.

'모란봉' 역시 남한 출신의 사회자들이 미디엄 숏의 카메라 프레임에 등장해 편안하고 신뢰감을 주는 방식으로 인사말을 건네며 쇼를 시작한다. 곧 탈북민 출연진이 북한 생활과 탈북 과정에서의 고통스런 경험들을 이야기할 때에는 클로즈업 숏을 통해 감정 변화가 강조되고 숙명을 나타낼 때 자주 이용되는 슬픈 분위기의 단조 음악이 삽입된다. '모란봉'은 신변잡기적 소재로 토크를 이어가는데, 가령 "북한에서 미인이 가장 많은 지역은?" 혹은 "최고의 주먹을 가진 지역은?" 등 질문을 던지면 탈북민 출연진이 자신의 출신지에 가장 미인이 많다거나 최고의 주먹을 가진 사람들이 많다고 경쟁적으로 주장하곤 한다. 이로 인해 혼란이 야기되면, 남한 출신의 사회자와 패널이 "모두 일등인 것으로 합시다" 혹은 "모두 미녀들입니다"라고 발언함으로써 탈북민이 유아기적 퇴행을 보이고 있는 듯한 분위기를 만들어낸다.

넷째, 탈북민 프로그램은 북한을 '야만'스러운 세계로 특징짓고 남한을 '문명'으로 특징짓는 경향을 보인다. '잘살아보세'에서 탈북 여성 출연진은 제작진이 따라가지 못할 정도의 놀라운 속도로 산을 뛰어오르고, 능숙하게 도끼질하며, 무거운 땔감을 지게로 거뜬히 나르는 장면을 연출한다. 산에서 나물을 캐내고는 이를 씻지도 않고 빠른 속도로 먹어치우는 모습을 보이기도 한다. 밭일 도중 새참으로 막걸리를 마시고는 고성방가를 하고, 낚시를 할 때에는 낚싯대를 이용하지 않고 직접 입수해 물고기를 맨손으로 잡는다. 식사 도중 김칫국물을 '원샷'하거나 파를 뿌리째 먹고, 북한의 최고 보양식이라는 토끼탕을 요리해 토끼의 심장이나 간을 먹는 모습도 보인다. 30회 방송분에서는 탈북 여성들이 손톱에 봉숭아꽃 물을 들이다가 입술에 들이겠다며 돌로 빻은 봉숭아꽃을 입에 얹고 실로 얼굴을 묶어 우스꽝스러운 장면을 연출했으며(〈그림 3〉의 ① 참고), 86회 방송분에서는 탈북 여성이 튼실한 오리의 목을 한 손으로 낚아채 식재료로 이용하는 장면을 연출한 바 있다(〈그림 3〉의 ② 참고).

그림 3. 채널A 〈잘살아보세〉에서의 탈북민 재현
출처: ① 〈채널A〉 '잘살아보세'(30회, 2015. 10. 10), ② 〈채널A〉 '잘살아보세' (86회, 2016. 11. 5)

'모란봉' 75회 방송분에서는 한 탈북민 출연자가 남한에 처음 도착했을 때 깨끗한 공중 화장실을 보고 놀랐다는 이야기를 꺼낸 바 있었다. 이 출연자는 "화장실에서 잠을 자도 되겠구나"라고 생각했고, 남한이 "화장실 선진국"이며 "잘사는 나라구나"라고 생각했다고 덧붙였다. 그는 계속해서 화장실을 나올 때 그곳에 비치된 두루마리 화장지를 집에 가져가 쓰려고 손에 둘둘 말아서 갖고 나왔다고 진술하면서 화장지를 손에 둘둘 마는 시늉을 한다. 이때 모든 탈북민 출연진이 다 같이 화장지를 손에 둘둘 마는 시늉을 함께 따라하며 폭소를 터뜨리고 자신도 같은 경험이 있다고 털어놓았다. 이처럼 탈북민 프로그램은 북한을 빈곤으로 특징지으며 탈북민이 남한의 생활양식과 괴리된 행동들을 보이는 것을 유머 소재로 활용된다.

다섯째, 탈북민 프로그램은 북한을 어리숙하고 문제를 유발하는 존재로 묘사하는 반면, 남한은 성숙한 존재로서 북한을 보호하는 역할을 맡는 것으로 그려낸다. '남남북녀'에서 북한 여성의 역할을 맡는 탈북 여성이 미숙하고 서툰 행동들을 보이고, 남한 남성이 문제해결자로 나서는 장면을 연출하는 것은 흔한 일이다. 한 에피소드에서는 부인 역할을 맡은 탈북 여성 최윤이가 마트에서 시식코너에 있는 것이 아닌 음식을 먹어 문제를 발생시킨다. 이때 남한 남편 역할을 맡았던 연예인 김원준은 "먹었으니까 우리가 사면, 되지"라는 말로 당황한 아내를 위로하고 사태를 해결한다. '잘살아보세'에서는 제작진이 출연진에게 음식을 조리할 수 있는 화덕을 만들라는 미션을 부여한 바 있었다. 탈북 여성들이 맨손으로 벽돌을 하나둘씩 나르기 시작하는데, 이때 남한 남성들이 수레를 가져와 한 번에 벽돌을 나르고 미션을 해결한다. 이처럼 북한은 열등한 존재로서 '시혜의 대상'으로 묘사되는 반면, 남한은 자본주의가 발달시킨 효율성의 원칙을 충실히 수행하면서 공동체의 문제를 해결하는 '영웅'으로 묘사된다.

이처럼 탈북민 프로그램이 북한을 여성에 비유하고 전통적이고 감정적이며 비이성적이고 야만스러운 세계로 그려내고 그 반대 항으로서의 남한을 남성으로 상징하고 서구적·이성적·합리적이며 문명화된 세계로 묘사하며, 이항대립 구도 속에 남북한을 배치하는 양상은 오리엔탈리즘orientalism 개념을 떠올리게 한다. 동양을 바라보는 서양의 시각으로서의 오리엔탈리즘은 사이드(Said, 1987/1999)에 구체화되었다. 사이드(1987/1999)에 따르면, 서양은 동양에 원시성의 기호를 부여하고 낙후된 물질문명과 자연적 무질서로 특징짓는다. 다시 말해, 서구세계는 이성과 문명을 향한 인류 진화의 통시적 단계들을 전제하고 자신이 이미 통과한 문명으로 향하는 도정 위에 동양을 위치시킨다. 동양을 서구의 '미발달판undeveloped version'으로 제시하고 있는 것이다. 이와 마찬가지로 탈북민 프로그램은 남한을 서구세계와 동일시하며 남한이 이미 통과한 문명으로 향하는 도정 위에 북한을 위치시킨다. 서구세계가 동양을 바라보는 식민주의적 시선을 내면화하고, 그 식민주의적 시선으로 북한을 바라보고 있다고 할 수 있다.

특히 오리엔탈리즘은 여성을 타자화하는 가부장제 이데올로기와 조우하며 서로를 촉발시킨다. 이러한 오리엔탈리즘적 시선이 탈북민 출연 프로그램에서만 제한적으로 발견되는 것은 아니다. 로맨스를 이용해 남북 분단의 비극을 다룬 영화 '쉬리(강제규, 1999)'에서도 주인공 북한 공작원을 '여성'으로 설정했던 것처럼, 한국 미디어는 북한을 '여성'으로 상징화하는 경향을 보였다. 북한 지도층의 '기쁨조'와 금강산 관광 여성 안내원, 남한 방문 여성 무용단 등을 부각시켰고, 2002년 부산 아시안게임과 2003년 대구 유니버시아드에 북한 선수단과 함께 등장한 '미녀응원단'의 미모를 칭송하면서 화제를 낳은 바 있다(김은진, 2002; 박주한, 2003). 또한 한국 언론은 '북한 미녀응원단'을 향해 "가공되지 않은 청순함" 혹은 "자연미인" 등의 찬사를 보내며 북한의 여성성을 '자연적 무질서'에 연결시켰다. 북한에 대한 오리엔탈리즘적 시선은 정치적 보수와 진보를 가로질러 보편화되어 있고, 매우 긴 시간 동안 한국 사회의 북한에 대한 시선을 지배해 왔다.

4. 탈북민 프로그램이 그리는 북한: 사악하고도 미숙한

우리가 이해하는 북한의 정체성은 북한의 본질이라기보다 미디어가 언어와 이미지 등의 상징체계를 수단으로 재현한 구성물이다. 북한은 역사적 국면에 따라, 그리고 미디어가 지닌 정치적·이념적 성향에 따라 다른 방식으로 이미지화되어 왔다. 해방 이후 냉전 시기를 관통하면서 미디어는 북한을 공격적이며 잔인한 존재로 묘사하면서 반공 이데올로기를 생산했다. 1990년대에 이르러 냉전의 종식과 함께 국내에서 민주화가 진행되면서 북한에 관한 새로운 이미지가 생산되기 시작했다. 보수 미디어는 북한을 위협적 존재로 묘사함으로써 사회 내부의 통합을 이루려 했던 반면, 그와 대립각을 세운 진보 미디어는 북한을 공조와 교류의 대상으로 묘사했다. 이처럼 북한이 서로 다른 정체성을 가진다는 점은, 그 정체성이 사실상 담론적 층위에서 구성된 이미지임을 말해준다.

따라서 이 글은 〈채널A〉와 〈TV조선〉이라는 종편 채널이 제작·방송하는 탈북민 출연 프로그램이 어떤 방식으로 북한이미지를 생산해왔는가를 살펴보았다. 기존에 미디어는 뉴스 보도를 통해 북한이미지를 생산했고, 이 과정에서는 북한의 정치, 경제, 군사, 국제관계 등의 문제에 초점을 두었다. 그러나 탈북민 프로그램은 '토크쇼'와 '가상 리얼리티쇼' 형식을 취하고, 탈북민의 사적 경험에 귀를 기울이며 그와 연동된 북한 사회의 구체적인 생활상과 문화, 가치 등을 다룬다. 오락 프로그램의 형식을 취하면서 북한의 일상과 문화, 식생활, 놀이 등에 관심을 기울인다는 점에서 북한에 대한 새로운 이미지를 구축할 수 있을 거라고 생각했다.

예측한 바와 달리, 탈북민 프로그램은 북한을 공격적이고 잔인한 존재로 묘사하고 있었다. 보수 미디어의 자회사인 〈채널A〉와 〈TV조선〉이 제작·방송한 탈북민 프로그램은 북한을 정권과 주민으로 분리시키고, 정권을 악마로 묘사하며 적으로 배척하는 동시에 주민을 한민족으로 포섭하는 태도를 보이고 있었다. 특히 토크쇼 '이만갑'과 '모란봉'은 자극적인 자료화면과 긴장감을 일으키는 음향과 긴박감을 주는 성우의 목소리, 컴퓨터 그래픽 등을 적극 활용해 북한 정권을 악마로 묘사하는 경향을 보인다. 다시 말해, 탈냉전 시기에서도 탈북민 프로그램은 냉전 패러다임의 시각으로 북한을 바라본다.

토크쇼 '이만갑'과 '모란봉'뿐 아니라 가상 리얼리티쇼 '남남북녀'와 '잘살아보세'는 공통적으로 북한을 여성으로 상징하고 남한을 남성에 비유한다. 또한 북한을 전통적이며 전근대적인 세계로 표상하는 반면, 남한은 서구적이고 합리적이고 효율적인 절차들을 갖춘 곳으로 묘사한다. 이처럼 남한과 북한을 이항대립 구도 속에 배치하며, 탈북 여성을 무지와 감성, 통제되지 않은 돌발행동과 원시성의 기호로 표현하고 남한 남성을 세련된 취향과 절제된 행동을 보이는 것으로 묘사한다. 다시 말해, 북한을 열등한 존재로 묘사함으로써, 그 반대 항으로서 남한에 우월성을 부여한다. 이러한 탈북민 프로그램은 서양과 동양 각각을 문명과 야만의 이분법에 연결하는 오리엔탈리즘적 시각을 내면화하고 그 시각으로 북한을 바라본다.

정리하면, 탈북민 프로그램은 북한을 사악하면서도 미숙한 존재로 이미지화한다. '악마'이자 '바보'로 요약되는 북한이미지는 이율배반적으로 보이지만, 비이성적인 특성을 갖는다는 점에서 일관성을 지닌다고 할 수 있다. 특히 탈북민 프로그램 가운데 대표격인 '이만갑'은 지금도 방송을 이어가고 있다. 해당 토크쇼는 2021년 개편을 통해 교수와 기자 등의 전문가들로 패널을 구성하고 북한 고위관직 출신의 탈북민을 초대하는 등, 정보적 성격을 강화하고 교양 프로그램의 성격을 갖추게 되었다. 그러나 여전히 북한을 사악하고 미숙한 존재로 묘사한다는 점에서는 변함이 없으며, 이런 이미지 생산을 위해 확인되지 않은 정보들을 활용하기도 하고 맥락적 설명을 생략하는 면모도 보이고 있다. 이는 장수 프로그램으로 자리를 잡은 탈북민 프로그램이 '통일'을 위한 소통의 계기를 마련하는 데에 제 역할을 하는지에 대한 진지한 고민과 검토가 필요함을 말해준다.

참고문헌

김수정 (2010). 글로벌 리얼리티 게임쇼에 나타난 '자기통치'의 문화정치: 〈프로젝트 런웨이〉와 〈도전! 슈퍼모델〉 프로그램을 중심으로. 〈한국방송학보〉, 24권 6호, 7-44.

김은진 (2002). 새로운 눈요기, 북한 미녀 응원단: 오리엔탈리즘과 외모 제일주의가 빚어낸 작품. 〈인물과사상〉, 통권 56호, 16-23.

박주한 (2003). 대구 하계 유니버시아드 북한 참가와 응원단 파견에 대한 소고. 〈한국체육정책학회지〉, 2권, 177-187.

방희경·이경미 (2016). 종편채널의 북한이미지 생산방식: '일상'으로의 전환, 이념적 정향의 고수. 〈한국언론학보〉, 60권 2호, 338-365.

방희경·박혜영 (2018). 탈북민 프로그램과 '정동(affect)'의 정치: 미디어 문화연구 확장을 위한 시론. 〈한국언론정보학보〉, 87권, 135-171.

Said, E. W. (1978). *Orientalism*. 박홍규 (역) (1999). 〈오리엔탈리즘〉. 서울: 교보문고.

채널A (2021, 9, 12). 사망 1년 전 해고된 김일성 주치의, 김정일이 해고했다?!
　　URL: http://www.ichannela.com/program/template/video_detailPage.do?publishId=000000265833&subCateCode=050006&pgm_id=WPG2110157D

Chapter 18

북한주민의 남한 미디어 수용과 영향

최종환 | 성균관대학교 메타사회연구소 선임연구원

1. 북한 내 남한 미디어 유입

1990년 냉전 붕괴와 함께 세계질서는 큰 변화를 맞았다. 사회주의권 국가들의 분화가 단연 눈에 띈다. 헝가리 등 동유럽 국가들은 체제전환을 모색하며, 개혁과 개방의 길로 들어섰다. 국제사회는 해묵은 이념 논쟁 대신 이익과 실용의 관점을 중요하게 다루기 시작했다.

하지만, 북한은 여전히 '우리식 사회주의'를 내세우며, 자신들만의 체제를 유지하는데 힘을 쏟았다. 결과적으로, 대외적 고립과 경제위기를 겪었다. 내부적으로는 '고난의 행군' 시기를 맞아 경제적 어려움을 감내해야 했다. 외부 사상과 문화 유입에 대한 경각심이 높아진 것도 이 무렵이었다. '제국주의자들의 사상 문화적 침투'라는 '모기'의 침투로부터 체제를 보호할 수 있는 '모기장'을 쳐야 한다는 북한 당국의 주장은 역설적으로 탈냉전기 '자유화 바람'을 막아야 한다는 당시 위기상황을 압축적으로 설명한다.

표 1. 남북교역액 현황[1]

(단위: 백만 달러)

구 분	'00	'01	'02	'03	'04	'05	'06	'07	'08	'09
반 입	152	176	272	289	258	340	520	765	932	934
반 출	273	227	370	435	439	715	830	1,033	888	745
합 계	425	401	642	724	697	1,056	1,350	1,798	1,820	1,697

구 분	'10	'12	'13	'14	'15	'16	'17	'18	'19	'20
반 입	1,044	1,074	615	1,206	1,452	186	0	11	0	0
반 출	868	897	521	1,136	1,262	147	1	21	7	4
합 계	1,912	1,971	1,136	2,343	2,714	333	1	31	7	4

출처: 통일부 (2021). 〈2021 통일백서〉, 270쪽.

1990년대 말 남한의 김대중 정부 출범으로 남북관계는 물론 북한의 대외 인식은 적지 않은 변화를 맞았다. 김일성 사후 본격적으로 체제 정비를 마친 김정일은 자신만의 대외 정책을 펼칠 필요성이 제기되었다. 1차 남북정상회담(2000)을 계기로, 북한은 '우리민족끼리'를 내세우며, 교류협력 사업에 적극적인 태도를 보였다.

미디어 교류 또한 2000년 남한 언론사 사장단의 방북을 계기로 주목받기 시작했다. 같은 해 7월 MBC가 위성 생중계 방송한 남북친선탁구대회는 북한에서 제작되어 현지에 생방송으로 보도된 최초의 사례로 꼽을 수 있다. '개마고원의 생태', '북한문화유산시리즈' 등 생태, 문화 관련 다큐멘터리가 공동 제작된 때도 이 무렵이었다(최종환 외, 2022 재인용; 이준섭 외, 2018). 남북한 미디어 교류는 민족의 동질성 회복이라는 당위적 접근뿐만 아니라

---

[1] 〈표 1〉에서 확인할 수 있는 것처럼, 남북교역은 2000년대 이후 활기를 띠었다. 그러다 2016년 유엔 안보리가 북한의 군사적 도발 행위에 맞서 비군사적 대북제재를 강화함에 따라 남북 간 교역액은 급감하게 되었다.

분단으로 깊어진 이질적인 문화를 경험할 수 있는 소중한 기회가 된 것으로 볼 수 있다.

미디어는 단순히 '매체 이용' 관점으로 보기보다 한 사회의 문화적 변동을 일으키는 데 중요한 시사점을 부여한다. 특히 북한 당국의 선전과 사상교육으로, 왜곡된 형태로 남한을 인식한 주민들은 미디어 유입으로 새로운 시각을 형성하는 데 적지 않은 영향을 받는다. 남한 사회의 의식주와 생활문화를 접하면서 경제발전을 간접적으로 확인하게 되는데, 결국 자신들의 체제에 의문을 제기할 가능성이 높아지게 된다(강동완, 2014). 이는 정부가 남북한 미디어 교류를 어떠한 방향으로 진행해야 하는지 정책적 의미를 부여할 수 있다. 북한 체제를 자극하는 것에서 벗어나 남북한 화해와 협력을 높일 수 있는 사회·문화적 교류가 필요하다고 보는 것이다.

그러한 점에서 북한 사회에 남한 미디어가 어떠한 방식으로 유통되고 있으며, 이들의 인식 변화가 어떻게 이루어지고 있는지 파악하는 것은 향후 교류협력 사업에 의미 있는 논의를 이끌 것으로 판단된다.

2. 북한 주민의 남한 미디어 이용 실태

북한 주민의 남한 미디어 수용은 억압된 공간에서 자유를 만끽하거나, 왜곡된 남한의 상을 새롭게 해석하는 창구가 될 수 있다. 하지만, 지도부 입장에서는 '반사회주의 이적 행위'라는 점에서 주민들에게 더욱 강압적인 정책을 펼칠 가능성도 부인할 수 없다.[2] 사회주의 사상을 배격하는 매체,

---

[2] 북한은 2020년 12월 최고인민회의 전원회의를 통해 「반동사상문화배격법」을 채택했다. 이 법령은 음란물 제작 및 유포를 비롯해, 등록되지 않은 TV·라디오·컴퓨터 등 전자기기 사용 등을 금지하고 있다. 제27조에는 남한의 영화나 녹화물, 편집물 등을 직접 보고 듣거나 보관한자는 5년 이상 15년 이하 노동교화형에 처한다고 명시하고 있다.

기술, 프로그램에 대한 규제를 시행함으로써 더욱 견고한 사회통제를 벌이는 것이다.

그렇다면, 북한 주민들은 남한 미디어를 어떤 방식으로 접할 수 있을까. 크게 두 가지 접근이 가능하다. TV를 통해 남한 방송을 직접 청취하는 방식과 DVD 등 저장매체를 통해 시청하는 형태를 들 수 있다. 탈북민 증언에 따르면, 주로 동해안 근처 일부 지역과 남북 접경 지역에서 남한 방송이 직접 수신된 것으로 파악되었다(강동완, 2015). 북한 주민들은 이러한 기술적 활용으로 간헐적으로 남한 미디어를 접하게 되어 주변 사람들과 문화적 동조화 현상을 겪을 것으로 추정해볼 수 있다.

1) 저장용 메모리 활용

직접적인 방법은 장마당에서 관련 물품을 구매하는 형태로 이뤄진다. 장마당에서는 중국 제품이나 중고제품 등이 유통되고 있는데, 일부 주민들은 이곳에서 한국 제품을 몰래 구매한다. 고위급 간부 부유층의 경우, 자녀들의 외국어와 컴퓨터 교육을 중요하게 생각해 고품질의 디지털 기기를 원하는 것으로 알려졌다. 컴퓨터로 인터넷을 자유롭게 할 수 없지만, 해당 기기에 USB를 연결해 남한 콘텐츠를 접할 수 있는 것으로 나타났다(전희락, 2014). 이 기기는 휴대가 간편하고, 당국의 검열을 피할 수 있어 주민들의 선호도가 높다. 현장에서는 친구들끼리 USB를 공유하며 파일을 주고받기도 하며, 컴퓨터가 있는 다른 집에서 원하는 콘텐츠를 담아 이용하는 경우도 있다(강동완, 2014). USB는 크기에 비해 대량의 정보와 콘텐츠를 담을 수 있기에 젊은 층의 문화적 욕구를 충족하는 데 적합하다.

북중 밀무역을 통해 CD, 중고 컴퓨터, 녹화기 제품들이 북한에 유입되는 경우도 있다. CD는 남한 대중문화가 숨겨진 채 비공식적으로 유통되며, 녹화기 등은 공식적으로 판매가 가능한 구조다(박영정, 2011). 북한 현지에서 남한 미디어를 공개적으로 볼 수 없지만, 억압이라는 환경적 상황에 기인해 암암리에 유통되고 있는 것이 현실이다. 판매를 통한 이익이 많아 당국의 단속에도 불구하고, 내륙으로 판매 활동이 확산되는 경우가 적지 않다.

북한 미디어는 체제선전과 지도부 충성을 위한 내용으로 대부분 채워진다. 따라서 USB와 CD 등 메모리 기기들이 현지 문화를 어떻게 대체할 수 있는지 논의하는 것은 향후 북한 사회의 문화적 변동을 파악하는 데 중요한 의미를 가진다.

2) 모바일 기기 확산

김정은 시대 들어 주민들의 개인 욕구와 개성, 시장화가 반영되어 외부 문화 유입이 불가피하게 이뤄진 측면도 있다. 디지털 기기를 활용한 미디어 수용이 대표적이다. 북한에서 중국산 플레이어가 보급되었는데, 이는 외부 문화를 연결해주는 통로 역할을 한다. 한 예로, 액정 화면이 10인치 정도 되는 노트텔이라 불리는 기기는 TV 전파 수신이 장점으로 꼽힌다. 중국 현지에서 저장된 남한 미디어 콘텐츠가 담겨 있어 손쉽게 남한 미디어를 이용할 수 있다. 휴대가 간편해 북한 당국의 단속을 피하기 쉽다. 하지만, 해당 기기는 주민 소득으로 구매하기 부담스러운 가격 탓에 현지에서는 지인들과 모여 같이 보거나 돌려보는 경우가 많은 것으로 알려졌다.

표 2. 북한의 휴대전화 보급 상황

연 도	2010	2012	2014	2016	2018
만(명)	43	171	281	360	450(추정)

출처: 김선호 외 (2019), 〈중장기적 관점에서 남북 미디어 교류협력 방안〉, 한국언론진흥재단, 31쪽.

휴대전화 사용도 남한 미디어 이용에 적잖은 영향을 주고 있다. 북한에서 이동 통신 가입자는 2008년 이후 급격히 증가하는 상황이다. 학계에서는 북한 내 전체 가구 중 70% 가까이가 휴대전화를 보유한 것으로 보고 있다. 휴대전화는 시공간의 제한을 받지 않으며, 주민들 간 소통을 촉진시키는 것으로 알려졌다. 시장 참여자들은 보다 빠르게 정보를 공유함으로써 외부 세계에 대한 이해를 넓힐 수 있는 것도 장점이다(최선경, 2021). 하지만, 북한에서 외부세계와 연결된 인터넷 접속은 불가능하다. 이용자들은 자체 인트라넷인 '광명망'을 통해 자료 검색과 다운로드를 할 수 있는 수준이다(김민관, 2020).

그럼에도 휴대전화는 김정은 시대 들어 북한 경제에 핵심적인 도구가 되고 있다. 상인들은 휴대전화를 이용해 배송 등을 결정할 수 있다. 해당 기기를 통해 제품 가격과 수요 정보를 실시간으로 파악해 지역 간 정보격차를 줄이는 것이다(김선호 외, 2019 재인용; 이정진, 2018). 특히 북한과 중국이 맞닿는 접경지역에서는 문자와 사진, 영상 공유뿐만 아니라 남한 메신저인 '카카오톡'도 가능하다고 한다. 휴대전화가 보급되면서 주민들의 외부 정보의 활용 방식은 다양해지고 있는 실정이다(강동완, 2014). 이러한 접촉은 북한 주민들이 남한 미디어를 수용할 수 있는 공간이자, 정보 매개 역할을 한 것으로 볼 수 있다.

물론, 북한 체제 특성상 주민들이 자유롭게 정보를 주고받을 수 있는 상황은 되지 못한다. 이와 관련해, 박진아(2020)는 현지 주민들의 정보 접근에 대한 한계로 세 가지 특성을 지적한다. 우선, 사회주의적 정보관은 정보자유에 대한 기본적 인식을 공유하지 않는다. 북한식 인권은 개인의 권리를 지향하기보다 집단의 권리로 보기 때문에 정보이용도 공동체가 통제해야 한다는 논리가 앞선다. 주민들은 필요한 만큼 정보에 접근하는 것으로 정보 획득의 자유가 실현되었다는 인식이 강하다. 또한, 북한 사회 내부의 독점과 통제가 높은 수준이다. 미디어를 통한 주민의 문화적 향유는 정부가 주도하고 관리하는 실정이다. 콘텐츠 내용은 대동소이하고, 대부분 체제우월성을 강조하고 있다. 결국 주민들의 정보 접근은 공동체가 유지되는 방향으로 강조된다. 끝으로, 공론장 자체가 자율성이 상실되었다는 점이다. 북한에서 언론은 선전기관으로 작동하고 있으며, 내용에 대한 반론과 비판이 허용되지 않는다. 기술적, 내용적 모두 정부 선전을 위해 이용되고 있다고 해도 과언이 아니다. 미디어의 자율성이 제한된 환경에 놓인 주민들은 정부가 취사선택하는 정보를 얻고 있다(박진아, 2020). 이는 역설적으로 외부 문화에 대한 주민들의 동경과 갈망이 높을 것으로 추정해볼 수 있다.

   북한은 최근 코로나바이러스감염증-19 확산 이후 국경을 봉쇄했으며, 대북제재 여파로 국가 간 교류활동은 변화를 맞았다. 외부 문화 유입 자체가 제한적으로 이뤄져 있는 현재의 상황을 고려해 볼 때, 주민들의 외부 문화 수용과 실태의 변화는 앞으로 어떻게 이뤄지게 될지 주목된다.

3. 미디어 이용 후 주민 인식 변화

북한은 외래문화와 남한 미디어를 제국주의 사상문화 침투로 규정해 주민들에게 통제를 가하고 있다. 하지만, 1990년대 중반 활성화되기 시작한 장마당을 중심으로 외래문화가 끊임없이 유통되고 있는데, 이는 남한 미디어 시장이 유입되는 경로가 되고 있다. 학계에서는 이러한 현상들이 북한 사회를 단기간 바꿀 수 없다고 보면서도, 일상생활 등 미시적 차원에서의 의식변화를 이끌 것으로 진단한다.

1) 남한에 대한 동경

남북한의 경제력 차이는 2022년 현재 30:1 수준으로 확대된 상태다.[3] 남한 사회의 급격한 성장을 경험했거나 관련 정보를 접한 북한 주민들이 열등감에 빠질 가능성도 배제할 수 없다. 더욱이 미디어를 통해 재현된 남한 사회는 그 자체로 동경의 대상이 될 수 있다. 이에 대해 오원환(2015)은 탈북민들이 남한 콘텐츠를 접하게 되면서 자본주의에 대한 인식 변화가 있었다고 주장한다. 그에 따르면, 탈북 청소년의 남한 미디어 이용은 고정관념 해체와 실천적 행동 양식으로 나타났다. 미디어를 통한 상징적 현실이 "북한에 대한 저항이나 한국에 대한 호기심과 접합해 한국으로의 이동을 정당화하는 명분을 제공하거나 탈북을 부추기는 촉매제"로 활용되었다는 것이다(오원환, 2015). 아래 남한 미디어를 접한 탈북민의 이야기를 들어보자.

---

[3] 한국은행이 발표한 2021년 북한 경제성장률 추정 결과에 따르면, 북한의 1인당 국민총소득은 전년보다 3.2% 늘어난 142만 300원으로 집계되었다. 남한은 전년보다 7.2%(271만 6,000원) 늘어난 4,048만 2,000원을 기록했다.

'쩐의 전쟁'이라는 드라마를 처음 봤을 때, 거기 사람들은 집도 화려하고 그렇게 살잖아요. "아, 한국은 다 저렇게 사는구나" 했거든요. 한국 가면 우리도 저렇게 잘 살 수 있겠구나…. (탈북민 A)

한국은 다 저렇게 잘사나 보지? 실생활 수준이 높잖아요. 다 막 식당에 가고, 결혼식 때 웨딩홀에 가고 그러잖아요. 그러니까 한국은 일반 사람이 다 그런가 보지 이러면서…. (탈북민 B)
오원환(2015)에서 재인용.

탈북민들은 현지에서 남한 드라마를 어렵지 않게 시청할 수 있었는데, 이를 통해 남한 사회에 대한 고정관념에 변화가 있었다고 토로한다. 남한 부유층의 삶과 사회적 자본은 그 자체로 동경의 대상이었다. 무엇보다, 당국의 사상교육에 의해 왜곡된 남한을 생각했던 주민들은 색다른 콘텐츠를 접함으로써 남한을 일종의 동경의 대상으로 인식하게 된 것이다. 남한 사회의 고층 빌딩과 부자촌, 고급 승용차 등의 모습은 북한 사회에 대한 부정적 인식을 형성케 했다. 주민들의 남한 콘텐츠 이용은 단순히 재미라는 관점에서 다루기보다 단일 이념으로 무장된 사람들의 사상을 변화시킨다는 점에서 중요한 시사점을 제공한다(강동완, 2014).

북한 내 남한 미디어는 주민들의 사회적 관계에 영향을 주고 있다는 주장도 있다. 안지언·최현주(2018)는 북한 주민들이 이웃과 함께 남한 한류 콘텐츠를 공유하고, 그것을 소비함으로써 사람들과 소통창구로 활용한다고 보았다. 남한 드라마 속 배우들의 말투와 옷, 표정 등을 접한 현지 주민들은 그것을 자신의 행동으로 옮겨보고 싶은 욕구가 강해지기도 했다. 남한 생활과 정보를 비공식 채널로 소비한 결과, 탈북으로 이어질 수 있다는 것이다(안지언·최현주, 2018). 이는 북한 내 남한 미디어 유입이 단순히 정보 공유에 머물기보다 주민 간 관계망을 형성하고, 탈북 행위에 일정 부분 동기로 작용할 수 있음을 설명한다.

미디어는 현실을 있는 그대로 재현하기보다 특정한 인식과 상징을 통해 재구성하게 된다. 탈북민은 미디어 속 남한의 모습이 진실인지 중요한 것이 아니라 그러한 정보에 대해 '있는 그대로' 믿으며, 자신들이 축적해 놓은 생각과 고정관념에 변화를 일으키게 된다. 이 같은 논의는 남한 미디어가 가지는 사회적 영향력 혹은 북한 주민들의 현실 인식을 파악하는 데 중요한 시사점을 제공한다.

2) 새로운 문화 공간 창출

남한 미디어 유입에 따른 북한 주민의 시청은 일상 전반에 변화를 촉진할 수 있다. 북한 특유의 폐쇄성 탓에 주목받은 장마당의 경우, 남한 미디어를 교류하는 촉매제이자, 새로운 문화질서를 만드는 공간으로 알려져 있다. 이러한 현상에 주목한 강동완(2014)은 장마당이 한국산 상품의 유통을 촉진시키고 있다고 본다. 주민들은 이곳에서 남한 영상물을 구입하고 유통하게 되는데, 이를 통해 새로운 디자인에 대한 선호 현상이 생기게 된다. 곧 상품 구매 욕구로 이어지고, 남한 미디어에 대한 수요와 공급망이 활성화될 수 있다는 것이다(강동완, 2014). 남북한 문화를 비교함으로써 어느 체제가 우월한가에 대한 생각을 넘어 공동체의 문화, 기술에 대한 경쟁의식을 불러일으킬 수 있음을 의미한다.

한편, 북한 주민의 남한 미디어 수용이 장기적으로 남북한 화해와 통일에 중요한 역할을 할 수 있다는 진단도 있다. 정동준(2016)은 한류의 확산과 더불어 북한 사회에 번지고 있는 남한에 대한 인식 변화를 추적했다. 그에 따르면, 남한 미디어를 수용한 북한 주민들은 정치사회화 정도에 따라 남한 문화의 경험에 영향을 받는 것으로 나타났다. 즉, 남북 간 문화 교류의 확대가 통일의식을 함양하는 정책적 효용성을 지니고 있는 것이다(정동준, 2016). 한류는 남북한 문화교류뿐만 아니라 아시아, 글로벌 전체로 확산되고 있는 추세를 감안할 때, 북한에서의 한류 수용은 현지에 다양한 문화 콘텐츠가 유입될 수 있다는 데 시사점을 제공한다.

북한 주민의 남한 미디어 수용은 양적으로 큰 의미를 갖지 못하지만, 현지 문화의 변동을 파악하는 데 유의미한 논의를 이끌고 있다. 북한 체제가 변해야 한다는 당위론에서 벗어나 미디어 이용을 매개로 남북 간 인식의 차이를 극복하는 것이 선행과제라고 할 수 있다.

4. 미디어 교류 활성화

북한은 외래문화 유입을 극도로 경계하고 있다. 그런 만큼, 불가피하게 형성된 장마당을 중심으로 적지 않은 주민들이 남한 미디어를 접하고 있는 상황이다. 남한 미디어 수용은 단순 호기심에서 출발해 사람들과 관계를 형성하고, 새로운 문화적 향유를 즐기는 데 일정부분 기여할 것으로 판단된다. 자본주의 생산 방식을 엄격히 차단하고 있는 북한 사회의 특수성을 고려해 볼 때, 이러한 현상이 사회 전반적으로 어떠한 영향을 주고 있는지 온전히 알 수 없는 상황이다. 때문에 우리는 북한 주민들의 외래문화 수용의 방향과 속도에 주목할 필요성이 제기된다(강동완, 2015). 그들의 남한 미디어 이용을 과도하게 해석할 필요는 없지만, 이러한 현상이 주민들에게 어떠한 의미를 가지는지, 정책적 함의는 무엇인지 고민해 볼 필요가 있다. 2018년 남한 예술단의 공연 '봄이 온다'가 의미 있는 참고서가 될 수 있다. 평양 대동강 지구 동평양 대극장에서 열린 이 공연에 김정은 국무위원장과 부인 리설주, 김여정 노동당 제1부부장 등 북한 최고위층이 대거 참석했다. 남한 고위급 정치인도 앉아 나란히 공연을 관람한 것은 남한 콘텐츠가 북한에서 '위로부터 확산'되었다는 점에서 상징성이 크다. 중계방송을 보면, 남한 대중음악을 접한 현지 주민들이 박수치고, 따라 부르는 모습이 나온다. 지도층에 의한 '기획된 이벤트'이기는 하지만, 외부 문화 유입에 소극적인 북한에서 주민들의 반응을 살필 수 있는 기회가 되고 있다.

북한 내 남한 미디어 확산과 활용 방향은 여기서 찾을 수 있다. 북한 사회를 급격하게 바꾸려는 노력보다 남북한 주민들이 함께 소통하고, 문화적 향유를 누릴 수 있는 콘텐츠 보급이 첫 번째 과제다. 남한 미디어 유입이 경제적, 정치적 차원으로 해석하기보다 한반도에서 공존하는 남북한의 사회적 변화라는 시각으로 접근하는 것이 바람직하다.

참고문헌

강동완 (2014). 북한으로의 외래문화 유입 현황과 실태: 제3국에서의 북한주민 면접조사를 중심으로. 〈통일인문학〉, 60집, 167-202.
강동완 (2015). 〈북한에서의 한류 현상: 그 의미와 영향〉. 서울: 통일교육원 교육개발과.
김민관 (2020). 최근 북한 스마트폰 이용 현황 및 시사점. 〈Weekly KDB Report〉, 6-8.
김선호·이호규·유홍식·김수정 (2019). 〈중장기적 관점에서 남북 미디어 교류협력 방안〉. 서울: 한국언론진흥재단.
박영정 (2011). 〈북한에 부는 '한류 열풍'의 진단과 전망〉. 서귀포: 제주평화연구원.
박진아 (2020). 정보의 자유의 국제적 보호와 북한의 관련 법제. 김수암·강채연·박진아·윤보영. 〈북한 주민의 정보접근에 관한 연구〉(36-81쪽). 서울: 통일연구원.
안지언·최현주 (2018). 북한사회 내 한류콘텐츠를 통한 남한사회 인식변화에 관한 탐색적 연구. 〈문화산업연구〉, 18권 1호, 107-114.
오원환 (2015). 북한 및 제3국에서의 한국 대중문화 수용과 한국 사회의 문화 적응: 탈북청소년의 한국 사회 현실 인식의 변화를 중심으로. 〈미디어 경제와 문화〉, 13권 2호, 7-52.
이정진 (2018). 〈북한의 이동통신 연구〉. 북한대학원대학교 박사학위 논문.
이준섭·강문수·김현희·문흥안 (2018). 〈분단국가의 사회문화법제 연구: 남북방송교류의 법제화 방안 연구〉. 세종: 한국법제연구원.
전희락 (2014). 문화확산이론으로 분석한 북한에서의 한류 확산 연구. 〈정치커뮤니케이션 연구〉, 35호, 31-84.
정동준 (2016). 북한주민의 남한 문화 경험이 통일의식에 미치는 영향: 2011년부터 2016년까지 북한이탈주민 설문조사를 중심으로. 〈통일과 평화〉, 8권 2호, 111-148.
최선경 (2021). 북한 주민의 휴대폰 사용과 시장 활동에서의 '신뢰' 네트워크. 〈현대북한연구〉, 24권 1호, 7-40.
최종환·장병희·김헌 (2022). 북한 관련 콘텐츠 수용자와 제작자 인식에 관한 탐색적 연구: 탈북민과 남한주민 심층 인터뷰를 중심으로. 〈방송과 커뮤니케이션〉, 23권 2호, 27-68.
통일부 (2021). 〈2021 통일백서〉. 서울: 통일부.

Chapter 19

북한 정보의 한계와 제한적 보도에 따른 비판적 읽기

김활빈 | 강원대학교 교수

1. 북한 오보 사례와 그 영향

2016년 미국 대선 기간에 이른바 '가짜뉴스fake news'가 큰 이슈가 되었다. 프란치스코 교황이 당시 공화당 대선 후보인 트럼프를 지지하고 있다거나, 민주당 대선 후보인 클린턴이 이슬람 국가에 무기를 판매한 것을 확인했다는 등의 확인되지 않은 정보가 기사 형태로 트위터나 페이스북과 같은 소셜미디어에 대량으로 유포되어 공유된 것이다. 언론사 웹페이지에 게시되지는 않았지만 트위터, 페이스북, 유튜브 등을 통해 만들어진 콘텐츠는 일반인들이 보기에 마치 정식 기사인 것처럼 보였고, 이를 접한 많은 사람들이 진짜 기사로 믿었다. 하지만 이러한 기사들은 언론사에 의해서 제작 및 유통된 기사는 아니었다. 한국에서도 가짜뉴스의 유통이 큰 문제가 되고 있는데, 유난히 북한과 관련된 정보에서 그 사례가 많다. 가짜뉴스는 의도를 가지고 누군가를 속이기 위해서 제작된 경우가 대부분이다. 따라서 그것을 접한 사람들이 믿을 경우 큰 폐해가 발생할 수 있다.

가짜뉴스도 문제지만 공식적인 뉴스미디어에서 제작 및 유통한 정보나 기사가 잘못된 경우도 있다. 이를 가짜뉴스와 구분하여 통상 오보(誤報)라고 부른다. 언론사는 취재과정에서 실수가 있거나 정보원이 잘못된 경우 등을 통해 오보를 낼 수 있다. 하지만 유독 북한 정보를 기사화하는 과정에서 치명적 오보가 자주 발생하는 것은 문제가 아닐 수 없다. 잘못된 북한 정보로 인한 오보 사례들을 먼저 알아보고 그러한 오보로 인해 미칠 수 있는 영향을 살펴본다.

1) 북한 관련 뉴스의 오보 사례

먼저 1986년 김일성 총격 피살설이 대표적이다(한국일보, 2021, 11, 16). 1986년 11월 16일, 국내 매체들은 김일성이 사망했다는 일본 외교가 소문을 보도했고, 다음 날인 17일 오전에는 한 매체에서 '김일성 총 맞아 피살'이라는 제목의 호외를 발행했다. 그 이후 대부분의 언론은 김일성 사망을 보도했고, 국방부 대변인도 이를 확인해주며 정부 또한 이를 공식화하기도 했다. 하지만 국방부 발표 다음 날 김일성이 평양공항에 나타나면서 바로 오보로 밝혀졌다. 이러한 오보는 사실 확인을 제대로 하지 못한 언론사와 정부 당국이 함께 만들어낸 것이었다. 하지만 일부 매체는 오보로 밝혀졌음에도 사과 대신에 다음날 '대외 신뢰 실추 기도, 국민 불신 조장 등 노린 북한의 전략'이라는 기사를 통해 북한을 비판하기도 했다. 오보에 대해 언론이 스스로 반성하는 경우도 매우 적다(임을출, 2014).

오보로 밝혀져도 사과하지 않고 오히려 비판을 하는 이러한 적반하장식 태도는 30여 년이 지난 지금도 크게 바뀌지 않고 있다. 2020년 4월에는 김정은 국무위원장의 건강 이상설이 널리 퍼졌다. 처음에는 익명의 정보원으로부터 긴급 이상설이나 긴급 수술설이 보도되었고, 이후 탈북자 출신 정치인들의 발언이 이어지면서 많은 언론들이 집중적으로 보도했다. 하지만 2020년 5월 2일 〈조선중앙TV〉에 김정은 위원장의 모습이 방송되면서 오보로 확인되었다. 오보는 정확한 사실 확인이 아닌 북한 전문가의 추정에서 시작하였고, 대북 소식통을 통한 인터넷 언론사들의 보도가 이어졌다. 이후 주요 뉴스미디어가 다루었는데 외국 언론까지 가세했었다. 하지만 오보로 밝혀진 이후에도 일부 언론과 정치인들은 이를 인정하지 않는 듯한 태도를 보여주었다. 당시 국회의원 선거에 당선된 모 정치인은 "속단하지 말자. 진실은 가려질 수 없다."라고 했고, 또 다른 당선인은 "과연 지난 20일 동안 아무 이상도 없었던 것일까?"라고 했다. 일부 신문사들은 "김정은 팔 주사 자국·걸음걸이까지 추측 난무"(세계일보, 2020, 5, 3)나 "김정은 심혈관 질환만 불안? '180도 뒤틀린 왼손목' 걸린다"(중앙일보, 2020, 5, 2)와 같은 기사를 내며 여전히 건강이상설을 주장했다(뉴스톱, 2020, 5, 4).

2021년 10월에도 '김정은 사망설'이 다시 등장했다. 이는 미국 뉴스잡지인 '글로브Globe'가 미국의 정보소식통을 인용해 기사를 낸 것으로 시작했다. 9월에도 도쿄신문이 사망설을 보도했는데, 이에 국내 뉴스미디어들도 김정은 사망설이나 대역설과 같은 기사 내용을 인용하면서 보도를 했다. 이러한 보도는 이전 오보와 마찬가지였는데, 북한 뉴스를 제대로 검증하지 않는 한국 언론의 일종의 관행이 낳은 오보였다(미디어오늘, 2027, 10, 27).

최고 지도자뿐만 아니라 북한의 고위급 인사에 대한 오보도 많다. 대표적으로 2013년 8월에는 북한의 가수 현송월이 총살되었다는 기사가 있었고, 2019년 북미 회담 후에 통역을 담당했던 신혜영 등이 숙청되었다는 보도가 있었으나 모두 오보로 밝혀졌다. 그밖에 2018년에는 북에 대한 취재의 대가로 북한이 외국 언론에 1만 달러에 달하는 비자 수수료를 요구했다는 뉴스가 보도되었으나 이 역시도 오보였다. 그리고 이러한 언론사의 오보와 함께 새로운 뉴미디어 환경 속에서 유튜브나 페이스북과 같은 소셜미디어를 통한 가짜뉴스도 늘고 있어서 문제가 되고 있다. 복수의 취재원을 통한 사실 확인 없이 흥미 위주의 편집과 추정이 사실인 것처럼 이야기하는 1인 미디어 채널의 확산은 올바른 북한 정보를 이해하는데 큰 방해가 되고 있다.

2) 북한 관련 뉴스의 오보로 인한 사회적 영향

뉴스는 매일매일 생산되는데 지금은 과거와는 다르게 다양하고 많은 채널과 플랫폼을 통해 그 수가 늘었고, 뉴스의 유통도 소셜미디어와 같은 새로운 유통 플랫폼의 등장으로 이전보다 크게 증가했다. 따라서 한번 보도된 뉴스가 오보인 경우 그 영향력은 과거보다 더 커졌다고 할 것이다. 왜냐하면 더 많은 사람들에게 더 빠르게 정보가 확산될 수 있기 때문이다. 더군다나 북한 관련 뉴스는 분단국가인 한국에서 뉴스가치가 크기 때문에 뉴스에 대한 주목도가 높다. 북한 관련 뉴스가 보도되었으나 오보인 경우에도 정정보도는 최초 보도에 비해 신문 지면의 위치나 방송 순서 및 시간에서 차이를 보이는 경우가 많다. 한국에서는 언론사들의 사과도 흔치 않기 때문에 일반적으로 오보가 생산되어 유통되면 사람들은 오보인 것을 인식하지 못하는 경우도 적지 않다. 이러한 문제점은 북한 관련 오보에서만 발생하는 것은 아니며, 한국 언론이 항상 지적받는 문제이다.

구본권(2020)은 북한 관련 오보의 영향을 네 가지로 정리했다. 첫 번째는 경제적 영향인데 오보의 주요 내용이 북한 최고지도자의 사망과 같은 뉴스이기 때문에 금융 시장 불안이 발생하고 이른바 '코리아 리스크'가 높아져 한국의 경제에 악영향을 미친다는 것이다. 미사일 실험이 있거나 핵실험 관련 뉴스가 보도되면 주가가 큰 폭으로 떨어지는 사례는 많이 보아왔다. 두 번째는 안보 비용의 증가다. 한국은 분단국가이기 때문에 기본적으로 안보에 관한 비용이 다른 국가에 비해 많이 든다. 오보로 인한 상황 악화는 물리적인 안보 비용을 증가시킬 뿐만 아니라 국민들의 안보 불안 심리도 형성할 수 있다. 계속되는 오보는 국민적 안보 불감증을 만들 수 있다는 점에서도 실질적인 안보 저해를 가져올 수 있다. 세 번째는 사회 갈등의 격화다. 남북문제에 있어서 이념적 갈등은 분단 이후 지금까지 지속되고 있다. 경우에 따라서 오보를 적극적으로 소비하는 집단이나 사람들이 생기기도 하며, 집단 간 갈등을 심화시킬 수 있다. 네 번째는 남북 협상에서 불리한 빌미를 제공할 수 있다는 점이다. 오보의 내용이 북한 최고지도자를 비롯한 북한 인물들을 희화화하고 혐오 인물로 그리는 경우가 많아 남북 관계와 상호신뢰를 훼손하게 된다.

 이상과 같은 북한 관련 오보가 반복되면 사회적 비용이 증가하고 남북 간 화해와 협력을 저해하는 요소로 작용하게 되어 큰 사회적 문제로 발전할 수 있다. 비단 북한 관련 오보뿐 아니라 언론의 오보가 자주 발생하면 저널리즘의 위기를 가져올 수 있다. 언론의 위기 그리고 저널리즘의 위기는 장기적으로 민주주의의 성숙과 발전에 큰 저해요인이 될 수 있다는 점에서 심각한 문제다.

2. 북한 보도의 특수성과 오보가 많은 이유

1) 대북 정보를 얻는 방법과 보도의 특수성

뉴스가 만들어지기 위해서는 먼저 기자의 취재활동이 필요하다. 취재란 뉴스의 대상이 되는 사실을 확인하는 과정으로 기자가 현장에 직접 뛰어들어서 실천한다. 예를 들어, 살인 사건이 발생하면 기자는 해당 사건을 담당한 경찰을 인터뷰하는 일에서부터 취재활동이 시작된다. 다양한 자료와 문헌을 찾아보고 관련자 및 전문가들과 인터뷰를 진행한다. 그런데 북한 관련 뉴스에서는 뉴스 당사자가 북한에 있는 인물인 경우가 대부분인데, 이들을 직접 취재하는 것이 애초에 불가능하다. 직접 취재가 불가능하기 때문에 간접적인 방법을 사용해야 하고 추정이나 가정이 개입할 수밖에 없는 구조적 한계를 지닌다. 따라서 북한 관련 보도는 취재 과정에서부터 다른 뉴스와는 시작점이 다른 것이다.

북한 관련 정보를 얻는 방법은 크게 세 가지로 정리할 수 있다(안정식, 2015). 첫째, 북한의 공식 미디어를 이용하는 것이다. 북한도 〈로동신문〉과 〈조선중앙TV〉와 같은 공식 보도 채널을 가지고 있다. 북한 미디어가 보도하는 내용을 취재원으로 활용할 수 있는데, 문제는 북한의 공식 채널에서 생산되는 정보는 있는 그대로 믿기가 어려운 정보가 많다는 점이다. 북한 당국에게 불리한 내용은 검열되고 유리한 내용만 선별된다. 많은 뉴스미디어가 보도할 때 취사선택을 해서 중요한 정보만 보도하지만, 그 정도가 지나치면 객관적인 그리고 공정한 보도라고 볼 수 없을 것이다. 따라서 북한의 공식 미디어를 통해 얻은 정보를 가지고 사건이나 사회에 대한 정확한 실상을 파악하기는 어렵다.

둘째, 북한 내부 소식통을 통한 정보의 수집을 통해서다. 대북 관련 매체나 민간단체들 그리고 탈북자들은 북한 내부의 소식통과 접촉하는 경우가 많은데 이들을 통해 북한 정보를 얻을 수 있다. 북한 당국을 통한 정보가 아니기 때문에 북한의 실상을 파악하는 데 큰 도움이 될 수 있다. 하지만 해당 정보원들의 신뢰성에 문제가 있는 경우가 생긴다. 수많은 오보가 익명의 북한 소식통을 통해서 발생했기 때문이다. 물론 북한 내부 소식통과 탈북자들의 경우 취재원 보호를 위해 반드시 익명으로 보도가 되어야 하는 경우가 많다. 하지만 북한 소식통이나 탈북자 정보원이 북한에 대한 적개심을 갖고 있는 경우에는 이들의 발언이 객관성을 잃거나 과장될 수 있다. 이러한 경우에는 오보 가능성도 높아지게 된다.

셋째, 정부의 대북 정보를 통해서다. 국가정보원을 비롯한 대북 정보를 담당하는 정부 기관들은 국내 어느 조직이나 단체보다 우월한 대북 정보 수집 능력을 갖추고 있다. 북한 최고위층 인사의 건강이상설이나 사망설과 같은 보도가 나올 때도 정부 당국은 특이 반응이 없는 점을 들어 해당 설을 부인하는 등 정확한 정보를 제공하는 경우가 많았다. 다만 정부가 대북 정보를 독점적으로 수집하고 운용하고 있다. 따라서 대북 정보가 정부 당국의 판단에 따라 선택되고 강조되거나 생략될 수 있다. 모든 경우는 아니겠지만 간혹 반쪽짜리 정보 혹은 정부에 유리한 정보만이 공개되는 경우가 발생할 수 있다.

2) 북한 관련 오보의 이유

앞서 언급했듯이 오보는 가짜뉴스와 구별된다. 오보를 내는 언론사가 의도적으로 오보를 내는 것은 아니기 때문이다. 하지만 북한에 관한 정보를 얻는 방법에서 다른 뉴스와 달리 특수성이 존재하기 때문에 오보가 자주 발생하는 편이다. 구본권(2020)은 북한 사회의 특수성, 저널리즘 관행 등과 같은 구조적 요인을 지적하면서 북한 관련 오보를 분석했다.

앞서 언급했듯이 기사를 작성하기 위해서는 사실 확인 과정을 거치는 취재가 기본이 된다. 객관적 사실을 확인하는 작업이 취재지만, 취재를 개개인의 기자들이 하기 때문에 그 과정이 사후적, 간접적, 주관적으로 이루어지는 한계가 있다. 그리고 취재 과정으로서 취재원 혹은 정보원에 대한 인터뷰에서 사실 확인 작업이 1차적으로 이루어진다. 이때 취재원이나 정보원에 대한 신뢰도가 기사의 신뢰도를 좌우할 정도로 중요하다. 문제는 북한 관련 뉴스에서 주로 접근할 수 있는 취재원이 익명의 북한 소식통과 같이 신뢰도에 의심을 품을 수 있는 경우가 많다는 것이다.

또한 오보에 대하여 언론이 반성하면서 정정 보도를 적극적으로 내는 경우는 드물고 언론사 이외의 다른 조직이나 단체에서 문제를 삼는 경우도 거의 없다(임을출, 2014). 따라서 북한 관련 보도가 오보로 판명 나더라도 어느 정도 불가피하다는 식으로 넘어가는 경우가 자주 반복되고 있다. 그리고 이러한 것이 일종의 관행처럼 되어 가고 있는 점도 문제다. 저널리즘 관행을 따르면 한정된 시간과 자원 내에서 취재를 잘 할 수 있는 장점도 있지만, 작은 잘못을 눈감아 주는 식의 관행은 이제 반드시 개선될 필요가 있다.

〈AP통신〉의 평양지국장을 지냈던 이진희(2014)도 북한 관련 오보의 이유로 한국의 저널리즘 관행을 지적한다. 한국의 집단주의적 사고가 취재 과정에서도 영향을 미치는데, 한국 기자들이 다른 언론사가 먼저 보도한 내용을 쫓아가려 한다는 것이다. 한국 기자들은 기사를 송고하기 전에 〈AP〉의 보도를 검증하는 절차를 거치는 경우가 거의 없다고 언급했다. 그리고 한국 기자들이 취재원을 발굴하고 이를 기사에 분명히 밝히면서 동시에 객관적 시각을 유지해야 하는 저널리즘의 기본원칙을 잘 지키지 않고 있는 현실이나 관행을 지적했다.

한편 북한 사회의 특수성과 저널리즘 관행 이외에 정치적 이해관계가 오보의 배경이 될 수 있다(구본권, 2020). 대북 정보를 독점하고 있는 정부에서 정권의 이해관계에 따라 대북 정보를 선거나 여론 형성 등에 이용하고 심지어 조작하는 경우가 있다. 대표적으로 1986년에 북한의 금강산댐이 한강이 흐르는 서울을 한꺼번에 방류하는 물로 공격하기 위한 목적으로 건설되고 있다고 발표한 사례를 들 수 있다. 당시 언론은 이를 대대적으로 보도했었고 곧바로 사회적 이슈로 발전했었다. 언론학에서 말하는 미디어의 의제설정 기능이 잘 구현된 사례라고 할 수 있다. 사회적 의제로 형성된 해당 이슈를 해결하기 위하여 많은 국민들은 금강산댐에 대응할 수 있는 댐을 짓기 위한 성금에 힘을 모았다. 하지만 1993년 감사원 감사와 국정 감사를 통해 해당 계획은 날조된 정치 공작이었음이 밝혀졌다.

금강산댐 사건 이외에 냉전 시기에 발생한 수많은 간첩단 조작 사건 역시 정부 당국의 증거 조작으로 발생했고 정부와 당시 집권 여당에게 정치적으로 유리하게 작용했다. 심지어 선거캠페인 기간에 조작된 대북 관련 사건은 정부 여당이 선거에 승리하는 데 크게 기여하기도 했다. 이러한 사건들 가운데 많은 사례가 시간이 지나면서 오보로 밝혀졌는데, 이러한 오보가 반복되면 정부의 대북 정보 신뢰성이 하락된다는 점에서 큰 폐해가 아닐 수 없다.

3. 북한 정보와 언론윤리 및 미디어 리터러시

1) 취재 윤리와 자율 규제

　기자들이 뉴스가치가 있는 사건이나 인물에 대해 취재하고 사실 확인을 하면서 보도하는 것은 저널리즘 본연의 기능을 하는 것이다. 의도하지 않게 오보를 낼 수도 있고 구조적으로 혹은 정치적 이유로 오보가 생산될 수 있다. 이는 북한 관련 정보의 취재와 보도에만 한정된 것은 아니다. 모든 언론사 종사자들은 최소한의 오보를 막고 정확한 사실을 보도해야 할 직업적 윤리의식이자 의무가 존재한다. 이러한 취재윤리가 정상적으로 작동되면 언론사 이외의 다른 조직이나 세력으로부터 영향을 배제할 수 있고 언론의 자유가 실천될 수 있다. 하지만 계속해서 오보가 발생하고 그 폐해가 발생하면 언론의 정상적인 취재활동에 대해서도 정부 당국에 의한 규제가 필요하다는 식으로 흘러갈 수 있을 것이다. 언론의 자유라는 민주사회에서 수호해야 할 궁극의 가치를 지키기 위해서는 언론인과 언론사 모두가 자율규제 방식인 언론윤리를 잘 지키는 것이 가장 바람직하다.

　언론윤리에 대해서 살펴보는 것은 기자들이 북한 관련 정보를 정확하고 공정하게 보도하는 문제뿐 아니라 일반 독자들이 해당 기사를 이해하는 데도 도움이 될 수 있다. 한국기자협회와 한국인터넷신문협회는 2021년 1월 29일에 새로운 '언론윤리헌장'을 제정하고 선포했다(한국기자협회, 2021). 모두 9가지 내용을 정리해서 선포했는데 다음과 같다. (1) 진실을 추구한다. (2) 투명하게 보도하고 책임 있게 설명한다. (3) 인권을 존중하고 피해를 최소화한다. (4) 공정하게 보도한다. (5) 독립적으로 보도한다. (6) 갈등을 풀고 신뢰를 북돋우는 토론장을 제공한다. (7) 다양성을 존중하고 차별에 반대한다. (8) 품위 있게 행동하며 이해상충을 경계한다. (9) 디지털 기술로 저널리즘의 가능성을 확장한다.

이러한 언론윤리헌장 내용은 취재현장과 기사 작성 과정에서 당연하게 고려되어야 하는 기본적인 것들이다. 당연히 북한 관련 보도가 이루어질 때도 반드시 지켜져야 하는 가치를 담고 있다.

한편 북한 관련 정보의 공정하고 정확한 보도를 하기 위한 노력의 하나로 전국언론노동조합, 한국기자협회, 한국PD연합회는 〈평화 통일 노력과 남북 화해 협력을 위한 보도·제작 준칙〉을 1995년에 제정하고 2017년에 개정했다(구본권, 2020).[1] 보도실천요강을 살펴보면 오보를 막기 위한 노력이 반영되어 있다. 예를 들어, '외신 보도 신중 인용', '각종 추측 보도 지양', '망명자의 증언 취사' 등의 요강이 그것이다. 특히 '각종 추측 보도 지양'을 살펴보면, '국내외 관계자들이 무책임하게 유포하는 각종 설은 보도하지 않으며 다만 취재원을 확인할 수 있는 경우는 예외로 한다.'로 밝히고 있다. 실제로 많은 오보의 경우 해당 실천요강을 잘 지켰다면 처음부터 기사화되지 않거나 오보가 되지 않았을 것이다.

2) 북한 정보와 미디어 리터러시

미디어 리터러시에 대해서 미국의 미디어교육전국연합회NAMLE는 '모든 종류의 의사소통 수단을 기반으로 접근, 분석, 평가, 창조, 그리고 행동하는 능력'으로 정의했다(한겨레, 2018, 9, 10). 즉 일반적인 미디어(의사소통 수

---

[1] 민주언론시민연합 (2017). 〈2017평화통일과 남북 화해 협력을 위한 보도 제작 준칙〉(전국언론노동조합·한국기자협회·한국PD연합회).
URL: http://www.ccdm.or.kr/xe/guideline/284358

단)를 통한 다양한 활동과 관련되며, 주로 미디어가 제공하는 정보나 콘텐츠에 대하여 비판적으로 이해할 수 있고, 자신의 생각을 미디어로 책임 있게 소통할 수 있는 능력을 의미한다. 이는 미디어를 자유롭게 활용하고 비판적으로 이해하는 능력에 관한 미디어교육과 유사하다.

북한 정보가 보도를 포함해서 미디어를 통해 전달될 때 잘 이해하기 위하여 해당 정보가 잘못된 것은 아닌지 혹은 가짜뉴스에 해당하는 것은 아닌지에 대한 능력을 기르는 것이 필요할 것이다. 이를 위하여 우선 북한 관련 정보가 어떻게 생산되는지에 대한 이해가 선행되어야 한다. 그리고 북한 사회의 특수성을 알고 일반적인 외신과는 다른 속성을 가질 수 있음을 이해해야 한다. 즉 앞서 논의한 북한 보도의 특수성과 오보가 많은 이유나 배경에 대해서 알고 이해하면 북한 관련 정보와 보도를 접할 때 도움이 될 수 있다. 그리고 중고등학교나 대학교 수업 등에서 다양한 북한 관련 오보 사례를 찾아보고 다른 사람들과 토론하는 시간을 갖는다면 더 효과적인 리터러시 교육이 될 것이다.

3) 가짜뉴스 문제

마지막으로 논의할 부분은 북한 정보 관련 가짜뉴스 문제다. 신문과 방송으로 대표되는 전통적인 미디어 환경이 인터넷, 소셜미디어, OTT 등 새로운 플랫폼과 채널이 등장하면서 정보와 뉴스의 생산 및 유통이 혁신적으로 변하고 있다. 그리고 가짜뉴스는 여기에서 발생하고 있다. 즉 전문직업주의professionalism로서 저널리즘 교육과 훈련을 받은 기자가 취재하고 보도하는 뉴스와 정보가 아닌 일반인들이 만들어내는 정보를 많은 사람들이 접할 수 있는 환경에서 가짜뉴스가 생겨나는 것이다. 예를 들어 2018년 쌀값이 많이 오르자 유튜브를 비롯한 일부 소셜미디어 채널에서 정부가 비축미를 북한에 보냈기 때문에 쌀값이 오른 것이라는 주장이 퍼졌고, 빠른 시간 안에 많은 사람들이 이를 접했다.

유튜브 저널리즘이라고 부를 정도로 최근 유튜브를 비롯한 소셜미디어 플랫폼에서 생산 및 유통되는 콘텐츠는 일반 방송 프로그램과 유사하다. 여기에 방송사 보도·비평 프로그램에 자주 등장해서 얼굴이 대중에게 알려진 평론가나 변호사, 정치인들이 1인 미디어 형태로 자신의 채널을 운영하기도 하는데, 이에 대해서 일반인들은 뉴스미디어의 프로그램과 큰 차이를 느끼지 않는 경우가 발생하고 있다. 문제는 이와 같은 소셜미디어 플랫폼에서 기존의 언론사가 아닌 개인이나 사적인 단체나 조직이 채널을 운영하는 경우 저널리즘 영역에서 반드시 지켜야 할 사실확인 과정이나 게이트키핑 같은 과정이 생략되고, 추측과 예상만으로 정보를 해석하는 경우가 자주 발생한다. 그리고 이러한 환경에서 가짜뉴스가 만들어질 수 있다. 따라서 미디어 리터러시 논의에서 제시하는 바와 같이, 북한 관련 정보가 얼마나 정확하게 사실 확인이 이루어지고 있는지 그리고 정보원을 신뢰할만한지 등을 살펴보고 판별해낼 수 있는 능력을 기르는 것이 최근의 미디어 환경에서 점차 중요해지고 있다.

참고문헌

구본권 (2020). 〈북한 뉴스 바로 보기: 인포데믹 시대에 북한 뉴스 읽기〉. 파주: 열린 책들.
안정식 (2015). [④ 취재] 북한 보도에는 '오보'가 없다? 〈방송기자〉, 25권, 16-17.
이진희 (2014). 북한관련 보도를 위한 제언. 〈관훈저널〉, 통권 130호, 101-106.
임을출 (2014). 북한 보도 무엇이 문제인가. 〈관훈저널〉, 통권 130호, 94-100.
한국기자협회 (2021). 〈언론윤리헌장〉. 서울: 한국기자협회.
    URL: http://www.journalist.or.kr/news/section4.html?p_num=18

뉴스톱 (2020, 5, 4). 김정은 건재 확인됐음에도 반성없는 허위정보 스피커들.
    URL: http://www.newstof.com/news/articleView.html?idxno=10717
미디어오늘 (2021, 10, 27). 무분별한 외신 받아쓰기, 언론은 김정은을 몇 번 죽일 것인가.
    URL: http://www.mediatoday.co.kr/news/articleView.html?idxno=300315
세계일보 (2020, 5, 3). 김정은 팔 주사 자국·걸음걸이까지 추측난무… 靑 "특이사항 없다".
    URL: https://www.segye.com/newsView/20200503514314
중앙일보 (2020, 5, 2). 김정은 심혈관 질환만 불안? '180도 뒤틀린 왼손목' 걸린다.
    URL: https://www.joongang.co.kr/article/23767632
한겨레 (2018, 9, 10). 그래서 미디어 리터러시 교육이 필요합니다. 〈한겨레〉.
    URL: https://www.hani.co.kr/arti/society/schooling/861499.html
한국기자협회 (2021). 언론윤리헌장.
    URL: http://www.journalist.or.kr/news/section4.html?p_num=18
한국일보 (2021, 11, 16). 86년 11월 16일 김일성 사망 오보 사건.
    URL: https://www.hankookilbo.com/News/Read/A2021111109580001488

Chapter 20

남북한 수용자의 언론관과 미디어 리터러시

김해영 | 한국언론진흥재단 선임연구위원

분단으로 인해 소통이 제한된 상황에서 남북한 주민들은 서로에 대한 정보를 어떻게 얻을 수 있을까? 대부분 정부의 공식적인 발표나 언론 보도에 의존할 수밖에 없다. 특히 남북한과 같이 대면 접촉이나 통신매체 사용이 단절된 상황에서 상호이해의 창(窓)으로서 언론의 역할이 더욱 커진다. 그러나 남한 언론의 북한 보도는 국제 정세의 변동이나 남북한 관계, 언론사의 정치적 성향, 보도지침 등에 따라 급변한다. 또 북한의 남한 보도 역시 남북관계나 정치적 상황에 따라 차이를 보인다. 따라서 남북한의 언론보도가 편향적인 까닭에 사실성이 떨어지며, 상호비방에 불과하다는 비판이 제기될 수 있다. 남북한이 서로를 적대적으로 인식하는 상황에서 부정적 편향이 심화되며, 선정적 보도나 사실검증을 거치지 않은 추측성 보도가 빈번하다는 지적이다(최종환·김성해, 2021; 설진아·조아라, 2017; 하승희·이민규, 2012). 보도의 신뢰도가 하락할 뿐만 아니라 미디어가 국론을 분열시키며, 통일과 관련된 사회적 논의를 저해한다는 의견도 있다.

한편 미디어 수용자들이 특정 언론의 보도를 신뢰하지 않는 '선택적 노출'도 문제가 된다.[1] 즉, 국민들이 자신의 의견이나 인식에 부합하는 보도만을 수용함에 따라 언론의 편향성과 정파성이 가중되는 상황이다. 이에 통일 커뮤니케이션의 진전을 위해 남북한의 보도환경과 언론의 보도는 물론, 남북한 주민의 언론을 대하는 태도를 살펴볼 필요가 있다. 언론의 편향성이나 정파성과 별개로 수용자의 인식과 언론보도의 상호작용에 주목할 때, 남북한 언론 보도의 지향점과 발전 방향을 논의할 수 있을 것이다.

물론, 북한과 남한의 언론 환경이 상이한 까닭에 남북 수용자의 인식을 비교하는 것은 한계가 있다. 또 분단 상황을 고려할 때 북한 주민들의 언론에 대한 인식을 파악하는 것도 사실상 불가능하다. 따라서 이 글에서는 한국에 거주하는 북한이탈주민과 북한에 관심을 가진 남한 사람들의 언론관을 살펴보고자 한다. 언론 체제와 소유구조를 구분하는 '언론의 4이론'에 비추어 남북한의 언론과 상호보도 내용에 대한 인식을 확인해 보는 것이다. 본문에 나타난 남한 사람들과 북한이탈주민의 인식이 표본의 대표성을 가진다고 볼 수는 없다. 그러나 북한이탈주민을 통해 남북한 사람들의 언론에 대한 인식을 살펴봄으로서 향후 통일 커뮤니케이션 교육에 있어서 바람직한 언론의 역할을 가늠해 볼 수 있을 것이다.

---

1) 선택적 노출selective exposure이란 수용자가 자신의 신념이나 지식체계에 위배되는 정보를 의도적으로 거부하고 기피하는 현상을 지칭한다(Stroud, 2008). 일반적으로 수용자들이 다양한 정보를 접할 때 자신이 가지고 있는 의견에 일치하는 정보를 선택하는 선택적 노출 현상이 발생하지만, 종종 자신의 의견과 다른 새로운 정보에 더 관심을 가지는 교차노출cross exposure 현상이 나타나기도 한다(Mutz, 2006; Iyengar, et al., 2008).

1. 언론에 대한 관점

미디어 효과나 미디어의 기능에 관한 연구에 비해 대중의 언론에 대한 인식이나 언론관(言論觀)을 살펴본 연구 사례는 희소하다. 언론에 대한 비판적 논의로서 수용자의 인식을 확인한 사례가 충분치 않았으며, 북한 관련 뉴스의 수용이나 북한 주민의 남한 뉴스 수용을 탐색한 연구는 거의 없었다. 정치체제와 사회경제적 환경이 다른 공동체에서 성장한 사람들의 언론관을 비교할 수 있는 이론이나 준거가 부족하며, 개개인의 언론관이 상이한 까닭에 분석이 어려운 까닭이다.

이에 본 장에서는 과거 미국의 언론학자인 시버트F. Siebert와 피터슨T. Peterson, 슈람W. Schramm 등이 분류한 '언론의 4이론'에 기초해 북한이탈주민과 남한 주민들의 언론관을 탐색하고자 한다. 언론의 4이론이란 언론의 소유나 운영방식을 구분한 고전적인 이론으로 '권위주의이론'과 '자유주의이론', '사회책임이론', '공산주의이론'으로 구분된다. 권위주의이론은 매스 미디어의 기능이 정치권력 구조에 의해 결정되고, 수행되는 정부의 정책을 지지하고 발전시키는 것이라고 주장한다. 공산주의이론은 권위주의이론의 변형으로 모든 미디어의 소유와 운영이 당에 의해 이루어지는 형태이다. 두 이론에 따르면 미디어는 정치권력에 비판적일 수 없으며, 정치권력의 목표를 효과적으로 달성하기 위한 수단이다. 반면, 자유주의이론은 정치권력으로부터 자유로운 언론을 전제해, 언론이 사회의 감시자 역할을 수행해야 한다고 지적한다. 언론이 입법·행정·사법부와 별개의 '제4부'로 기능해야 한다고 규정한 것이다. 또 자유주의이론을 계승한 사회책임이론은 언론이 정부로부터 자유로우면서도 국민에 대해서는 책임을 져야 한다고 규정한다. 곧, 사적인 언론의 자유를 보장하는 한편 언론이 공적인 책무를 동시에 강조하는 이론이다.

언론의 4이론은 언론의 운영방식이나 소유구조 등을 규정한 이론으로 수용자의 태도나 언론관을 구분하는 데 활용하는 것은 한계가 있다. 또 언론의 자유가 확대됨에 따라 공산주의이론이나 권위주의이론이 점차 쇠퇴하고 있으며, 사회책임이론이 가장 이상적인 형태로 평가된다는 점에서 연구에 적용된 사례가 제한적이다. 그러나 북한이 권위주의 및 공산주의 정치체제를 유지하고 있다는 점을 고려해 해당 이론들을 적용해 보고자 하였다.

이 밖에 사회책임이론에서 언론의 사회적 책임의 범주와 구현방안에 대한 수용자의 인식을 살펴볼 필요가 있다. 언론의 사회적 책임, 즉 공익의 달성과 관련해 자유주의적 관점에서 언론과 사상의 자유를 최대한 보장하면 전체 미디어 시장의 공익이 달성된다는 시각과 공동체주의적 관점에서 공익의 달성을 위해 미디어가 주도적인 역할을 수행해야 한다는 시각이 상존하기 때문이다. 미디어의 역할에 대해서도 정파성을 최대한 배제하고 사실의 전달에 천착할 필요가 있다는 주장과 다양성의 구현과 사회적 실천을 위해 적극적인 탐사보도와 의견 개진이 필요하다는 주장이 대립한다. 이에 본 장에서는 미디어의 기능과 역할에 대한 이견이 존재하는 상황에서 전통적인 4가지 이론에 비추어 언론의 기능과 사회적 책임에 대한 남북한 수용자의 인식을 살펴보고자 한다.

한편 언론에 대한 수용자의 신뢰도 하락도 주목된다. 최근 전 세계적으로 '가짜뉴스fake news'의 확산방지와 '사실검증fact-checking'의 필요성이 언급되고 있다. 사실검증을 통해 가짜뉴스의 유포와 확산을 막는 것은 언론의 기본적 사명이지만 실상 사실fact의 개념이 복합적이라는 것이 문제이다. 사실의 검증자 역할을 해야 할 언론이 가짜뉴스의 창구로 지적되기도 하고, 검증의 대상이 되어야 할 정치인이 가짜뉴스 관련 법·제도의 발의자가 되기도 한다(김해영·정정주, 2020). 역설적으로 언론의 자유가 확대됨에 따라 정파성이나 사실검증의 문제가 부각되고 언론에 대한 규제의 목소리가 나타나기도 한다. 매력적으로 보이는 거짓이 진실을 압도하는 '탈 진실post-truth'의 시대가 도래했다는 평가도 있다. 결국, 언론의 역할과 책임 범주가 무엇인지, 혼란스러운 상황이다.

이에 수용자의 언론관과 '리터러시literacy'에 주목할 필요가 있다. 리터러시란 정보에 접근하고, 분석하며, 평가할 수 있는 소통 능력 전반을 의미한다. 즉, 미디어 리터러시란 신문, 텔레비전, 컴퓨터, 휴대 전화를 포함한 다양한 매체에서 문자, 그림, 음성, 동영상 등의 여러 가지 형식으로 표현된 자료를 분석·평가하고, 이를 책임감 있게 이용하면서 정보를 생산하고 공유하는 능력을 말한다(정현선 외, 2016). 따라서 미디어 리터러시는 일방적으로 주입되는 것이 아니라 상호의사소통을 통해 체득되는 것이다. 남북한 주민에 대한 통일 교육, 특히 통일 커뮤니케이션 교육이 역시 특정한 정보나 가치관을 일방적으로 전달하기에 앞서, 남북한 주민의 미디어에 대한 인식과 가치관을 확인하고 소통을 활성화하는 형태로 시작되는 것이 바람직하다. 개별 수용자가 언론에 대해 어떠한 관점을 가지고 있으며, 정보를 어떻게 받아들일지 사전적인 이해가 필요하다는 의미이다.

2. 남한 언론에 대한 북한이탈주민의 인식

이 글에서는 북한이탈주민들의 남한 언론에 대한 인식과 태도를 살펴봄으로써 북한 수용자의 미디어 인식을 추론하고자 했다. 이에 제한적이지만 기존의 연구 자료와 30대에서 60대까지 북한이탈주민 6명과 인터뷰를 통해 북한이탈주민의 미디어 인식, 특히 남한의 북한 보도에 대한 인식을 검토했다. 이 글에 활용한 자료는 소수 북한이탈주민과의 인터뷰로서 대표성을 가지는 것이 아니지만, 북한 주민들의 언론관을 이해할 수 있는 하나의 참고자료가 되리라 생각한다.

북한이탈주민들은 남한 사회의 언론 자유를 높게 평가했다. 그러나 역설적으로 언론의 자유가 어느 정도 제한될 필요가 있다고 주장했다. 언론의 자유는 매우 중요하지만, 국가나 공동체의 필요에 따라 제한될 수 있다는 인식이다. 언론이란 있는 그대로의 사실을 보여주는 데 충실해야 하며, 언론의 정파적 성격에 따라 다양한 관점의 보도가 나타나는 것은 바람직하지 않다고 생각했다. 언론보도에 의견이 포함될 수 있으나, 그 의견은 사회적으로 합의된 것이어야 하며 국가나 공동체에 이익이 되는 것이어야 한다는 시각이다.

> 북한과 달리 자유가 보장되는 것은 높게 평가합니다. 그러나 언론이 지나치게 제멋대로 보도하는 경향이 강하다고 생각합니다. 언론은 책임성이 가장 중요할 것입니다. 정치적인 필요에 따라 꾸며낸 내용이 많은 것 같습니다. (45세, 남성, 탈북 18년차)

> 우리가 자유를 찾아서 온 것은 맞지만, 기자나 언론인의 자유가 너무 과도하게 주어지는 것 같아요. 사실이 아닌 것, 사회에 아무런 보탬이 되지 않는 뉴스가 너무 많아요. 그러다 보니 그저 공부 삼아, 아니면 재미로 보게 될 뿐 신뢰가 가지는 않습니다. (38세, 여성, 탈북 12년차)

특히, 탈북 이후 남한 체류 시기가 오래된 사람들은 현재 언론이 책임을 다하지 못한다는 인식이 강했으며, 언론을 불신하는 태도가 나타났다. 남한 정착 초기에는 언론의 자유가 보장되는 남한 사회에 대한 기대로 다양한 언론보도를 접하지만, 시간이 지날수록 제한적인 경로로 언론을 접하며 신뢰하지 않는 경향이 있다. 이는 미디어 활용이나 정치적인 관점 등에 대한 교육이 이뤄지지 않은 상황에서 다양한 보도를 접하다 보니 혼란이 가중되며, 뉴스를 불신하게 되는 현상이다. 정보의 취사선택 능력이 부족한 상황에서 개인의 주관이나 주변인에 영향을 받으며, 미디어의 선택적 노출이 심해지는 것으로 여겨진다. 또 북한이탈주민은 '제3자 효과[2]'를 강하게 인식하는 것으로 나타났다. 탈북 이전 북한사회에서는 언론이 당의 지침이나 국가의 목표를 전파하고, 국민을 설득하는 도구로 활용되었기 때문에 강한 영향력을 가질 것으로 보았다.

> 처음에는 미디어에서 말하는 것들을 모두 믿었습니다. '자유롭고 정의로운 대한민국'이니까 언론도 그럴 것이라고 생각했습니다. 그러나 지나고 보니 잘못된 보도가 너무 많은 것 같습니다. 특히 ○○과 같은 신문이나 ○○방송 등은 보지않게 되는 것 같아요. 유튜브나 영상을 보는게 낫더군요. … (중략) … 주변에 물어보기도 하고, 제가 직접 경험하면서 알게 된 것들도 있습니다. 방송이나 언론이 사람들의 생각을 결정하려고 하지만, 주변에 지식을 가지신 분들에게 물어보면 또 틀린 것들이 많아요. 그런 의견들에 따라서 올바른 내용이 나오는 뉴스만 보아야 할 것 같습니다. (32세, 남성, 탈북 15년차)

반면 언론이 정치권력을 견제하거나 비판하는 '제4부'로 기능해야 한다는 인식은 약했다. 즉, 일반 사람들에게는 언론의 자유가 주어질 수 있으나, 언론인이나 언론사에는 사회적 책임이 더욱 강하게 주어진다고 보았다.

---

[2] 제3자 효과(the third-person effect)'란 미디어 영역에서 발생하는 다원적 무지 현상의 하나로, 어떤 메시지에 접한 사람은 그 메시지의 효과가 자신이나 2인칭의 '너'에게보다는 전혀 다른 '제3자'에게 강하게 작용할 것이라고 보는 경향이다. 즉, 제 3자인 '그들'이 받는 영향은 과대평가하고, '나' 혹은 '우리'가 받는 영향은 과소평가하는 것이다(이강수, 1991).

북한 사회는 거짓된 부분이 많습니다. 북한 사람들도 뉴스나 미디어가 거짓된 것을 다 알고 있지요. 그러나 국가가 언론을 통제하니까 정보를 얻을 수 있는 것이 없고, 걸러 듣습니다. 반면 남한의 뉴스도 틀린 부분이 많은데, 이게 더 문제인 것 같습니다. 자유가 보장되면 진실한 내용만 나와야 할텐데, 처벌이나 조절하는 기능이 없으니 사회에 도움이 되지 않는 미디어가 너무 많아요. 이에 피해보는 사람들도 너무 많은 것 같고, 규제가 필요할 것 같습니다. (56세, 남성, 탈북 20년차)

북한이탈주민은 통일에 있어 미디어의 역할이 매우 중요하며, 북한에 대한 보도를 확대하는 한편 남북한 미디어 교류가 확대되어야 한다는 의견을 보였다. 그러나 남한 언론의 북한 관련 보도가 굉장히 제한적일 뿐만 아니라, 한계를 가진다고 언급했다. 이에 제한적일지라도 정부 주도로 남한 미디어를 북한에 소개하고, 콘텐츠를 제공하는 사례가 확대되어야 한다고 생각했다. 특히 북한의 보도를 인용하는 등 북한 동향 관련 뉴스와 정보원을 확대할 필요가 있다고 언급했다. 현재 북한 관련 보도나 방송 콘텐츠 등은 지나치게 이념적이거나 신기성을 강조한 내용에 치우친다는 평가이다.

원래 북한의 모습과 너무 다른 것 같아요. 언론은 필요한 부분만 보여주는 것 아닌가 싶습니다. 북한을 보여줄 수 있는 창구가 언론밖에 없는데 지나치게 부정적인 모습만 보여주니까 우려스럽습니다. 언론에 나오는 모습만 보면 사람이 살 수 없는 곳처럼 보여요. 다양한 모습이 소개되면 좋을 것 같습니다. (38세, 여성, 탈북 12년차)

지금 방송이나 미디어에 나오는 북한 사람들도 자유롭게 이야기하지 못해요. 그저 시청률이 나오니까 관심을 끌고 돈을 벌기위해서 정해진 각본대로 이야기하는 것이지요. 북한 언론이 잘못되어 있는 건 맞습니다. 그래도 정보가 나올 곳이 북한밖에 없는데 왜 저런 이야기를 하는지 분석도 하고, 소개도 하길 바랍니다. 공식적으로 차단되어 있지만 북한은 남한에 관심이 많은데, 남한은 그냥 북한을 부정적으로

만 보여줍니다. 무엇이든 사실에 기반해 더 많이 나오면 좋을 것 같습니다. (40세, 남성, 탈북 21년차)

이와 같은 상황을 고려할 때, 북한이탈주민의 남한 사회 정착과정에서 남한의 언론 환경에 대한 교육과 언론의 자유 개념, 언론의 역할과 기능, 수용자 개념, 비판적 미디어 읽기 등에 대한 학습이 이뤄져야 할 것으로 판단된다. 특히, 북한이탈주민의 미디어 인식은 통일 이후 북한 주민의 언론관을 살펴보는 창으로서 중요한 의미를 가지는바, 더 많은 분석과 함께 미디어 활용 교육 등 정책적 지원이 필요할 것이다.

3. 북한 언론에 대한 남한 수용자의 인식

반면 남한 주민들에게 북한의 언론은 매우 생소하다. 과거 북한의 영화나 드라마 등 영상콘텐츠가 일부 수입된 적이 있으나, 북한 언론을 접할 공식적인 창구가 부족할 뿐만 아니라 북한의 미디어에 접속하는 행위 자체가 차단되어 있기 때문이다.[3] 까닭에 대다수 남한 사람들은 북한 언론을 접한 경험이 없거나, 남한 언론을 통해서만 북한의 보도를 인식하게 된다. 이와 같은 한계를 고려해 이 글에서는 북한학을 전공했거나 북한이탈주민과 주기적으로 접촉한 경험이 있는 40대에서 60대까지 남녀 8명과 인터뷰를 실시했다. 특히 북한 언론의 보도와 남한 언론의 북한 보도에 대한 평소

---

[3] 현재 국내의 미디어 규제기관인 방송통신위원회는 「정보통신망법」 제44조의7(불법정보의 유통금지)에 근거하여, 방송통신심의위원회의 심의를 거쳐 〈우리민족끼리〉, 〈류경〉, 〈내나라〉, 〈조선중앙통신〉, 〈로동신문〉 등 북한이 개설한 주요 홍보매체 웹사이트의 국내 통신사업자 접속을 차단하고 있다.

의 생각과 문제점, 미디어를 대하는 남북한 사람의 차이 등에 대해 자유롭게 의견을 개진하도록 했다. 이들의 의견이 대표성을 가진다고 볼 수는 없으나, 생소한 북한 언론에 대한 남한 사람들의 태도를 보여주는 계기가 될 수 있을 것이다. 이를 통해 향후 남북한 언론 교류의 활성화 시 고려 요인을 탐색하고자 했다.

다수의 남한 수용자들은 북한의 언론이 단순한 체제 우상화의 수단이라고 인식했다. 이에 대부분 남한 언론에서 재현하는 북한의 이미지를 그대로 수용하는 경향을 보였다. 북한에는 언론의 자유가 없을 뿐만 아니라, 당의 기관지나 관영매체 등을 제외하면 언론사가 전무하므로 논의할 가치가 없다는 인식도 있었다.

> 법적인 제약이 있는 까닭에 북한 언론을 직접 접해본 적은 없지만, 북한은 언론의 자유가 없고 제대로 된 언론도 없다고 생각됩니다. 체제 옹호나 우상화의 수단으로 미디어를 이용하고 있는 것이지요. 〈로동신문〉이나 〈우리민족끼리〉도 사실상 보여주기식 언론이라는 느낌입니다. … (중략) … 북한의 언론에 관심이 많지만, 찾아볼 방법도 없고 내용도 매번 비슷해서 아예 좋다 나쁘다 이야기하기가 어렵습니다. (50세, 여성)

실상 언론의 자유와 별개로 북한 언론은 북한사회를 보여주는 창으로 자리매김할 수밖에 없다. 까닭에 북한 언론이나 미디어를 직간접적으로 접촉한 경험이 많은 수용자들은 남한 주민이 북한의 언론보도를 직접 시청할 수 있는 기회가 마련되어야 한다고 언급했다. 남한 언론을 통해 북한 보도를 접하다보니 북한에 대한 부정적, 편향적 인식이 강화되는 것 같다는 인식이다. 북한 언론이 남한 비판적이고, 편향적인 부분이 있으나 무조건적으로 금지하기보다는 수용자의 판단에 맡겨야 한다는 의견도 있었다. 이들은 특히 북한 언론에 관심을 가지는 적극적인 수용자들은 언론보도의 사실성 여부나 문제점을 판단할 능력이 있다고 여겼다.

> 북한 언론을 실제로 접할 기회가 없다 보니, 국내 언론의 보도를 통해 간접적으로 접하다 보니 부정적인 느낌이 더 강합니다. 북한 내부의 여러 가지 상황을 보여줄 수 있는 것이 사실상 북한 언론인데 국내 언론을 통해 보여지는 모습은 그저 북한체제의 정당성을 강조하는 것이나 남한과 미국 등을 비판하는 내용뿐인 것 같습니다. 해외언론이나 외국인들이 북한을 방문한 경험 등도 제한적이지만 더 신뢰가 가는 게 현실입니다. 북한 언론이나 관련 내용을 살펴볼 기회가 늘어났으면 좋겠습니다. (45세, 남성)

반면, 남한 언론의 북한 보도에 대해서는 부정적인 인식이 강하게 나타났다. 언론사의 정파적인 성향과 필요에 따라 북한의 이미지를 편향적으로 드러내고 있다는 것이다. 북한 보도에 대한 기존 연구 결과는 대부분 언론사들이 북한을 흥미 위주의 선정적인 방식으로 그려내고 있다고 지적했다 (설진아·조아라, 2017). 또한 확인되지 않았거나 익명의 취재원을 활용한 추측성 보도가 다수(하승희·이민규, 2012)로 나타났으며, 구조적 요인으로 오보도 빈번했다(구본권, 2020). 남한 수용자들도 이와 같은 의견에 동의했다. 특히 언론사의 정치적 성향과 별개로 대다수 언론이 북한에 대한 왜곡된 이미지를 만들어내고 있으며, 대중의 북한 이해에 영향을 끼치고 있다고 지적했다. 이들은 남한 언론이 북한을 적대적인 대상으로 그려내거나, '고난의 행군' 등 빈곤 문제, 인권탄압 등에 초점을 맞춘다고 언급했다. 남북한 차이나 북한사회의 변화, 문화 등 다양한 모습을 그려내지 못한다는 것이다.

요사이 언론이 문제가 많지만 특히 북한보도의 다양성이 없는 것 같습니다. 북한을 '악마'와 같이 그리거나, 시혜적인 입장에서 지원해야 할 대상으로 그려내는게 대부분인 것 같습니다. 한 민족이라는 시각에서 또는 호혜적인 파트너로 생각하는 언론이 많지 않은 것 같습니다. 통일이나 남북교류가 도움이 된다는 내용은 없고, 그냥 해야 한다, 아니면 북한 때문에 잘 되지 않는다는 내용이 다수인 것 같습니다. (39세, 여성)

북한 핵이 북한의 전부인 것처럼 말하는 언론이 많은 것 같습니다. 실제로 북한이탈주민이나 북한 사람들에 대한 이야기나 보도는 없지요. 우리나라에 언론의 자유가 있다고 하지만, 안보나 기타 문제로 북한을 객관적인 모습으로 그려내지는 않는 것 같습니다. 북한을 대화의 상대로 생각하지 않는 것 아닐까, 북한이나 남한이나 언론의 자유가 제대로 구현되지 않는 것 아닐까 생각하게 됩니다. 언론보도 자체를 통제하기보다는 제대로 보도하고 있는지 규제할 필요가 있다고 생각합니다. (47세, 남성)

남한 사람들은 북한의 경우 언론의 자유가 제한된 사회구조로 인해 왜곡된 언론보도가 나타나지만, 남한의 경우 언론사의 정파성이나 선정성 추구 등으로 왜곡된 언론보도가 발생한다고 보았다. 북한의 경우 개방, 개혁 및 언론의 자유 신장에 따라 왜곡된 보도가 줄어들 수 있지만, 언론의 자유가 보장된 남한 언론의 왜곡 보도는 더 큰 폐해를 가져올 수 있으며 해결책 역시 미흡하다고 인식했다. 이에 정부나 관련 기관이 북한 보도의 준칙 등을 확립하고, 준수 여부를 확인할 필요가 있다고 보았다.

4. 경험, 언론의 정파성 인식, 확증편향

이 글에서는 언론보도에 대한 남북한 수용자의 인식을 간략히 살펴보았다. 특히, 북한이탈주민의 남한 언론에 대한 태도와 남한 수용자의 북한 언론에 대한 태도를 비교해 보니 남북한 수용자들의 언론관과 미디어 인식이 상이했다. 사회 미디어 환경의 차이와 개인적 차이가 언론에 대한 인식에 복합적으로 영향을 끼치는 것으로 나타났으며, 이에 언론에 대한 편향적 인식이나 선택적 노출이 강화되는 경향도 엿보였다.

북한이탈주민들은 남한 수용자에 비해 권위주의적 언론관을 가진 것으로 나타나 언론보도의 자유보다는 언론의 책임을 강조한다. 북한이탈주민들은 언론이 사람들에게 많은 영향을 끼친다고 생각했으며, 특히 정치체제나 국정 가치, 바람직한 가치관 등을 전파할 필요가 있다고 여겼다. 곧, 미디어는 정치권력으로부터 독립적일 필요가 있지만, 동시에 체제 안정화나 사회 통합의 수단으로 사용될 수 있다는 시각이다. 자유민주주의를 비롯한 국정 목표를 전달에 있어 미디어가 주요한 역할을 수행해야 한다는 시각이다. 북한의 독재체제에 대한 반감과 별개로 여전히 권위주의적, 공산주의적 언론관이 영향을 끼치고 있음을 발견할 수 있었다. 물론, 개인의 정치적 성향에 따라 언론에 대한 신뢰나 선호는 다르게 나타났지만 다양한 미디어를 비판적으로 수용하기보다는 특정 언론을 통해 가치관을 강화하는 '확증편향'이 나타나기도 했다. 특히 북한이탈주민의 경우 자신의 사적 경험에 따라 미디어의 보도내용을 신뢰하는 경우가 많았다. 예컨대 북한에서 부정적인 경험이 많을 경우, 자신의 경험을 강화하는 방향으로 미디어 내용을 취사선택하는 경향이 있다. 북한의 언론 보도에 대해서 대다수가 신뢰하지 않았으나, 일관성이나 전달력 등에 있어 북한의 언론 구조가 남한보다 뛰어난 부분이 있다고 인식했다.

반면 북한에 관심을 가지는 남한 수용자들에게서는 자유주의적 언론관과 권위주의적 언론관이 동시에 나타났다. 모든 응답자가 북한의 언론 통제가 과도하며, 대남보도가 편향적이라고 인식하고 있었다. 이에 언론의 자유가 확장될 필요가 있으며, 남북을 막론하고 언론은 자유로운 보도의 권리를 가진다고 언급했다. 그러나 일부 응답자는 남한의 언론보도 역시 편향적이라고 인식했으며, 특히 국내 보수언론 등의 북한 보도가 왜곡된 인식을 확산하고 있다고 지적했다. 이에 북한 관련 뉴스 가운데 가짜뉴스가 많으며, 이를 검증할 제도적 장치가 필요하다는 의견도 나타났다. 반면, 북한체제를 고려할 때, 미국이나 서구사회에 대한 북한의 보도 등이 맥락적 타당성을 가지고 있다는 응답자도 있었다. 또 일부 응답자는 상호주의 관점에서 북한의 남한 보도는 남한 언론의 왜곡된 보도의 결과라고 지적했다. 이와 같은 견해를 밝힌 응답자는 특정한 국가나 공동체의 언론 이념 자체를 배격하기보다는 해당 사회가 지향하는 언론관이 잘 구현될 수 있도록 지원해야 한다고 언급했다. 즉, 권위주의나 자유주의적 언론이론은 각각 일련의 가치를 가지며, 공동체나 구성원의 가치관을 잘 반영할 수 있는 언론이 바람직한 언론이라는 의미이다. 또 남한 수용자들 역시 언론을 불신하는 태도가 나타났다. 특히, 본인의 정치성향과 반대되는 언론의 북한 보도에 대해서는 신뢰하지 않으며, 북한 보도에 있어서 언론의 정파성이 특히 두드러진다고 언급했다.

남북한 수용자들에게서 공통적으로 나타난 점은 북한의 남한 보도는 물론, 남한의 북한 보도를 신뢰하지 않는다는 것이다. 자신의 정치적 성향이나 경험에 부합하는 보도는 신뢰하지만, 이와 반대되거나 새로운 정보는 신뢰하지 않는 것으로 판단된다. 곧, '선택적 노출'이 미디어에 대한 불신으로 이어지고, '확증편향'으로 이어져 미디어에 대한 수용이나 이해를 거부하는 현상이다. 이와 같은 현상에 대해 1차적으로 북한의 언론통제와 남한의 북한 보도의 편향성, 추측성 보도 등을 미디어 환경의 문제를 지적할 수 있지만, 최근 '가짜뉴스'의 확산과 관련한 비판 등을 고려할 때 수용자의 인식을 개선하는 교육이 요구된다.

특히 북한이탈주민의 경우 남한 사회 정착 기간과 관계없이 미디어에 대한 인식이 크게 변화하지 않은 사례가 많았다. 권위주의적, 공산주의적 언론관에 익숙한 까닭에 미디어의 다양성이나 '비판적 읽기'의 필요성을 이해하지 못하는 경우이다. 미디어의 '사회책임이론'이 바람직하다고 생각하나, 사회적 책임이 어떠한 방식으로 부여되어야 하는지 구체적인 의미를 파악하지는 못한 것으로 여겨진다. 자유주의적 언론관을 가지고 있으나 언론의 상업성이나 정파성에 대해서는 수용하지 못하였으며, 특히 북한 관련 보도 등에서 이와 같은 문제점 인식이 두드러졌다. 결국, 남북한 사람 모두에게서 통일 커뮤니케이션 교육, 특히 언론에 대한 교육이 부족한 까닭에 정파적인 인식이 나타난다고 할 수 있다. 수용자의 정파성이 편향적이고 정파적인 언론보도를 확산시키며, 다시 왜곡된 인식을 강화할 가능성도 있다. 결국 미디어에 대한 선택적 노출과 확증편향이 통일에 대한 사회적 합의 도출의 장애요소로 작용할 수 있다고 판단된다.

5. 통일 커뮤니케이션에서 미디어 교육의 방향

통일 커뮤니케이션에 있어서 언론과 미디어의 역할은 매우 중요하다. 그러나 통일 커뮤니케이션과 관련해 남북한 주민 대상의 미디어 교육이 어떠한 방식으로 진행되어야 할 것인지 불확실한 상황이다. 또 남북한 주민의 상호이해를 어떻게 증진할 수 있을지 논의도 충분치 않다. 과거 남북한 상호 간의 언론 보도는 정부 발표 등 관련 내용의 전달이나 외신보도의 인용 등에 치우쳤다. 이에 국민들은 수동적으로 언론 보도를 통해 정보를 얻는 데 그쳤다. 그러나 현재 미디어 수용자들은 능동적으로 언론과 미디어를 선택하고, 평가할 뿐만 아니라 자신만의 준거에 따라 미디어 내용을 거부하고, 부정하는 경우도 있다. 이에 종래 방식의 통일 커뮤니케이션과 미디어 교육은 효과가 미미할 수밖에 없다.

특히 남북한과 관련 보도의 수용에 있어서 선택적 노출이 두드러진다. 남북 관계와 관련된 특정 뉴스나 뉴스매체를 신뢰하지 못하다 보니 미디어 전체에 대한 불신이 강화되는 경향도 나타난다. 따라서 통일 커뮤니케이션 교육이 효과를 거두려면 관련한 미디어 리터러시 교육이 선행되어야 할 것이다. 단순히 옳고 그름을 가르치는 것이 아니라 남북 관계와 통일을 어떻게 인식해야 할 것인지, 나아가 미디어 보도와 사람들의 인식 차이를 어떻게 판단하고 수용해야 할 것인지에 대한 교육안이 마련될 필요가 있다.

통일과 관련된 미디어 교육이 규범적이거나 당위적인 도덕 교육이 될 필요는 없다. 통일과 화합의 시작이 소통임을 고려할 때, 다양성의 인정과 상호 이해에 기초한 '비판적 읽기'가 중요하다. 따라서 과거와 같이 국가적 과제로서 남북통일의 중요성을 강조하고, 객관적인 언론의 역할을 규정하는 것으로는 부족하다. 실제 언론 보도의 사례나 논조, 통일에 대한 다양한 관점과 의견이 존재함을 알려주고 수용자 스스로 통일과 통일시대의 바람직한 언론관을 설정해 나갈 수 있게 해야 할 것이다.

통일 커뮤니케이션을 증진하기 위해서는 수용자들이 남북한과 통일 관련 보도를 어떻게 이해하고, 수용하는지 더 많은 논의가 필요하다고 생각된다. 대부분의 의사소통은 매체에 대한 이해와 신뢰, 해석 능력 등에서 출발하기 때문이다. 미디어를 신뢰하지 않더라도 우리는 수많은 미디어에 노출되고 있으며, 특히 북한과 통일에 대한 정보의 대부분을 미디어를 통해서 얻고 있다. 이에 남북한의 다른 언론 환경을 이해하고, 그러한 언론 환경이 수용자의 미디어 이해에 어떠한 영향을 끼치는지 고려한 통합적인 교육이 시급하다. 통일 커뮤니케이션의 전제는 이해와 소통이며, 언론과 미디어에 대한 리터러시를 확보하는 것이 시작이 될 수 있다.

참고문헌

구본권 (2020). 〈북한 뉴스 바로 보기: 인포데믹 시대에 북한 뉴스 읽기〉. 파주: 열린 책들.
김해영·정정주 (2020). 가짜뉴스 정책 및 제도 구성을 위한 쟁점 연구. 〈언론과학연구〉, 20권 2호, 145-88.
설진아·조아라 (2017). 북한의 정치사회적 이슈에 대한 지상파 방송보도 프레임 분석: 2013년 장성택 처형 사건을 중심으로. 〈언론과학연구〉, 17권 2호, 129-163.
이강수 (1991). 〈현대 매스커뮤니케이션 이론〉. 서울: 나남.
정현선·김아미·박유신·전경란·이지선·노자연 (2016). 핵심역량 중심의 미디어 리터러시 교육 내용 체계화 연구. 〈학습자중심교과교육연구〉, 16권 11호, 211-238.
최종환·김성해 (2021). 국제권력질서와 담론정치: 한·미 언론의 '북한 악마화' 담론을 중심으로. 〈정치커뮤니케이션 연구〉, 60호, 31-82.
하승희·이민규 (2012). 북한주민 생활 실태에 관한 국내 신문보도 프레임연구: 조선일보, 동아일보, 한겨레, 경향신문을 중심으로. 〈한국언론정보학보〉, 58권 2호, 222-241.

Stroud, N. J. (2007). Media use and political predispositions: Revisiting the concept of selective exposure. *Political Behavior, 30*(3), 341-366.
Mutz, D. C. (2006). *Hearing the other side: Deliberative versus participatory democracy.* New York: Cambridge University Press.
Iyengar, S., Hahn, K. S., Krosnick, J. A., & Walker, J. (2008). Selective exposure to campaign communication: The role of anticipated agreement and issue public membership. *The Journal of Politics, 70*(1), 186-200.

Chapter 21

독일 통일 과정에서의 서독 TV방송의 역할과 시사점

이종희 | 중앙선거관리위원회 선거연수원 교수

1. 동 · 서독 교류의 토대 마련

제2차 세계대전 종전 이듬해인 1949년 동독과 서독으로 분단된 독일은 1990년 10월 3일 41년 만에 통일을 이루었다. 독일 통일은 1980년대 미하일 고르바초프 소련 공산당 서기장의 개혁 · 개방 정책으로 인한 냉전체제의 해체, 동독의 국가신용 문제 및 경제 위기, 동유럽 공산주의 몰락, 동독 주민들의 대규모 저항운동, 베를린 장벽 및 동독 공산정권의 붕괴 그리고 이에 따른 서독정부의 성공적인 외교정책 등 여러 국내외 요인이 복합적으로 작용한 결과였다. 그러나 누구도 예상할 수 없었던 독일 통일을 가능하게 했던 결정적인 사건은 동독 주민의 평화혁명으로 인한 베를린 장벽의 붕괴와 동독 공산주의 독재의 몰락이었다. 그렇다면 '철의 장막'으로 존재하던 베를린 장벽을 붕괴시킨 동독 민중의 마음을 움직인 원동력은 무엇이었을까?

이 물음과 관련하여 필자는 분단 후 수십 년에 걸쳐 독일 통일의 정신적 기반을 만들어간 숨은 주역에 주목하려 한다. 바로 '동독에서의 서독 TV방송의 역할'이다. 분단시대 동독에는 군인, 경찰, 소방관 등 국가공무원을 제외한 일반 국민에 대해 서독 TV방송의 전파수신을 금지하는 법적 규정이 없었다.[1] 동독 주민들은 당국의 따가운 시선에도 불구하고 개별적으로 별도의 안테나를 설치해서 동서독 경계선을 넘어온 서독의 TV방송을 밤마다 시청했고, 이는 결과적으로 동독의 공산주의 체제를 몰락시킨 동독 주민들의 정신적 기반이 되었다.

독일 통일의 정치적 기반은 1969년 서독 총선 후 자민당과 연합정부를 구성한 사민당 빌리 브란트 총리의 '동방정책'으로 다져지기 시작한다. 브란트 총리는 국내 문제에 대한 대대적인 개혁과 함께 소련과 동독을 비롯한 동구권 국가들과의 관계 개선을 위한 외교정책의 행보를 이어갔다. 1970년 3월 19일에는 분단 25년 만에 처음으로 동서독 정상회담이 동독에서 열렸으며, 서독과 소련 두 정상 간 9개월에 걸친 협상 끝에 8월 12일에는 상호 간 분쟁문제의 평화적 해결, 동서독 국경선 인정 등을 골자로 하는 '모스크바 조약'이 체결되었다. 또한, 12월 7일에는 제2차 세계대전 후 25년 동안 외교관계가 단절된 서독과 폴란드 양국 간에 상호국경선 인정, 영토 불가침 및 주권존중 등을 주요 내용으로 하는 '바르샤바 조약'이 체결되었다. 특히 폴란드를 방문한 브란트 총리가 유대인 위령탑 앞에서 사죄의 무릎을 꿇은 상징적 사건은 전 세계에 많은 감동을 주었다. 냉전시대 동구권과의 긴장 완화를 위한 이러한 동방정책의 행보를 통해 브란트 총리는 독일 통일의 기반을 다져갔다.

---

1) 독일연방의회(2016, 4, 1). 〈입법서비스(Wissenschaftliche Dienste) 연구보고서〉, WD 10-3000-022/16.

1989년 11월 9일 베를린 장벽이 붕괴될 때까지 상호교류를 통한 동서독 관계 형성의 법적 기반을 이룬 것은 1972년 동서독 간에 체결된 일명 '기본조약'이었다. 「독일연방공화국과 독일민주공화국 관계의 기초에 관한 조약」2) 이라는 공식 명칭으로 체결된 이 조약으로 서독과 동독은 독일 분단을 현실로 인정하고 상호교류를 시작하였다. 이 조약명에 나타나 있듯이 서독과 동독의 공식 명칭을 사용함으로써 분단 현실에 대한 인정에서 더 나아가 상호간 '국가적 실체'를 인정하기 시작한 것이었다. 이 조약에는 현행 서독과 동독 경계선 인정, 유럽국가 간 국경선 인정 및 불가침 원칙, 무력사용이나 위협을 금지하고 양국의 독립과 주권을 존중한다는 내용 등이 담겨있다. 또한, UN헌장에 입각해 분쟁의 평화적 해결 등도 담았다. 서독 기본법 전문에 명시된 '독일재통일명제(Wiedervereinigungsgebot)', 즉 "…… 모든 독일 국민은 자유로운 자기결정으로 독일의 통일과 자유를 완성할 것이 요청된다 ……"는 명제는 장기적 과제로 남겨두고 동서독은 분단 상황을 인정하고 독일과 유럽국가들 간의 평화공존체제를 유지하고자 하였다.

 동서독 기본조약에서 서독은 동독을 사실상의 국가로 대하면서도 동독에 대한 국제법적 국가 승인은 끝까지 허용하지 않아 분단이 고착화되는 것을 예방하고자 하였다(통일뉴스, 2021, 12, 24). 이 조약의 부속문서인 '독일 통일에 대해 독일민주공화국 정부에 보내는 독일연방공화국 정부의 서한'3)은 서독정부의 기조인 '유럽 평화'와 '독일 재통일'이라는 정치적 목적

---

2) Vertrag über die Grundlagen der Beziehungen zwischen der Bundesrepublik Deutschland und der Deutschen Demokratischen Republik (https://www.1000dokumente.de/index.html?c=dokument_de&dokument=0023_gru&object=translation&l=de)
3) Brief der Regierung der Bundesrepublik Deutschland zur deutschen Einheit an die Regierung der Deutschen Demokratischen Republik, 21. Dezember 1972
(https://www.1000dokumente.de/index.html?c=dokument_de&dokument=0023_gru&object=translation&l=de)

에 반하지 않는다고 명시하고 있다. 서독은 독일 재통일을 염두하여 동독을 국제법상 '국가'로 승인하지 않는 반면, 사실상의 '국가성'을 인정함으로써 장기적인 통일정책을 수립한 것이다.

또한, 동서독 기본조약의 국적 문제, 이념적 논쟁 등은 일단 유보하고 동독과 서독 주민들의 인간적 고통을 줄이기 위해 상호교류 협력 원칙에 합의한다는 내용이었다(통일뉴스, 2021, 12, 24). 제1조에서는 선린우호관계 발전을 담고 있다. 또한, 제5조에는 유럽국가와의 평화로운 관계 지향, 유럽의 군사력과 무기 긴축 노력 지원을 지지하는 내용 등이 명시되어 있다. 동독과 서독은 다자안보협조체제에 가입함으로써 독일 통일에 비판적인 주변의 유럽 국가들을 안심시키고 신뢰를 얻고자 하였다.

더 나아가 동서독 기본조약은 양국 간 상호교류와 협력적 관계의 법적 근거를 마련함으로써 상호양국의 정치체제에 대한 인정 및 존중, 민간인 상호방문과 인도적 문제 해결 및 교류 증진의 토대가 되었다. 이 조약에 따라 동서독 교류는 사회, 경제, 문화 등 다양한 분야에서 이루어졌으며, 이 과정에서 서독 국민의 동독 방문은 1971년 약 266만 명에서 1972년에는 약 620만 명으로 급증하였다. 동서독 교역량도 꾸준히 증가하여 1970년 45억 5천 마르크에서 1990년 통일 직전에는 200억 마르크를 돌파하였다.

2. 동 · 서독 언론인 교류와 방송협력

인적교류는 언론인 교류로 이어졌다. 1972년 12월 21일 동서독 기본조약이 체결되면서 양측 간 언론교류를 본격화할 수 있는 법적 근거가 마련되었다. 언론 분야의 동서독 관계는 크게 1960년대까지의 '냉전기'와 1970년대 이후의 '화해기'로 구분할 수 있다. 제2차 세계대전 이후 서독과 동독의 방송은 각각 다른 체제를 형성하게 된다. 즉, 동독은 사회주의적 국영방송 체제로, 서독은 공영방송 체제로 운영되었다. 1960년대까지는 치열한 전파 경쟁이 이루어졌다. 당시 동독의 방송정책은 자국민에 의한 서독방송의 전파수신을 차단하고 서독방송과의 경쟁에서 우위를 확보하는 것이었다. 서독의 제1공영방송 〈ARD〉와 제2공영방송 〈ZDF〉는 동서독 국경선 근처에 저인망송신소를 설치하고 강력한 전파 송신을 통해 동독 지역 대부분이 서독방송의 가시청권이 되도록 하였다.

동독은 1960년대에 다양한 단체들을 조직적으로 동원하여 서독 방향으로 설치된 각 가정의 TV안테나를 철거하기도 하였다. 또한, 방해전파를 발사하여 서독으로부터의 방송수신을 기술적으로 방해하려는 시도도 하였다. 동독 정부는 일반 국민의 서독 TV방송 시청 자체는 법적으로 금지하지는 않았지만, 서독측의 정보를 유포하거나 공동시청을 하는 행위는 처벌하였다. 그러나 이러한 조치들은 동독 주민들의 반감을 높이기만 했을 뿐 제대로 효과를 발휘하지 못하였다. 따라서 동서독 상호교류가 본격화된 1970년대 초부터는 서독 TV방송의 시청을 묵인하는 대신 동독 TV방송의 시청률을 높이는 방향으로 정책을 전환하게 된다. 또한, 1970년대 초부터는 당국의 허가를 받아 지역별로 대형공동안테나를 설치하기도 하는 등 베를린 장벽 붕괴 당시 동독에서 일반 국민의 90% 이상이 정기적으로 서독 TV방송을 시청하였다.

동독 언론은 이미 분단 직후인 1950년 초부터 별도의 허가 없이 서베를린 및 서독의 여러 지역에서 자유롭게 취재할 수 있었던 반면, 동독에서 서독 언론은 엄격하게 제한된 범위 내에서만 취재가 허용되었고, 다양한 방식으로 당국의 통제를 받았다. 자국에 관한 서독 언론의 보도 내용을 자국민이 접하는 것을 우려했기 때문이었다. 이러한 동독 정부의 규제에도 불구하고 동독 주민들은 서독 TV방송을 시청하며 자국 TV방송을 통해서는 알 수 없는 현실을 접하게 되었다.

1972년 11월에 체결된 '동서독 언론교류 관련 합의문서'에 따라 동서독 간 특파원 파견을 통한 언론교류의 길이 처음 열렸다. 초기에는 서독의 〈DPA〉 통신과 동독의 국영 〈ADN〉 통신에서 각각 두 명의 특파원을 시범적으로 동베를린과 서베를린으로 파견하였다. 동독 정부가 전면적인 언론교류에는 난색을 표명했기 때문에 우선 각 진영의 뉴스통신사 간 교류를 시작으로 언론교류의 기반 조성에 착수한 것이었다.

1972년 12월 체결된 동서독 기본조약을 통해 동서독 언론교류를 본격화하기 위한 법적 토대가 갖추어졌고, 동서독 언론인들은 상대지역에 상주하면서 합법적인 취재활동을 할 수 있게 되었다. 1973년과 1974년에 동독은 서독의 28개 언론기관에 특파원 상주를 허가했다. 서독의 언론기관 중 공영방송사, 주요 일간지 등은 동독상주특파원을 파견했지만, 소규모의 언론사들은 비용 문제 등으로 인해 자체적으로 특파원을 파견하지 않고, 주로 〈DPA〉 통신에 의존했다. 동독 상주특파원 외에도 전당대회, 체육행사, 박람회, 문화행사 등의 취재를 위한 언론인 단기취재 여행이 많이 이루어졌다. 단기취재 '출장특파원'들은 동독 내에서 자유롭게 취재를 할 수 없었다. 단기취재 출장특파원들에 대해서는 당국이 심의를 통해 취재허가 유무를 결정하는가 하면, 정식 기자증 대신, 허가사항이 명시된 '프레스카드'를 발급해 엄격히 통제하였다. 1976년에는 취재를 위해 동독을 방문한 서독 언론인 수가 690여 명에 이르렀다. 동독에 상주한 특파원은 원칙상 1년간 유효한 기자증과 비자를 발급받았다. 1976년부터는 가족 상주도 허용되었으며 아울러 특파원들은 외교관 차량처럼 별도의 자동차번호를 부여받는가 하면, 카메라기자 등 취재 보조 인력을 서독에서 데려오거나, 동독 현지인을 고용할 수도 있었다. 서독에는 동독의 〈ADN〉 통신, 당기관지 '노이에스 도이칠란드', 국영 라디오 및 TV 방송사 등의 특파원들이 상주했었다. 1989년 베를린 장벽이 붕괴될 때까지 동베를린에 파견된 서독 언론기관 특파원은 약 20여 명이었으며, 반대로 동독에서는 6명의 기자 등을 서베를린으로 파견하였다.

3. 동독의 서독 언론인 통제

언론의 자유에 대한 동서독 정부 간의 입장도 극명하게 달랐다. 서독은 자유민주주의 기본질서와 가치를 추구하는 헌법에 따라 독립성이 보장된 언론기관의 자유로운 의사표현과 여론 전파를 중시한 반면, 동독에서 언론은 마르크스-레닌주의를 지향하는 집권당 사회주의통일당의 목표에 기여하는 방식으로 존재하였다. 동독의 일반 국민들은 자국에서 일어나는 사건들에 대한 사실적 정보를 뉴스 등 서독 TV방송을 통해 얻는 경우가 많았기 때문에 동독 정보는 특히 다음과 같은 사안들에 대한 서독 TV방송의 보도에 민감한 반응을 보였다(통일부, 1993).

- 국경이탈 주민 사살에 대한 보도
- 자동발사총기 등 국경폐쇄장치에 대한 보도
- 동독에서 서독으로의 이주신청자가 많다는 보도
- 반체제 인사들의 가택연금, 탄압에 관한 보도
- 반체제 예술인·지식인·문화인들의 검거에 관한 보도

규정 위반 시에는 경고, 기자회견 취재금지, 추방, 사무실 폐쇄 등의 조치를 취하였다. 동독 정부는 비밀경찰 '슈타지' 등을 통해 서독 특파원들을 엄격하게 감시하였고, 경고, 정부 관계자 기자회견 취재금지, 추방, 사무실 폐쇄 등의 조치로 언론활동을 통제하였다. 일례로 1976년 동독 반체제 가수인 볼프 비어만Wolf Biermann에 대한 동독 당국의 국적박탈과 이에 저항하는 동독 학생들의 시위에 대한 서독 제1공영방송 〈ARD〉의 뉴스 보도와 서독 쾰른에서 열린 비어만의 콘서트 실황중계를 동독 주민들이 시청하자 동독 당국은 서독 당국에 격렬하게 항의하였다. 또한, 서독 공영방송의 뉴스 시간에 동독에서 정치적인 이유로 구속되는 사람이 증가하고 있고 서독으로의 합법적인 이주 신청이 기각되는 경우가 빈번하며, 동독의 국경수비대는 국경을 이탈하려는 어린이들까지도 사살하라는 당국의 명령을 따르고 있다는 사실 등이 보도되자, 동독 당국은 취재를 진행한 서독 공영방송의 해당 기자를 동독에서 추방하는 사건도 있었다. 가장 강력한 언론통제인 특파원 사무실 폐쇄는 1978년 서독의 대표적인 시사주간지 〈슈피겔Der Spiegel〉을 대상으로 이루어졌다.

한편, 서독 특파원들에 대한 동독 정부의 통제는 1979년 새로운 법규를 통해 한층 더 강화되었는데, 취재를 위한 사전허가는 기존 국가기관 및 공공기관에서 모든 사회단체와 연구기관에 이르기까지 그 범위가 확대되었다. 그리고 서독 특파원들이 동베를린을 벗어나 동독의 다른 지역에서 취재를 할 경우 늦어도 출발 24시간 전까지 동독 당국에 신고하도록 하는 등 언론 통제를 강화하였다. 이러한 일련의 조치는 서독 언론과 동독 정권에 대한 반체제 지식인들과의 접촉을 막으려는 것이었다.

서독 특파원들의 취재활동은 엄격하게 통제하에 놓여 있었지만 서독 특파원들은 다양한 통로를 통해 동독의 소식을 보도하였다. 서독 특파원들은 외국 특파원 관련 업무를 담당하는 동독 외무성에 근무하는 친한 직원들을 통해 동독의 현실에 대한 정보를 수집하거나, 동독에 거주하는 지인 또는 친인척을 통해 정보를 얻기도 하였으며, 동독 주민들과의 거리인터뷰 등을 통해서도 동독의 실상을 보도하였다. 서독특파원에 대한 엄격한 통제는 1987년 9월 에리히 호네커Erich Honecker 동독 공산당 서기장의 서독 방문을 계기로 완화되었다.

4. 동독 미디어 정책의 변화

동독 텔레비전은 특히 1970~1980년대 호네커 집권시대에 중요한 통치수단으로 인식되었다. 동독 정부는 서독 방송에 대한 동독 방송의 상대적 우위를 확보하려고 노력하였다. 1986년에 동독 가정의 약 99%가 TV수상기를 보유하고 있었고 드레스덴 등 동독의 일부 지역을 제외하면 대부분의 동독 지역에서 서독 TV방송을 시청할 수 있었다. 동독의 TV와 라디오는 국영매체로 국가 예산으로 운영되었다. 1970~1980년대 TV채널이 늘어나고 프로그램이 다양해지면서 미디어 이용시간도 늘어났다. 또한 스포츠 강국이었던 동독의 국제경기 중계는 인기가 높았으며 영화, 교육, 시리즈물 등 오락프로그램도 다양해졌다(Hanke, 1990). 1980년대에 들어와 동독 TV방송은 시청률이 저조했던 뉴스보다는 오락프로그램 편성을 강화하였고(Meyen & Scheu, 2011), 자체 제작 방송프로그램과 함께 서방에서 들여온 영화, 뮤직비디오, 쇼 등의 연예·오락물을 방송하였다(박경숙·이관열, 2020). 그러나 동독 주민들은 서독 TV방송에 관심이 더 많았다.

1987년 5월 6일에는 동서독 간 방송협력에 관한 합의가 이루어졌다(통일부, 1993). 서독 공영방송협회 산하 9개의 공영방송공사와 동독의 정무원 국가TV위원회 간의 합의서에는 다음과 같은 내용이 담겨 있다. 제1조 "계약당사자 쌍방은 상호 상대방의 TV프로그램을 매입한다. 상호매입의 대상이 되는 프로그램은 원칙적으로 모든 분야의 TV프로그램을 포괄하나, 특히 TV드라마, TV영화, 연극, 음악, 오락, 기록물, 스포츠, 청소년, 문화교양프로그램 등이 그 대상이 된다." 제8조 1항은 "계약당사자 쌍방은 상호 정보여행, 박람회, 전시회, 그 밖의 행사에 대표자들을 파견할 수 있다. 세부사항은 개개의 경우 별도로 합의한다."고 규정하고 있다. 제10조는 "계약당사자 쌍방의 대표들은 더 이상의 협력에 관한 기본적인 협의와 조정을 위하여 시간적으로 서로 합의하여 수시로 만난다. 이러한 회합은 계약당사자 쌍방의 지역에서 교대로 개최된다."고 규정하고 있다. 1989년 동독에는 2개의 TV채널과 5개의 라디오 채널, 39개의 신문사와 관영통신사, 10개의 주간지가 있었다.

5. 서독 미디어의 영향

41년 동안의 독일분단 현실은 방송전파에는 적용되지 않았다. 동독의 거의 모든 지역에서 서독방송의 전파수신이 가능했으며, 드레스덴 등 일부 난시청지역에서도 공동안테나 및 위성접시안테나 등을 설치하여 대다수의 동독 주민이 밤마다 서독 TV방송을 시청하였다. 동독에서 서독의 TV방송은 동독의 TV방송보다 인기가 더 많았다. 동독 주민들은 낮에는 공산주의 독재체제에 복종하는 인민으로 살았고, 밤에는 분단선을 넘어온 서독의 TV방송을 시청하면서 자유로운 서독을 동경하고 있었던 것이다.

서독의 TV방송은 동독의 정치, 사회, 경제, 문화 등 사회 전반에 대한 사실적 보도와 논평을 통해 동독 주민들의 신뢰를 얻어가고 있었다. 이러한 서독의 방송문화는 자국의 공산주의 체제를 옹호하고 선전하는 동독의 국영방송과는 크게 차별되었기 때문에 서독 공영방송의 뉴스에 대한 동독 주민들의 신뢰도는 상당히 높았으며, 서독의 TV연속극, 분데스리가 축구경기, 가요 프로그램 등 연예·오락방송도 인기가 많았다.

동독 주민들의 서독방송 시청은 동독체제가 내적으로 서서히 붕괴해가는 큰 요인으로 작용했다. 사실상 독일 분단으로 인해 동서독의 경제적 격차는 크게 벌어졌다. 통일 전인 1988년 동독 1인당 국민소득은 서독의 약 31% 정도에 해당하는 수준이었다(폴만·이종희, 2010). 이러한 경제적 격차 외에도 동독인들의 불만을 증가시킨 원인으로 자유에 대한 동경, 정치적 활동 제한, 노동의 질에 대한 문제 등을 꼽을 수 있다(Geißler, 2009). 서독 TV의 상업광고는 동독 주민들의 물질적인 욕구를 자극하였고, 서독 사회의 자유와 노동의 질을 동경하게 만드는 매개체 중 하나로 작용했다. 이와 함께, 동독 주민들의 서독TV 시청은 동독체제의 억압성과 정치적 활동 제한에 대해 자각하는 계기가 되었다.

1989년 1월 로자 룩셈부르크Rosa Luxemburg 사망 70주년 기념행사를 계기로 동독에서 대규모 시위가 일어났으며, 같은 해 5월 지방선거 부정으로 인해 저항세력이 조직화되기 시작하였다. 1989년 초여름부터 라이프치히에서 수백 명이 여행자유화 등 개혁을 요구하며 매주 월요일마다 대규모로 시위를 하기 시작하였다. '월요일 시위'로 불리던 라이프치히의 대규모 시위에 참여한 동독 주민은 10월 9일에 약 7만 명, 10월 16일에 약 12만 명으로 증가했다. 10월 말에는 시위가 동베를린과 드레스덴 등 동독 전역으로 확산되었고 11월 4일 동베를린 시위에는 약 50만 명이 참여하여 의사표현의 자유, 국내외 모든 현안에 대한 언론 취재 보장, 국가의 통제를 받지 않는 독립적 제도로서 언론에 대한 인정 등 언론제도의 근본적인 개혁을 요구하였다.

1989년 10월 18일 폐쇄적인 동독 공산주의체제를 고수했던 호네커 동독 서기장이 물러나고 새로운 정부가 들어서면서 동독 주민들의 대규모 시위가 동독 TV방송의 뉴스에서 보도되는 등 동독 언론에도 변화의 물결이 일어나기 시작하였다.

그림 1. 1989년 11월 4일 베를린 알렉산더광장의 대규모 시위 1

사진: Bundesregierung/Lehnartz
출처: https://www.bundesregierung.de/breg-de/aktuelles/fotoreihe-grossdemonstration-auf-dem-berliner-alexanderplatz-337054

그림 2. 1989년 11월 4일 베를린 알렉산더광장의 대규모 시위 2

사진: picture-alliance/ZB/Kroh
출처: https://www.bundesregierung.de/breg-de/aktuelles/fotoreihe-grossdemonstration-auf-dem-berliner-alexanderplatz-337054

한편, 1989년 9월 10일 헝가리 정부는 대오스트리아 국경을 개방하고 동독 주민의 출국을 허용하였으며, 많은 동독 주민들이 탈출하였다. 헝가리를 통해 동독인들이 대거 서방세계로 탈출하는 모습이 서독 방송을 통해 집중적으로 보도되었고, 동독 주민들은 서독 방송을 통해 그 모습을 생생하게 시청할 수 있었다. 특히, 서독 TV방송을 통해 1989년 11월 9일 동서독 국경이 개방된다는 소식을 접한 수많은 동독 주민들이 국경초소로 몰려들었고, 이는 베를린장벽이 순식간에 붕괴되는 계기가 되었다. 베를린장벽 붕괴 장면은 서독 〈제1공영TV(ARD)〉, 〈제2공영TV(ZDF)〉, 〈자유베를린방송(SFB)〉 등을 통해 생생하게 보도되었고 동독 주민들은 서독 방송을 통해 이 장면을 목격했다. 동독 국영방송은 그 다음 날에야 이를 보도하였다. 이때는 이미 대부분의 동독 주민들이 베를린장벽 붕괴 소식을 알고난 다음이었다.

6. 시사점

동서독 언론교류가 동독과 서독 양측 간의 상호이해 증진에 기여한 점은 우리에게 시사하는 바가 크다. 분단 후, 동독과 서독의 문화적, 정치적, 경제적 이질성이 점점 높아지는 상황에서 언론인 교류는 상호이해 증진의 바탕이 되었으며, 서로 다른 체제에 대한 상호인정에 일조함으로써 분단으로 인한 이질감을 축소하고 문화적 공동체를 형성하는 요인으로 작용했다.

동서독 언론교류의 법적 근거가 마련된 기본조약에서 이념적 논쟁 등은 일단 유보하고, 우선적으로 분단으로 인한 동서독 주민들의 인간적 고통 축소를 위해서 노력한 점은 눈여겨 보아야 한다. 이와 함께, 향후 독일 통일에 장애가 될 만한 요인들을 세심하게 피해간 점은 시사하는 바가 크다.

예를 들어 기본조약 제3조에서 '국경선Staatsgrenze'이라는 용어 사용을 피하고 '경계선Grenze'이라는 용어를 사용했다(통일뉴스, 2021, 12, 24). 또한, 동방정책에 있어서 서독은 동독의 '국가성'과 주권을 인정하여 사실적인 국가로 대하면서도 국제법적으로는 동독을 국가로 승인하지 않고 '독일재통일'을 위한 장기적인 정책을 세웠다는 점도 함의하는 바가 크다.

독일 통일 과정에서 서독 방송이 큰 영향을 준 것과 함께 여러 가지 요인들이 작용하였는데, 그중 장기간에 걸친 선린외교 정책은 중요한 요인이었다. 이와 함께, 국제정치적 상황도 독일 통일에 유리하게 작용하였다. 1985년 고르바초프가 소련공산당 서기장이 되면서 시작된 소련의 개혁정책인 '페레스트로이카', 폴란드에서의 변화, 헝가리의 정치개혁과 개방정책 등 동유럽의 국제정세와 동유럽의 개혁도 독일 통일에 우호적인 환경으로 작용했다. 독일 통일의 배경에는 다른 국가들과의 선린외교를 통해 신뢰를 바탕으로 한 협력을 이끌어 내는 정책이 함께 했다는 점을 눈여겨보아야 할 것이다.

이와 함께, 독일 통일에 있어서 동독 사회 내에 팽배한 민중들의 불만족과 재야세력들의 저항운동이 중요한 요인으로 작용했던 것은 간과할 수 없는 사실이다. 서독 언론은 동독이탈주민들이나 체제를 비판하는 저항운동을 객관적, 사실적으로 보도함으로써 동독지배층의 도덕적 정통성의 기반이 와해되는 계기를 제공하기도 하였다. 또한, 동독언론이 주민들의 신뢰를 제대로 획득하지 못하는 상황에서 서독 방송은 사회, 정치적 현안에 대해 객관적이고 신속한 보도를 통해 동독 주민들의 신뢰를 획득했던 점은 시사하는 바가 크다. 한반도에서 남북분단이 75년 동안 계속되는 상황에서 독일 통일의 숨은 주역이었던 서독의 TV방송의 역할은 많은 울림을 남긴다.

참고문헌

독일연방의회 (2016, 4, 1). 〈입법서비스(Wissenschaftliche Dienste) 연구보고서〉. WD 10-3000-022/16.

마크루스 폴만·이종희 (2010). 독일 통일 이후 구동독지역 권력엘리트의 구조 변화. 〈한독사회과학논총〉, 20권 3호, 159-188.

박경숙·이관열 (2020). 독일의 통일 과정에서의 미디어의 역할: 전파 월경(Spillover)과 스푸트닉(Sputnik) 금지조치를 중심으로. 〈사회이론〉, 57호, 43-72.

통일부 (1993). 동서독 교류협력 사례집. 664-691.

Geiβler, R. (2008). Die Sozialstruktur Deutschlands. VS Verlag für Sozialwissenschaften 2008.

Hanke, H. (1990). Media culture in the GDR: Characteristics, processes and problems. *Media, Cuture & Society, 12*(2), 175-193.

Meyen, M. & Scheu, A. (2011). The role of external brodcasting in a closed political system: A case study of the german post-war states. *Global Media and Communication, 7*(2), 115-128.

통일뉴스 (2021, 12, 24). 동서독 기본조약을 통해본 독일 통일의 법적 재조명. URL: http://www.tongilnews.com/news/articleView.html?idxno=203956

URL: https://www.bundesregierung.de/breg-de/aktuelles/fotoreihe-grossdemonstration-auf-dem-berliner-alexanderplatz-337054 (검색일: 2022년 1월 13일)

URL: https://www.1000dokumente.de/index.html?c=dokument_de&dokument=0023_gru&object=translation&l=de (검색일: 2022년 8월 8일)

Part 6

통일 커뮤니케이션의 공유와 문화

Chapter 22 평화·통일감수성, 다름과 공존의 이해와 적용
Chapter 23 성숙한 시민의식과 민주시민교육
Chapter 24 평화·공존·공영의 의미
Chapter 25 민족공동체의식의 회복과 성찰적 민족주의

Chapter 22

평화·통일감수성, 다름과 공존의 이해와 적용[1]

박상영 | 탈북청소년 교육공동체 셋넷학교 교장

'동족에 대한 증오를 통한 사회 결속(박노자, 2006)'으로 소통했던 분단 한반도의 20세기는 참으로 불행했다. '남이냐 북이냐 목숨 걸고 사생결단 하며 다름과 차이들을 증오하던 시대를 벗어나려 안간힘을 쓰고 있다. 이제 겨우 '남이나 북이냐'의 시기로 진입했지만, 코로나바이러스감염증-19와 지구촌 경제불황으로 우울해진 사람들은 닫힌 일상에 지쳐가고 무관심에 빠져든다. 우리를 다시 행복하게 할 한반도의 평화는 '뽕도 따고 님도 보고'처럼 해야 할 일도 하고, 하고 싶은 일도 하는 개인과 집단 삶의 일상에 스며있다. 나와 다른 사람들, 우리와 다른 국적과 문화를 품은 다름들과 적대감 없이 공존하는 일상을 엮어가야 한다. '남도 북도' 함께 원원하는 창조적인 상생의 지혜를 되살려야 한다. 21세기를 오래전부터 예견했던 '개짱이 나비'들이 이미 우리 안에서 춤추고 있다.

---

[1] 이 글은 박상영의 "왜그래,가 아니라 괜찮아"(2022), "윗마을 학생과 아랫동네 선생"(2020), 셋넷학교가 출간한 "꽃이 펴야 봄이 온다"(2010), "알면 사랑한다"(2010)의 일부 글을 인용했다.

1. '개짱이 나비'들이 평화 한반도 시대를 열어간다

여름 내내 신나게 놀던 베짱이가 추운 겨울이 되자 먹을 것을 구걸하기 위해 개미집을 두드린다. 곡간에는 양식이 그득한데 웬일인지 개미들은 보이질 않는다. 너무 일만 하다가 과로사로 모두 숨을 거두고, 횡재를 한 베짱이만 배부르고 신나게 겨울을 지냈다. 일만 하고 쓰지는 않다가 '잃어버린 10년'의 불황 속에 빠져버린 일본인을 패러디(풍자)한 거란다.

한국판 〈개미와 베짱이〉는 어떨까? 한국 사람들은 일본 사람처럼 무조건 죽어라 일만하는 '꿀벌형'이 아니라, 해야 할 일도 하면서 자기가 하고 싶은 꿈도 함께 이뤄가는 '나비형'이라 한다. 나비의 날개는 꿀을 따고 운반하는 중요한 기능도 하지만, 자신이 사랑하는 짝을 찾는 생명의 소통작용도 동시에 한다. 일하며 춤추는 '개짱이 나비'들이 일과 놀이의 경계를 해체한 한국인들이라는 거다.

- 젊음의 탄생(이어령, 생각의 나무)

〈개미와 배짱이〉에 대한 새로운 이야기를 읽고 새삼 관점(사물을 바라보는 태도나 생각)에 대해 생각해 본다. 관점은 개개인의 자유지만 바로 그 때문에 한편으로 치우치게 된다. 치우친다는 건 선택한다는 것이고, 선택한다는 건 다른 한쪽 입장에서 일상을 살아간다는 것을 의미한다. 그래서 우리가 살아가는 현실은 다양한 삶의 방식이 있는데도 대체로 삶의 일부분만 보게 된다.

분단 한반도의 20세기는 '이것이냐 저것이냐'를 극단적으로 선택해야 했던 시대였다. 대립과 갈등으로 어둡고 차가웠던 시대를 겪은 뒤 맞이한 21세기는 '이것이냐 저것이냐'의 선택을 벗어난다. '이것이냐 저것이냐'를 넘어 '이것도 저것도'의 세상으로 변화한다고 이어령은 진단한다. '윈윈'의 상생원리(더불어 함께 살아가는 생각의 틀)다. 21세기 한반도 분단체제의 과제는 남과 북처럼, 남자와 여자처럼, 서로 다른 것들이 창조적으로 결합하여 문화의 다양성을 갖도록 하는 것이다.

2. 어떻게 사랑해야 지치지 않을까?

'이게 다 너 잘되라고 이러는 거지 날 위해서가 아니야.' '나만큼 너를 사랑하는 사람은 없단다.' 날마다 말수가 줄어드는 아이와 그 만큼씩 자신에게서 멀어져 가는 느낌으로 안타까워하는 부모, 어떻게 사랑하는 것이 아이들과 함께 나눌 수 있는 소통일까. 어떻게 해야만 건강한 부모와 자녀의 역할을 하는 것일까. 살아온 삶의 외적 조건과 정서적인 내적 환경으로 형성된 두 세대 간의 '차이'와 '다름'들을 어떻게 풀어야 지치지 않고 사랑할 수 있을까.

'우리가 이만큼 배려했으니 너희도 이 정도는 해줘야 하는 거 아닌가?' 탈북 이방인들의 낯선 생활 방식이나 다국적 이주민들의 이질적인 문화를 외면하는 너그러움과 인내심은, 결국 배려 이상의 감정적인 대가를 요구하게 된다. '다름'과 '차이'에는 서열이 없다. 우리가 분단 일상에서 겪고 있는 수많은 갈등은 살면서 겪어보지 못한 이질적인 문화에 대한 당혹감, 경계심, 무관심, 심리적인 콤플렉스가 뒤엉켜 있다. 자신이 경험해 보지 못한 타문화와 마주하면서 '울부짖는 아이의 얼굴을 들여다보듯(한강, 2013)' 순수하게 지켜보고, 익숙하게 살아왔던 자기중심에서 조금이라도 벗어나서 상대방을 이해하려는 '열린 태도'가 사랑과 공존의 관건이다.

3. 평화 감수성이 필요한 이유

근대를 지배했던 맹목적인 가치들이나 절대적인 이념이 속절없이 무너졌다. 그 자리에 다양한 가치와 이념, 전통과 문화들이 위태롭게 공존을 도모하고 있다. 불과 20년 전만 해도 학교나 가정, 직장에서 조금이라도 다르게 튀는 행동을 하면 위험하게 취급하고 문제시했다. 지금은 어떤가. 학벌의 유무와 외모의 조건이 문제가 아니라 자기 개성이 없으면 사는 것 자체가 버겁다. 남과 차별화되는 '다름'과 '차이'들이 자신의 존재 가치를 결정하는 중요한 기준이 된 것이다. 진정으로 자식을 위한다면 남의 자녀와 비교하지 말아야 한다. 그만의 독특한 '다름'을 지켜주고 긍정적으로 격려해 주어야 한다. 그러기 위해서는 부모 자신의 개성과 문화를 늘 생기 있게 키워야 한다. 자녀들의 '다름'을 볼 수 있는 눈과 '차이'를 받아들일 수 있는 유연한 힘이 부모 자신들 속에 있기 때문이다. 평화 감수성이 이 시대에 필요한 이유다.

평화 감수성(열린 태도와 유연한 사고)을 일상에서 구체화하기 위해서는 '다름'과 '차이'에 대한 고정관념과 편견을 떨쳐내야 한다. 부부, 부모와 자식, 오랜 친구, 직장 구성원들이 서로 다르다는 것을 견디지 못한다. 성실하지 못한 사랑의 모습이라고 여기면서 기어코 하나가 되어야 한다고 믿는다. 오랜 한반도 민족의 역사와 문화 전통을 기억하며 남과 북이 반드시 하나가 되어야 한다고 맹신한다. 우리가 하나였던 적이 있던가. '다름'과 '차이'는 극복해야 할 대상이 아니다. 부모와 자식, 친구, 동료, 민족에 이르기까지 하나가 되자고 주문처럼 외쳐대지만, 정작 하나 됨에 대한 편견 때문에 아름다워야 할 관계가 위선적이고 가식적으로 변질되는 것을 현실에서 쉽게 마주한다. 서로 다른 삶의 이유와 방식들이 사랑과 민족의 이름으로 억압받고 상처받으며 병들고 고통받는다. 서로가 다르기 때문에 아름다운 것이 아닌가. 똑같다면 얼마나 지겹고 끔찍할 것인가. 차이를 통해 개개인의 신비로움이 드러난다.

자식은 아직 다 자라지 못한 미완의 부모이고 부모는 성장을 멈춘 자녀이기 때문에 부모와 자식은 한 뿌리에서 자라나는 가지들이다. 서로의 다름과 차이가 따로 또 같이 공존해야 하는 이유다. 다름과 차이에 대한 자각과 공존에 대한 절실함이 구체화될 때 우리는 평화로울 수 있다. 분단 한반도의 평화가 한 가족의 평화와 다르지 않다. 다양한 배경으로 형성된 가족들이 따뜻하고 평등한 소통을 실천하고 지역 사회로 확산될 때, 남북 간 공존을 위한 일상의 토대가 다져질 수 있다. 열린 태도와 유연한 사고는 미움으로 갈라진 한반도를 회복시켜줄 평화의 도구다.

4. 우리가 꿈꾸는 평화

> 한국에서 평범하게 살고 싶었다. 장가가고, 자식 둘 낳고, 아침에 함께 식탁에 앉아 밥 먹고, 손잡고 출근하면서 애들 학교 보내는 일상은 북한에 있을 때는 힘들이지 않고 모두들 누릴 수 있는 삶이었는데 한국에 오니 가장 어려운 일 같다.
> – 혁(1985 함경북도 은덕 출생, 2004 입국)

베트콩으로 불렸던 남베트남 독립 해방군이 포로로 잡힌 한국 위문공연단을 심문한다. '우린 돈 벌러 왔고 한국군은 평화를 위해 왔다.'고 공연단 단장이 대답한다. 베트콩 대장이 너희에게 평화가 뭐냐며 권총을 들이댄다. 삶과 죽음이 오가는 일촉즉발 살벌한 상황에서 공연단 싱어인 주인공 여자가 베트남 사람들에게 노래한다. '사랑한다고 말할 걸 그랬지. 님이 아니면 못 산다 할 것을. 사랑한다고 말할 걸 그랬지. 망설이다가 가버린 사랑….'
- 영화 〈님은 먼 곳에〉

평화는 거창하지 않다. 사랑하는 이에게 마음을 전하는 것처럼 사소하다. 한반도에 깃들어야 할 평화는 힘 있는 자들이 요란하게 내세우는 정의로움이 아니다. 우리와 다음 세대가 그리워하는 이 땅의 평화는, 다양한 국적과 문화가 지닌 다름과 차이들이 긴장 없이 어울리는 정다운 풍경이다. 그 평화는 망설이다가 영영 가버릴 님을 향한 애틋한 사랑처럼 손에 닿을 듯이 가까운 곳에 있다. 소박한 소통의 건강함과, 사소한 안정적인 경제력과, 시시한 가족애처럼 일상을 생기 있게 가꾸는 힘들이 한반도에 필요한 평화다.

5. 무엇이 평화를 깨뜨리는가

박노자(2006)는 우리 머리에 자주 떠오르지 않으면서 매우 위험한 통일의 걸림돌을 상기시킨다. '대다수 한국의 젊은 세대가 보여주는 북한 멸시 풍조와 북한에 대한 무절제한 우월의식이 극우 세력과 주변 강대국 간섭보다 더 심각하다.'고 진단한다. 편견(한쪽으로 치우친 생각)이 좋은 걸까 나쁜 걸까. 편견 없이는 사랑할 수 없으니 필요한 것이 아닌가 싶지만, 한 쪽 입장에서 일방적으로 판단한다는 데 문제의 심각성이 있다. 착한 편견과 나쁜 편견을 가를 게 아니다. 내 안에 편견이 있다는 것을 알아차리고 편견의 유혹에서 자유롭지 못하다는 것을 인정하는 게 중요하다. 강자의 논리에는 편견의 유혹이 늘 도사린다. 자신에게 익숙한 방식과 습관들이 정의와 평화라는 명분으로 작동하기 때문이다. '다름이 통하게 하자(通異, 김영수)'는 소박한 마음으로 서로를 바라보며 소통한다면 편견이 끼어들 여지는 그만큼 좁아질 것이다. 힘의 논리와 지배의 방식으로 평화를 규정하고 공존을 모의하는 모든 시도들을 경계해야 한다.

6. 평화 연습이 정답이다

편견을 알아차리고 인정하는 결단이 중요하지만 그것만으로 평화가 이루어지지 않는다. 논의와 연구와 협상을 하느라 미뤄두었던 '평화 연습'을 실천해야 한다. 보고 느끼고 알아차리고 살피고 관찰하고 성찰했던 것들을 머릿속에 담아두지 말자. 구체적으로 행동하고 일상에서 시도해야 한다. 피나는 연습 없이 축구 변방 아시아를 넘어선 손흥민이 탄생할 수 없었다. 스스로를 넘어서야 할 목표로 연습하지 않았더라면 길거리 스타 방탄소년단이 월드 스타의 영광을 누릴 수 있었을까. 다름을 느끼고 차이를 인정하는 소통 연습은 해체되는 가족과 지역 공동체를 되살릴 희망의 불씨가 될 것이다. 이제 지배하고 거느리고 홀로 우뚝 서는 성공 공식과 결별할 시간이다. 행복한 일상을 느끼고 평화로운 자각 상태를 유지하기 위해 각자의 삶이 체험으로 기획되어야 한다. 체험과 연습으로 채워지는 '평화 감수성'과 '공감 감수성'은 독자적인 생존능력과 공존을 위한 네트워크 능력을 키우며, 문제해결 역량을 분단 한반도에 선사할 것이다.

평화가 삶에 필요한 이유는 '자립적인 삶의 지도'를 그리기 위해 꼭 필요한 에너지원이기 때문이다. 누구나 자신의 삶을 타인에게 의지하지 않고 스스로 해결하며 사는 삶을 꿈꾼다. 부와 명예의 크기와 상관없이 자신이 삶의 주인으로 살아갈 때 행복하고 평화롭다. 하지만 평화는 홀로 깊은 산속에서 득도하는 게 아니다. 성가신 짝이 있어야 하고, 부슬부슬 비가 내릴 때 떠올릴 친구가 있어야 지속할 힘을 얻는다. 낯선 삶과 직업, 새로운 도전과 여행은 혼자로는 외롭고 처량하다. 힘을 얻고 재미를 나눌 우정의 짝꿍들을 엮어갈 때 스스로 살아갈 생의 지도가 완성된다. 그 힘은 자립하고자 하는 또 다른 힘들과 연결되어 있기에 관습과 편견이 강제하는 집단 권력의 시선에서 자유롭다. 중심과 표준이 주는 두려움으로 훼손되지 않는다.

7. 다름과 공존을 이어주는 그물망 '평화 감수성'

2001년 셋넷교실로 시작하여 2004년 개교한 정규형 비인가 대안학교인 셋넷학교(www.setnetschool.com)의 배움은 삶의 주인인 '나' 스스로를 돌아보고 새롭게 살피는 성찰과 훈련이었다. '나'를 사랑하는 개인과 내 안에 깃든 신비를 들여다보는 개인들이 일상에서 자신의 미래와 진로 문제를 고민하는 '살아가는 연습'이었다. 자기다움을 찾는 과정은 매일매일 자신이 행복해지는 일이다. 남들보다 더 많이 가져야만 행복해지는 것이 아니다. 배움은 성공을 욕망하는 자본주의 전투 요원을 양성하는 기술이 아니다. 삶의 현장에서 관계 맺는 소통들을 꼼꼼히 들여다보며 작고 구체적으로 이야기하는 방식을 배워가는 여러 갈래 길이다. 타인의 간섭과 관습의 눈치 보지 않고 자신의 꿈과 의지를 찾고 키워야 삶이 평화로울 수 있다.

내가 엮고 채워가는 평화는 타인의 자유로움에 무책임하지 않다. 정치적 입장이나 문화적 관점이 다른 집단에 무례한 이기적인 평화가 아니다. 분단 한반도의 평화는 관용(寬容)의 관계 방식이어야 한다. 관용은 '타인도 나와 똑같은 정도의 진실을 지니고, 지켜가고 있다는 사실을 인정(기 소르망)'하는 적극적인 이해와 수용의 태도다. 그래서 우리가 꿈꾸는 평화는 나와 적이라는 욕망의 이분법을 넘어서야 한다. 오랜 편견에 사로잡힌 나를 살피고, 다름과 차이로 드러나는 분단 이념의 적들로부터 자유로워야 한다. 부단한 체험과 훈련으로 삶의 방식을 바꾸려는 평화 감수성이 관용의 실체다.

평화 감수성이 병들지 않으려면 이질적인 사람들과 적극적으로 소통하고, 낯선 세상과 소통하기를 주저하지 말아야 한다. 자기다움으로 채워가는 평화는 타인의 권위나 집단의 강요에 의해 만들어지지 않는다. 세상의 모든 소통이 구체적으로 느껴지고 드러나는 곳이 자기 자신의 몸이다. 몸 안팎에서 수많은 갈등과 조정과 타협이 이루어진다. 타자와의 관계를 건강하게 맺고 풀기 위해서는 각자의 몸이 다름과 차이들을 세심하게 관찰하고 배려하는 유연성을 지녀야 한다. 모방에 급급해하지 않고 나다운 고유한 표현을 드러내는 소통이 소중한 이유는, 자신이 '사랑하는 것들'을 지키기 위함이다. 분단으로 생겨난 탈북 이방인들과 평등하게 소통해야 행복한 삶을 되살릴 수 있다. 우리가 품는 행복과 불행은 서로 연결되어 있기 때문이다. 먼 나라에서 벌어지는 전쟁으로 우리의 일상이 고통받고 있지 않은가. 다국적 다문화로 드러나는 차이들과 따뜻하게 공존하는 개인과 집단의 '평화 감수성'으로 분단 한반도의 평화가 구체화될 것이다.

8. 평화 연습과 감수성 훈련을 위한 커뮤니케이션 교육의 전제

① 나에게 '통일'은 무엇인가? 북조선 출신 이주자(이하 '탈북자')와의 만남과 소통을 성급하게 시작하기에 앞서, 70년 넘게 구축된 한국과 북조선의 비정상적인 관계에 대한 진솔한 자기 고백과 실존적 태도를 성찰하자.

> 대북 전단 사건으로 이야기를 걸어오는 직장 동료들 표정과 말투가 기분 나쁘다. 먹고 살만하게 해주는데 왜 멋대로 날뛰냐고 질책한다. 그렇게 살려면 다시 북한으로 돌아가라고 못된 주인이 고약한 손님을 대하듯이 얘기한다. 남북관계가 좋아질 때와 안 좋을 때에 일상에서 느끼는 차이는 극과 극이다.
>   - 철만(1989 함경북도 회령 출생, 2009 입국)

② 통일을 하면 여러모로 이익이 되겠지만 통일 문제는 버겁고 골치 아프다. 탈북자의 운명은 같은 동포로서 안타깝지만, 탈북자의 존재는 부담스럽고 성가신 짐으로 다가온다. 우리에게 '탈북자'는 어떤 존재인가?

> 자기 부모님이 낸 세금으로 정착금을 주는 건 알고 있냐면서 따지는 대학생들 앞에서는 창피한 기분이 들었다. 어제까지 친절했던 친구들이 북한에서 왔다는 사실을 알게 된 후에는 나를 피하는 태도에 상처를 받기도 했다. 통일이 되면 남한이 북한을 먹여 살려야 하고 북한 사람들이 난장판을 벌일 거라며 열변을 토하는 친구 앞에서는 마땅히 할 말을 찾지 못했던 나를 원망하기도 했다.
>   - 선영(1983 평양 출생, 2002 입국)

③ '북한이란 세상'과 '목숨을 건 탈북과정'은 우리에게 전혀 새롭다. 낯선 경험과 이질적인 삶을 살다 온 사람들이 품고 있는 특이 성향과 행동 패턴을 이해하기 어렵다. 우리에게 익숙했던 소통 관습이나 수용 문화에서 벗어나려는 용기가 필요하다.

전기가 공급되지 않아 보름 동안 기차를 탔다. 함경북도 청진 집으로 돌아오는데 보름이 걸려서 기차에서만 한 달을 보냈다. 춥고 배고프고 힘들었던 기억밖에 없다. 탈북 후 중국에서는 정상적인 신분이 아니었고 잡히면 강제로 북송되기 때문에 기차나 버스를 타고 이동할 때 늘 긴장하면서 중국 공안(경찰)을 피해 숨어야 했다.
- 명희(1980 함경북도 청진 출생, 2007 입국)

④ 탈북자들이 한국에서 겪는 정착의 걸림돌들은 무엇일까. 과거 탈북과정의 어두운 기억(트라우마), 현재 한국에서의 성공을 향한 비현실적인 욕망과 박탈감, 동남아 출신 이주자와의 비교에서 비롯된 3등 시민으로의 추락, 시장경제로의 급속한 편입과 적성을 벗어난 묻지마 취업으로 불안한 미래와 두려움의 속사정을 살피자.

입국 초기에는 같은 민족이라서 탈북자에 대한 차별이 없을 것이라고 생각했다. 참 순진했다. 그런 기대가 무너지면서 많이 위축되었다. 탈북자라는 신분이 부담스러웠고 털어내고 싶었다. 정부에서 지원을 해주면 열심히 잘 살아야 한다는 남한 사람들의 일방적인 기대도 싫었다. 매스컴에서 탈북자들이 잘못하면 도저히 용납을 못 하겠다는 보도 태도가 두렵기도 했다.
- 인준(1985 함경북도 회령 출생, 2004 입국)

⑤ 탈북자들의 정체성 혼란에 주목하자. 더 이상 북조선인도 아니고, 명쾌하게 남한 사람이 되지도 못한 채 낡은 이념과 일방적인 편견의 틀 안에 갇혀 어정쩡하게 서성이는 이들 존재의 자리를 상상하자.

대다수 탈북 청소년들은 자기 목표가 뚜렷하지 않다. 북에서는 제대로 공부할 수 없었다. 탈북 후 떠돌이 생존 생활을 하다 보니 무엇을 하며 살아야 할지, 자신이 무엇을 잘하는지 생각해 본 적이 없다. 막연하게 한국 사람들 흉내 내기에 급급했다.
- 정화(1984 함경남도 함흥 출생, 2011 입국)

⑥ 평화와 통일의 지도를 다시 그리자. 탈북자들이 살았고 지나왔던 과거(북조선, 탈북과정)는 70년대 한국 근대의 삶과 닮았다. 21세기 한국의 현재는 동시대 세계의 최첨단 문화를 숨 쉰다. 수많은 다름들과 평화롭게 공존이 가능한 한반도의 미래를 설계하기 위해서 생기 넘치는 근대의 생명력을 복원시켜야 한다.

> 무식해 보일까 두려워서 질문조차 하지 못했고 몰라도 아는 척해야 했다. 어쩌다 용기를 내어 질문했는데 돌아오는 답이 무슨 뜻인지 알 수가 없어서 창피했다. 잘못된 일의 부당함을 말해야 하는데 눈물부터 나와 괜히 서러웠다.
> – 향(1989 평안남도 청남 출생, 2011 입국)

⑦ 평화와 통일시대에 일상의 장애가 될 언어 문제를 극복하려면 우리에게 익숙한 언어 방식을 넘어서야 한다. 북조선의 소통 문화를 이해하고 존중하며, 공존을 위한 새로운 소통 언어(비언어적 만남과 공통의 체험 교류 활동)를 지속적으로 실험하자.

> 북한말과 북한문화 배우기를 정규교육 과정에 넣어서 실행하면 좋겠다. 성인이 된 뒤에 배우는 것보다 어릴 적부터 배우다 보면 거부감 없이 자연스럽게 스며들지 않을까. 한민족이라고 하지만 달라져 버린 것이 너무 많아서 우리가 같은 민족이 맞나 싶다. 북한사람에 대한 정직한(치우치지 않고 공정한) 리얼리티 프로그램을 공중파에서 많이 방송하면 좋겠다. 서로 다른 부분들을 발견하고 받아들이고 존중하다 보면 평화 공존이나 통일 단계로 나아가는 밑거름이 되지 않을까.
> – 양미(1987 함경북도 샛별군 출생, 2002년 입국)

홀로 탈북하여 두 아이의 엄마가 된 졸업생 향이에게 아이들은 어떻게 키우고 싶냐고 물었다. "싸가지 있게 자랐으면 좋겠어요." 싸가지, 자기다움, 타인을 존중하고 배려하는 소통, 그게 바로 감수성이다. 내 안의 나,

나와 가족, 나와 타인, 나와 이방인, 나와 세상 사이에서 매일매일 맺어야 하는 관계들을 싸가지 있는 소통으로 살피고 가꾸는 일상이 평화 연습이고 감수성 훈련이다. 나와 당신이 품는 싸가지(감수성)의 격이 한 번뿐인 삶을 분단 너머 행복의 나라로 이끈다.

9. 통일 독일에서 온 평화 메시지

만날 준비를 하고, 서로에게 호기심을 가지고, 서로 자신의 이야기를 들려주고, 차이를 견뎌내십시오. 그것이 독일 통일 31주년의 교훈입니다. 우리는 모든 삶과 경험 그리고 민주주의를 존중해야 합니다.

– 메르켈, 동독 출신 통일 독일 총리(전)

통일 커뮤니케이션 교육을 위한 시청각 자료(영화) 추천 목록

영화 〈님은 먼 곳에〉… 평화
영화 〈조커〉… 소통
영화 〈펄프픽션〉… 구조적 폭력
영화 〈우리들의 행복한 시간〉… 감수성
영화 〈더티 프리티 씽〉… 모멸감
영화 〈크로싱〉… 다름과 차이
영화 〈작은 신의 아이들〉… 소통
영화 〈가족의 나라〉… 국가와 집단
영화 〈그린북〉… 분리 차별
영화 〈퍼스트 카우〉… 우정
영화 〈프라이드 그린 토마토〉… 연대(連帶)와 공감

참고문헌

박노자 (2006). 〈당신들의 대한민국 01〉. 서울: 한겨레출판.
박상영 (2022). 〈왜 그래,가 아니라 괜찮아〉. 서울: 코폴커뮤니케이션.
박상영 (2020). 〈윗마을 학생과 아랫동네 선생〉. 서울: 코폴커뮤니케이션.
셋넷학교 (2010a). 〈꽃이 펴야 봄이 온다〉. 서울: 민들레.
셋넷학교 (2010b). 〈알면 사랑한다: 셋넷학교 여행 이야기〉. 서울: 코폴커뮤니케이션.
이어령 (2008). 〈젊음의 탄생〉. 서울: 생각의 나무.
한강 (2013). 〈서랍에 저녁을 넣어 두었다〉. 서울: 문학과지성사.

Chapter 23

성숙한 시민의식과 민주시민교육[1)]

이종희 | 중앙선거관리위원회 선거연수원 교수

1. 독일 통일 후 사회통합의 기반이 된 민주시민교육

통일 독일에서 '민주시민교육'은 사회통합을 촉진시키고 지속가능한 민주주의를 위한 중추적인 기제 역할을 수행하고 있으며, 그 중심에는 '연방정치교육원'과 16개 주(州)에 각각 설치된 '주(州)정치교육원'이 있다. 분단 시대에 연방정치교육원과 주정치교육원은 서독에서 탈나치화와 민주주의의 확립 그리고 성숙한 시민사회 형성에 크게 기여하였으며, 독일 통일 직후에는 구동독 지역에서 민주시민교육 교사 양성, 주정치교육원 설치 등 민주시민교육 기반 구축과 제도화에 중심적인 역할을 하였다.

통일 직후 구동독 지역에서 제도 및 사회통합을 위한 독일정부의 정책은 1990년 8월 31일 동서독 간에 체결된 통일조약의 규정에 따라 본격적으로

---

1) 이 글은 이종희(2017a). "독일의 민주시민교육 모델: 연방정치교육원을 중심으로"를 수정·보완한 것으로 〈고양시 민주시민교육의 기본개념과 실행방안 연구〉(2021)에 수록된 내용을 요약한 것이다.

추진되었다. 특히, 이 조약 제15조 '지방행정을 위한 과도기 규정'에 따라 구서독 지역의 주(州)들은 통일 독일에 편입된 구동독 지역 5개 주의 기초 행정 기반시설 구축을 분담해서 지원하기 위한 맞춤형 협력관계를 형성하였다(최영돈, 2013). 이 과정에서 연방정치교육원 및 서독 각 주의 정치교육원은 협력관계를 구성한 각각의 구동독 지역 주에서 정치교육원과 일선 교육기관 설치에 대한 자문 역할을 병행하며 주민들을 위한 생활상담 서비스 센터 등을 운영하였다. 구동독 지역의 민주시민교육과 사회통합을 위한 대대적인 재정지원, 교육프로그램, 방대한 교육자료 지원 등은 통일 직후 큰 시너지 효과를 가져왔다.

국가의 책무로서 독일의 민주시민교육은 스스로 판단해서 자율적으로 의사결정을 내리며, 자기 자신과 사회에 대한 책임감을 인식하고 사회적, 정치적 과정에 적극적으로 참여하는 시민의식 함양의 바탕이 되며, 사회의 다원성을 촉진한다. 이 장에서는 독일 통일 후 사회통합에 크게 기여하고 있는 독일의 민주시민교육을 연방정치교육원의 사례를 통해 살펴보고자 한다.

2. 독일 민주시민교육 개관

독일에서 민주시민교육은 사회 전반에 걸쳐 다각적인 방식으로 이루어지고 있다. 독일의 민주시민교육은 크게 교육과정으로 제도화된 '학교 민주시민교육'과 청소년 및 성인을 대상으로 하는 '학교 밖 민주시민교육'으로 구분된다. 학교 교육으로 제도화된 민주시민교육의 기본방침은 교육자치권이 있는 각 주정부의 소관이며, 학교 밖 민주시민교육은 연방정치교육원 및 주정치교육원을 중심으로 각 지역의 시민대학(공립평생교육원), 정치재단, 일정한 자격을 충족한 각종 사회단체가 유기적인 협력관계 속에서 민주시민교육 프로그램을 운영하는 방식으로 이루어지고 있다.

연방정치교육원은 조직상 연방내무부 산하에 있지만 업무수행에 있어서 독립성을 보장받으며 연방차원에서 '중립적'이고 비당파적인 민주시민교육을 위한 다양한 활동을 하고 있다. 또한, 16개 연방주에 각각 설치되어 있는 주(州)정치교육원은 연방정치교육원 및 정치교육 관련 학과가 설치된 관내 대학과 협력관계를 유지하면서 자체적으로 교육콘텐츠·교수법·교재 등을 개발하여 각급 학교, 교육 단체·기관에 제공하고 있다.

3. 독일 민주시민교육의 기본 원칙

독일에서 국가의 책무로 제도화된 학교 및 학교 밖 민주시민교육은 1970년대 말부터 이른바 '보이텔스바흐 합의'라고 일컬어지는 교수법적 기본 원칙을 따른다. '보이텔스바흐 합의'를 이해하려면 1960년대 말까지 거슬러 올라가는 그 역사적 배경을 간략하게나마 살펴볼 필요가 있다.[2]

1968년 서독의 학생운동, 적군파(RAF)의 반정부 테러 사건, 그리고 1970년대 초까지 그 원인과 배경을 둘러싸고 정치적으로 첨예화되었던 보수 성향의 기민당과 진보 성향의 사민당 간의 정치공방은 특히 두 정당이 각각 집권하던 주(州)의 학교 민주시민교육 기본방침 및 교과 내용에도 영향을 미쳤다. 학자 및 관련 종사자들 간의 이론적 입장도 각각 달리 나타났으며,

---

[2] 이 내용은 선거연수원 2016년 개최한 제12회 민주시민교육 국제심포지엄〈사회적 합의 형성 기반으로서의 민주시민교육〉에서 최영돈의 토론 "독일의 정치교육과 관점의 다양성에 대한 사회적 합의: 보이텔스바흐 합의"를 요약한 것이다.

주(州)마다 집권당에 따라 보수 및 진보 진영으로 양극화되는 결과를 초래하였다.

이러한 정당 간의 이념갈등은 특히 헤센Hessen주에서 심하게 나타났다. 당시 사민당이 집권한 헤센주에서 민주시민교육의 새로운 교육방침을 수립하자, 제1야당인 기민당은 '좌파 이데올로기적'이라며 거세게 반발하였다. 이는 1974년 실시된 헤센주 지방선거에서 큰 쟁점이 되었다. 정치적 양극화 현상과 갈등이 심해지자, 비당파적·중립적인 입장을 유지해야 하는 연방정치교육원과 주(州)정치교육원들은 민주시민교육의 정치적 도구화를 우려하게 된다.

바덴-뷔르템베르크Baden-Würtemberg 주(州)정치교육원은 민주시민교육의 정치적 도구화를 막고 이념적 대립과 갈등의 극복 방안을 모색하기 위해 1976년 11월 독일 남서부의 소도시 보이텔스바흐에서 "정치교육에 있어서의 합의 문제Das Konsensproblem in der politischen Bildung"라는 대주제로 학술대회를 열고, 진보·보수 진영의 저명한 민주시민교육 관련 학자 및 종사자들을 초청하였다. 이 학술대회는 민주시민교육에 있어서 최소한의 교수법적 원칙을 모색하기 위한 것이었다. 그러나 이 학술대회에서 합의점은 도출되지 못하였다. 학술대회가 끝난 후, 이 학술대회를 총괄했던 바덴-뷔르템베르크 주(州)정치교육원 편집국장은 토론의 내용을 책으로 출판할 계획을 세우고 학술대회에서 논의된 내용을 종합하여 민주시민교육의 세 가지 기본 원칙으로 정리하였다. 최소한의 '합의'를 전제로 하는 보이텔스바흐 학술대회의 결과물이라고 할 수 있다. '주입·교화금지', '논쟁점 반영', '학습자의 이해관계 고려'를 포함하는 '보이텔스바흐 합의'는 공식적인 합의에 의한 것은 아니지만 현재까지 민주시민교육 교사의 직업윤리로 널리 인정되고 있으며, 독일의 제도화된 민주시민교육의 방법적 기본 원칙으로 준수되고 있다.

1) 주입·교화금지

'바람직한 견해'라는 이유로 학생들이 차분하게 생각할 여유를 주지 않음으로써 스스로 판단할 수 있는 기회를 주지 않는 수업방식은 용인되지 않는다는 원칙이다. 즉, 교사가 학생들의 생각을 특정한 방향으로 유도함으로써 학생들이 스스로의 판단에 따라 자신의 의견을 형성하는 데 방해를 하는 것은 민주시민교육의 선을 넘어서는 수업방식이라는 것이다. 민주주의 가치를 침해하지 않는 한, "모든 의견은 그 자체로 존중되어야 하며, 학생들은 자신의 의견이 존중되고 있다는 것을 실제로 느낄 수 있어야 한다."(최영돈, 2016). 이 원칙은 일방적인 주입식 교육은 민주주의 사회에서 요구되는 교사의 역할 및 학생들의 성숙한 시민성 함양을 위한 목표에 부합되지 않음을 강조하고 있다.

2) 논쟁점 반영

이는 학문과 정치에서 논쟁적인 사안은 수업에서도 상반된 대안적 입장들이 균형적으로 다루어져야 한다는 원칙이다. 이 원칙은 앞서 언급된 '주입·교화금지' 원칙과 상호보완적으로 연관되어 있다. 어떤 주제에 대해 다양한 관점을 배제하고 하나의 입장만을 강조할 경우, 학생들은 그 주제에 대한 다각적인 관점을 경험하지 못하게 된다. 그러나, 학생들이 다양한 입장과 견해를 접하게 되면 그중에서 어떤 견해가 가장 설득적인지 상호비교를 통해 스스로 판단해서 선택할 수 있다는 것이다. 이 원칙을 통해 학생들은 세상에는 서로 다른 다양한 견해들이 존재한다는 관점의 다양성을 경험하게 된다.

3) 학습자의 이해관계 고려

이 원칙은 학습자는 정치적 상황에서 자신의 관심사를 분석하는 능력을 갖추어야 한다는 것이다. 또한, 이를 관철시킬 수 있는 행위역량을 갖춰야 한다는 것도 이 원칙에 내포되어 있다.

학습자의 이해관계 고려 원칙은 이후 '개인의 이해관계' 개념에서 타자의 이해관계와 공익이 등한시되어서는 안 된다는 방향으로 보완되기도 하였다. "보이텔스바흐 합의는 민주시민교육의 목표와 내용을 규정하는 것이 아니며, 또한 '단순한' 방법적 원칙도 아니다(최영돈, 2016)." 보이텔스바흐 합의의 정신은 독일의 헌법인 「기본법Grundgesetz」 제1조에 명시된 '인간 존엄의 불가침성' 원칙에 기반하고 있다. "헌법의 규범적 핵심에 대한 지향이 바로 민주시민교육을 위한 최소한의 방법적 합의인 것이다. 또한, 보이텔스바흐 합의는 관점의 다양성에 대한 필연성, 즉 바꾸어 말하자면 이견(異見)의 정당성에 대한 합의라고 할 수 있다(최영돈, 2016)." 보이텔스바흐 합의와 이후의 담론을 자세히 살펴보면, 오히려 다분히 형식적인 수준에서 정식화된 최소 합의가 더 나은 효과를 낼 수 있다는 것을 시사하고 있다. 최소한의 합의는 고정된 상수로 작용하는 것이 아니라, 상호소통과 담론을 통해 언제든지 논쟁과 토론의 주제가 될 수 있다는 의미이다(허영식, 2019).

4. 독일 민주시민교육 전문기관 연방정치교육원

독일 민주시민교육의 중추적 기관인 연방정치교육원은 1952년 11월 25일

'지역 정치교육을 위한 연방본부'라는 이름으로 설립되었으며, 연방정치교육원으로 명칭이 변경된 것은 1963년이다. 연방정치교육원의 설립 목적은 제2차 세계대전 종료 후, 나치즘을 청산하고, 전체주의를 예방하며, 독일 시민들의 민주시민의식을 함양하여 민주주의를 발전시키기 위한 것이었다. 이에 따라, 연방정치교육원은 정치적, 역사적인 사실관계에 대해 국민들의 이해를 증진시키고 민주시민의식을 고양하여 정치참여에 대한 인식을 높이는 것을 중요한 과제로 여기고 있다. 연방정치교육원의 본부는 본Bonn에 있으며, 베를린Berlin에도 미디어센터와 일부 사무실을 두고 있으며, 게라Gera에도 일부 사무실이 있다.

1) 조직

독일 연방정치교육원의 조직구성은 〈그림 1〉과 같다.

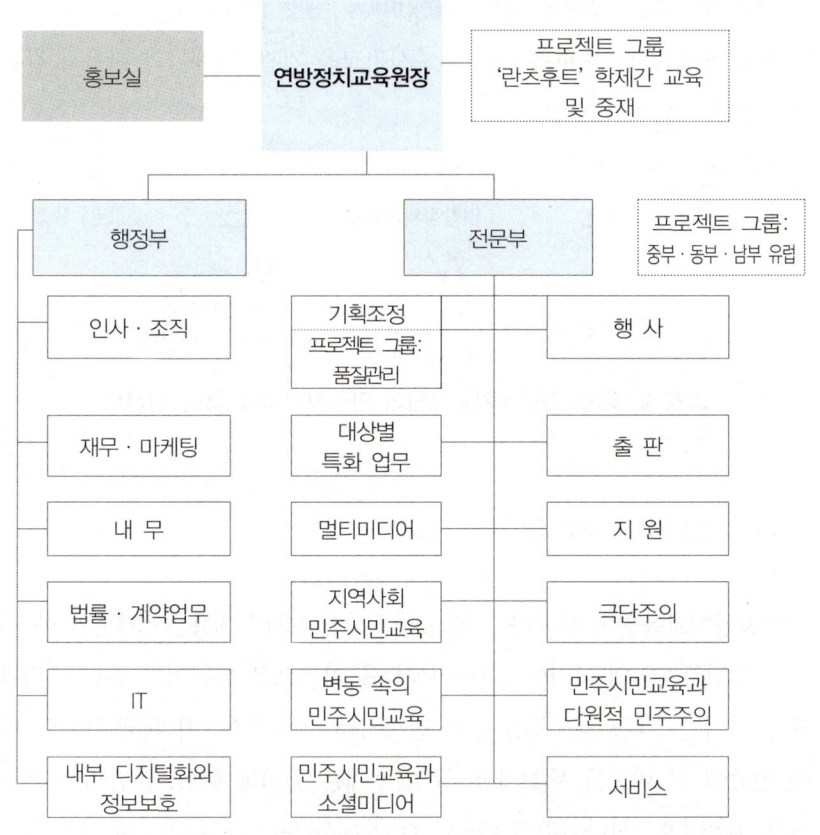

그림 1. 독일 연방정치교육원 조직도(2023년 1월)

출처: https://www.bpb.de/die-bpb/ueber-uns/organisation/51250/das-organigramm-der-bpb/
(검색일: 2023년 1월 5일)

이 외에도, 비당파성 유지와 학술적 균형을 보장하기 위해 감독위원회 Kuratorium와 학술자문위원회Wissenschaftlicher Beirat가 설치되어 있다. 감독위원회는 연방정치교육원 업무의 실효성과 정치적 균형성을 감독하는 기능을 하며, 학술자문위원회는 연방정치교육원 교육 내용의 이념적 균형과 학술적 독립성을 유지를 위한 목적으로 설치되어 연방정치교육원의 활동과 관련한 기본적인 사안에 대해 자문한다.

독일 연방정치교육원은 다른 민주시민교육 기관, 단체들과 다음과 같은 협력체계를 형성하고 있다.

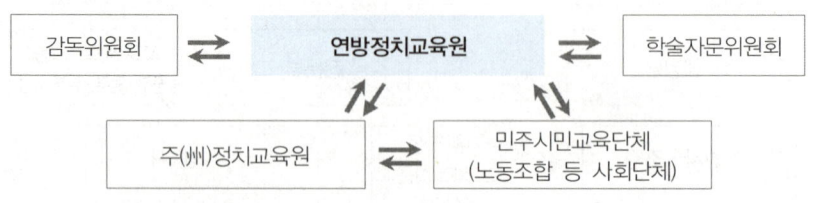

그림 2. 독일 연방정치교육원의 민주시민교육 협력 체계도

2) 민주시민교육의 내용 및 주요 사업

연방정치교육원이 실시하고 있는 민주시민교육의 내용은 「기본법」에 입각하여 민주주의의 근간이 되는 사항들을 기본으로 하면서도 중점 추진과제는 시대별로 다르다. 독일 통일 전까지는 자유민주주의 체제 유지와 인권 존중에 큰 비중을 두었지만, 통일 후에는 동서독 화합, 분단의 후유증 극복, 유럽통합, 신나치주의 확산에 대한 대응 등이 주요 관심사였다. 최근에 들어와서는 이민·난민, 기후 변화, 우크라이나 사태 등이 주요 관심사로 다뤄지고 있다.

연방정치교육원의 주요 활동으로는 ① 출판간행물 발간·보급 ② 멀티미디어 콘텐츠 개발·보급 ③ 민주시민교육 단체들과의 협력 및 재정 지원 ④ 민주시민교육 관련 세미나, 행사 프로그램 진행을 꼽을 수 있다. 이러한 다양한 활동을 통해 시민들이 정치·사회 현안에 대해 정확하게 이해하고 비판적인 시각으로 접근하도록 하고 있으며, 정치 참여 의사를 높이는 계기를 마련하고 있다.

(1) 출판간행물 발간 · 보급

연방정치교육원은 효율적인 민주시민교육을 실시하기 위해 정기간행물과 서적출판 사업에 큰 비중을 두고 있다. 1950년대 초반에는 세미나, 수업, 행사 형태의 민주시민교육이 주로 실시되었으나, 이후 다수 국민을 대상으로 민주시민교육의 효율성을 높이기 위해 정기간행물과 서적출판 사업 비중을 늘리게 되었다. 정치적, 사회적 현안과 역사적인 사안들에 대한 출판물, 간행물, 자료 등을 다양한 형태로 제작하여 무료 또는 저가로 제공한다.

(2) 멀티미디어 콘텐츠 개발 · 보급

매체환경의 변화에 선제적으로 대응하기 위해 연방정치교육원은 1984년에 미디어부서를 설치하고, 본부가 위치한 본Bonn 이외에 베를린Berlin에도 1992년 미디어센터를 설립하였다. 영화, 만화, 컴퓨터 게임, TV 시리즈물, 인터넷 자료 등 멀티미디어 콘텐츠들이 다양한 형태로 제작되어 저렴하게 보급되고 있으며, 서적 출판물은 인터넷을 통해서도 제공되고 있다. 이와 함께, 변화하는 환경에 부응하여 미디어 교육도 활발하게 진행되고 있으며 소셜미디어 등을 통해 사회적, 정치적 현안들이 흥미롭게 다뤄진다.

(3) 민주시민교육 단체들과의 협력 및 재정 지원

연방정치교육원은 주(州)정치교육원, 정치교육단체와의 협력 · 지원을 통한 민주시민교육을 실시하고 있으며 수백 개의 다양한 민주시민교육 관련 사회단체, 교육단체에 대한 재정을 지원하고 있다.

(4) 민주시민교육 관련 세미나, 행사 프로그램 진행

연방정치교육원은 출판·미디어 보급, 간접적 재정지원에 의한 민주시민교육에 큰 비중을 두면서도 규모가 큰 세미나, 학생경연대회도 개최하고 있으며, 전시회, 박람회 등도 열고 있다. 또한, 언론인 심화교육, 교사, 청소년 사업 종사자들을 위한 프로그램도 마련하고 있으며 청소년 또는 청년세대들과 적합한 의제 및 매체를 통해 직접적인 소통도 하고 있다.

5. 통일 관련 연방정치교육원의 주요 역할

통일 이후 연방정치교육원은 동서독화합과 사회통합에 크게 기여하였다.3) 1989년 11월 9일 베를린 장벽이 붕괴된 후, 연방정치교육원은 구동독 지역의 민주시민교육 시스템 구축에 착수하였다. 연방정치교육원 사업을 구동독 지역이었던 신(新)연방주에서 이어 나갔으며, 서독의 주들과 협의하여 신(新)연방주들의 주(州)정치교육원의 설립을 도왔다. 또한, 동서독 국민들의 상호이해와 화합을 도모하기 위해 서로에 대한 정보를 제공하고, 상호학습할 수 있는 기회를 제공하였다.

1990년대의 민주시민교육 중점 주제는 1989년의 평화혁명, 구소련, 중유럽 및 남유럽 등의 국제정세변화 등이었다. 독일이 통일되었지만 그 후의 국제정세는 기대했던 만큼 평화롭지 못했다. 구유고슬라비아, 중앙아프리카, 중동에서 일어난 전쟁과 분쟁 등 국제정세는 요동쳤고, 이로 인해 독일

---

3) 이 내용은 선거연수원이 2016년에 개최한 제12회 민주시민교육 국제심포지엄 〈사회적 합의 형성 기반으로서의 민주시민교육〉에서 독일연방정치교육원 J. Evens가 발표한 "통일 후 동독지역의 민주시민교육: 사회적 합의를 중심으로"를 요약한 것이다.

이 국제사회에서 역할을 재정립해야할 필요성이 제기되었다. 유럽에서는 유럽통합이 중요한 과제였으며, 대내적으로는 통일 후 사회통합, 정치적인 무관심에 대한 대응, 신나치주의 등에 대한 대책 마련이 중요한 과제로 대두되었으며, 무엇보다도 오랜 분단의 후유증을 극복하는 것이 중요했다. 그 당시 개발된 대표적인 프로그램으로는 동독 지역 교사들의 재교육을 들 수 있다. 연방정치교육원은 각 신(新)연방주와 합의하여 서독의 여러 대학의 지원을 받아 민주시민교육 교사를 위한 원격 강좌를 운영하였다. 독일 통일 전에 동독에서 '공민Staatsbürger' 교과를 담당했던 교사들에게 연방정치교육원은 통신교육과정을 마련하여 4~6학기 과정을 이수한 후, 다시 민주시민교육 교과목의 교사로 활동할 수 있도록 한 것이다. 한편, 통일 전 동독 지역에서 활동하던 언론인들의 재교육도 통일 후 중요한 과제로 떠올랐다. 동독에서 활동했던 지역신문 종사자들을 위해 일간지사와 공동으로 언론인을 위한 프로그램을 개발하기도 하였다. 언론인 대상 교육 프로그램과 동서독 언론인들이 상호교류할 수 있는 '대화 세미나'라는 프로그램이 그 일환이다. 이와 함께, 동서독의 교육자와 지식인들의 소통과 교류의 장으로 '제1회 통일독일 민주시민교육 회의'가 1991년 12월에 열리기도 하였다.

통일 전 동독이었던 신(新)연방주에서 개최된 학술대회, 세미나 등에는 교육계 종사자뿐만 아니라 시민들의 참여도 가능하도록 하였다. 1990년 말까지 개최된 수천 회의 교육행사에 1백만 명 이상의 신(新)연방주 주민이 참여했다. 또한, 구소련, 체코, 헝가리 등 동구권 지역에서 독일로 귀환해 오는 재외 독일인들을 위한 다각적인 프로그램도 마련되었다.

아울러, 통일 후 연방정치교육원은 독일 전 국민 대상 민주시민교육을 전개했다. 통일 후 사회통합은 신(新)연방주뿐만 아니라 전 독일 지역에 해당되는 당면 과제였기 때문이다. 연방정치교육원의 주요 업무 중의 하나인

출판물과 서적의 보급을 신(新)연방주에서 대대적으로 추진하였다. 연방정치교육원이 발간하고 있는 인기 있는 간행물인 '독일의 시대상'은 폭넓은 독자층을 보유하고 있다. 이 간행물에서는 통일 후 사회통합을 위해 구동독의 체제, 역사, 동서독 관계, 통일 과정 등을 주제로 다루었다. 한편, 통일 후 독일은 극우주의로 몸살을 앓았다. 연방정치교육원은 극우주의에 대응하는 민주시민교육을 강화하였다. 이와 함께, 연방정치교육원은 주(州)정치교육원 및 시민단체들과의 협업을 통해 다양한 행사를 열었다. '노천극장에서의 정치Politik im Freien Theater'는 1993년 연방정치교육원이 작센 주(州) 정치교육원과 공동주관으로 드레스덴에서 개최했다. 한편, 연방정치교육원은 다른 국가와 협력하여 유럽 민주시민교육 전문가 회의를 개최하기도 하였다.

  2001년, 연방정치교육원은 대대적인 내용상, 조직상의 개편을 하였다. 특히, '아동'과 청소년 및 청년들의 관심과 흥미를 유발하기 위하여 음악, 문화, 이벤트 분야 등에서 양질의 새로운 콘텐츠들을 다양하게 개발하였다. 이 당시 연방정치교육원은 변화하는 미디어 환경에 부응하기 위해 온라인 기반을 구축하였다. 이러한 기반 아래 2002년 선거에서 설문항목에 응답하면 자신의 성향에 가장 잘 맞는 정당을 알려주는 프로그램인 '정당정책비교 앱'인 '발-오-맡Wahl-O-Mat' 서비스를 제공하여 관심을 끌기도 하였다(이종희, 2022). 이렇게 개발된 선거 도우미 앱인 '발-오-맡'은 2021년 독일 총선에서 약 2,130만 번 이용되었다.[4] 응용프로그램은 세계적으로 가장 대표적인 '정당정책비교 앱'으로 자리매김하였고, 도입 이후 현재까지 약 1억만 번 이상 이용되었다. 또한, 이 프로그램은 정치와 선거에 대한 유권자

---

4) https://www.bpb.de/politik/wahlen/wahl-o-mat/326661/di-geeschichte-des-wahl-o-mat (검색일: 2022년 8월 1일)

의 관심을 제고하는 동시에 매니페스토 정책선거에도 기여하고 있으며, 정치지식 축적 기능을 하고 있어 민주시민교육에서도 널리 이용되고 있다(이종희, 2022).

한편, 1999년부터 시작된 청소년 모의선거(유니오발, Juniorwahl)는 대표적인 학생 대상 정치 참여 교육으로 연방정치교육원의 대대적인 지원하에 이루어지고 있다.5) 청소년 모의선거(이종희, 2017b)에 참여하는 학교는 약 한 달간 후보자 공약집과 토론회 등이 바탕이 된 수업을 하며 학생들이 직접 모든 선거과정을 관리한다. 청소년 모의선거는 연방의회선거, 주의회선거, 유럽의회선거 등에서 선거일 약 7일 전부터 이뤄지며 청소년들은 실제로 선거에 출마한 후보자와 정당에 대해 투표하며 모의선거 결과는 실제 선거 당일 정식 투표가 종료된 직후 발표된다. 청소년 모의선거에 참여여부는 학생들이 스스로 결정한다. 2021년 9월 실시되는 독일 연방총선에서 청소년 모의선거에 142만 1,492명이 참가하였다.6)

한편, 통일 후 신(新)연방주에서 극우주의 정당의 약진, 정치적 극단주의, 무정부 성향의 시위 등도 극복해야 할 과제였다. 이러한 문제점들을 해결하기 위해 2007년에는 연방정치교육원 조직체계 내에 정치적 소외계층을 위한 부서와 극단주의에 대응하는 부서를 신설하였다. 주(州)정치교육원은 연방정치교육원과 유사한 형태로 운영되는 일종의 자매조직이며, 연방정치교육원의 업무 스펙트럼을 대부분 따르고 있다.

6. 시사점

---

5) 이 외에도 독일의 청소년 대상 민주시민교육으로 자율청소년센터, 청소년휴게소, 연방청소년협회 등 각종 단체의 활동들을 꼽을 수 있다(이종희, 2012).
6) https://www.juniorwahl.de/pressematerial.html (검색일: 2022년 8월 1일)

독일의 발전된 시민사회와 독일 국민의 건전한 시민의식은 독일통일 후 사회통합의 바탕이 되었다. 이러한 기반조성에 연방정치교육원이 크게 기여한 것은 우리에게 시사하는 바가 크다. 독일에서 민주시민교육은 「기본법Grundgesetz」에 규정되어 있는 민주적인 기본질서와 가치를 수호하는 자양분이 되고 있으며 지속가능한 민주주의와 시민사회의 발전에도 기여하고 있다.

성숙한 시민의식 그리고 공동체의 현안에 대한 시민들의 관심과 자발적인 참여는 민주주의를 유지하고 발전시키는 필수불가결의 요건이다. 이러한 관점에서 독일에서 활발한 시민참여가 풀뿌리 민주주의의 근간이 되고 있는 점은 우리에게 시사하는 바가 크다(이종희, 2018). 우리 사회에서도 보다 많은 시민들이 정치적, 사회적 현안에 대해 다양한 관점에서 토론하고, 함께 합의점을 모색할 수 있는 공론장이 활성화되어야 한다. 또한 정부, 국회, 지방자치단체, 시민단체 등 각 영역에서 민주시민교육을 활성화할 수 있는 방법들이 다각적으로 모색되어야 한다(이종희, 2021).

장기적인 안목에서 보다 체계적이고 전문화된 민주시민교육의 필요성을 강조하는 것으로 이 글을 끝맺고자 한다. 특히, 국가적 차원의 민주시민교육의 법제화와 불편부당성의 원칙을 견지하며 민주시민교육을 미래지향적으로 정착시킬 수 있는 '민주시민교육원'의 설립이 간절하다. 분단 후 41년 동안 서독에서 축적된 민주시민교육의 경험이 언제 현실로 다가올지 누구도 예측할 수 없었던 통일에 대한 가장 내실 있는 미래지향적 준비였다는 통일 독일의 사례가 남북이 분단된 지 75년이 흐른 지금 우리에게 주는 시사점은 아무리 강조해도 지나치지 않을 것이다.

참고문헌

안지호·김은경 (2021). 〈고양시 민주시민교육의 기본개념과 실행방안 연구〉. 고양시 정연구원.
이종희 (2012). 다문화사회와 사회통합: 독일사례를 중심으로. 〈한독사회과학논총〉, 22권 2호, 53-84.
이종희 (2017a). 독일의 민주시민교육 모델: 연방정치교육원을 중심으로. 〈the Leader〉 Vol. 30. (2017년 2월), 120-123.
이종희 (2017b). 각 국의 청소년 모의선거: 독일·스웨덴·캐나다·한국. 〈the Leader〉. Vol. 38. (2017년 10월), 164-167.
이종희 (2018). 독일의 사회적기업과 시민참여. 〈기업경영리뷰〉, 9권 4호, 105-124.
이종희 (2021). 청년 정치대표성의 현황과 개선과제: 유럽 사례들의 시사점을 중심으로. 〈한독사회과학논총〉, 31권 3호, 55-93.
이종희 (2022). 유권자와 정당의 연결 플랫폼: 독일 발-오-맡(Wahl-O-Mat)과 민주시민교육. 〈한독사회과학논총〉, 32권 2호, 125-160.
최영돈 (2013). 독일의 통일과 장기적인 과정으로서의 사회통합. 발제문. 2013년 제9차 민주시민교육 국제심포지엄 〈한반도 통합과 선거정치교육〉 자료집, 중앙선거관리위원회 선거연수원, 13-57.
최영돈 (2016). 독일의 정치교육과 관점의 다양성에 대한 사회적 합의: 보이텔스바흐 합의. 토론문. 2016년 제12회 민주시민교육 국제심포지엄 〈사회적 합의 형성 기반으로서의 민주시민교육〉 자료집, 중앙선거관리위원회 선거연수원, 70-77.
허영식 (2019). 민주시민교육의 원리와 원칙. 발제문. 2019년 제3차 세미나 〈민주시민교육 활성화〉 자료집, 중앙선거관리위원회 선거연수원, 31-60.

Evens, J. (2016). Post-unification civiceducation for democracy in the former East German region: Focusing on social consens (통일 후 동독지역의 민주시민교육 : 사회적 합의를 중심으로). 발제문. 2016년 제12회 민주시민교육 국제심포지엄 〈사회적 합의 형성 기반으로서의 민주시민교육〉 자료집, 중앙선거관리위원회 선거연수원, 5-36.

URL: https://www.bpb.de/politik/wahlen/wahl-o-mat/326661/di-geeschichte-des-wahl-o-mat (검색일: 2022년 8월 1일)

URL: https://www.juniorwahl.de/pressematerial.html (검색일: 2022년 8월 1일)

URL: https://www.bpb.de/die-bpb/ueber-uns/organisation/51250/das-organigramm-der-bpb/ (검색일: 2023년 1월 5일)

Chapter 24

평화 · 공존 · 공영의 의미

곽선혜 | 한라대학교 미디어광고콘텐츠학과 교수

　　남북이 갈라선 지 벌써 70년이 넘었다. 남북한 분단이 아픈 역사라는 점에서는 누구나 동의하겠지만, 대북관계는 남한 내에서도 입장이 계속 엇갈리는 사회적 이슈이기도 하다. 진보와 보수 상관없이 '굳이 통일을 해야 하느냐'는 생각을 하는 사람들도 많다. 과거에는 북한 문제가 선거 때마다 큰 쟁점이었지만, 얼마 전부터 선거에서도 별다른 관심을 받지 못하는 상황이다. 단순히 '우리는 한민족'이라고 통일을 설득할 수 있는 시대는 분명 지난 듯하다. 이제는 분단 이전을 경험한 사람들 자체가 매우 적고, 그나마 김대중 · 노무현 정부 10년 동안은 금강산 관광을 비롯한 교류 협력, 남북정상회담, 개성공단 가동 등이 활발하게 이루어졌지만, 지금 20대 이하는 그런 기억도 희미할 뿐이다. 서로 떨어져 있는 시간이 오래되면 자연스레 멀어진다는 것을 생각하면, 앞으로 남북관계는 어떻게 될까?

1. 북한과 통일에 대한 우리의 인식

이창호(2018)가 2008년과 2018년에 중·고등학생을 대상으로 북한과 통일에 대하여 관련 비교·분석한 결과에 따르면, '반드시 통일해야 한다'고 생각하는 청소년은 10명 중 2명에 불과하고, '통일이 자신과는 관련이 없다'고 생각하는 청소년은 최근 10년 사이 2배 이상 증가했다. 통일에 대해서는 2008년 및 2018년 모두 70%가 넘는 학생들이 긍정적인 반응을 보였으나, 통일의 필요성 및 이유에 대해서는 변화가 나타났다. 즉, 반드시 통일을 해야 한다는 응답은 2008년 31.2%에서 2018년 19.8%로 낮아졌으며, 통일이 자신의 삶과 관련이 없다고 생각하는 비중은 2018년에 17.9%로 2008년(9.2%)에 비해 약 2배가량 증가했다. 통일을 해야 하는 이유에 대해서도 2008년에는 국가경쟁력 강화(31.5%)를 가장 많이 선택했으나, 2018년에는 전쟁위험 해소(43.6%)를 가장 많이 선택했다. 북한에 대한 이미지도 2008년에 '같은 민족(26.8%)', '핵무기(21.5%)', '독재정권(15.5%)'의 순이었던 것과는 달리, 2018년에는 '핵무기(35.6%)', '독재정권(22.1%)', '같은 민족(17.0%)'의 순으로 부정적 이미지가 더 높은 비중을 차지했다. 그런데 2008년과 2018년 모두 절반 이상의 학생이 북한이나 북한 체제에 대해서는 부정적인 반응을 보였으나, 북한 주민에 대해서는 긍정적으로 반응하였다. 북한 또래 집단에 대해서도 2008년에 비해 2018년에는 '어울리기 힘들다'거나, '싫다'는 부정적인 답변이 34.2%에서 20.3%로 오히려 감소하였다(이창호, 2018).

2019년에는 전국 초·중·고 학생 3천여 명을 대상으로 북한, 통일 및 남북교류에 대한 인식의 조사(배상률 외, 2019)가 있었는데, '북한 청소년과의 교류'에 대해서는 초·중·고 학생들 모두 70% 이상이 '필요하다'고 응답했으나, '친근감 있는 교우관계를 맺을 가능성'에 대해서는 긍정반응(42.9%)보다 부정반응(56.7%)이 높게 나타났다. 또한, 한국과 북한의 관계성에 대해서도 북한을 민족공동체임과 동시에 주적(主敵)으로 인식하고 있었다.

초·중·고 학생들을 대상으로 진행한 보다 최근 연구(정연선 외, 2021)에 따르면, '국가로서의 북한'에 대해서는 부정적이지만, '북한과의 관계'에 대해서는 긍정적인 기대를 나타냈다. 특히 초·중·고 학생들은 북한사람을 '북한지도층과 북한주민'으로 구분해 생각하면서 북한주민에는 연민을 갖지만, 북한지도층에 대해서는 부정적인 반응을 보였다. 통일문제와 관련해서도 평화와 발전, 정치, 문화교류의 측면에서는 긍정적인 기대감을 보였지만, 사회 안전 및 경제적 효과에 대해서는 통일 이후 사회에 대한 부정적 우려가 공존했다. 현재의 초·중·고 학생들은 실상 분단 이전의 한국을 경험한 적이 없으며, 이들에게 남한은 그 자체로 온전한 한국인 것이다.

대학생들은 북한에 대해 긍정적 고정관념을 가질수록, 감정이입을 많이 할수록, 많은 정보를 가질수록 통일에 대해 더 가깝게 느끼고 있었고(전우영·조은경, 2000), 북한에 대한 고정관념이라는 인지적 판단보다 호감도나 긍정적 감정 등 정서적 평가가 북한 및 통일 관련 정책에 대한 대학생들의 태도에 더 큰 영향을 주는 것으로 나타났다(김혜숙, 2000).

통일에 대한 담론유형에 따라 성인들의 통일의식에 차이가 있음을 밝힌 연구도 제시되었다. 서울대 통일평화연구원이 19세 이상 성인을 대상으로 시행한 조사결과를 분석한 김선 외(2017)의 연구에 따르면, 통일담론 유형별로는 남북한이 '같은 민족이기 때문에' 통일에 찬성하는 민족주의 담론의 비중이 가장 높게 나타났고, '전쟁 위협을 없애고 북한주민 삶의 질을 향상시키기 위해 통일에 찬성하는 보편가치 담론, '통일을 통해 더 발전된 국가가 되고자' 통일을 해야 한다는 통일편익 담론의 순서로 나타났다. 특히 민족주의 담론집단은 다른 집단에 비해 연령대가 높았고, 통일에 관한 관심과 열망이 가장 높았다. 또한 통일편익 담론집단은 북한의 탈주민에 대한 긍정적 인식이 가장 낮았고, 보편가치 담론집단은 통일에 대한 관심과 열망이 가장 낮게 나타났다. 물론 이처럼 통일 담론이 달라도 통일 자체의 당위성은 부정될 수 없을 것이다. 그러나 '우리에게 북한은 누구인가'라는 질문에 대한 답은 사람마다 달라질 수 있고, 북한과 통일에 대해서도 서로 다른 견해를 형성하고 있는 것이다.

한편, 2021년 4월에 실시된 KINU 통일의식조사에서 '통일 및 북한 인식' 변수들의 변화추이는 크게 다음과 같다. 우선 2019년 하노이 북미정상회담의 실패 이후 '북한에 대한 인식'이 부정적으로 변화했고, '북한에 대한 무관심과 부정적 전망'은 증가했으며, '북한에 대한 신뢰'는 하락하고 있고, '북한 핵문제 해결가능성' 역시 대부분 부정적이었다. 또한 '통일보다는 평화공존'에 대한 관심이 증가하고 있었다(이상신 외, 2021).

2. 한반도의 평화체제와 남북 화해

한반도 평화체제[1]는 남북한을 비롯한 상호관련 국가 간 공식적인 전쟁상태를 종료시킴으로써 실질적인 한반도 평화가 보장되는 법적·제도적 상태를 의미한다. 1950년 6·25 전쟁 후 3년 만인 1953년 7월 27일「한국군사정전에 관한 협정」의 체결로 한반도에서 정전체제가 수립된 이후, 정

---

1) 외교부 외교정책 안보 중 한반도평화체제
 URL: https://www.mofa.go.kr/www/wpge/m_3982/contents.do (검색 일자: 2022년 1월 10일)

전체제를 평화체제로 전환하기 위한 노력이 계속해서 전개돼 왔다[2]).

2018년부터 3번의 남북정상회담(4・27, 5・26, 9・18~20)과 두 번의 북미 정상회담(6・12, 2019・2・27~28), 남북미 정상 간 판문점 회동(2019, 6, 30)이 이루어지면서, 한반도 평화 체제 수립에 대한 논의가 있었다. 특히 2018년 제1차 남북정상회담 결과 채택된 「한반도의 평화와 번영, 통일을 위한 판문점선언」에서 '남과 북은 정전협정 체결 65년이 되는 올해에 종전을 선언하고, 정전협정을 평화협정으로 전환하며 항구적이고 공고한 평화 체제 구축을 위한 남・북・미 3자 또는 남・북・미・중 4자회담 개최를 적극적으로 추진해 나가기로 하였다'라고 규정했고(제3조 제3항), 북미정상회담 공동성명에서도 양측은 한반도의 항구적이고 공고한 평화 체제 구축 peacebuilding을 위해 공동의 노력을 기울여 나가기로 합의하였다.

그러나 북미 관계 변화나 북핵 위기와 같은 대외적 변수와 국내 정권교체 등의 대내적인 변수들에 의해 남북관계는 크게 영향을 받으며 여전히 평화구축의 단계로 나아가지 못하고 있다. 평화는 국민 모두의 이익에 부합하는 보편적 규범임에도 불구하고, 지금까지 평화정책은 정쟁의 대상으로 소모되거나 남한 내부의 갈등을 심화시키는 요인이었다. 이에 최장집은 북한과 평화로운 공존을 이루기 위해서는 '남한 내 갈등 상황의 해결'이 우선 과제임을 지적하기도 했다.[3]) 이런 문제의식은 통일연구원에서 실시한

---

[2]) 대한민국 외교부 공식 홈페이지에서 우리 정부 입장을 좀 더 살펴보면, "정부는 한・미 간 긴밀한 공조를 바탕으로 중・일・러 등 주요국 및 UN 등 국제사회와 함께 완전한 비핵화와 더불어 한반도에서 항구적이고 공고한 평화체제를 구축하기 위한 노력을 계속해 나갈 것이다. 전쟁을 종식하겠다는 정치적 선언을 평화협정 체결을 위한 평화 협상의 출발점으로 삼아, 완전한 비핵화가 이루어지는 최종단계에서의 평화 협정 체결을 목표로 노력해 나가고자 한다. 이를 통해 궁극적으로 한반도 평화통일로 나아가는 토대를 마련하고, 한반도를 넘어 동북아와 전 세계의 평화와 안정 증진에 기여해 나갈 것이다."라고 공시하고 있다.

[3]) 중앙일보 (2020, 10, 28). 최장집, 文정부에 쓴소리 "폭주형 원조 정책, 북 응하지 않을 것". URL: https://www.joongang.co.kr/article/23905190

'한반도 비핵-평화 추진환경에 대한 전문가 인식조사'(정성윤 외, 2020)에서도 드러났다. 26%의 응답자가 '정책에 대한 남남갈등'이 한반도 비핵-평화 프로세스 추진의 가장 큰 장애요인이라고 답했으며, '대북정책의 일관성 부족'을 선택한 응답자도 30%에 이르렀는데, 이는 정권이 교체될 때마다 대북정책의 큰 틀이 변하는 정책의 비연속성을 지적한 것이라 볼 수 있다.

남북한 관계는 1990년대 중반의 혼란스러운 과도기를 지나 2000년대에 들어서 본격적으로 변화를 맞이했다. 특히 김대중 정부(1998~2003년)가 취했던 대북 포용 정책은 남북관계에 새로운 전환점이 되었다. 이러한 변화는 노무현 정부(2003~2008년)로 이어졌으나, 연평해전을 비롯한 북한의 도발과 북핵 위기의 발생으로 대북 포용 정책에 동의하지 않는 보수 진영과의 갈등은 점차 심화되었고, 사회 전반적인 문제로 확산되었다. 그리고 이런 현상은 소위 '남남갈등'으로 불리기 시작했다. 이러한 남남갈등은 초기에는 "대북정책을 둘러싼 진보·보수 간 갈등"(김근식, 2013, 38쪽), 또는 "남북관계를 둘러싼 남한사회의 내부갈등"(손호철, 2004, 19쪽)으로 이해되었는데, 현재는 대북, 대미정책 범위를 넘어서 남한사회의 다른 갈등요인들과 중첩되면서 사회갈등이 증폭되는 양상을 나타내는 의미로 사용되고 있다(허지영, 2021).

'남북기본합의서'는 양국의 체제 인정, 내부 문제 간섭 중지, 비방이나 중상의 금지, 군사적 적대행위의 금지 및 민족의 존엄과 이익 실현 등의 조항을 명시했다. 이는 분단체제에서 존재하는 남북 간의 필연적인 차이를 인정하면서 평화라는 공동의 목적을 위해 비폭력적 수단을 사용할 것에 대한 합의였다. 이후 '6·15 공동선언', '남북관계 발전과 평화번영을 위한 10·4 선언', 그리고 2018년 '4·27 판문점선언'과 '9·19 평양선언' 등으로 구체화되었다. 그러나 불행히도 기본합의서가 명시한 남북 화해는 '적대행위의 부재인가 혹은 경제협력인가?', '분단 상황에서 화해는 어떻게 이루어질 수 있는가?'와 같은 실질적인 물음들이 부재해 왔다(김창수, 2000).

국내 평화학자들은 평화학 일반론의 시각에서 한반도 갈등을 '분단폭력'이나 '분단 트라우마', 혹은 '만성갈등'이라는 개념 등으로 새롭게 분석을 시도하고 있으며, 남북 갈등 전환의 근원적인 가치로 '평화적 공존'과 '화해'를 강조한다(김창수, 2000). 윤여상(2001)은 '탈북민들과 남한사람들 사이의 화해 가능성'을 연구했는데, "탈북민들과의 우선적인 화해를 통해 북한 사람들의 남한사람들에 대한 반감과 남한사람들의 북한 사람들에 대한 부정적 인식을 최소화할 수 있다"고 주장한다. 또한 정영철(2007)은 "화해를 위해서는 남북 사이 갈등을 지속시키는 내러티브를 지양하고, 공동체적 상징과 남과 북의 정체성을 모두 포용하는 상징적 내러티브가 필요"함을 역설했다. 문인철(2018)은 "남과 북은 모두 전쟁과 이념의 가해자이자 피해자로서 적대행위를 중단하고, 화해를 위한 장으로 적극 참여"할 것을 요청한다.

한편 김병로(2019)는 '평화에 있어 화해의 중요성'을 강조하는데, 화해를 사회적 갈등의 전환이라는 관점에서 진실, 인정, 사과, 용서라는 개념으로 설명한다. 박의경(2020)도 "화해가 남북 사이에 만연하게 형성된 대립과 반목을 치유할 수 있는 도구"라고 주장한다. 화해는 지속 가능한 평화를 위해 상호인정과 교류 등의 가치를 본질적으로 강조하며, 이는 미래 통일공동체 형성에 핵심과제라고 역설했다. 김창수(2000) 역시 남북 화해를 '한국전쟁 이후 분단체제를 통해 발전되고 고질화한 남북의 상호불신과 적대관계의 전환과 신뢰를 바탕으로 한 관계변화와 평화적 공존'이라고 정의한다.

3. 공존을 위한 남북 상호인식과 신뢰

2022년 통일부에서 정리한 통일방안 변천 과정을 살펴보면, 대북관과 통일정책의 흐름이 어떻게 변화했는지 확인할 수 있다. 분단 후 반공을 주축으로 '주적' 북한과 대립하던 시대를 지나, 1989년 이후의 통일정책은 남북한이 민족공동체라는 인식에 기초한 화해와 협력이 주축이었다. 특히 1989년 '한민족 공동체 통일방안'은 북한이 '선의의 동반자'라는 인식에 기반을 두고, 남북 공통의 민족공동체를 형성한 후 통일 국가를 이룩하자는 방침을 제시했다. 이후 1994년 '민족공동체 통일방안'에서는 남북 간 화해협력과 상호신뢰를 바탕으로 한 민족과 국가의 통일을 동시에 달성하고자 하는 의지를 표방하였으며, 이러한 통일방안은 이후 정부에도 계승되었다.

남북한이 상호공존할 수 있는 평화적 상태로의 전환을 위해서는 부정적 상호의존 관계가 긍정적 상호의존의 관계로 변화되는 것이 필수적이라 할 수 있다(허지영, 2021). 그러나 남북한은 상대방의 정치적 실체는 인정하면서도 상대 국가의 정당성은 인정하지 않고 있다. 남북한 모두 국제법상 '국가'로 인정받기 위한 조건을 갖추었고, 유엔 가입국이며, 남북한 동시에 가입한 국제기구도 30여 개에 이르지만[4], 상대방을 독자적인 주권국가로 인정하지 않고 있다. 이는 남한의 헌법이나 북한의 노동당 규약에 명문화되어 있고, 국가정체성의 문제와도 밀접하게 연관되어 있어 변화시키기가 더욱 어렵다.

남북한 갈등은 갈등의 원인에 대한 해석과 상대 집단에 대한 적대적 관점 그리고 집단정체성 등에 근본적인 변화가 일어나야 하며, 이 과정은 풀

---

4) 외교통상부 (2008). 남북한 국제기구 가입현황.

뿌리 시민사회 운동으로부터 고위급 리더십에 이르기까지 사회 각계각층이 참여해야 하는 다층적인 전환의 과정이다(허지영, 2021). 한국전쟁 후 분단체제 안에서 형성된 남북한 상호불신과 적대감은 분단의 폭력을 정당화시키는 직접적 요소일 뿐만 아니라 남북 국민으로 하여금 서로에 대한 혐오, 분노, 원한이라는 감정의 간접적 동력이기도 하다. 이와 같은 부정적 집단감정은 분단체제 안에서 끊임없이 재생산되어 한반도의 지속 가능한 평화sustainable peace를 저해하는 문화·심리적인 요인으로 작용한다(김종곤, 2018).

상호인식과 신뢰는 남북 평화적 공존의 핵심 요건이다. 남북기본합의서는 각 체제에 대한 상호인정을 중심으로 이를 명시하고 있다. 양국은 기본합의서를 통하여 서로 상대방의 체제를 인정하고 존중한다(제1조), 상대방의 내부 문제에 간섭하지 않는다(제2조), 상대방에 대한 비방·중상을 하지 않는다(제3조), 상대방을 파괴·전복하려는 일체 행위를 하지 않는다(제4조), 현 정전상태를 평화 상태로 전환시키기 위하여 공동으로 노력하며 이러한 평화상태가 이룩될 때까지 현 군사정전협정을 준수한다(제5조), 이러한 목적을 위해 민족의 이익 존중(제6조), 판문점 남북연락사무소 설치(제7조), 남북정치분과위원회 구성(제8조) 등의 내용에 합의했다. 또한, 상대방에 대하여 무력을 사용하지 않으며 상대방을 무력으로 침략하지 아니한다(제9조)와 의견대립과 분쟁 문제들을 대화와 협상을 통하여 평화적으로 해결한다(제10조)는 조항에 합의함으로써 남북 화해의 성격을 규정하였다. 이러한 남북기본합의서의 조항들은 남북의 평화적 공존을 위해서는 쌍방의 비폭력적 신뢰에 기반한 상호인식이 최우선임을 잘 드러내고 있다.

남북의 평화적 공존을 위해서는 한반도 신뢰 프로세스를 구축하고, 국민적 지지와 함께 국제사회와의 협력, 힘 있는 외교정책이 추진되어야 할 것이다(김학성·장인숙, 2014). 이종석(2000)은 북한을 제대로 알기 위해서 "우리가 가지고 있는 선입견을 버리고, '있는 그대로의 북한'을 볼 필요가 있다"고 제안한다. 이는 우리가 선험적으로 주어진 기준에 의해서 북한을 보는 한, 북한 사회가 제대로 보일 리 없고, '우리가 바라는 북한의 모습'이 아니라 현재 북한의 모습을 있는 그대로 보아야 한다는 것이다. 또한 북한이 자존심을 내세우고 허세를 부리는 것처럼 보이는 이면에는 남북 간의 국력 격차가 갈수록 벌어지고, 사회주의권 해체 이후 국제적 고립이 계속되는 데 따른 수세적 태도를 견지하고 있다는 점을 감안해야 한다. 북한이 왜 핵 개발을 포기하지 않는지, 북한이 진정으로 원하는 것이 무엇인지 냉정하게 살펴봐야 하고, 특히 북한이 자존심을 매우 중시한다는 점, 흡수통일에 대한 두려움이 크다는 점, 미국·일본과 관계 정상화를 바란다는 점이 강조돼야 한다(박한식·강국진, 2018).

물론 북한이 핵무기를 계속 개발하는 배경을 우리가 이해하는 것과 핵 개발을 용인하는 것은 완전히 다른 문제다. 북한이 핵무기를 포기해야 한다는 것은 명백하다. 그런데 북한이 핵무기를 개발한 이유에 대한 답은 '안정보장' 때문일 것이다(박한식·강국진, 2018). 북한이 핵 개발을 하게 된 발단은 미국의 핵 위협을 심각하게 받아들였기 때문이고, 본질적으로 북핵 문제는 북·미 적대관계가 낳은 어두운 유산인 셈이다. 이와 관련, 1998년 북한이 대포동 로켓을 발사하는 등 북미 관계가 위기에 놓이자 빌 클린턴Bill Clinton 정부 윌리엄 페리William Perry 당시 대북 조정관은 북한을 방문한 뒤, 1999년 9월 17일 미국 공영방송 〈PBS〉와의 인터뷰에서 "북한이 미사일 프로그램을 원하는 여러 가지 이유가 있겠지만, 그 첫 번째가 '안보'다…. 우리는 '우리 자신이 북한에 위협적이라고 생각하지 않지만, 북한은 우리를 위협으로 간주하고 있다'고 나는 확신한다."라고 한 바 있다(박종철, 2000).

안전보장은 결국 휴전 상황을 평화 체제로 전환하고, 북·미 수교와 불가침조약 체결 등이 이루어지는 것을 의미한다. 한국과 미국 양국은 그동안 북핵 문제를 '북한 비핵화'라는 관점에서만 접근했고, 이는 북한을 설득하는 데 한계가 있을 수밖에 없었다. 단순히 북한이 핵을 포기하는 것이 아니라 한반도 전체를 핵무기 공포에서 해방시키는 방향으로, 한반도 비핵화에서 더 나아가 세계 비핵화로 나아가야 할 것이다(박한식·강국진, 2018). 이는 지난 1991년 노태우 정부 때 남북이 이미 합의한 한반도 비핵화 공동선언에서 천명했던 목표이기도 하다. 그러나 실상 '비핵화를 전제로 하는 대화'라는 조건 설정 자체가 현실성이 떨어진다. 지금까지 해오던 방식 그대로 접근한다면 북핵 문제의 해결은 앞으로도 결코 쉽지 않을 것이다.

4. 남북 만남과 대화, 협력의 중요성

서로 떨어져 있는 시간이 오래되면 자연스레 멀어진다는 것을 생각하면, 앞으로 남북관계는 어떻게 될까? 우리가 생각해볼 수 있는 시나리오는 뭐가 있을까?

우선 지금보다 남북갈등이 더 악화되는 상황이다. 그러나 남북관계가 아무리 악화되더라도 전쟁만은 결코 피해야 할 것이다. 또한 전쟁까지는 아니더라도 남북갈등이 계속되는 것 자체가 우리에게는 정말 불행한 상황이라는 것을 잊지 말아야 한다. "'우리'는 다시 회복되어야 할 공동체이며, 평화는 전쟁이라는 수단이 아닌 평화적 수단으로만 이루어질 수 있음"을 기억해야 한다(전영선, 2018).

두 번째, 그렇다면 남북은 과연 통일해야만 할까? 통일하지 않더라도 갈등과 대립 없이 각자 잘 살아가면, 그것도 좋지 않을까? 그러나 과연 그것이 가능할까? 남북관계의 지난 역사적 맥락과 주변 강대국의 이해관계 때문에 현실성이 떨어지지 않을까? 우리는 이미 현상 유지에 입각한 대북정책이 완벽히 실패했다는 것을 지난 시간 충분히 목격했다.

결국 우리가 추구해야 할 길은 남북 공존과 공영밖에 없다. 그런데 남북은 이미 70년 넘게 매우 이질적인 체제를 유지해 왔다. 남북 이질성을 수용하며, 서로 다르다는 것을 인정하고, 있는 그대로 받아들이는 태도가 그래서 필요한 것이다. 남북 모두 상대방에게서 자신이 원하는 모습만 바라기보다는 현실에 존재하는 각자의 모습 그 자체를 인정하고 존중해야 할 것이다. 서로 이해하고 상대방의 장점을 찾으려는 노력이 무엇보다 중요하다. 문익환 목사는 생전 재판받을 때, 검사가 '친북'을 문제 삼자 "통일하려면 우리가 북한과 친해야 한다. 이남 사람들은 친북이 되고, 이북 사람들은 친남이 되어야 통일이 된다."고 말한 바 있다(김형수, 2018). 물리적 만남이 계속 없는 상태에서 상호인식은 불가능하기에 남북의 합리적 대화의 기회 자체를 지속해서 만들어야 한다. 남한에선 북한을 알아야 하고, 북한에선 남한을 알아야 한다. 상대방의 입장을 제대로 알아야 남북 상호이해도 할 수 있는 것이다.

이와 관련, 재미 북한 연구자 박한식 조지아대 석좌교수[5]는 '한 지붕 두 가족인 개성 모델'을 설명한 바 있다. "통일은 지금까지 60여년 이혼한 부부를 다시 합쳐 살게 하는 것입니다. 집을 하나 짓고, 침실이나 부엌은 같이 쓰지 않아도 됩니다. 거실처럼 같이 쓸 수 있는 공간이 있을 겁니다. 오며 가며 서로 부닥치고 하면서 좋든 나쁘든 상호이해가 깊어질 수 있고, 그렇게 차츰 공동으로 사용하는 공간을 넓혀가는 겁니다. 그런 공간이 개

---

5) 경향신문 (2014, 3, 13). "북한 사람들 '통일 대박'을 '잡아먹겠다'로 받아들인다".
URL: https://www.khan.co.kr/politics/north-korea/article/201403122129035

성에 10년간 있었죠. 개성공단을 통해 남쪽은 남쪽대로 득을 보고, 북쪽은 북쪽대로 득을 봤어요." 그는 이러한 개성 모델을 올림픽 남북단일팀, 남북한 의료협력 등으로 계속 넓혀가는 수밖에 없음을 강조한다.

물리적으로 분단되어 있고, 정치적으로 분열된 남북 갈등의 현실을 넘겠다는 목표에 대해서는 정파를 넘어 모두 공감하고 있는 것이 21세기 대한민국 정치의 현실이다. 그러나 2020년 6월 김여정의 담화와 남북연락사무소 폭파를 통해 한반도 분단의 현실이 그리 만만치 않음을 새삼 확인하고, 2000년 6·15 남북공동선언 이전의 적대적 대치 상태로의 회귀로 보는 비판적 시각도 동시에 존재한다(박의경, 2020).

남북한 만남과 대화, 협력으로 얻어지는 것은 서로에 대한 이해도의 상승이다. 상대에 대한 이해와 상호인정은 남북 서로에게 믿음을 심어준다. 이러한 신뢰가 없으면, 남북대화도 어려워진다. 대화가 어려워지면, 만나지 않게 되고, 남북이 만나지 않으면, 결국 협력을 통한 화해의 가능성도 사라지게 된다. 이렇듯 남북화해의 과정에 공존이 조건이라면, 이는 결국 상대에 대한 인정을 통해 가능하며, 상대에 대한 이해도 필수요소가 된다. 공존의 조건이 화해이고, 공존을 통해 평화의 가능성이 있다면 공존은 결국 남북평화의 필수 조건이 되는 것이다.

남북 양측은 서로를 불신하기 때문에 그동안 적대적 공존 관계를 유지해 왔다. 남북한 평화공존을 논의하려면 상호 간의 불신을 제거해야 하고, 불신을 해소해 신뢰를 구축해가기 위해서는 결국 남북대화가 우선되어야 한다(김창희, 2003). 즉, 남북한이 신뢰 구축을 위해 가장 먼저 필요한 것은 활발한 남북교류이다. 만나서 대화하지 않고 이루어지는 것은 아무것도 없다. 따라서 정부 대북정책 및 평화 체제 구축에 대한 국민들의 올바른 인식 형성 및 참여 확대가 필요하다.

5. 평화공존이냐 통일이냐

일반적으로 '평화'는 어떤 사실을 설명하는 개념이라기보다는 어떤 가치와 상태를 뜻하는 추상적인 개념이기에 아주 다양한 의미로 사용된다. 평화는 일반적으로 '인간의 본질적인 능력이 실현되어 모든 사람에게 인격 형성의 가능성과 행복을 보장하는 것을 뜻한다. 이러한 맥락에서 "통일은 역사발전의 역동적인 과정으로, 우리가 추구해야 할 통일은 '평화공존'이며, 대결과 협력이라는 남북관계의 이중성은 '화해와 공영'"으로 풀어야 한다(김창수, 2000).

김대중 전(前)대통령은 2000년 3월 8일 베를린 선언에서 "우리의 당면 목표는 냉전 종식과 평화 정착"이라고 밝힌 바 있다. 이와 관련, 지만원(1996)은 "평화통일이라는 말을 '평화'와 '통일'이라는 두 개의 낱말로 분리하고자 한다. 여기에 엄청난 정책적 지혜가 들어 있기 때문이다. '평화'를 먼저 추구하면, '통일'은 우리도 모르는 사이에 가까이 다가오겠지만, '통일'을 먼저 추구하면 '평화'가 깨질 것"이라고 주장했다.

'평화공존론(양국체제론)'은 서로 다른 국민국가로서 병존해온 남북한의 현실을 인정하고, 항구 평화의 길을 모색하자는 것이다(김상준, 2017)[6]. "분단 극복이 곧 통일은 아니며 성급한 통합이나 통일은 훨씬 심각한 갈등, 심지어 내전의 위험도 안고 있으므로 경제교류 등은 지속하되, 서로의 경계는 닫아두고 두 국가 체제를 유지하면서 군비를 축소하고 교류하는 일, 대외적으로는 한반도의 항구적 평화를 정착시키는 일을 동시에 수행해야

---

[6] 김상준 (2017). 「누가 한반도의 빌리 브란트가 될 것인가」
URL: http://thetomorrow.kr/archives/6476

한다(김동춘, 2018).7)" 즉, "평화와 통일은 분리된 과제이며, 별도의 프로세스가 필요하다"는 것이다(천정환, 2018).

그런데 남북통일 문제조차 '통일 비용이 얼마나 들 것인가'라고 경제적 이해득실만 따지는 사람들도 있다. 그러나 우리는 통일 비용뿐 아니라 편익도 따져봐야 한다. 실상 불필요한 국방 예산을 줄여 복지에 쓸 수 있다는 것만 해도 엄청난 이득이다. '발전의 정체에 빠진 남한'과 '가난에 찌든 북한'의 상생으로 창출할 수 있는 편익도 생각해야 한다(천정환, 2018). 또한 남북 경제협력은8) 통일 문제에 대한 탈정치·탈이념적 '기능적' 접근을 가능하게 하고, 개발과 경제협력이 남북한의 차이를 해소하는 방법이라는 점도 일깨운다. 물론 이는 '민족' 문제나 남북한 체제의 민주주의를 망각하게 하고, 단순히 투자 대비 효과와 비용의 문제로만 접근하게 할 수도 있다(천정환, 2018).

6. 마무리하며

모든 것에는 절차와 단계가 존재하는데, 우리가 지금까지 남북평화를 한 번도 경험해보지 못한 상황에서 평화로 가는 길을 모색하기란 쉽지 않다. 그러나 "위기 속에 숨어 있는 기회는 역사의 긴 호흡을 통해 발견될 수 있는 것이고, 이를 위해서라도 '한반도 평화공동체'의 구상은 결코 포기할 수 없는 우리의 미래 과제"이다(박의경, 2020). 사실 그동안 '북한의 변화 필요성'에 대해서는 우리가 당연한 듯 주장하고 있지만, 남한사회에 대한 내부

---

7) 김동춘 (2018, 4, 24). 두 국가 체제를 거쳐 영세중립국으로.
    〈한겨레〉, URL: https://www.hani.co.kr/arti/opinion/column/841889.html
8) 한국일보 (2018, 5, 13). "북한 근로자 55만 명, 한국 중소기업 현장에 투입하자"
    URL: https://www.hankookilbo.com/News/Read/201805131534098395

성찰과 변화의 필요성을 탈분단, 통일의 문제와 연관 지어 말하지는 않고 있다. 이제는 2000년대 남북교류와 경제협력에 관한 과거의 우리 경험도 좀 더 체계적으로 비판·평가할 필요가 있다. 경협과 교류의 실제 지난 경험들은 소위 '퍼주기' 선동과 적대감 때문에 긍정적인 기억과 경험으로 인식되고 있지 않다.

통일에 대한 개념의 검토와 그 과정에 대한 논의도 계속 활발하게 이어져야 하고, 무엇보다 전국민적으로 그 논의가 지속적으로 확산되어야 한다. 우리는 이제 북한 사회에 대한 진정한 이해나 구체적인 분석에 기반한 건강한 담론과 다양한 내러티브를 만들어가야 한다. 적대나 혐오, 감상적인 연민 수준에 그치지 않고, 북한에 대한 객관적인 지식과 정보 자체가 좀 더 충분하게 공급되도록 해야 하는 것이다. 이를 위해 우리에겐 과거 통일독일을 이끈 서독의 경험이 도움이 될 수 있다. 서독은 동독과 협상을 하는 과정에서 동독에서 결코 '거부하지 못할 제안'을 하려고 노력했다고 한다. 우리에게 영화 〈대부〉에서 "거절할 수 없는 제안을 하겠다"는 인상적인 대사처럼 북한이 절실히 필요로 하는, 중요한 변화를 만들어내는 양보를 요구하는 지혜가 필요하다(박한식·강국진, 2018).

물론 남북평화를 논하는 것이 남북의 물리적인 교류가 없는 현 상황에서 현실성이 떨어진다는 근본적인 비판은 여전히 유효하다. 또한 남북평화, 공존과 공영은 결코 단기간에 이루어질 수 없다. 어쩌면 분단의 시간보다도 더 오랜 시간 서로 노력해서 이해하고, 그동안의 아픔을 치유해야 하는 장기간의 과정이 될 것이다. 다른 체제에서 오랜 시간을 보낸 남북한 사람들이 공존하고 공영하려면, 분단의 오랜 고통의 시간만큼이나 큰 노력과 화해의 고단한 과정이 전제되어야 한다. 여기에 올바른 정책과 건강한 시민의식이 합쳐진다면, 분명 통일은 우리에게 새로운 기회가 될 수 있다. 어려운 일이지만 우리가 포기하지 않는다면, 분명히 길은 있다.

참고문헌

김근식 (2013). 대북정책과 대미정책 그리고 민주주의. 〈동북아연구〉, 28권 1호, 37-61.
김병로 (2019). 화해는 어떻게 가능한가?: 이론적 고찰과 한반도에의 적용. 〈통일과 평화〉, 11권 2호, 39-73.
김선·김희정·임수진 (2017). 통일당위성 담론유형 집단별 특성과 통일교육적 함의. 〈교육문화연구〉, 23권 6호, 27-48.
김종곤 (2018). '분단적대성'의 역사적 발원과 감정구조. 〈통일인문학〉, 75권, 5-32.
김창수 (2000). 〈멋진 통일운동 신나는 평화운동〉. 서울: 책세상.
김창희 (2003). 남북한 신뢰구축과 평화공존 방안. 〈동북아연구〉, 16권, 27-47.
김학성·장인숙 (2014). 한반도 신뢰프로세스에 대한 상호이해적 접근: 이론적 검토와 실천방향 모색, 〈정치정보연구〉, 17권 1호, 21-48.
김형수 (2018). 〈문익환 평전〉. 파주: 다산책방.
김혜숙 (2000). 북한 사람에 대한 고정관념, 감정과 태도. 〈춘계심포지엄〉, 2000권, 19-45.
문인철 (2018). 남북한 관계 개선에 대한 새로운 패러다임 모색: 응보적 정의에서 회복적 정의로. 〈국제학논총〉, 28권, 35-62.
박의경 (2020). 화해, 공존, 평화의 조건: 한반도 평화공동체를 위하여. 〈동북아연구〉, 35권 1호, 205-231.
박종철 (2000). 〈페리프로세스와 한·미·일 협력방안〉. 서울: 통일연구원.
박한식·강국진 (2018). 〈선을 넘어 생각한다: 남과 북을 갈라놓는 12가지 편견에 관하여〉. 서울: 부키.
배상률·이정민 (2019). 〈남북한 청소년 교류협력을 위한 중장기 전략연구〉. (연구보고 19-R08). 세종: 과학기술정책연구원.
손호철 (2004). 제1부: 남남갈등의 기원과 전개과정, 경남대학교 극동문제연구소 (편) 〈남남갈등 진단 및 해소방안〉. (11-53쪽). 창원: 경남대학교 출판부.
윤여상 (2001) 남북화해·협력시대 북한이탈주민의 역할과 사회적응. 〈한국동북아논총〉, 21호, 95-115.
이상신·민태은·윤광일·구본상 (2021). 〈KINU 통일의식조사 2021: 통일·북한 인식의 새로운 접근〉. 서울: 통일연구원.

이종석 (2000). 〈새로 쓴 현대북한의 이해〉. 고양: 역사비평사.
이창호 (2018). 청소년의 통일의식 및 북한에 대한 이미지 조사. 〈NYPI Bluenote: Issue & Policy〉, 통권 105호, 1-20.
전영선 (2018). 적대의 이미지와 기억으로 본 북한. 〈문화와 정치〉, 5권 3호, 77-105.
전우영·조은경 (2000). 북한에 대한 고정관념과 통일에 대한 거리감. 〈한국심리학회지: 사회 및 성격〉, 14권 1호, 167-184.
정성윤·장철운·김주리·김유철 (2020). 〈한반도 비핵·평화 추진환경에 대한 전문가 인식조사〉. 서울: 통일연구원.
정영선·박윤경·조영달 (2021). 초중고 학생들이 생각하는 북한, 북한 사람 및 통일: 학교 통일 교육에의 시사점. 〈시민교육연구〉, 53권 1호, 163-197.
정영철 (2007). 남북한 대립 상징의 구조와 변화. 〈북한연구학회보〉, 11권 1호, 1-23.
지만원 (1996). 〈통일의 지름길은 영구 분단이다〉. 서울: 자작나무.
천정환 (2018). 다시, 우리의 소원은 통일?: 4·27 판문점 선언과 북미회담 전후 통일·평화 담론의 전변. 〈역사비평〉, 통권 124호, 361-391.
허지영 (2021). 고질갈등 이론을 통해 살펴본 한반도 갈등과 갈등의 평화적 전환 접근 방안 연구. 〈평화학연구〉, 22권 1호, 75-99.

Chapter 25

민족공동체의식의 회복과 성찰적 민족주의[1]

오원환 | 군산대학교 교수

'민족공동체의식'은 「통일교육지원법」에 따르면 통일에 필요한 가치관과 태도를 기르기 위한 통일교육의 핵심적인 토대이다. 그리고 '성찰적 민족주의'는 민족공동체의식을 회복하는 데 있어서 폐쇄적 혹은 배타적 민족주의가 아닌 성숙한 시민의식과 민족 내부의 타자에 대한 환대의 순수성에 기초한 민족주의라고 할 수 있다. 민족마다 처한 역사적 상황과 실천적 목표가 달라서 민족주의의 유형 역시 다양하다(박호성, 1997). 민족주의는 전세계화 과정에서 쇠퇴할 것이라는 예측과 동시에 전지구화의 반동으로 지역주의나 민족주의가 부흥할 것이라는 상반된 예측 속에서 전개돼왔다. 2000년대 들어 한국에서는 다문화주의와 민족주의를 병존 불가능한 담론으로 인식하거나 혹은 공존의 시각으로 바라보는 다양한 논의가 진행돼왔다. 이 글은 통일교육이 민족공동체의식의 회복을 전제한다는 점에서 민족과 민

---

[1] 이 글은 오원환(2015, 2019, 2021)의 논문에서 수정·보완한 글임을 밝힌다.

족주의에 대한 개념적 논의와 함께 전지구화와 다문화주의 등과의 관계 속에서 한반도 현실을 고려한 '성찰적 민족주의'를 살펴본다.

1. 민족과 민족주의

서구에서 '민족nation'이란 영어 단어는 13세기에는 주로 종족 집단을 의미했고, 16세기 초 영국에서 정치적으로 조직된 집단을 뜻하는 근대적 의미로 쓰이기 시작했다. 17세기에는 한 나라의 전체 국민을 의미하는 용도로 쓰였으며 18세기에 그러한 의미가 보편화됐다. '민족-국가nation-state'라는 표현은 정치적 집단으로서의 민족을 명확히 드러내는 용어로 사용됐다(Williams, 1976, p.213).

민족 개념에 대한 학문적 견해는 크게 두 가지로 나뉜다(임지현, 1999, 22-23쪽). 첫째는 근대화의 산물로 보는 '도구론Instrumentalism'으로 민족이란 "특정한 조건 속에서 발현한 이데올로기"이며, 주로 영미학파가 중심이 되어 논의돼왔다. '구성주의' 또는 '주관주의'로 불리기도 한다. 기든스(Giddens, 1985, p.116)는 민족주의nationalism를 국가와 같은 정치 질서의 구성원들 간에 공동체성을 강조하는 일련의 상징이나 신념들에 대해서 갖는 귀속감과 같은 심리적 현상이라고 말한다. 둘째는 "민족은 국가에 선행하며 공통의 역사적 가치와 사회적 유대에 기초를 둔 실재"라는 '원초론primordialism'적 견해로, '본질주의'로도 불리며 주로 독일학파가 중심이 되어 논의돼왔다. '원초론'은 근대화나 도시화가 아닌 "언어, 공통의 유산, 종교, 관습" 등과 같은 기준을 민족의 이루는 요소로 강조한다. 위 두 가지 견해는 각각 역사적 경험의 차이에서 비롯된 것이다. 즉, 서로 다른 역사적 맥락 안에서 민족 개념에 대한 논의가 진행돼왔기에 민족을 바라보는 견해는 상대적이다.

신용하(2006)는 민족은 '공동의 언어·혈연·문화공동체'라는 객관적 요소에 '민족의식'이라는 주관적 요소가 더해져 공고해진 실체라고 주장한다. 객관적 요소들로만 형성된 민족을 '즉자(卽自)적 민족'이라고 한다면, 주관적 요소인 민족의식이 더해진 민족을 '대자(對自)적 민족'이라 부를 수 있다는 것이다. 그런데 앤더슨(Anderson, 2006)의 '상상의 공동체론'은 주관적 요소인 민족의식에만 주목한 나머지 '즉자적 민족'을 부인한다고 지적한다. 왜냐하면 상상의 공동체를 특수한 종류의 문화적 조형물이며, 제한되고 주권을 가진 것으로 상상되는 정치공동체 등으로 설명하기 때문이다. 이러한 지적은 민족주의 대 탈민족주의 진영 간에 논쟁을 일으켰다. 탈민족주의론은 포스트모더니즘의 시각에서 민족주의의 부정과 해체를 지향하는 담론으로 기존의 민족주의 인식을 비판했고, 기성 학계는 이러한 비판에 대해 재비판, 수용, 변용 등 다양한 대응을 보였다(전재호, 2018).

통일교육의 토대인 '민족공동체의식'은 '공동의 언어·혈연·문화공동체'라는 객관적 요소와 함께 일제의 식민지 상황에서 발흥했던 '민족의식'이라는 주관적 요소를 모두 포함한 인식 개념이라고 할 수 있다. 문화와 종족공동체ethnie의 중요성을 강조하는 스미스(Smith, 1999)의 '종족상징주의론'의 설명에 적합한 사례라고 할 수 있다. 스미스는 민족과 민족주의를 과거에 뿌리를 두지 않는 순수하게 근대적 산물이라고 본 젤너Gellner와 홉스봄Hobsbawm 그리고 언어공동체로 본 앤더슨Anderson의 모더니즘론을 비판하면서, 민족을 공통의 신화와 역사적 기억, 문화의 공유, 특정의 고국(모국)과의 심리적 결합, 하나의 공동체에 속한다는 소속감과 연대감을 공유하는 문화적 공동체로 정의했다. 종족-상징주의론은 문화와 종족공동체의 중요성을 강조하는데, 한국과 같이 근대 이전부터 민족이 형성된 경우를 설명하는데 적합하고 유용하다(윤인진·김귀옥, 2005). 그러나 민족이라는 개념이 종족의 고유한 역사성과 정치적 근대성이 결합해 공고해진 실체라고 하더라도 민족정체성을 구성하는 상징적 질서들에 의해서 작동하고 상상되며 의미화된다는 점에서 '민족공동체의식'에서 민족 개념은 고정적이고 폐쇄적이라기보다는 고유한 역사성과 현실 정치의 역학 관계 속에서 유동적이며 개방적일 수 있다. 즉 민족공동체의식을 '회복한다'는 의미가 고정된 특정 역사적 시점으로 회귀한다기보다는 남북의 평화와 통일이라는 현재와 미래의 한반도를 그려가는 데 필요한 민족정체성의 요소들과 상징적 질서들을 구성한다는 의미여야 한다. 민족의 객관적 요소들에 더해서 주관적 요소들을 한반도 미래상 구현을 위해서 합리적으로 더해갈 필요가 있다는 것이다.

임지현(1999)은 민족의 구성 양식에는 원초론인 요소와 도구론적 요소가 동시에 포함되어 있고, 두 요소 간의 조합에 의해서 민족의 구성 양식이 결정된다고 지적했다. 여기서 원초적인 요소들은 "내집단(內集團)과 외집단(外集團)을 구분하고, 내집단의 자기 정체성을 확인하고자 하는 원초적 욕구를 충족시켜주는 지표"이며, 역사적인 혹은 도구론적 요소들인 정치나 경제 관계가 그 내집단의 응집력을 결정한다고 언급했다. 즉, 정치적 혹은 경제적 관계에서 성원들 간의 "수평적 관계가 지배적일수록 응집력이 강하며 거꾸로 수직적 관계가 지배적이면 그만큼 응집력은 약화된다"는 것이다. 민족공동체의식을 회복하기 위해서 우리가 모색해야 할 민족주의는 내집단을 기준으로 외집단을 차별하고 억압해서는 안 되고 동시에 내집단의 성원 간 응집력을 키울 수 있는 수평적 관계를 강화해야 할 것이다.

민족과 민족적 정체성 문제에 대한 고찰에서 중요한 것은 "민족주의가 언제, 왜, 그리고 어떻게 다른 사회 이데올로기들과 결합"(임지현, 1999)하여 전개됐는가이다. 이는 민족적 주체로서 형성된 역사적인 조건들을 살펴보는 것이다. 특히 일제 치하에서 발흥한 저항적 민족주의와 이후 냉전 시대의 남북의 체제 이데올로기와 관계 그리고 현재의 남북의 지배적 담론 질서들이 민족공동체의 응집력에 어떻게 영향을 미쳐왔는가를 이해할 필요가 있다. 그 이유는 분단 전으로의 회귀를 위해서가 아니라 이질적인 지점들, 서로 다른 상징적 질서들을 이해하고, 원초론적 요소들 위에서 새로운 한반도 미래상에 걸맞은 '민족의식'을 더한 대자적 민족을 구성하는 방안을 모색해야 하기 때문이다.

2004년 제10차 이산가족 상봉 2006년 제14차 이산가족 상봉

그림 1. 이산가족 상봉

출처: 통일부 홈페이지 (2022. 1. 12).
URL: https://www.unikorea.go.kr/unikore

한반도에서 민족 개념은 그 영토적 경계와 더불어, 혈연과 지연, 공통의 역사와 언어, 문화와 종교 등이 오랜 기간 유지되어 왔기 때문에 잠재적인 형태로 존재해 왔다. 하지만, 일제 식민지로 인해서 자주적 근대화를 이룰 기회를 가질 수 없었으며, 서구의 민족국가의 형성과는 달리 식민지 상태에서 '국가' 없이 '민족'만을 강조하게 됐다. 즉, 우리의 민족주의는 시민적 혁명이나 산업화 혹은 도시화와 같은 서구의 근대화와 연계되어 출발한 것이 아니라 원초론적 요소들을 강조하면서 일제로부터의 독립을 위해서 민족주의가 구축됐다. 그리고 해방 후 남과 북이 분단되면서 민족주의는 비로소 국가 체계와 연계되어 발전했다.

남한은 미국의 제국주의 정책으로 민족 주체세력이 무력화됐고, 한국 전쟁은 민족주의를 소진시켰다(진덕규, 1992). 그리고 남한은 북한에 대한 적대감을 키우면서 친미 서구화, 체제 경쟁과 근대화에 민족주의를 활용했다. 1990년대 전지구화 현상이 가속화되는 상황에서 초국적자본에 대한 반동으로 지역화의 경향이 방어적 민족주의로 잠시 나타났다가 외환위기 이후 신자유주의의 득세로 인한 경제적 이해관계가 중요해지면서 한반도 전체가 아닌 대한민국 민족주의로 변모됐다.

반면 해방 후 북한은 사회주의 근대화 과정에서 노동자·농민이 아닌 민족을 전면에 내세울 수 없었지만, 내부적으로 친일 청산과 출신성분에 따른 계급적 차별을 정당화하는 기제로 민족주의를 활용했고, 외부적으로 반미노선을 취하면서 남한 동포를 미제 식민지에서 해방해야 한다는 명분으로 이용했다. 그러다가 중소 이념 논쟁을 계기로 주체와 민족자결을 강조하면서 김일성은 자신의 권력을 확고히 하고자 70년대에 민족 개념에 혈통 개념을 추가했고, 80년대에 김일성에서 김정일로의 권력 승계를 정당화하기 위해서 민족을 유교적 혈연중심의 대가족 개념으로 치환했다(오원환, 2011).

서구의 경우 상당히 동질적인 문화들을 각기 그 자신의 '정치적 지붕' 아래에 두면서 통합을 유도했다면(Gellner, 1983), 그 반대로 우리의 경우는 분단 후 서로 다른 정치적 지붕 아래서 민족주의를 발전시켰기에 남과 북의 동질적인 민족 문화와 민족적 정체성은 이질화될 수밖에 없었다. 즉, 식민지 시기 한반도에서는 원초론적 견해로 설명될 수 있는 민족 형성의 영속성이 강조됐다면, 분단 이후 남과 북은 각각의 체제 이데올로기와 민족주의를 결합하면서 정치나 경제적 관계의 토대 위에서 서로 다르게 민족을 그려왔다. 따라서 남과 북은 분단 이후 서로를 한민족이라는 집단 내에 위치시키면서도, 동시에 이데올로기적 대치 상황에서 각각의 상대를 내집단 밖에 외집단에 위치시켜 왔다. 이 과정에서 양쪽 모두는 '민족 내부의 적대적 타자'라는 이중적 의미를 상대에게 부여했다(오원환, 2011).

2. 전지구화와 민족주의

브래넌(Brennan, 1990/2011)은 "계급 갈등을 무마시키는 소속감 창조라는 민족주의의 변치 않는 목표들이…… 다국적 기업과 텔레커뮤니케이션 산업이라는 국제적 현실에 의해 시대에 뒤처진 것으로 간주된다."고 언급한다. 이것은 전지구화 현상이 민족국가 정체성을 과거의 것으로 간주하거나 분쇄되어야 할 것으로 인식하게 만든다는 주장이다. 비록 지구 어디에선가는 계속해서 독립 투쟁이 진행되고 있고, 초국적자본 등으로부터의 방어적 민족주의 운동이 벌어지고 있는 상황에서도 그러한 인식이 강력하게 작동하고 있음을 주장한다. 대체로 교통이나 통신의 발달이 세계적 통합을 가속해왔다는 것은 일반적으로 합의되고 있기 때문이다.

근대적 질서는 서구에서 발흥하여 전지구적으로 퍼져나갔고, 근대의 산물인 민족국가 역시 서구에서 제3세계로 확산되었다. 하지만 전지구적 상호연관의 강화인 전지구화는 근대적 질서인 민족국가의 해체를 지시하고 있다는 역설적인 상황이 전개돼왔다(McGrew, 1992/2000). 그것은 전지구화가 교통체계나 커뮤니케이션 등의 기술 발달로 새로운 시공간의 재편을 가져오고, 자본과 노동, 지식이 초국적인 범위에서 조직화되면서 민족 간의 경계를 허물고 전세계적 차원에서 작동하기 때문이다. 그 결과 개별 민족국가의 능력 약화, 통치 형태의 국제적 수렴, 개별국가의 자율성 감소 그리고 궁극적으로 개별국가의 권위 내지는 정당성을 위태롭게 하고 있으며, 이것이 민족국가의 해체를 지시하는 것이다(Hall, 1992/2000). 이에 대해서 한편으로는 전지구화에 대한 저항으로서의 지역화, 민족주의의 부흥이 나타나기도 한다. 로버트슨(Robertson, 1995/2000)은 "세계적인 것과 지역적인 것" 혹은 "보편적인 것과 특수한 것"에 대한 상호침투와 동시성을 언급하며, 전지구화가 "정체성과 문화에 대한 지역적 주장들과 긴장 상태"를 이루고 있음을 지적한다.

하지만 전지구적 현상이 반드시 민족국가 정체성을 와해시키고 있다고 보는 것은 단순한 견해라는 지적이 많다. 월러스틴Wallerstein은 초기부터 자본주의가 민족국가 차원이 아닌 세계 경제적 차원에서 시작됐고, 국경이 자본의 열망을 막은 적이 없다고 주장하며, "민족 자립성으로의 경향과 전지구화의 경향" 모두가 근대의 특징임을 지적한다(Hall, 1992/2000). 이뿐만 아니라 전지구화가 비록 최근의 경향이라고 해도 민족적 정체성의 붕괴나 문화적 동질화에 대한 반론들이 제기되어 왔다. 예컨대, '지역적인 것'에 대한 관심의 증대나 혹은 지역화localization에 대한 인식들이 오히려 부각됐다는 점들이 그러하다.

홀(Hall, 1992/2000)은 교통과 통신의 발달로 인한 전지구적 소비주의 현상이 문화적 차이들을 침식하는 과정에서 지역적인 것이 공공의 영역과 시장 모두에서의 관심을 받으며 저항의 기틀을 마련하거나 동유럽에서처럼 민족주의와 근본주의가 발흥하고, 디아스포라의 산물로서 혼성적 정체성과 같은 새로운 정체성의 유형들이 늘어날 것으로 생각했다. 결국에 홀은 이러한 전지구화 현상은 근대성의 '메타 서사', 즉 "지역과 특수, 전통과 뿌리, 민족적 신화와 '상상의 공동체'에 대한 비합리적 애착은 보다 합리적이고 보편적인 정체성으로 점차 대체될 것"이라고 주장했다.

한반도 현실에서 민족공동체의식을 회복하기 위해서 우리에게 필요한 민족주의는 두 가지 점을 동시에 고려해야 한다. 홀의 주장처럼 민족이라는 상상의 공동체에 대한 비합리적 애착이 아닌 합리적이고 보편적인 정체성에 대해서 고민하면서 동시에 분단된 한반도에서의 평화적 공존과 통합 나아가서 전지구화된 세계 시민사회와의 조화로운 관계를 형성하는 새로운 유형의 민족주의를 꾀해야 한다. 이 글에서는 '성찰적 민족주의'라는 용어로 그러한 유형의 민족주의를 모색한다.

3. 성찰적 민족주의

엥겔스Engels는 독일 민족의 민족적 각성과 결속이 항상 진보를 거역하는 역사적 반동으로 기능해왔다고 지적했다(박호성, 1997). 이는 한반도의 평화와 통일을 위한 민족주의 논의가 역사적 진보가 아닌 퇴행으로 나아가서는 안 된다는 경계심을 일깨운다.

남북한 민족주의를 비교 연구한 박호성(1997)은 "민족주의는 해당 민족이 처한 역사적 상황과 실천적 목표에 따라 다양해질 수밖에 없다."라고 주장하면서, 이질적으로 전개돼온 남과 북의 민족주의의 결함을 보완하고 하나로 결집할 수 있는 민족주의 개념으로 "민족적 동등권, 민족통일, 민족자주의 쟁취"를 기본목표로 하는 민족주의 개념인 '한반도 민족주의'를 제안한다. 이는 남북이 민족 고유의 입장과 과제, 목표가 있다는 점에서 당위론적 관점에서 규정된 개념이다.

박형빈(2013)은 민족주의의 배타성을 경계하는 세계적 흐름 속에서도 강대국에 둘러싸인 분단된 한반도의 경우 민족주의가 생존과 통일을 위해서 정당성을 지니며, 통일이라는 과제의 특수성을 고려해 다문화시대의 한국식 민족주의를 모색해야 한다고 주장한다.

한편, 황정미(2011)는 한민족 소속감이 강한 사람들이 다양한 이주민 집단과 북한동포를 국민으로 포용하는 관용적인 경향을 일관되게 보였으며, 민족소속감이 타민족에 대한 배타적 태도와는 무관하다고 주장한다. 오히려 국민소속감이 한국인에게 가장 포괄적이고 강력하게 작동하는데, 국민소속감이 강한 사람들이 이주민 포용에 가장 소극적이라고 지적한다.

정일준(2005)은 한미관계 속에서 민족주의 시기를 세 단계로 구분한다. 먼저, 한미관계의 역사적 형성 시기인 해방 후 1960년까지를 저항적 민족주의기, 한미관계의 역사적 변형 시기로 조국근대화에서 탈냉전까지를 긍정적 민족주의기, 끝으로 한미관계의 역사적 전환이 이뤄지는 탈냉전기에서 현재까지를 성찰적 민족주의기로 구분한다. 한미관계의 역사적 전환이 이뤄지는 대표적인 계기는 미국이 9·11 사태 이후로 테러와의 전쟁을 선언하고 북한을 포용적 태도에서 적대적 태도로 바라보게 된 것과 한국에서 2000년 남북정상회담을 계기로 민족공조가 한미공조의 대안처럼 인식되는 상황이라고 지적했다. 그러면서 전지구화 과정에서의 탈냉전 및 지식·정보화시대의 한국 민족주의를 그간의 역사적 경험에 대한 반성과 냉철한 현실 인식에 근거한 '성찰적 민족주의'라고 제안한다. 이 개념은 성찰적 근대화 개념에서 착안된 것으로 위험사회에서 발견되는 근대성의 한계를 성찰하듯이, 한미관계의 역사적 경험을 성찰하고 동시에 한반도 문제를 한미관계의 기초위에서 민족이 공조하는 방법을 고민해야 한다고 지적한다.

양영자(2007)는 다문화와 민족주의의 양립을 위해서 차별과 억압의 근원인 폐쇄적 민족주의나 분단 민족주의가 아닌 '성찰적 민족주의'를 제안한다. 민족성이 중심이지만 민족의 이익뿐 아니라 정의를 지향하고, 민족의 이익보다 근원적인 수준에서 국민 의식의 변화를 포함해 북한주민의 인권과 통일국가의 세계사적 역할까지 포함하는 성찰적 민족주의를 분단 극복과 통일을 고려해서 국가적 다문화주의와 정교한 균형을 추구해야 한다고 주장한다.

오원환(2021)은 한민족의 민족주의는 한반도의 지정학적 관계를 고려하면서 분단을 극복하고 민족 내부의 갈등을 축소할 수 있는 여전히 유효한 이념이라고 주장한다. 또 탈북민의 한국 사회 정착을 통일의 시금석으로 간주했던 통일 담론에 기대어보면 북한이주민의 탈남현상은 통일 혹은 남북한 주민의 내적 통합이 지극히 어려운 문제임을 보여준다는 점에서 기존의 민족주의 논의를 벗어난 새로운 민족주의 유형이 필요하다고 주장한다. 그래서 탈북민의 탈남현상을 통해서 한국 사회를 성찰하고 다문화사회로 진입한 한국에서 한민족 공동체의식의 균열과 함께 특수한 이주민으로서의 탈북민에 대한 인식과 태도를 살펴봐야 한다고 언급한다. 탈남 후 영국에 거주 중인 재영탈북민은 남한주민이 북한이주민에게 정과 친절을 베풀기 전에 우선해야 하는 것을 존중이라고 생각한다. 존중이 없는 정과 친절은 측은지심이거나, 일방적인 자기만족으로 탈북민을 무시하는 처사로 생각될 수도 있기 때문이다. 진정한 정과 친절은 탈북민에 대한 존중이 선행된 후에라야 가능하다고 재영탈북민은 생각한다. 이는 달리 말하면, 한국 사회에서 민족 내부의 타자로 여겨지는 탈북민에게 환대의 순수성 위에서 정과 친절을 실천해야 한다는 것을 의미한다.

심상우(2020)는 한반도의 통일 문제를 정치와 경제적 차원 이전에 윤리적 차원에서 살펴봐야 통일의 정당성을 확보하고 참된 평화의 길을 낼 수 있다고 주장한다. 그리고 레비나스Levinas와 데리다Derrida가 제기한 환대와 우정을 통해서 그러한 길이 열릴 수 있다고 말한다. 문성원(2016)은 상호

이익의 계산을 넘어서는 환대와 그것의 현실적인 실천으로서 정치의 문제가 아마도 통일을 앞둔 상황에서 매우 긴급하고 절실하게 요구될 수 있을 것으로 생각한다. 레비나스는 타인에 대한 무조건적인 환대를 통해 인간 주체의 진정한 자기성이 이뤄진다고 믿었다. 레비나스는 인간의 주체성을 두 가지로 규정하는데, 하나는 향유하는 삶, 거주와 노동을 통해 삶을 지속하는 '자기성' 혹은 '내재성'으로 이기주의적이고 초월이 불가능한 주체성이고, 다른 하나는 이기적인 욕망을 포기하고 타자에 대해 책임을 지고, 타자를 환대함으로써 자기성을 극복하는 진정한 의미의 주체성이다(강영안, 2005). 여기서 주체의 주체성은 타인과의 윤리적 관계를 통해서 성립되고, 타인을 맞아들이는 것으로서, 즉 환대로서 의미를 갖는다(Levinas, 1988/2018). 그러나 데리다는 레비나스의 무조건적 환대가 현실적인 한계가 있음을 지적하며, 무조건성에 근거한 조건적 환대로서 우정을 강조한다. 레비나스의 무조건적 환대가 매우 이상적이지만 현실에서의 한계를 극복하기 위해서 법과 제도를 통해서 조건적 환대인 우정으로 현실화해야 한다고 주장한다(심상우, 2020). 데리다의 우정은 어머니와 아이의 관계로 설명되는데, 어머니와 아이의 관계에서 "우정은 조건적 교환 가치의 차원도 있지만, 또 한편으로 돌아올 것을 기대하지 않고 주는 사랑처럼 비대칭성을 지닌 관계"이고, 이 비대칭적 불균형이 환대의 법칙을 특징짓는다(Derrida, 1997/2016).

레비나스와 데리다가 언급한 환대의 순수성은 '성찰적 민족주의'에서의 내집단 구성원 간 수평적 결합을 강화시키는 역할을 할 수 있을 것이다. 남북관계를 'Give and Take'의 사고로 접근할 때, 주는 자가 받는 자보다 우월적 위치에 놓이고 이는 수직적 관계를 강화시킬 가능성이 높다. 달리 말하면, 민족공동체의 응집력을 약화시킬 수 있다. 그래서 민족공동체인식을 회복하기 위해서는 정치와 경제적 차원보다 환대와 우정의 윤리적 차원에서 남북관계를 바라볼 필요가 있으며, 성찰적 민족주의는 그러한 관점을 담아낼 수 있어야 할 것이다.

한편 재영탈북민은 북한이주민에 대한 한국사회의 친절은 정책적 수단으로 해결될 문제가 아니라 시민의식이 성숙될 때 가능하다고 믿는다. 앞서 양영자(2007)가 언급한 성찰적 민족주의와 유사한 맥락에서 우리가 추구해야 할 성찰적 민족주의는 타민족에게 차별과 억압을 주는 폐쇄적 민족주의나 남한 중심으로 북한 혹은 북한주민을 차별하거나 냉대하는 분단 민족주의가 아닌, 북한주민을 이해하고 존중하는 인식이 우선하면서, 한민족의 이익뿐 아니라 정의를 지향하고, 한민족의 이익보다 근원적인 수준에서 국민 의식의 변화를 포함해 북한주민의 인권과 통일국가의 세계사적 역할까지 포함하는 성숙한 시민의식을 토대로 하는 민족주의라고 할 수 있다.

참고문헌

강영안 (2005). 〈타인의 얼굴: 레비나스의 철학〉. 서울: 문학과지성사.
문성원 (2016). 아듀, 떠나보냄과 맞아들임에 대한 짧은 대화. 〈아듀 레비나스〉. 서울: 문학과지성사.
박형빈 (2013). 교과교육학: 통일교육에서 민족주의와 다문화주의. 〈윤리교육연구〉, 31호, 213-235.
박호성 (1997). 〈남북한 민족주의 비교연구: '한반도 민족주의'를 위하여〉. 서울: 당대.
신용하 (2006). '민족'의 사회학적 설명과 '상상의 공동체론' 비판. 〈한국사회학〉, 40권 1호, 32-58.
심상우 (2020). 통일의 정체성 확립의 요건으로서 '우정'(philia)과 '환대'(hospitium): 데리다와 레비나스를 중심으로. 〈기독교사회윤리〉, 47호, 171-201.
양영자 (2007). 분단-다문화시대 교육 이념으로서의 민족주의와 다문화주의의 양립가능성 모색. 〈교육과정연구〉, 25권 3호, 23-48.
오원환 (1991). 〈탈북 청년의 정체성 연구〉. 고려대학교 대학원 박사학위논문.
오원환 (2015). 북한 및 제3국에서의 한국 대중문화 수용과 한국 사회의 문화 적응: 탈북청소년의 한국 사회 현실 인식의 변화를 중심으로. 〈미디어경제와 문화〉, 13권 2호, 7-52.
오원환 (2019). 탈북민의 탈남현상에 대한 이해와 정(情)과 친절(親切)의 정치학에 관한 탐색적 연구. 〈한국소통학보〉. 18권 1호, 263-300.
오원환 (2021). 탈북민 정착과 사회적 통합을 위한 정과 친절, 환대(우정)의 정치학: 재영탈북민의 인식과 태도를 중심으로. 〈한국소통학보〉, 20권 3호, 185-231.
윤인진·김귀옥 (2005). 민족문제의 재성찰. 〈한국사회학회 심포지움 논문집〉, 119-144.
임지현 (1999). 〈민족주의 반역이다: 신화와 허무의 민족주의 담론을 넘어서〉. 서울: 소나무.
전재호 (2018). 2000년대 한국의 '탈민족주의' 논쟁 연구: 주요 쟁점과 기여. 〈한국과 국제정치〉, 34권 3호, 33-64.
정일준 (2005). 지구시대 한미관계와 한국민족주의: 성찰적 민족주의를 위하여. 〈역사교육〉, 94집, 241-270.

진덕규 (1992). 현대 한국 정치변동과 민족주의의 변용에 대한 연구서설. 〈한국문화연구원논총〉, 60권 2호, 131-164.

황정미 (2011). 다문화 담론의 확산과 '국민'의 경계에 대한 인식 변화: 의식조사 결과 분석을 중심으로. 〈재외한인연구〉, 24권, 7-41.

Anderson, B. (2006). *Imagined communities: Reflections on the origin and spread of nationalism*. London: Verso.

Brennan, T. (1990). The national longing for form. In H. Bhabha (Eds.). *Nation and Narration*. London: Routledge. 류승구 (역) (2011). 〈국민과 서사〉, (73-112쪽), 서울: 후마니타스.

Derida, J. (1997). *Adieu à Emmnuel lévinas*. 문성원 (역) (2016). 〈아듀 레비나스〉, 서울: 문학과지성사.

Gellner, E. (1983). *Nations and nationalism*. Oxford: Blackwell publishers.

Giddens, A. (1985). *The nation-state and violence*. Cambridge: Polity Press. 진덕규 (역) (1991). 〈민족국가와 폭력〉. 서울: 삼지원.

Hall, S. (1992). The question of cultural identity. In S. Hall, D. Held, & A. G. McGrew (Eds.), *Modernity and its futures* (pp. 273-326). Cambridge, UK: Polity Press. 전효관 외 (공역) (2000). 문화적 정체성의 문제. 〈모더니티의 미래〉, (320-385쪽), 서울: 현실문화연구.

Lévinas, E. (1988). *Totalité et infini: Essai sur l'extériorité*. 김도형·문성원·손영창 (공역) (2018). 〈전체성과 무한: 외재성에 대한 에세이〉, 서울: 그린비.

McGrew, A. G. (1992). A global society?. In S. Hall, D. Held, & A. G. McGrew (eds.). *Modernity and its futures* (pp. 61-116). Cambridge, UK: Polity Press. 전효관·김수진 외 (공역) (2000). 전지구 사회?. 문화적 정체성의 문제. 〈모더니티의 미래〉. (84-152). 서울: 현실문화연구.

Smith, A. D. (1999). *Myths and memories of the nation*. New York: Oxford University Press.

Robertson, R. (1995). 세계지역화: 시간-공간과 동질성-이질성. 윤민재 (편역) (2000). 〈근대성, 탈근대성 그리고 세계화〉, (69-92쪽), 서울: 사회문화연구소 출판부.

Williams, R. (1976). *Keywords: A vocabulary of culture and society*. New York: Oxford University.

집필진 (목차순)

오원환

국립군산대학교 미디어문화학과 교수다. 군산대 인문도시센터장, 한국언론학회 통일과 다문화 커뮤니케이션 연구회장, 주관성연구 편집이사로 활동 중이다. 고려대와 플로리다대에서 수학했고, 〈탈북 청년의 정체성 연구〉(2011)로 고려대에서 박사학위를 받았다. 탈북민에 관한 문화연구를 수행해왔고, 최근 관련 논문으로 〈통일 커뮤니케이션 교육의 개념과 내용에 관한 탐색적 연구〉(2022), 〈탈북민 정착과 사회적 통합을 위한 정과 친절, 환대(우대)의 정치학〉(2021) 등이 있다.

정의철

상지대학교 미디어영상광고학과 교수다. 미국 럿거스대학에서 소통학 박사를 받았다. 저서로 〈정치팟캐스트와 정치유튜브〉(2022, 공저), 〈팬데믹 시대, 감염병 대응을 위한 사회적 소통과 공공PR〉(2021, 공저), 〈유튜브의 이해〉(2021, 공저), 〈다문화사회와 이주민 건강: 헬스커뮤니케이션 차원의 분석과 대안 모색〉(2020, 교육부·대한민국학술원 우수도서 선정), 논문으로 〈지역방송 저널리즘 강화와 해결지향 저널리즘의 역할〉(2022), 〈자기민속지학을 통한 자가격리 이야기 방역소통 성찰과 대안 탐색〉(2022), 〈감염병 위기 속 '시민됨'에 대한 인문사회과학적 성찰〉(2021), 〈불통과 갈등의 시대, 소통(학)의 변화 모색〉(2021) 등이 있다.

김해영

한국언론진흥재단 선임연구위원으로 재직 중이며, 고려대학교에서 언론학 박사학위를 취득했다. 공익성과 미디어 사업자 간 이해관계에 관심을 가져 〈TV홈쇼핑 송출수수료 거래연구〉(2021), 〈OTT플랫폼 시대 케이블SO의 차별화 전략 연구〉(2021) 등을 수행해 왔다. 최근에는 정책 캠페인 설계자의 시각에서 남북한의 통일문제와 관련된 사회적 갈등 이슈에 관심을 가지며, 통일비용과 국민 통합을 위한 북한 관련 캠페인 등을 연구하고 있다.

윤성수

경희대학교 미디어커뮤니케이션 대학원 겸임교수, YTN 기자(부장)로 재직 중이며, 텍사스주립대(오스틴)에서 객원연구원을 지냈다. 2020년에 〈주민 갑질에 경비원 극단적 선택〉으로 올해의 방송기자대상, 휴머니즘상(한국방송기자클럽), 이달의 기자상(한국기자협회), 대상(한국방송기자협회) 등 9개 부문 단독보도 특종상을 수상했으며, 〈대통령선거 텔레비전뉴스에 나타난 언어와 영상프레임분석〉(2020)으로 경희대에서 언론학 박사학위를 취득했고, 기타 연구로 〈텔레비전 정치광고영상의 의미작용에 관한 기호학적 분석 – 16대 대통령 선거를 중심으로〉(2005)가 있다.

김선호

한국언론진흥재단에서 책임연구위원으로 재직 중이며, 연세대학교 언론홍보대학원 겸임교수와 한국언론학회 총무이사로 활동 중이다. 고려대 신문방송학과에서 학사, 미국 펜실베이니아대 아넨버그 스쿨에서 박사학위를 받았다. 옥스퍼드대 로이터저널리즘연구소의 〈디지털뉴스리포트〉의 한국 편 책임연구를 담당했고, 고품질 저널리즘 생산을 촉진하는 방안으로 미디어 바우처 제도를 제안했다. 2014년 우당신진학자 논문상과 2019년 갤럽학술상을 수상한 바 있다. 남북 관련해서 2019년 〈중장기적 관점에서 남북 미디어 교류협력 방안〉 연구보고서의 책임연구를 맡았다.

임종석

상지대학교 외래교수이다. 연세대학교와 고려대학교 언론대학원을 졸업하고 강원대학교 일반대학원에서 〈스마트폰을 활용한 미세먼지 예방행동 연구〉(2019)로 언론학 박사학위를 받았다. 원주투데이신문과 TBN강원교통방송에서 기자와 PD로 재직했다. 한국소통학회 기획이사 · 연구이사, 헬스커뮤니케이션학회 기획이사, 한국언론학회 통일과 다문화 커뮤니케이션 연구회 총무 등을 역임했다.

홍문기

한세대학교 미디어영상광고학과 교수로 재직 중이다. 한국외국어대학교 신문방송학과를 졸업하고 플로리다주립대 커뮤니케이션학 박사학위를 받았다. 제11대 한국광고PR실학회 회장(2021~), 현 문화체육관광부 소통정책자문위원이며, 차기 PR학회 회장으로 활동 예정이다. 〈정책 커뮤니케이션 전략〉(2021), 〈디지털 사회와 PR 윤리〉(2018), 〈PR 전문직의 리더십과 윤리의식〉(2014) 등 다수의 저술과 논문을 발표하였다.

김찬중

한남대학교 정치·언론학과 교수로 재직 중이다. 고려대학교 신문방송학과를 졸업하고 미국 애리조나 주립대학교에서 커뮤니케이션학 박사학위를 받았다. iTV 경인방송에서 사회부 기자로 활동했으며, TNS Korea에서 정치사회 분야 여론조사 연구원으로 근무했다. 국내외 학술지에 다양한 집단 간 갈등(외국인 이주민 갈등, 성별 갈등, 영호남 갈등 등)을 주제로 다수의 논문을 발표했다.

윤복실

서강대학교 미디어융합연구소의 연구교수로 재직 중이다. KBS 라디오에서 리포터로 방송생활을 시작해 KBS, iTV, KTV 등에서 시사·교양·다큐멘터리 장르의 구성작가로 활동했다. 방송매체에 담긴 동양철학에 관심을 두고, 성균관대학교 동양철학과에서 박사과정을 수료했으며 〈TV 드라마 '디어 마이 프렌즈'에 나타난 가족이데올로기 체계 연구〉로 박사학위를 취득했다. 논문으로 〈K 드라마 영웅서사에 내재한 충서(忠恕)사상-드라마 '이태원 클라쓰'를 중심으로〉(2022), 〈플랫폼 전쟁, OTT 스토리텔링 생존공식〉(2022, 공저) 등이 있다.

하승희

동국대학교 북한학연구소 연구초빙교수이다. 일본 게이오기주쿠대학 법학부 정치학과에서 방문연구원을 지냈으며, 북한대학원대학교에서 북한학 박사학위를 받았다. 현재 한국연구재단 인문사회학술연구교수 과제 〈뉴미디어가 주조하는 북한 프레임: 북한 프레임의 실재와 소통·통합의 가능성〉을 수행 중이다. 최근 관련 분야의 논문으로 〈김정은 시대 북한 새 세대의 음악듣기: 음악청취방식과 음악문화의 변화〉(2022)가 있다.

조수진

장로회신학대학교 교양학(미디어트랙) 교수다. 1994년 극동방송 보도부 기자로 사회생활을 시작, 1999년부터 2011년까지 극동방송 PD와 아나운서로 활동했다. 고려대 언론대학원에서 방송영상학 석사. 국민대에서 〈민간대북방송 출현 이후 대북방송의 변화〉로 언론정보학 박사학위를 취득했다. 최근 관련 분야 연구로 〈미디어를 활용한 북한선교방안 모색〉(2021), 〈민간대북방송 출현 이후 대북라디오방송의 변화〉(2020, 공저), 〈민간대북방송 현황와 제작자 인식연구〉(2020, 공저) 등이 있다.

최종환

성균관대학교 메타사회연구소 선임연구원이다. 대구대학교 신문방송학과에서 학사와 석사, 북한대학원대학교에서 북한학(사회문화언론 전공) 박사학위를 받았다. 서울과 대구에서 기자 생활을 했으며, 재직 시절에는 한 달가량 남북 접경 지역을 돌아다니며 한반도의 변화상에 관한 기획 기사를 썼다. 주요 연구 분야는 남북한 미디어 콘텐츠와 미디어 외교 등이며, 관련 분야의 연구 논문으로 〈메타버스의 지각된 특성이 남북교류 필요성 인식에 미치는 영향〉(주저, 2022), 〈탈북민 유튜버가 재현하는 정체성의 사회학〉(2021) 등이 있다.

방희경

서강대학교 글로벌한국학과 대우교수다. 동국대학교에서 학부를 마쳤고, 서강대학교에서 석사학위를, 미국 사우스플로리다대학에서 박사학위를 받았다. 대중문화 연구와 담론 연구에 학문적 관심을 두고 있으며, 주요 저서로는 〈The Candlelight Movement, Democracy, and Communication in Korea〉(2021, 공저), 〈모빌리티와 생활세계의 생산〉(2019, 공저), 〈김성환〉(2018), 〈PD 저널리즘: 한국 방송 저널리즘의 일탈〉(2008, 공저) 등이 있다.

김활빈

강원대학교 미디어커뮤니케이션학과 조교수다. 고려대학교 신문방송학과와 동대학원 언론학과를 졸업하고, 오하이오대학교 저널리즘 석사학위와 사우스캐롤라이나대학교 매스커뮤니케이션 박사학위를 받았다. 미디어가 건강, 과학, 환경, 위험 등과 관련된 이슈를 어떻게 재현하는지 그리고 사람들은 그러한 이슈를 어떻게 인식하는지 등에 관심을 가지고 있다. 저서로는 〈AI · 메타버스 시대의 산업경제적 광고PR 전략〉(2022, 공저), 〈디지털 시대의 PR학 신론〉(2021, 공저) 등이 있다.

이종희

중앙선거관리위원회 선거연수원 교수다. 독일 하이델베르크대학교에서 사회학 학사 · 석사 · 박사학위를 취득했다. 현재 한독사회과학회 회장, 한국정치커뮤니케이션학회 부회장, 한국민주시민교육학회 이사 등을 맡고 있다. 중앙선거방송토론위원회 방송토론팀장, 독일 하이델베르크대학교 강사, 한국소통학회 부회장, 한국사회학회

이사 등으로 활동했다. 최근 연구로 〈사회학 이론: 시대와 관점으로 본 근현대 이야기〉(공역), 〈유권자와 정당의 연결 플랫폼: 독일 발–오–맡(Wahl–O–Mat)과 민주시민교육〉(2022), 〈청년 정치대표성의 현황과 개선과제〉(2021) 등이 있다.

박상영
탈북청소년 교육공동체 셋넷학교의 교장이다. 편견으로 갈라진 세상에서 학교 밖 한반도 청소년들과 공감 감수성을 훈련하고 평화 감수성을 연습해 왔다. 따또학교(따로 또 같이 만드는 학교, 1995), 난나학교(난나공연예술아카데미, 2001), 똘배학교(2003)를 거쳐 셋넷학교 길잡이 교사로 살고 있다. 최근 저서로 〈왜그래,가 아니라 괜찮아: 다름과 차이를 이어주는 공감의 다리 놓기〉(2022), 〈윗마을 학생과 아랫동네 선생〉(2020) 등이 있으며, 2019년부터 브런치에 글을 연재하고 있다.

곽선혜
한라대학교 미디어광고콘텐츠학과 교수다. 경희대학교에서 〈SNS를 활용한 자기표현과 관계맺기 전략에 대한 연구〉로 언론학 박사학위를 취득했다. 연합뉴스TV 시청자평가원, 한국방송협회 대외협력정책실 전문위원, 한국언론학회 사무국장 등으로 활동했다. 최근 연구로 저서 〈SNS 이후의 소셜 페르소나〉(2021), 논문으로 〈소셜네트워크서비스 시대 가짜뉴스의 법적규제에 대한 고찰: 프랑스 정보조작대처법을 중심으로〉(2022) 등이 있다.